Tejidos

Megan Cory
Janet Parker
Catherine Schwenkler

Wayside
PUBLISHING
www.waysidepublishing.com

Printed in USA

6 7 8 9 10 KP 16

Print date: 178

Softcover ISBN: 978-1-938-026-36-2
Hardcover ISBN: 978-1-938-026-35-5

Queridos estudiantes,

¡Les mandamos saludos y les deseamos un exitoso año escolar!

Tejidos está diseñado para que ustedes disfruten y aprovechen al máximo las oportunidades para conversar, compartir y colaborar con los compañeros todos los días de clase. Deben estar listos/as para utilizar todo el español que ya saben y aprender más al estudiar temas interesantes y divertidos tales como las redes sociales, las amistades, futuros planes profesionales y maneras de mejorar el mundo. Las páginas de este libro ofrecen actividades para que desarrollen habilidades lingüísticas incorporando el arte, la literatura, la tecnología y la creatividad. Prepárense para conocer mejor el mundo mientras amplían su conocimiento del español.

Verán en el índice que *Tejidos* está dividido en mantas e hilos: las "mantas" son los temas principales y los "hilos" son los subtemas. Al interactuar con las fuentes de información (textos impresos, videos y audios) ustedes producirán muchos "tejidos", integrando el contenido de los temas y comunicando en un contexto auténtico y cultural. ¡A tejer!

Les invitamos a

- tomar apuntes, conversar con sus compañeros y profesor/a y buscar información, todo en español, más allá de lo que está incluido en el libro. ¡Disfrutarán del proceso de aprender español mucho más!

- hacer conexiones entre los temas que estudian en *Tejidos* y sus clases de ciencias, historia, literatura y matemáticas. ¡Verán cómo el español es una herramienta para hacer conexiones con otras asignaturas!

- aprovechar de todo lo que tiene la guía digital – oportunidades de practicar el vocabulario y la gramática, además de apoyo para las actividades del libro para que se sientan cómodos hablando y escribiendo en español.

Los íconos a continuación les indicarán el tipo de actividad que realizarán. Estas actividades pueden ser interpretaciones de textos, audios o videos. También les señalarán cuándo deben recurrir a sus habilidades interpersonales o presentar ideas e información a un público.

Siempre recuerden que con el esfuerzo se llega lejos, un paso a la vez. ¡No olviden que los idiomas sí que cuentan en el mundo de hoy!

Suerte,

Las autoras de *Tejidos*,

Megan Cory, Janet Parker y Catherine Schwenkler

Interpretación visual	Interpretación de textos impresos	Presentación oral
Presentación escrita	La guía digital	
Interpretación audiovisual	Interpretación auditiva	Escritura interpersonal
Oral interpersonal	Cultura	
Diario personal	Conexiones	Comparaciones culturales o lingüísticas

Agradecimientos

We extend our sincere gratitude and appreciation to all who accompanied
inaugural journey from conception to completion of the *Tejidos* tapestry. We
to work with a committed, talented, and dependable professional team that s
anchor throughout the writing process. Our mentor, John McMullan, guided u
onset to advise, inspire, and reassure us. Kelsey Agett was instrumental in findir
materials and persistent with requesting and acquiring permissions; Carlos Bedro
always there for linguistic support and joined the team to push the permissions pr
forward. We commend our outstanding editors, María D. Solernou and Isabel Vázq
whose advice and editing were indispensable to the completion of this book. Eliz Tc
has been a dedicated partner as well as our guide as we populated the Learning Site.
would be remiss if we did not thank Denise Gallagher, the creative designer of *Tejidos*
consistently encouraged and helped us pull the pieces together prior to production, Lou
Cuellar for editing the glossaries and Dave Johnson, Scott Ritchie, and Ed Higgins for tl
graphic and technical contributions. It was a joy to work with friends and colleagues, Vi
Allegrí from Argentina, Fabiola Moraga from Chile and Hildelisa Espinal from La Repúl
Dominicana; thank you for your contributions to our book. We acknowledge Catherine's
Spanish students and the College of William & Mary staff and students for their dedication
to the Hilo 1 video project: Michelle Dutan, Erik Zhicay, Esdras García, Maria Elena
Canales, André Renaldo, Amalhyn Shek, and Patrick Jenkins. Finally a big shout-out to our
publisher, Greg Greuel, for believing in us to get the job done!

Most importantly we would like to extend our love and gratitude to our spouses for their
steadfast support and patience throughout this project.

The *Tejidos* authors,

Megan Cory
Janet Parker
Catherine Schwenkler

Índice

« | » | □ | 🔊

Familias y comunidades

¿MODERNA O TRADICIONAL?

La familia hispana hoy en día

SUÉÑALO, HAZLO

¿Cómo puedes mejorar el mundo?

LOS PELIGROS DE INTERNET

¿Cómo puedes protegerte?

Estructura de la familia

Preguntas esenciales:

- ¿Cómo es la familia hispana de hoy en día?

- ¿Cuáles son los papeles que asumen los miembros de una familia hispana?

- ¿Qué piensan los jóvenes de la familia hispana en la actualidad?

En este hilo te invitamos a explorar la cultura y la comunidad de la familia hispana. En el mundo hispano la familia tradicional está muy unida y forma la base de la vida familiar y social. Sin embargo, en la actualidad existe una gran variedad de tipos de familias debido a cambios sociales y culturales en las últimas generaciones. Usa las diferentes fuentes de información a continuación para ver si los cambios afectan a la familia hispana moderna. Al final podrás "hacer un tejido" en el cual podrás expresar tus opiniones y perspectivas de la familia hispana de hoy en día en un programa del Internet que solicita la opinión de jóvenes como tú. ¡No pierdas esta oportunidad!

Introducción

¿Qué sabes de la familia hispana de hoy en día?

Enfoque en la familia hizo una entrevista con estudiantes latinos de la ciudad de Nueva York que apareció en la transmisión de www.mundolatino.com el 3 de octubre de 2012. Los jóvenes, Erik y Michelle, que viven en la Ciudad de Nueva York, te presentarán a sus familias.

 A **Antes de escuchar,** imagina que unos estudiantes latinos visitan tu clase de español para hablar de sus familias. En preparación para la visita, conversa con un compañero describiéndole tu familia. Háblale de:

- los orígenes étnicos de tu familia
- cómo es tu familia nuclear y quiénes viven en tu casa
- cómo son los otros miembros de tu familia, dónde viven y cuándo se ven

  B **Después de ver la entrevista por primera vez,** conversa un rato con un compañero sobre lo que escuchaste y aprendiste en la entrevista.

¿Qué dice el chico?	¿Qué dice la chica?

Estrategias para conversar con un compañero:

¿A quién le toca?
Me (te) toca a mí (ti).

¿Quién comienza?
¿Quieres comenzar?

¿Sigo yo?
Sigue. Adelante.

 C **Después de ver por segunda vez,** marca cada una de las afirmaciones como cierta o falsa según la información de la entrevista. Si es falsa, corrígela para que sea cierta. Si es cierta, justifica por qué es cierta.

D **Conversa y comparte:** En parejas comparen sus respuestas para ver si interpretaron bien la entrevista antes de compartir con la clase.

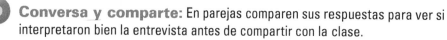

Afirmación	CIERTA	FALSA
1. La familia de Erik es de Puerto Rico.		
2. Toda la familia inmediata de Erik nació en Puerto Rico.		
3. Erik antes no vivía con sus papás sino con otros miembros de su familia.		
4. Toda la familia de Erik vive en Puerto Rico.		
5. La mamá de Michelle es colombiana y su papá es ecuatoriano.		
6. Michelle tiene dos hermanas.		
7. La mamá de Michelle le manda dinero a su hermano en Colombia.		
8. Michelle ve a sus familiares en la ciudad de Nueva York.		
9. Los papás de ambos chicos están casados.		

Antes de empezar

¿Cómo describes a los miembros de una familia?

En la actualidad existe una gran variedad de tipos de familias debido a cambios sociales y culturales en las últimas generaciones. En esta actividad vas a examinar varias fotografías de familias para poder recordar las palabras descriptivas.

 Imagina que conoces a estas personas en las siguientes fotografías:

| 1 | 2 | 3 | 4 | 5 |

- Primero, en grupos de tres o cuatro compañeros, reflexionen sobre lo que ven en las fotos y completen el organizador de vocabulario.
- Después, elijan por lo menos dos fotos y describan lo que ven y lo que se imaginan. Por ejemplo, conversen de las descripciones físicas y de personalidad de las personas en las fotos o el parentesco entre ellos.

Miembros y parentescos	Descripciones físicas	Descripciones de carácter y personalidad
abuelos	moreno	cariñoso
padrinos	pelo gris, tiene canas	generoso

¡Te toca a ti!

Ya has descrito varias fotos y has escuchado a Erik y a Michelle hablando de sus familias. Ahora te toca a ti responderle a Erik o a Michelle en un correo electrónico. Descríbele a tu familia o cualquier otra familia. Refiérete al vocabulario al final del hilo para poder incluir el máximo posible en tus descripciones.

Escribe por lo menos 100 palabras e incluye:

- los orígenes étnicos de tu familia
- los miembros de tu familia nuclear y quiénes viven en tu casa
- las descripciones físicas, de carácter y personalidad
- los otros miembros de tu familia, dónde viven y si se ven a menudo

Opción: Adjunta un archivo de una foto de la familia.

Estrategias para escribir un e-mail informal:

Hola… ¿Qué tal?
Querido/a…

Gracias por…
Te escribo para…

Un saludo cordial de
Un abrazo/un beso de

Mensaje nuevo _ ⤢ ×

Destinatarios

Asunto

Enviar

¿Cómo es la familia hispana de hoy en día?

Actividad 1

¿Cuáles son las diferencias entre las familias hispanas modernas y tradicionales?

Dos artistas mexicanoamericanos, Simón Silva y Carmen Lomas Garza, reflejan a la familia hispana tradicional. Pero ¿cuáles son las semejanzas y diferencias entre las familias hispanas tradicionales y modernas? Usa tu imaginación para describir lo que está pasando en las fotos y en las obras de arte.

 Simón Silva, "Orgullo de familia", nació en México pero vive en California. En su arte refleja la cultura chicana. Pinta escenas de la familia chicana tradicional, su vida diaria y sus costumbres familiares. Para más información visita su sitio de web www.simonsilva.com.

Orgullo de familia

 Carmen Lomas Garza, "La tamalada", es de origen mexicanoamericano. Se dedica al arte de la vida familiar de los mexicanoamericanos. Sus obras reflejan recuerdos personales de las tradiciones de su familia.

La tamalada

A **Al interpretar:** Las obras de arte de las familias tradicionales y las fotogtafias de las familias modernas van a servir de modelo para describir a las familias hispanas. Con un compañero, elijan una de las obras de arte y una de las fotos, piensen e interprétenla escribiendo la siguiente información en el organizador "Y" *veo, pienso y quisiera saber* que se encuentra en la página siguiente y en la guía digital. Cada estudiante va a rellenar un organizador, uno para la fotografía y otro para la obra de arte que eligieron.

Veo ...
- La imagen es de....
- Los miembros de la familia en la foto son....
- Veo (indica los detalles que ves)

Pienso...
- La escena tiene lugar en...
- Pienso que la familia está... (lo que están haciendo)
- (No) me gustaría ser miembro de esta familia porque...
- Los valores y tradiciones de la cultura hispana representados son...
- El título nos revela que la familia...

Quisiera saber ...
- dónde vive la familia
- (Incluye otras preguntas que tienes aquí)

USO DEL LENGUAJE EN CONTEXTO: Comparativos y superlativos

Refiérete a los visuales del arte: "Tamalada" y "Orgullo de familia"

Hay **más** personas en "Tamalada" **que** en "Orgullo de familia".

Hay **menos** niños en "Orgullo" **que** en "Tamalada".

No hay **más de** quince personas en "Tamalada".

La mejor (peor) comida **de** las dos es la de "Tamalada".

No hay **tantas personas** preparando la comida en "Orgullo de familia" **como** en "Tamalada".

Las personas en "Orgullo de familia" parecen **tan alegres como** las personas en "Tamalada".

La familia en "Orgullo de familia" trabaja **tanto como** la familia en "Tamalada".

¿Puedes explicarles el uso de comparativos y superlativos a tus compañeros?

 B **Conversen en grupos:** Para ver lo que piensan sus compañeros de las familias en las fotografías y las obras de arte, sepárense y cada uno va a reunirse con tres otros compañeros que examinaron imágenes diferentes. Conversen sobre los siguientes temas:

- ¿Cómo son las familias hispanas tradicionales y modernas según las obras de arte e imágenes? Compartan sus descripciones de las fotografías y las obras de arte, usando el organizador que completaron con sus compañeros de la parte A.
- ¿Qué diferencias se ven entre las familias hispanas tradicionales y modernas y sus familias?

¡Tu opinión cuenta!

Escribe tu opinión en tu diario: ¿Preferirías vivir con una familia moderna o tradicional?

¿Qué aprendiste?

 1. ¿Cómo es la estructura de la familia hispana tradicional? Escribe unas oraciones usando como referencia algunas de las imágenes que viste.

2. ¿Cuáles son las diferencias y semejanzas entre las familias hispanas modernas y tradicionales? Usa un organizador de comparación y escribe un párrafo con las diferencias y otro con las semejanzas.

Actividad 2

¿Cómo es la estructura de la familia hispana en la actualidad?

El siguiente texto es un *edublog* de un portal de Internet cuyo enfoque es la educación de la familia en Chile. El profesor José Saavedra de Oviedo nos informa de los diferentes tipos de familias que existen actualmente en Chile. Unos estudios de investigación han resaltado los distintos cambios que ha tenido que enfrentar la familia moderna. Después de conocer la realidad de la familia chilena, harás una comparación con la familia estadounidense.

 A **Antes de leer:** Hay pruebas suficientes que nos informan que la estructura de la familia ha cambiado mucho en los últimos 20 años. ¿Qué sabes de los diferentes tipos de familias que existen hoy en día? Conversa con un grupo de tres o cuatro compañeros sobre lo que ustedes saben de lo siguiente:

- los diferentes tipos de familias que conoces en tu vida
- si existen los mismos tipos de familia en los países hispanohablantes y si es cierto, por qué será así

 B **Al leer por primera vez,** contesta las preguntas de cada sección que sigue que corresponde a una sección del texto. Escribe las respuestas en tu diario.

- **Sección 1:** Esta sección nos informa que no hay una definición universal para "la familia" debido a las variedades de familias que existen en el mundo. ¿Qué dice el autor sobre la función esencial de la familia?

- **Sección 2:** Mientras lees la entrada del blog, prepara un organizador que represente a todos los tipos de familia que el autor describe. Al leer, anota la descripción de cada tipo de familia mencionada en el texto y escríbela en el organizador. Después comparte las descripciones que tienes en tu organizador con un compañero.

- **Secciones 3, 4 y 5:** Mientras sigues leyendo el texto, anota los efectos sociales de los cambios en la familia hispana en la sociedad. ¿Estás de acuerdo con las ideas del autor del *edublog*? ¿Por qué sí o por qué no?

Tipos de familia

« | » | □ | ⧏

TIPOS DE FAMILIA

1   *Tipos de familia*, es un artículo publicado en un sitio de recursos educativos de un portal del Internet cuyo enfoque es la educación de la familia en Chile.

Sección 1:
Ofrecer una definición exacta sobre la familia es una tarea *compleja debido*   difícil, a causa de
5   *a* enormes variedades que encontramos y al *amplio* espectro de culturas   al extenso
existentes en el mundo. "La familia ha demostrado históricamente ser el
núcleo indispensable para *el desarrollo* de la persona, la cual depende de ella   la formación
para su *supervivencia* y *crecimiento*". No se desconoce con esto otros tipos de   longevidad, incremento
familia que han surgido en estas últimas décadas, las cuales también enfrentan
10   *desafíos* permanentes en su estructura interna, en *la crianza* de los hijos/as,   dificultades, la,
en su ejercicio parental o maternal. Por mencionar algunas, la familia de madre   educación
soltera, o la de padres separados las cuales *cuentan con* una dinámica interna   sin esposo, dependen de
peculiar.

Sección 2:

15 Existen varias formas de organización familiar y *de parentesco*, entre ellas se han distinguido cuatro tipos de familias*:*

   relación familiar

  a. **La familia nuclear o elemental:** Es la unidad familiar básica que se compone de dos padres e hijos. Estos últimos pueden ser la descendencia biológica de la pareja o miembros adoptados por la familia.

20   **b.** **La familia extendida o *consanguínea*:** Se compone de más de una unidad nuclear, se extiende más allá de dos generaciones y está basada en *los vínculos* de sangre de una gran cantidad de personas, incluyendo a los padres, niños, abuelos, tíos, tías, sobrinos, primos y *demás*; por ejemplo, la familia de triple generación incluye a los padres, a sus hijos

25 casados o solteros, a los *hijos políticos* y a los nietos.

   de la misma sangre
   los lazos
   el resto
   los yernos y las nueras

  c. **La familia monoparental:** Es aquella familia que se constituye por uno de los padres y sus hijos. Esta puede tener diversos orígenes. Ya sea porque los padres se han divorciado y los hijos se quedan viviendo con uno de los padres, por lo general la madre; por un *embarazo* precoz donde

30 se configura otro tipo de familia dentro de la mencionada, la familia de madre soltera; por último *el fallecimiento* de uno de *los cónyugues* da lugar a una familia monoparental.

   la gestación (con hijo)
   la muerte, los esposos

  d. **La familia de madre soltera:** Familia en la que la madre desde un inicio asume sola la crianza de sus hijos/as. Generalmente, es la mujer quien la

35 mayoría de las veces asume este rol, pues el hombre se distancia y no reconoce su paternidad por diversos motivos. En este tipo de familia se debe tener presente que hay distinciones pues no es lo mismo ser madre soltera adolescente, joven o adulta.

  e. **La familia de padres separados:** Familia en la que los padres se

40 encuentran separados. *Se niegan* a vivir juntos; no son pareja pero deben seguir cumpliendo su rol de padres ante los hijos por muy distantes que estos se encuentren. Por el bien de los hijos/as se niegan a la relación de pareja pero no a la paternidad y maternidad.

   Se oponen

Sección 3:

45 La familia es la más compleja de todas las instituciones, aunque en nuestra sociedad muchas de sus actividades tradicionales hayan pasado parcialmente a otras, todavía quedan sociedades en las que la familia continua ejerciendo las funciones educativas, religiosas, protectoras, recreativas y productivas.

Sección 4:

50 No falta quien la acuse de incapacidad para la misión *encomendada*, de que no cumple con *su deber*, sea por negligencia deliberada o por *torpeza* moral, pero, evidentemente, esas acusaciones son absurdas, porque la familia no es una persona ni una cosa, sino una comunidad. Ahora bien, algo de esto hay de cierto al reconocer que no siempre los adultos, en específico los padres,

55 cuentan con todos los elementos que les permitan educar de manera correcta a sus hijos. No es *lejana* la realidad de la violencia *intrafamiliar*, abusos sexuales, abandonos de los hijos, problemas de comunicación y comprensión que llevan a los más débiles de la familia, los hijos, a ser vulnerables y a un sin fin de *riesgos* como las drogas, la violencia y otros *delitos* contra la sociedad.

   delegada
   obligación, error
   distante, dentro de la familia
   peligros
   crímenes

60 **Sección 5:**

En ocasiones algunos padres transfieren a otras instituciones las tareas familiares, no porque la familia sea incapaz de cumplir con su deber, sino porque las actividades que *realizan* en la actualidad requieren del apoyo de otras instituciones que les proporcionen *un medio* eficaz de conseguir los mismos

65 propósitos. Entra las más importantes se señala a la escuela.

   hacen
   una manera

Escrito por José Saavedra de Oviedo Extraído de: www.monografias.com

C **Después de leer por segunda vez,** muestra comprension del texto "Tipos de familia" por leer las siguientes preguntas y seleccionar la mejor respuesta:

1. ¿Cuál es el propósito principal del artículo?

   a. Presentar a todos los tipos de familias que existen en las culturas del mundo.
   b. Explicar la complejidad de la familia.
   c. Presentar su opinión del mejor tipo de familia.
   d. Criticar a las familias que no pueden cumplir con su deber de educar a los hijos.

2. En el artículo, ¿cuál es la intención del autor cuando dice, "La familia ha demostrado históricamente ser el núcleo indispensable para el desarrollo de la persona, la cual depende de ella para su supervivencia y crecimiento"? (Sección 1)

   a. La familia nuclear es el mejor tipo de familia.
   b. Un individuo que crece sin familia no puede sobrevivir.
   c. La familia es imprescindible para que los hijos sobrevivan y crezcan lo mejor posible.
   d. Las personas dependen de la familia para su educación.

3. Al final del artículo, ¿qué indica el autor sobre la familia como una comunidad?

   a. A pesar de las buenas intenciones, los padres no siempre pueden cumplir con su trabajo como padres debido a la negligencia.
   b. Hay veces que los padres no son capaces de cumplir con su deber y esperan que las escuelas hagan este trabajo.
   c. Las escuelas aceptan la responsabilidad de educar a los hijos.
   d. En algunas familias los hijos tienen problemas con las drogas y la violencia porque los padres no se han preocupado de criarlos.

4. Estas oraciones reflejan la opinion del autor. Busca en el texto las frases que justifiquen estas afirmaciones. (Nota la seccion y la línea del texto).

   a. Parece que el autor critica al padre en la familia de la madre soltera.
   b. Parece que los padres dependen del apoyo de la comunidad para educar a sus hijos.
   c. La familia extendida o consanguínea da mucho apoyo a los hijos porque todos se llevan bien.
   d. La familia de padres separados cumple su deber por el bien de los hijos.

 ¿Qué aprendiste?

 Aplicación, análisis y comparación cultural: Para analizar lo que leíste en el texto, con un compañero vas a comparar la información de Chile con los Estados Unidos. Usa el organizador de comparaciones en la guía digital. Consulta las gráficas de estadísticas que siguen:

1. Usando la información de las gráficas, escribe por lo menos tres cambios que han ocurrido en cada país.
2. Prepara una gráfica que represente los cuatro tipos de familias en Chile en 1992 y en los Estados Unidos en 1990 indicando el porcentaje de cada uno.

3. Prepara otra gráfica que represente esos cuatro tipos de familias en Chile en 1998 y en los EE.UU. en 2000 indicando el porcentaje de cada uno.

4. Compara los cambios en Chile con los cambios en los Estados Unidos. ¿Son similares o diferentes y por qué? Justifica tu respuesta.

	1992	1996	1998
Biparental	50.0%	57.1%	55.0%
Consanguínea	33.1%	27.0%	28.6%
Monoparental	8.8%	8.4%	8.4%
Unipersonal	8.1%	7.6%	7.6%

Fuente: MIDEPLAN 1998 e INE, Anuario 2000.

	1990	2000	2010
Biparental	59.7%	51.7%	48.4%
Consanguínea	3.3%	3.9%	4.4%
Monoparental	10.7%	16.4%	18.1%
Unipersonal	29.6%	25.8%	26.7%

U.S. Census Bureau, 1990, 2000 and 2010 America's Families and Living Arrangements

Fíjense: los porcentajes no suman a 100 % porque hay más categorías en las estadísticas del los EE.UU. que se indica aquí.

Escribe en tu diario

Un diario es personal y sirve para escribir de lo que sientes y para reflexionar sobre lo que has aprendido o lo que ha pasado. Te ayuda a recordar tus impresiones y lo que quieres hacer en el futuro.

Pienso que…

Aprendí que…

Quisiera que…

Quisiera saber más de…

¡Tu opinión cuenta!

En tu diario, escribe tus opiniones de los cambios que han ocurrido en las familias en las últimas décadas:

- ¿Piensas que los cambios son positivos, negativos o sin importancia?
- ¿Quisieras que los tipos de familias fueran distintos de lo que son hoy en día?

¿Cuáles son los papeles que asumen los miembros de una familia hispana?

Actividad 3

¿Qué esperan mis padres de mí?

Baldo, el personaje principal de esta serie de tiras cómicas, es un adolescente que vive con su papá, tía abuela y hermanita. Es un joven típico con quien muchos otros jóvenes se pueden relacionar al leer sus experiencias con la familia, la escuela, el trabajo, las amistades y el amor. Al final de la actividad podrás compartir tus propias opiniones sobre estas situaciones familiares.

A **Al leer las tiras cómicas,** ¿puedes identificarte con los temas que tratan? ¿Cuáles de estos temas son frecuentes en tus conversaciones familiares? Haz una lista de los temas A - D en tu diario y márcalos desde el más frecuente (1) hasta el menos frecuente (4) según tu experiencia.

A. Los quehaceres

B. Confesando los errores

C. La hora de llegada

D. Una cuestión de honestidad

BALDO © 2012 Baldo Partnership. Dist. By UNIVERSAL UCLICK. (Reprinted with permission. All rights reserved.)

 B Imagina que eres Baldo. Escribe unos Tuits, mensajes de *Twitter,* que capten las emociones de Baldo de acuerdo a lo que has leído en las tiras cómicas. Usa por lo menos 140 letras. Después compártelos con la clase.

_____ #quehaceres

_____ #miculpa

_____ #castigado

_____ #mentiras

¡Tu opinión cuenta!

Conversa con tu compañero. Uno de ustedes va a ser la "Persona A", el otro la "Persona B". Hagan estas preguntas y escriban las respuestas del compañero para después compartirlas con la clase.

A

¿Qué te pasa si llegas tarde a casa? ¿Crees que es necesario o importante que los hijos tengan una hora de llegada?

¿Cuándo cometes un error, prefieres escondérselo a tus padres o decirles la verdad? ¿Por qué?

B

¿Crees que se puede justificar que los padres digan mentiras piadosas de vez en cuando? Defiende tu respuesta.

¿Tienes responsabilidades en casa? ¿Es importante que los hijos ayuden en casa o es una "injusticia" que los hijos trabajen en casa?

¿Qué aprendiste?

En nuestra sociedad, los padres esperan mucho de sus hijos. Piensa en estas expectativas y contesta las siguientes preguntas tratando de incorporar lo que leíste en las tiras cómicas y lo que comentaste con tus compañeros.

1. ¿Qué esperan los padres de sus hijos hoy en día?
2. ¿Cómo responden los jóvenes a estas expectativas?
3. ¿Cómo influyen estas expectativas a los jóvenes en cuanto a sus actitudes y comportamiento?

Actividad 4

¿Estás de acuerdo con estos consejos prácticos para tus padres?

Un profesor de psicología en España publica un blog en el cual les da consejos a los padres de los jóvenes para que se lleven mejor con sus hijos. Pero ahora les toca a los jóvenes responder a los consejos que este experto da a los papás. Vas a poder aportar tu propia opinión al escribirle al final.

A **Antes de leer** el texto del blog, empareja las palabras siguientes con la definición correspondiente. Puedes leer la palabra en bastardilla en el contexto del blog para ayudarte con el significado.

Respuesta	Vocabulario	Definición
1.	desconcertado	a. te enorgullezcas (enorgullecerse)
2.	auto exigencias	b. los eventos
3.	lucha	c. excepto
4.	marcar	d. confuso, trastornado
5.	enterarte (enterarse)	e. miente (mentir)
6.	los acontecimientos	f. sacar utilidad de algo
7.	salvo	g. confrontación
8.	engaña (engañar)	h. establecer
9.	digno	i. informarte
10.	presumas (presumir)	j. que merece algo favorable
11.	aprovechar	k. obligaciones propias

B **Al leer** la introducción a los consejos, conversa con un compañero sobre la situación entre los padres y sus hijos comentando lo siguiente:

- Los hijos se quejan de sus padres porque...
- Los padres se quejan de sus hijos porque...
- En el periódo conflictivo los hijos deben...
- En el periódo conflictivo los padres deben...

No sólo son los hijos que se quejan de los padres sino también los padres piden consejos de profesionales para guiar y educar a sus hijos. Aquí unos padres escriben a un profesional pidiendo consejos prácticos para ayudar a su hijo adolescente.

"Nuestro hijo está tan desconcertado[1] como nosotros. Está entre una cosa y otra, entre el niño y el adulto, entre las normas familiares y la rebeldía. Se encuentra en plena adolescencia y es durante este período conflictivo cuando debe asumir como propias las exigencias[2] que hasta ahora marcábamos[3] los padres. Para ello, necesita ciertos estímulos que nosotros podemos facilitarle".

© Copyright Solohijos 1, S.L.
José María Lahoz García,

solohijos.com

C **Al leer** esta segunda parte del texto, pon un asterisco * en la columna que mejor exprese tu opinon. Los hijos se quejan de sus padres porque...

Los consejos del Profesor de Educación y Psicología, José María Lahoz García:	Estoy de acuerdo	No estoy de acuerdo
1. Siempre que pidas a tu hijo que haga algo, explica por qué se lo pides.		
2. No uses expresiones como "porque lo digo yo" o "porque sí".		
3. Cuando hables con él, concéntrate en lo que dice. Haz alguna pregunta sobre lo que explica para demostrar que realmente quieres *enterarte*[4] bien.		
4. *Aprovecha*[5] las demandas que le ocurran para relacionarlos con objetivos de auto exigencia y lucha personal.		
5. El padre debería hacer notar a los hijos el esfuerzo de *auto exigencia*[6] que realiza la madre y viceversa. Es una magnífica ocasión para mostrar un ejemplo de este comportamiento.		
6. Pedirle perdón cuando nos equivoquemos o cuando, por falta de control personal, le gritamos o descalificamos.		
7. Deja que se explique, da crédito a lo que dice *salvo*[7] cuando tengas evidencia de lo contrario.		
8. Si te *engaña*[8] o falta a sus compromisos, no le grites ni le *riñas*[9]. Explícale con toda la calma de que seas capaz, que ha faltado a tu confianza, por lo cual tendrá menos *autonomía*[10] hasta que demuestre que *es digno de*[11] confianza.		
9. Establece la costumbre de que te explique con quién sale y dónde puedes buscarle en caso de necesidad.		
10. *No presumas*[12] delante de tu hijo.		

[1] confuso
[2] demandas
[3] establecemos
[4] informarte
[5] usa
[6] imposiciones propias
[7] excepto
[8] miente, no dice la verdad
[9] reproches
[10] libertad
[11] merece
[12] No tengas alto concepto de ti mismo

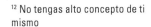

¡Te toca a ti!

Después de indicar tus opiniones, compártelas con un grupo de tres o cuatro compañeros:

- Determinen cuáles son los consejos con los que están de acuerdo todos y con cuáles no están de acuerdo.
- ¿Qué piensa el resto de la clase? ¿Están de acuerdo todos que hay algunos consejos que los padres deben seguir?

USO DEL LENGUAJE EN CONTEXTO: El imperativo familiar

En Baldo y en los consejos del Dr. Garcia se nota el uso del **imperativo familiar** en los ejemplos siguientes.

Familiar tú: ***Bota*** la basura, ***aprovecha*** los acontecimientos, ***establece*** la costumbre

Familiar tú irregulares: *sal, di, pon, sé, ve, ven haz, ten*

Familiar tú negativo: no le ***grites,*** no ***presumas*** delante de tu hijo, no ***uses*** expresiones

¿Cómo se forman los imperativos familiares? ¡Explícaselo a tus compañeros!

¿Puedes encontrar más ejemplos en los textos anteriores?

¡Tu opinión cuenta!

Ahora escribe una respuesta al blog del Señor García comentando sobre los consejos que él ha dado a los padres. No olvides comentar sobre:

- los consejos prácticos que les recomiendas a tus padres
- los problemas que pueden ocurrir si los padres no siguen estos consejos
- los consejos que no les recomendarías a tus padres y por qué
- la manera en que los padres deben comunicarse con los hijos
- uno o dos consejos más que les darías a tus padres

« | » | ◻ | ⋙

Estimado Dr. García:

Quisiera decirle que estoy de acuerdo con muchos de sus consejos porque si no sigues estos consejos...

De todas maneras, no recomiendo el consejo que dice "..." porque...

Es importante que los padres se comuniquen bien con los hijos, por ejemplo...

En fin, les ofrezco dos consejos más para los padres: (imperativos familiares)

a.

b.

Muy atentamente,

¿Qué piensan los jóvenes de la familia hispana en la actualidad?

Actividad 5

¿Cómo es la familia latina de hoy en día?

Ya conociste a Erik y Michelle, dos jóvenes de la ciudad de Nueva York, quienes nos describieron a sus familias en la entrevista anterior en el programa *Enfoque en la familia* en el portal de www.mundolatino.com. Ahora volvamos a escucharlos mientras comentan la estructura de sus familias, los papeles que asumen en la familia y sus opiniones sobre los padres. Al final podrás comunicarte con uno de ellos.

> **Estrategia gramatical:**
>
> Mientras escuchas la entrevista, fíjate en el uso del presente del subjuntivo en el contexto de lo que quieren los padres de los hijos y los consejos que dan los hijos a los padres.

A **Antes de escuchar la entrevista,** considera las siguientes preguntas y anota tus respuestas en tu diario. Después, hazle las mismas preguntas a tu compañero y escribe sus respuestas.

1. ¿Cuáles son los papeles que asumen los diferentes miembros de la familia en tu casa? Por ejemplo, ¿quién hace los quehaceres y los trabajos de casa?
2. ¿Cómo deberían los padres tratar a los hijos y qué tipo de libertad deberían darles a sus hijos?
3. Si pudieras darles unos consejos a tus padres para ser mejores padres, ¿qué les aconsejarías?
4. ¿Qué esperan tus padres de ti?
5. ¿Piensas que vas a poder lograr las expectativas que tus papás tienen de ti?

 B **Al escuchar la entrevista por primera vez,** fíjate en lo que dicen Erik y Michelle y toma apuntes usando un organizador "T" de dos columnas.

Lo que dice Erik	Lo que dice Michelle

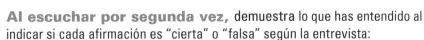

C **Al escuchar por segunda vez,** demuestra lo que has entendido al indicar si cada afirmación es "cierta" o "falsa" según la entrevista:

Afirmación	CIERTA	FALSA
La familia de Erik está más unida en los Estados Unidos que cuando vivía en Puerto Rico.		
La mamá de Erik hace todo el trabajo de la casa.		
Los padres de Erik no esperan mucho del nivel de educación que va a alcanzar su hijo.		
Erik opina que todos deberían participar en las decisiones de la casa.		
La mamá de Michelle se encarga del presupuesto y todas las compras de la familia.		
Toda la familia de Michelle contribuye al mantenimiento de la casa.		
Los padres de Michelle quieren que ella siga en el mismo trabajo que ellos cuando sea mayor.		
Otros miembros de la familia de Michelle se han graduado de la universidad, antes de su hermano.		
Erik y Michelle piensan que pueden lograr las expectativas que sus papás tienen para ellos.		

  ¿Qué aprendiste?

Comparaciones culturales: ¿En qué se parece tu familia a las de Michelle y Erik? ¿En qué se diferencia?

- Elige con cuál de sus familias quieres comparar la tuya: la familia de Michelle o la de Erik.
- Después, para comparar lo que tu familia tiene en común con su familia, refiérete a tus apuntes de parte A y lo que aprendiste en la entrevista de Erik y Michelle al principio del hilo.
- Usa el organizador de comparaciones para anotar tus ideas.
- Después escribe un párrafo describiendo lo que tienen en común y otro párrafo describiendo las diferencias entre ustedes.

 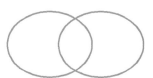

D **Después de escuchar:** Es importante que te comuniques con Erik o con Michelle para saludarlos y comentar de su entrevista. Elige una manera de comunicarse con uno de ellos: Una opción es escribir un mensaje en Facebook y la otra es dejarles un mensaje en vocaroo.com, el cual puedes mandar por correo electrónico a tu profesor/a.

Opción 1:

Ahora vas a escribir un mensaje en Facebook a uno de los dos jóvenes entrevistados, o Erik o Michelle. Esta es tu oportunidad de responder a lo que dijo en su entrevista.

Después de elegir a quien vas a escribir, haz los siguientes pasos:

- salúdalo/la
- preséntate y dile de dónde eres
- responde a algo que te gustó en la entrevista y explica por qué te gustó
- hazle por lo menos tres preguntas
- ofrécele algún tipo de consejo o dale ánimo para una de sus metas
- despídete

Opción 2:

Ahora vas a grabar un mensaje de voz a uno de los jóvenes, o Erik o Michelle. Guárdalo y después súbelo a www.vocaroo.com. Después de elegir con quien vas a hablar, piensa en lo que vas a decir y anota palabras útiles. Hay estrategias en la actividad Antes de empezar. Haz los siguientes pasos:

- preséntate y dile de dónde eres
- completa la frase: "Este mensaje es para _____ quien habló en la entrevista recientemente desde la ciudad de Nueva York"...
- responde a algo que te gustó de la entrevista y explica por qué
- hazle por lo menos una pregunta
- ofrécele algún tipo de consejo o dale ánimo en una de las metas que tiene
- despídete

Actividad 6

¿Cuáles son las tradiciones familiares que debemos conservar?

Una tradición mexicana que se ha popularizado en los EE.UU. y en los países latinoamericanos es la fiesta de cumpleaños con la piñata. Hay un sin fin de tipos de piñatas, pero por lo general siempre se rellenan de frutas y caramelos. A través de la literatura mexicana y mexicanoamericana hay referencias a las fiestas con piñatas como tradiciones familiares. Vas a conocer la obra de arte de Carmen Lomas Garza, "Barbacoa para cumpleaños" y una selección de *Canícula*, una novela de Norma Cantú. Estas dos obras reflejan tradiciones vividas por las autoras en la niñez y que

aun continúan siendo parte de las celebraciones en las familias tradicionales y modernas. ¿Conoces otras tradiciones que todavía mantienen su popularidad entre las familias hispanas?

A **Piensa – Conversa – Comparte:** Piensa en alguna fiesta de cumpleaños especial que tuviste durante tu niñez. Después, conversa con un compañero y descríbele la fiesta. Al final compartan con la clase.

- qué tradiciones tiene tu familia cuando celebra los cumpleaños
- cómo celebraba tu familia los cumpleaños cuando eras pequeño, qué tradiciones observaba tu familia en estas fiestas
- una fiesta especial: cuántos años tenías, dónde tuvo lugar, quiénes participaron, qué comieron y qué hicieron

B **Al observar** la pintura "Barbacoa para cumpleaños" de Carmen Lomas Garza trabaja con tres o cuatro compañeros. En el organizador, indiquen los productos culturales que ven en la imagen, las prácticas culturales que observan y las perspectivas que explican el significado o valor que tiene el producto o práctica.

Productos culturales	Prácticas culturales	Perspectivas culturales (¿por qué lo producen o por qué lo hacen así?)

C **Después de observar,** compartan lo que han escrito en el organizador con la clase. Si otro grupo tiene el mismo producto o práctica que tu grupo, ¿tienen la misma perspectiva? Analicen porqué es importante entender la perspectiva cultural de los productos y de las prácticas.

 "La última piñata" fue escrita por **Norma Cantú** de Laredo Texas en 1995. La autora nació en Nuevo Laredo, México en 1947 pero su familia cruzó la frontera a Laredo, Texas en 1948. "La última piñata" es una selección de su obra "Canícula", publicada en español en 2001. La escribe en primera persona porque son sus recuerdos de la niñez en la frontera. Muchos recuerdos vienen de álbumes de fotografías de su familia pero cuando faltan fotografías, la memoria substituye los álbumes.

D **Antes de leer** "La última piñata", conversa con un compañero sobre lo siguiente:

- ¿Qué sabes de la vida cotidiana en la frontera entre los EE.UU. y México?
- ¿Tu familia guarda fotos de tu niñez? ¿Dónde las guarda? ¿Por qué son las fotos recuerdos importantes del pasado?
- ¿Cómo nos puede informar la literatura o el arte sobre la familia hispana?

Antes de leer, utiliza las siguientes estrategias para mejorar tu comprensión del texto:

1. **¿Qué ya sabes?** Piensa en lo que sabes del tema y el vocabulario.

2. **Predicción:** Anticipa lo que va a pasar en el texto según el título, vocabulario, imágenes, etc.

Al leer, a ver si puedes entender el significado de estas palabras en el contexto del cuento. *Haz el ejercicio de vocabulario en la guía digital para emparejar las palabras con una imagen.*

estamos en el solar de la casa

la soga para la ropa

los adultos platican (platicar)

añoraba el pasado (añorar)

la foto permanece nítida en mi memoria

la foto fuera de foco

me ha colocado en medio

cuello de blanco piqué

ubicada entre los dos cumpleaños

añadiéndole a la casita cuatro habitaciones

ha echado la casa por la ventana

zapatos de charol negro

el vestido que estrené (estrenar)

al apagar las velitas

de tela a cuadros

"La última piñata" por Norma Cantú

Estamos en *el solar*[1] de la casa celebrando mi cumpleaños. En primer plano está la piñata en forma de pastel, *la soga*[2] para la ropa directamente frente a la cámara. Los vecinos, los primos y primas, mis hermanitos y hermanitas me acompañan. Al fondo está terminada la cocina que Papi está construyendo, *añadiéndole*[3] a la casita de cuatro habitaciones. Los adultos: doña Carmen, Concha, Romana, Tina, tía Nicha y los demás invitados sentados platican y se ríen. Mami me *ha colocado*[4] en medio de todos los niños, llevo el pelo rizado como corona, las piernas flacas que terminan en calcetines blancos y zapatos de charol negro. Esperanza apenas tiene tres años y está a punto de irse del grupo, como que le interesa más algo fuera de lo que captó la cámara. He perdido la foto, no sé dónde se encuentra; en alguna de mis muchas cajas con fotos o en alguno de los álbumes de Espy, tal vez. Pero la foto permanece limpia y *nítida*[5] en mi memoria. Recuerdo el vestido que *estrené:*[6] *falda plisada*[7] de tela a cuadros, rojo y blanco en fondo azul, *cuello blanco de piqué*[8]. Es de tienda y no hecho por Mami. Se lo compramos a doña Carmen, que vende ropa de las tiendas del centro. La compra y revende más caras. El júbilo total del día permanece a color en mi mente, aunque la foto fuera de foco y en blanco y negro no existe. Es un domingo por la tarde. Mami *ha echado la casa por la ventana*[9] para celebrar mi cumpleaños y el de Esperanza –la fiesta, estratégicamente *ubicada*[10] entre los dos cumpleaños–. No me explico por qué siento lo que siento o por qué recuerdo esta foto con tanto detalle. Tal vez es que, al saber que era mi última piñata, *añoraba el pasado*[11]. Lloré sobre el cake, *al apagar las velitas*[12]. Ni mi fiesta de quinceañera se compara. Pero ese es otro cuento y otra foto, tomada en el patio del frente de la casa.

---

[1] un lugar en la casa
[2] la cuerda
[3] haciendo más grande
[4] puesto

[5] clara
[6] poner por primera vez
[7] falda con pliegues
[8] tipo de tela

[9] celebrar una fiesta por todo lo alto
[10] situado
[11] extrañar el pasado
[12] extinguir las candelas

Al leer, piensa en las siguientes estrategias para interpretar el significado del texto:

1. **Atención a las palabras claves:** ¿Cuáles son las palabras más importantes para poder interpretar el texto?

2. **Visualización:** Imagina la escena en tu mente y dibuja lo que está pasando para ayudarte a interpretar el texto.

3. **Personalización:** ¿Cómo te puedes relacionar con el texto para poder recordar o interpretar lo que lees?

E **Después de leer,** dibuja la escena que visualizaste basándote en las descripciones que Nena recordaba de ese día. ¡OJO! La autora, Nena, cumplía 10 años mientras su hermana Espy (Esperanza) cumplía ___ años. (¿Sabes cuántos años cumplía?) Después, escribe un resumen de tu dibujo. Comparte tu dibujo y descripción con un grupo de cuatro o cinco compañeros.

¿Qué aprendiste?

¿Qué nos comunica la literatura o el arte sobre la cultura de la familia hispana?

 ### Opción 1:

¿Cuáles son las semejanzas y diferencias entre las dos obras (el arte y la selección literaria)? Nómbralas en un organizador "T" de dos columnas.

"Barbacoa para cumpleaños"	"La última piñata"

 ### Opción 2:

Compara estas fiestas a una fiesta de cumpleaños típica de tu familia. Usa el organizador de comparaciones y después explica las semejanzas y diferencias en un párrafo de por lo menos 100 palabras.

 ### Opción 3:

Imagina que estás invitado/a a una de estas fiestas de "Barbacoa para cumpleaños" o "La última piñata". Describe lo que oyes, lo que hueles y cómo sabe la comida en un párrafo de por lo menos 100 palabras.

El origen de la piñata

Aunque en la actualidad la piñata constituye un elemento central de los cumpleaños y otros eventos festivos de celebración, su origen es muy complejo y no se relaciona con el entretenimiento en una fiesta de niños.

El origen de la piñata llegó a México por medio de los colonizadores españoles, quienes la conocieron por los italianos. En realidad la piñata tiene su primer origen en China y fue el explorador Marco Polo que la llevó a Italia en el siglo XII después de descubrirla en el oriente.

Cuando esta tradición llegó a Europa, pasó de ser un mito pagano a ser cristiano, debido a las fuertes creencias religiosas de la Edad Media europea. La piñata se usaba para la celebración de la Cuaresma, los 40 días antes de la Pascua Florida. Así, al primer domingo se llamaba **Domingo de Piñata**. La piñata era una *olla de barro* con papeles de colores llena de dulces. Para romperla, las personas se vendaban los ojos.

Romper la piñata simboliza la destrucción del mal, mientras los frutos que hay dentro de la piñata representan la gracia de Dios. El relleno de la piñata es símbolo del amor de Dios porque al romper con el mal, se obtienen los bienes "divinos".

Al pegar la piñata con el palo, los niños cantan…

Dale, dale, dale,
no pierdas el tino,
mide la distancia,
que hay en el camino.

Visita la guía digital para ver un video del origen de la piñata.

Adaptado de: SpanishTown.ca

Estructura de la familia · **HILO 1**

Hilo 1 Evaluación Final - *Participa en un concurso*

Preguntas esenciales:

- ¿Cómo es la familia hispana de hoy en día?
- ¿Cuáles son los papeles que asumen los miembros de una familia hispana?
- ¿Qué piensan los jóvenes de la familia hispana actual?

Contexto

En este hilo escuchamos dos entrevistas con jóvenes latinos que ofrecieron sus perspectivas de asuntos familiares en un programa de www. mundolatino.com, *Enfoque en la familia*. Los seguidores respondieron con tanto interés a estas perspectivas que el programa está solicitando voces jóvenes para su nueva serie, "Voces jóvenes".

podcast

Haciendo referencia a las fuentes:
El artículo... explica que...
En la fuente .... el autor describe como...

Conectores:	Contrastes:
para empezar	sin embargo
en primer lugar	al contrario
en segundo lugar	al otro lado
también	mientras
por ejemplo	en cambio
además	aunque
para continuar	por el contrario
también	
en conclusión	
para terminar	

PARTICIPA EN UN CONCURSO

En nuestro Podcast siempre hablamos de asuntos familiares. Después de unas entrevistas recientes con jóvenes, recibimos muchas peticiones de aficionados de nuestro programa para ampliar las perspectivas representadas en *Enfoque en la Familia*. Por eso empezamos un concurso mañana solicitando voces adolescentes para representar la perspectiva de los jóvenes en el diálogo familiar. Ahora es tu oportunidad para aportar tu perspectiva y tu opinión a la conversación. Vamos a seleccionar a cinco adolescentes para participar en nuestro podcast. Dedicaremos toda una semana a escuchar la perspectiva juvenil. Para participar hay que grabar un mensaje en el cual comentas: los cambios en la estructura de la familia, incluso los papeles de los miembros, que han transformado a la familia tradicional a lo que es la familia actual. Manda su mensaje a *vocesdelosjovenes@enfoqueenlafamilia.org*. El concurso se cierra en una semana.

Visita la guía digital para apoyo adicional al organizar, preparar y escribir el podcast.

¡Al preparar tu podcast para el concurso!

❑ Escribe un guión para tu podcast, respondiendo a una de las preguntas esenciales.

❑ Haz referencia a por lo menos dos fuentes del hilo.

❑ Refiérete directamente a dos fuentes y nómbralas en tu presentación.

❑ Incluye por lo menos 10 oraciones.

❑ Utiliza por lo menos 12 palabras de vocabulario y expresiones presentadas en este hilo.

❑ Utiliza los conectores y palabras o frases que ayuden a contrastrar ideas en el texto

❑ Integra una variedad de estructuras gramaticales incluyendo:

- Comparativos y superlativos
- Presente
- Subjuntivo

¡Al grabar tu Podcast!

❑ Graba el anuncio usando un programa que produce archivos mp3, mp4 o wav.

❑ Lee tu anuncio. Pronuncia tu mensaje en voz alta y con confianza.

❑ Escucha el mensaje y si hay errores, grábalo de nuevo.

❑ Guarda el anuncio como archivo mp3, mp4 o wav.

❑ Manda el archivo a tu profesor(a).

Introducción

aportar - contribuir

compartir - repartir información, dividir o distribuir algo en partes iguales

cortometraje, el - película de corta duración

cumplir - ejecutar, llevar a cabo

expectativas de los padres, las - esperanzas, lo que esperan los padres

salir adelante - progresar, tener éxito

televidente, el - persona que mira la televisión

unidos - cercanos, de confianza

Antes de empezar

apasionado - con pasión

bisabuelos, los - los padres de los abuelos

tatarabuelos, los - los abuelos de los abuelos

consentido/a - mimado/a, malcriado/a

cuñado/a, el/la - hermano/a del/de la esposo/a

desapegado - distante , desinteresado, frío, insensible

egoísta - presumido, creído

enamorado/a de - que tiene amor por otro, que tiene un sentimiento romántico por otra persona

encantador/a - agradable, simpático

esbelto - delgado

exigente - estricto, que pide mucho, riguroso

floja - perezosa

generoso - benévolo

genial - espléndido

hijo único, el - un hijo que no tiene hermanos

huérfano/a, el/la - sin padres

maduro - sensato, sensato, prudente prudente

insensible - indiferente

inolvidable - algo que deja una impresión que se va a recordar

malcriado - maleducado, mimado, descortés

mimoso - afectuoso

nieto/a, el/la - el hijo o hija de un hijo o hija

niñez, la - cuando uno es niño, infancia

optimista/pesimista - persona que tiende a juzgar las cosas de manera favorable/persona que tiende a juzgar las cosas de manera desfavorable

padrino, el/madrina, la - protector/a o representante de los hijos de otro

pareja, la - compañero/a

parientes, los - familiares

paterno/materna - del padre o relativo a él/de la madre o relativo a ella

sobrino/a, el/la - hijo/a del/de la hermano/a

soltero/a - sin esposo/a

suegro/a, el/la - padre/madre del/ de la esposo/a

tacaño - no quiere gastar mucho dinero

testarudo - obstinado

tío/a abuelo/a, el/la - hermano/a del/de la abuelo/a

varón, el/hembra, la - hombre/ mujer

viudo/a, el/la - persona a quien se le/la murió el/la esposo/a

yerno, el/nuera, la - esposo/a de un hijo/a

Actividad 1

antepasado, el - ancestro

brecha, la - apertura, separación, alejamiento

comportamiento, el - conducta

llevarse bien - tener una buena relación

Actividad 2

biparental - cuando dos padres

están a cargo de los hijos

compleja - complicada

contar con - depender de

crianza, la - educación de los niños

desafío, el - reto, algo difícil de obtener

enfrentarse a - afrontar, confrontar, encarar

monoparental - familia que consta de un solo padre

parentesco, el - vínculos familiares

pelea familiar, la - conflicto entre miembros de la familia

presupuesto, el - estimación de gastos

separación, la - separarse

sobreprotección, la - proteger demasiado

unipersonal - individual, de un solo miembro, sirve para una persona

vínculos, los - lazos

Actividad 3

castigado - corregido o penalizado duramente

mi culpa - mi error

a escondidas - en secreto

hora de la llegada a la casa - hora en que se regresa a la casa

mentiras piadosas, las - mentiras sin mucha importancia, mentiras benignas

quehaceres, los - trabajos de la casa

Actividad 4

acontecimiento, el - evento, suceso

auto exigencias, las - imposiciones propias, lo que uno demanda de sí mismo

desconcertado - confuso

engañar - mentir, embaucar

estar de acuerdo - conforme a

metas, las - objetivos, culminación o término de algo

presumir - tener un alto concepto de sí mismo

proteger - apoyar, salvaguardar

rendirse - agotarse, vencer, ceder

reñir (e-i) - pelear, discutir, regañar, reprender

los riesgos - posibles peligros

rogar (-ue) - pedir urgentemente, implorar, pedir

Actividad 5

brindar - dar, ofrecer

expectativas, las - esperanzas

tener éxito - ser exitoso

trapear - limpiar el suelo con un trapo

Actividad 6

platican - charlan, conversan

añadiéndole a la casita - haciendo la casa más grande, ampliar la construcción

añoraba el pasado - extrañaba el pasado

apagar las velitas - extinguir las candelas, soplar las velas

cuello de blanco piqué, - el cuello de una tela de algodón

darse la vuelta - cambiar de dirección

frontera, la - límite entre dos países

ha echado la casa por la ventana - ha celebrado una fiesta por todo lo alto

me ha colocado en medio - me ha puesto en medio

un mito pagano - no es parte de la cultura cristiana

nítida en mi memoria - clara en mi memoria

olla de barro, la - recipiente de cocina hecho de arcilla que puede usarse para preparar una piñata

palo, el - estaca o vara que se usa para pegar la piñata

papel picado, el - pedacitos de papel que se usan como ornamento o decoración

relleno de la piñata, el - lo que está dentro de la piñata

soga, la - cuerda, piola

solar, el - terreno fuera de la casa

ubicada - situada

vendar los ojos - tapar los ojos

vestido que estrené, el - el vestido que me puse por primera vez

charol negro - cuero negro que brilla

Expresiones útiles

a pesar de que - aunque

darse cuenta de que - advertir algo, percatarse de algo, entender, comprender

desde mi punto de vista - a mi modo de ver

en cuanto a - respecto a

en mi opinión

es decir - en otras palabras

por medio del cual - a través de algo

se debe a - debido a que

sin embargo - no obstante, pero

tener ganas - tener deseos de, querer hacer algo

tener lugar - ocurrir

volverse - llegar a ser, hacerse

Redes sociales

Preguntas esenciales

- ¿Por qué usamos las redes sociales y por qué nos importan?

- ¿Cuáles son las ventajas y desventajas de las redes sociales?

- ¿Cómo cambia la manera de interactuar entre nosotros cuando usamos las redes sociales?

En este hilo te invitamos a explorar los usos y los efectos que tienen las redes sociales en las familias y comunidades de las culturas hispanas. Al consultar varias fuentes que siguen, vas a tener la oportunidad de investigar los resultados de encuestas y estudios de investigación de varios países del mundo hispano. Al final podrás "tejer un tejido" en el cual podrás expresar no solamente tus opiniones y perspectivas, sino también las de otros, de cómo las nuevas tecnologías han cambiado nuestras familias y comunidades. ¡Te conviene participar!

Introducción

¿Qué harías tú?

En este hilo hablaremos de las redes sociales: cómo influyen en la manera en que nos comunicamos, las ventajas y desventajas de las redes, nuestra responsabilidad como participantes en estas redes y cómo las redes han cambiado nuestras relaciones personales. Antes de empezar nuestro estudio de redes sociales, veremos un video que nos hace pensar sobre las buenas y las malas consecuencias asociadas con sitios como Facebook, MySpace y Twitter. ¿Hay un límite que separa nuestra vida real de nuestra vida virtual en la red? Como el título del video sugiere, ¿dónde fijas los límites? ¿Cuándo decides "De aquí no pasas"?

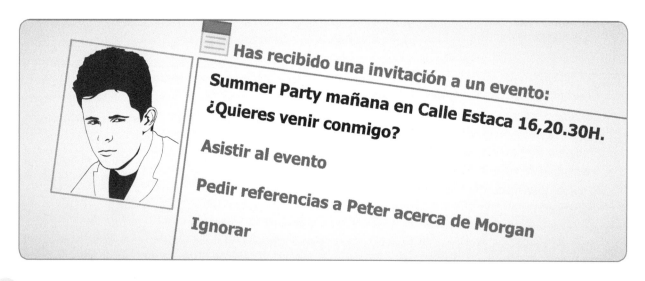

Has recibido una invitación a un evento:

Summer Party mañana en Calle Estaca 16,20.30H.
¿Quieres venir conmigo?

Asistir al evento

Pedir referencias a Peter acerca de Morgan

Ignorar

¿Qué harías tú? ¿Tú irías a una fiesta con alguien desconocido o no? Visita la guía digital para escribir tu respuesta. Escribe tu respuesta en Facebook y una razón por qué sí o por qué no irías.

Expresiones útiles en las conversaciones:

¿Cómo?	Oye…
¿En serio?	Mira…
¿De verdad?	Dime más
¿Qué quiere decir…?	¡Vaya!

¿Con qué frecuencia usas las redes sociales?

Sabemos que las redes sociales son populares entre los jóvenes de cualquier país pero, ¿sabes por qué? El Ministerio de Educación de Argentina publicó un informe "Los adolescentes y las redes sociales" en 2010 en el cual anunció los resultados de unas encuestas. Después de leerlo vas a hacer una comparación cultural entre tu uso de las redes y el uso de los jóvenes argentinos.

 A **Antes de leer,** responde a esta pregunta según tu participación en las redes sociales. Después hazles esta pregunta a 10 compañeros de clase y dibuja un gráfico que represente los resultados:

¿Sabes el origen de la palabra Internet?

Proviene de dos palabras inglesas: International + Network = Internet

En español dirías Red internacional.

¿Con qué frecuencia visitas una red social?

a. una vez por semana

b. día por medio

c. una vez al día

d. 5 veces o más al día

 B **Al leer,** fíjate en quiénes son los usuarios de las redes sociales según el Ministerio de Educación de Argentina.

¿Con qué frecuencia usan las redes sociales los adolescentes?

La mayoría de quienes están en alguna red social son jóvenes. El 80 por ciento de los usuarios de redes sociales en todo el mundo, tiene entre 12 y 30 años. La frecuencia de uso entre los adolescentes (12 a 19) es muy alta.

50% de los chicos visita la red **día por medio**

30% la visita **diaria**

20% la visita **una vez por semana**

 C **Después de leer,** responde a las afirmaciones. Si es falsa, cambia la oración para que refleje la información que leíste.

Afirmación	CIERTA	FALSA
1. El 80 por ciento de usuarios de redes sociales tienen entre doce y treinta años.		
2. Los adolescentes representan los usuarios que tienen de 12 a 19 años.		
3. El 30 por ciento de los usuarios en todo el mundo visitan las redes sociales a diario.		

  D **Comparaciones culturales:** ¿Qué semejanzas o diferencias hay entre los resultados de tu encuesta de la parte A y los del informe del Ministerio de Educación? Escribe tu respuesta en un Tuit de 140 caracteres o menos.

¿Por qué usamos redes sociales y por qué nos importan?

¿Por qué usan los jóvenes las redes sociales?

Las redes sociales son cada vez más populares entre los jóvenes de todas partes del mundo. Este fenómeno interesa a los expertos de tecnología y sociología que pretenden investigar este crecimiento del uso de las redes sociales por las nuevas generaciones. Vas a leer dos artículos con opiniones de por qué los jóvenes usan las redes sociales tanto: 1) un informe del Ministerio de Educación de Argentina, titulado "Los adolescentes y las redes sociales" y 2) un artículo digital del diario *El Referente*, que presenta información publicada por el Instituto de la Juventud (Injuve), del Ministerio de Sanidad, Política Social e Igualdad de España. Al final, podrás dar tu propia opinión: ¿estás de acuerdo con estos "expertos"? ¿Qué opinas tú?

 A Antes de leer

 1. **Introducción al vocabulario:** A ver si adivinas el significado de estas palabras o frases antes de leer el artículo. Con un compañero, hagan una predicción de ¿De qué tratará el artículo según estas palabras claves? Visita la guía digital para más practica con el vocabulario.

una encuesta del Ministerio de Educación	el anonimato y la intimidad ceden
la espontaneidad	su perfil
rodeados de pantallas	la Red trae los riesgos
maneras de relacionarse	soler (o→ue) suele pensar que solo lo ven sus amigos
aumentar su lista de amigos	
inmersos en el mundo tecnológico	una serie de televisión recién estrenada

2. Conversa con un compañero sobre lo siguiente:
   - las razones por qué ustedes y sus amigos usan las redes sociales
   - qué relación existe entre su uso de las redes sociales y su vida social con las amistades
   - la diferencia entre tener amigos en línea que solamente conoces en línea y amigos que ves en la escuela

3. Según lo que hablaron, haz una comparación de las semejanzas y diferencias entre tu uso de las redes sociales y el uso de tu compañero.

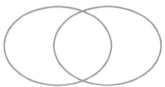

B **Al leer por primera vez,** investiga las opiniones de los expertos de Argentina y España para poder después decir si estás de acuerdo o no con lo que dicen sobre los jóvenes. Para organizarte mientras lees, completa el siguiente organizador en la guía digital con la información de los dos artículos.

¿Por qué usan los jóvenes las redes sociales?	
Información de "Los adolescentes y las redes sociales" (Argentina)	**Información de *El Referente* (España)**

Los adolescentes y las redes sociales

¿Qué es lo que más valoran los adolescentes de sí mismos? La popularidad. ¿Y qué necesita un adolescente para ser popular? Amigos, humor y espontaneidad. Así lo reflejó una encuesta del Ministerio de Educación de la Nación, entre 3500 alumnos secundarios. Ser popular es tener muchos amigos. La identidad de los adolescentes no puede entenderse sin sus amigos. Y sin ellos, tampoco es fácil comprender los usos que hacen de los medios y las tecnologías. Los chicos de hoy – aun rodeados de pantallas – valoran a los amigos tanto como los de ayer. Solo que Internet generó nuevas maneras de relacionarse, nuevas formas de sociabilidad.

Las pantallas son tema de conversación entre ellos: una nueva película en DVD, una serie de TV recién estrenada, un nuevo sitio de web de música, un nuevo tono de sonido para el celular, un nuevo "amigo" en una red... Las pantallas son – además – soportes de su vida social. Para comunicarse, esta generación puede hablar por teléfono de línea o celular, enviar un mensaje de texto, mandar un email, chatear, bloguear, encontrarse en una red social...

Inmersos en este mundo tecnológico, es comprensible que la vida social de los adolescentes pase por las pantallas. Los chicos quieren aumentar su lista de "amigos". Y para conquistar la amistad del otro, a veces comparten información personal. El concepto de "amistad" virtual y real, no es el mismo. Y ellos lo saben. Pero los amigos de la Red son también "amigos". Para el adolescente, el anonimato y la intimidad ceden ante el deseo de fama y popularidad.

¿No son conscientes los chicos de que esta exposición trae riesgos? Cuando un adolescente construye su blog o su perfil en una red social, suele pensar que sólo lo ven sus amigos, o quienes están interesados en lo que dice. No piensan que cualquiera que navegue en la Red, conocido o no, puede ver lo que escribió. Los chicos no creen en los riesgos de Internet porque se sienten "autoinmunes" o porque piensan sólo en sus amigos.

Extraído del MInisterio de Educación, Argentina

Los jóvenes usan Internet "porque necesitan sentirse parte de algo"

Un estudio afirma que los jóvenes usan Internet y las redes sociales "porque necesitan sentirse parte de algo".

El Referente
Diario independiente líder en información para jóvenes

... Según estudios realizados por el Injuve, el 66% de las y los jóvenes utiliza Internet porque desea sentirse parte de algo, relacionarse sin límites y dar su opinión. Consideran que las oportunidades que da Internet son: favorecer la difusión de sus opiniones, les permite una comunicación bidireccional con las administraciones, los partidos y los agentes sociales, y les da la soberanía para autorregularse y modular sus tiempos.

"La gente joven está creando más que nunca. A diferencia de lo que se dice es la que más lee porque recibe miles de informaciones al día; pero no solo eso, sino que además es generadora de contenidos a través de los cientos de páginas webs, blogs, y redes sociales que existen. Del 96% de gente joven que usa Internet, el 81% lo hace para 'saber lo que ocurre', el 60% para 'hacer los deberes mejor' y el 67% para 'hacer amistades', ha añadido el titular del Injuve.

C **Al leer por segunda vez,** ahora puedes opinar: ¿tienen razón estos "expertos"? Utiliza tus apuntes de la parte B y las lecturas para rellenar el siguiente organizador, que también se encuentra en la guía digital. Anota de qué artículo viene la información, si estás de acuerdo o no, y por qué. Después, comparte tus opiniones con tus compañeros en un grupo de tres o cuatro.

Razón sugerida de porqué los jóvenes usan las redes sociales	¿De cuál articulo viene esta información, el de Argentina o el de España?	¿Estás de acuerdo o no con esta explicación?	¿Por qué? Explica tu opinión.

¿Qué aprendiste?

1. Usa tus apuntes para preparar un resumen de la información basada en los dos artículos.

2. Presenta lo que piensan estos expertos respecto a la pregunta, *¿Por qué usan los jóvenes las redes sociales?* Explica tu opinión al final de tu presentación para compartir con tus compañeros.

3. Para realizar esta tarea, escribe tres párrafos siguiendo el esquema que te proponemos:

   - Primero: Resume la información del informe de Argentina en tus propias palabras.
   - Segundo: Resume la información del artículo de España en tus propias palabras.
   - Tercero: Da tu opinión: ¿Con cuál de los dos artículos estás más de acuerdo y por qué?

 Reflexión

Escribe tus reflexiones en tu diario: Antes de leer estos artículos, ¿habías reflexionado sobre tu uso de la tecnología y las redes sociales? ¿Qué pensabas antes? Ahora, ¿piensas diferente sobre el uso que haces de las redes sociales?

- ¿Cómo contribuyen las redes sociales a tu vida social?
- Si pudieras cambiar algo sobre las redes sociales y tu uso de ellas, ¿qué cambiarías?

  ¡Tu opinión cuenta!

Una nueva empresa tecnológica está buscando las opiniones de los jóvenes sobre las redes sociales. Los gerentes de la compañía quieren que les dejes un mensaje de teléfono para participar en su encuesta..

1. Prepara la siguiente información para compartirla cuando escribas "tu última palabra" sobre este tema:

   - ¿Qué es lo que más te gusta de las redes sociales y por qué? Da tu opinión dando ejemplos de experiencias tuyas.
   - ¿Qué es lo que menos te gusta de las redes sociales? ¿Qué te molesta? ¿Qué cambiarias si pudieras? Explica y defiende tu opinión.

2. Haz una llamada de teléfono para dejar tu opinión de la manera que te explica tu profesor(a). ¡Has ayudado a la empresa a entender mejor el punto de vista y opinión de los jóvenes!

Actividad 2

¿Cómo evolucionan las redes sociales con los cambios en la vida social y con los avances de la tecnología?

Visión Tuenti-Tuenti: Esta emisión describe una red social creada por un grupo de jóvenes españoles. Después de escuchar, verás unas imágenes indicando como las redes sociales han cambiado desde que salió esta emisión en 2008. ¿Cómo cambian las redes sociales para responder a lo que les importan a los usuarios?

A **Antes de escuchar:** A ver si sabes el significado de estas palabras antes de escuchar la emisión de radio. Empareja el vocabulario con la definición correcta.

1. tráfico de visitas	a. sitios web y otros medios de comunicación que los usuarios utilizan para compartir información
2. entretenimiento	b. una red mundial de computadoras que conectan computadoras con redes y otras computadoras
3. privacidad	c. un teléfono portátil
4. red social	d. tener entrada
5. Internet	e. a su disposición en cualquier lugar
6. móvil	f. lo que sirve para entretener: música, cine, arte, televisión
7. acceder	g. número de personas que visitan un sitio web
8. localización	h. derecho a la intimidad

B **Al escuchar por primera vez,** escucha y decide cuál es la idea central del programa.

C **Al escuchar por segunda vez,** rellena los espacios con la información de la emisión de radio que completa las siguientes oraciones.

1. Con sólo dos años de vida, esta _____ es el tercer sitio en tráfico de visitas en España.

2. Tuenti tiene casi el mismo número de _____ que Facebook en su versión española.

3. Cuatro amigos con poco más de _____ años lo crearon en _____. Hoy son un equipo de _____.

4. No es una empresa con versión española, _____ en español.

5. Puedes ver las _____, pero aún no es posible subirlas desde el propio _____.

D Después de escuchar

 1. Responde a las siguientes afirmaciones con una C si la afirmación es cierta o una F si es falsa. Si es falsa, cambia la oración para que refleje la información que escuchaste en la emisión de radio.

Afirmación	CIERTA	FALSA
1. Tuenti tiene casi el mismo número de usuarios que Facebook, pero recibe más del doble de visitas.		
2. La fundación de Tuenti se enfoca en la especialización, la falta de privacidad y la localización.		
3. La mayoría de los usuarios de Tuenti son estudiantes universitarios y de primaria.		
4. Para unirte a Tuenti necesitas una invitación de un amigo.		
5. Los usuarios de Tuenti no tienen control de su privacidad y todos pueden ver el perfil completo de los usuarios.		
6. En el futuro, Tuenti se va a centrar en la computadora y el televisor.		
7. Los usuarios de Tuenti quieren subir fotos y videos desde sus móviles.		

 2. Conversa con un compañero y juntos escriban una respuesta a las siguientes preguntas para compartir con la clase:

- ¿Por qué les importa a los jóvenes tener acceso a las redes sociales en cualquier momento desde sus móviles?
- ¿Cómo han cambiado los móviles en los últimos cinco o seis años para responder a los cambios en las redes sociales?
- ¿Cuáles son los avances que han hecho las empresas de las redes sociales para ponerse al día con los cambios en la tecnología de móviles?

 E **Cambiando con los avances en tecnología:** Lee los anuncios de Tuenti.

Los usuarios de Tuenti pidieron cambios de los creadores de la red social para integrar la tecnología incluida en sus móviles. En cuatro años Tuenti respondió con una aplicación de móvil que les permite a los usuarios navegar la red y comunicarse con los amigos igual que lo hacen en el sitio web.

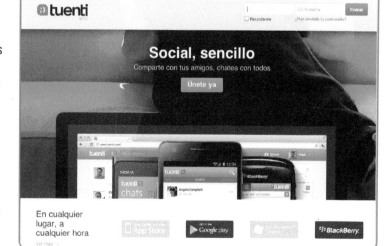

 ¿Qué aprendiste?

Uno de tus blogueros favoritos busca a un bloguero invitado para responder a la pregunta que sigue. Pensando en lo que oíste y aprendiste acerca de Tuenti en esta actividad, responde a tu pregunta en estilo bloguero (8 – 10 oraciones completas):

¿Por qué es tan importante que los creadores de redes sociales sigan transformando sus empresas para responder a los deseos de sus usuarios?

Actividad 3

¿Qué semejanzas y diferencias existen entre los adolescentes de España, América Latina y los Estados Unidos con su uso de las redes sociales?

El periódico en línea, *Hoy tecnología*, el 6 de julio de 2010, publica que el 93% de los adolescentes españoles conocen las redes sociales por sus amigos, un fenómeno "histórico". Dos profesores de Madrid, Adolfo Sánchez Burón y Adolfo Álvaro Martín hicieron una investigación de la Generación 2.0 en 2011 y analizaron los hábitos de uso de las redes sociales de los adolescentes de España y seis países de América Latina. Tú tendrás la oportunidad para hacer una encuesta de tus compañeros y mandar los resultados a los profesores Burón y Martín.

hoyTecnología

Síguenos en twitter

"El 93 por ciento de los adolescentes españoles, de 12 a 17 años, conocen y utilizan las redes sociales de Internet mediante boca-oído transmitido por sus amistades, un auténtico boom social".

A. Sánchez Burón, Madrid

"El mito de que los adolescentes prefieren conectarse que salir con sus amistades, no se aplica bajo ningún concepto', los jóvenes prefieren *realizar* actividades fuera de casa en un 80 por ciento".

A. Sánchez Burón, Madrid

"La red social 'Tuenti' tiene un perfil de uso a nivel local 'sorprendente'. El 80 por ciento de los adolescentes españoles utilizan esta red…No existe otro servicio que haya crecido con tanta celeridad."

A. Sánchez Burón, Madrid

"El objetivo fundamental de los jóvenes al utilizar las redes es absolutamente social. Estas dejan de ser tecnologías para pasar a ser nuevos espacios de convivencia".

A. Sánchez Burón, Madrid

A **Antes de leer** el estudio de la Generación 2011, lean las citas anteriores de Hoy Tecnología en un grupo de tres o cuatro compañeros, conversen de lo siguiente y después compartan sus opiniones con la clase:

- Hay pruebas suficientes de que los adolescentes en los Estados Unidos pasan mucho tiempo al día usando las redes sociales. ¿Piensan que esta dedicación a las redes sociales es semejante en los países de habla hispana? ¿Por qué sí o por qué no?
- ¿Conocen ustedes algunas redes sociales que sean tan populares como Facebook en España o en América Latina? ¿Cómo se llaman?

 B **Al leer,** busca las siguientes palabras o frases en el texto del artículo. Infiere el significado de ellas según el contexto. Anota tus ideas en tu diario.

supera	se debe tener en cuenta
poblaciones	en edad escolar
realiza un estudio comparativo	escolarizados
los comportamientos	hacen que mejoren sus relaciones con los demás
por encima del…%	los peligros que conlleva el uso irresponsable
cara a cara	saludable

 C **Al leer la investigación de la generación 2.0,** trabaja con un compañero para analizar los gráficos del estudio, comparen los resultados de los siete países y completen la información que falta del texto. Compartan sus respuestas con toda la clase.

Entérate de los hábitos de jóvenes de varios países de habla hispana

La Universidad Camilo José Cela presenta su tercer estudio sobre jóvenes y redes sociales: El Informe Generación 2.0 de 2011 *realiza un análisis comparativo* entre varios países de habla hispana, explorando *los comportamientos* y actitudes que manifiestan los adolescentes sobre sus hábitos de uso de las redes sociales. Para ello se tomaron muestras de adolescentes de seis países diferentes.

Identifica los países en el mapa del mundo:

- ❑ Argentina
- ❑ Colombia
- ❑ Ecuador
- ❑ España
- ❑ México
- ❑ Venezuela

1. ¿Conocen y usan los adolescentes las redes sociales?

Al contestar esta pregunta los jóvenes de los varios países respondieron "sí" con estos porcentajes representados en el gráfico. En todos los casos, *la utilización* de las redes está cerca o *por encima del 79%*, _____ es el país de mayor utilización con un 94,3% y el país de menor utilización, _____, con un 79,4%. Para interpretar correctamente estos resultados se debe tener en cuenta que estamos tratando con una población escolar, con edades entre los 11 y los 17 años, es decir, más del 80% de *adolescentes escolarizados* de los seis países consultados emplea habitualmente una red social.

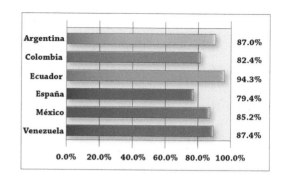

País	%
Argentina	87.0%
Colombia	82.4%
Ecuador	94.3%
España	79.4%
México	85.2%
Venezuela	87.4%

2. ¿Qué redes sociales prefieren?

Al contestar esta pregunta los jóvenes de varios países indicaron sus redes preferidas. En todos los países *supera* el 75% y en algunos llega hasta el 90%. En España, _____ (la red social) se ha posicionado como la red preferida por una gran mayoría de adolescentes (más del 90%), mientras que *Facebook* es considerada para *poblaciones* más adultas. Este efecto no se observa en ningún otro país, donde _____ (la red social) es la dominante. Sólo en Ecuador se observa un efecto diferencial al dividirse las preferencias entre *Facebook* y _____ (la red social).

Facebook:
- Argentina 94%
- Venezuela 93%
- Colombia 98%
- México 89%
- Ecuador 53%

hi5:
- Ecuador 35%

tuenti:
- España 91%

En este sentido es interesante observar que los adolescentes consideran que estas redes sociales tipo *Tuenti o Facebook hacen que mejoren sus relaciones con los demás.* Incluso en algunos estudios se ha detectado que las personas con ciertos problemas de relación (especialmente con timidez) son las que más efectos positivos ven en su *utilización*.

3. ¿Para qué usan las redes sociales?

País	Primera opción	Segunda opción
Argentina	Comentar las fotos de mis amigos	Compartir o subir fotos
Colombia	Compartir o subir fotos	Informarme sobre las cosas que me interesan
Ecuador	Actualizar mi perfil	Compartir o subir fotos
España	Compartir o subir fotos	Comentar las fotos de mis amigos
México	Compartir o subir fotos	Conversar
Venezuela	Compartir o subir fotos	Comentar las fotos de mis amigos

¿Qué hacen los jóvenes cuando están en las redes? Las acciones que realizan mientras están conectados a las redes giran especialmente en torno a las aplicaciones que les permiten: _____ (nombra las dos razones más comunes que indican los jóvenes). En este sentido, conviene tener presente la necesidad de una educación por parte de los adultos de *los peligros que conlleva el uso* irresponsable de esta práctica relacionada con las fotos personales o familiares.

4. **¿Prefieres pasar más tiempo "en línea" que en persona con tus amigos de la vida real?**

	Argentina	Colombia	Ecuador	España	México	Venezuela
Nunca	91%	74%	54%	90%	77%	87%
A veces	4%	16%	30%	7%	12%	7%
Frecuentemente	2%	4%	8%	2%	5%	2%
Muy a menudo	2%	3%	4%	0%	3%	1%
Siempre	2%	4%	4%	1%	3%	3%

Aunque a los jóvenes les encanta pasar mucho tiempo con sus amigos en línea, prefieren estar con sus amigos *cara a cara.* El porcentaje de jóvenes que prefiere estar conectado en vez de estar con sus amistades es muy reducido: en ningún caso se supera el 5% en las opciones de "Siempre" y "_____" (indica otra opción) Lógicamente, esta orientación no puede ser considerada *saludable* en una etapa como la adolescencia, pero el porcentaje en todos los países es mínimo.

  D **Después de leer,** realiza tu propia encuesta siguiendo estos pasos. Visita la guía digital para apoyo adicional.

 1. ¿Qué otras preguntas les gustaría hacer para saber más de los adolescentes de España y de los países de América Latina?

2. Según las instrucciones de tu profesor/a, prepara una encuesta para los adolescentes de los EE.UU. usando las mismas preguntas del estudio.

3. Distribuye la encuesta a otros estudiantes que hablan español, recoge las respuestas, analízalas y compáralas con los datos de los otros países.

4. ¿Qué observaciones se pueden hacer? Analiza y explica los resultados.

   ¡A tejer!

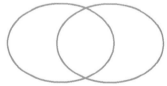

Carta formal: A los profesores Burón y Martin, de la Universidad de Camilo José Cela en Madrid, les encantaría si tú les mandaras los resultados de la encuesta para añadir la información a su próximo estudio de este tema.

1. Después de recoger los resultados de la encuesta, analiza por lo menos dos de las respuestas con la información de tus compañeros de los EE.UU.

2. Compáralas con los datos de las mismas preguntas en el estudio de los estudiantes de España y América Latina.

3. Usa un organizador de comparación para comparar las semejanzas y las diferencias entre los dos grupos.

4. Escríbeles una carta formal analizando los resultados de una de las preguntas. Para más detalles, consulta la guía digital y las sugerencias en la siguiente página.

Para expresar las semejanzas y las diferencias:

Semejanzas:

- Igual que los jóvenes de _____ (país), los jóvenes de _____ …

- Los jóvenes de _____ son semejantes a los de _____ en cuanto a…

Diferencias:

- Más / menos jóvenes de _____ (país) prefieren / usan…

- Mientras el _____% de los jóvenes de _____, el _____% de los jóvenes de _____, …

- Por un lado, el _____ % de los jóvenes de _____. Por el otro lado , el _____% de los jóvenes de _____…

Estrategias para escribir una carta o correo electrónico formal

Saludo

Estimado/a _____:

Apreciado/a _____:

Muy Señor/Señora Mío/a:

Introducción

Le escribo para…

Con respecto a…

Se trata de…

Conectores

En primer / En segundo lugar…

Por un lado / En cambio…

Mientras tanto…

Sin embargo / No obstante…

Para continuar…

Debido a…

A pesar de…

Además…

A lo mejor…

Aunque…

Conclusión

En fin…

Por lo tanto / Por eso…

Por consiguiente…

Para concluir…

En conclusión…

Despedida

Agradeciendo de antemano su colaboración,

Le agradezco mucho,

Reciba un muy cordial saludo,

Muy atentamente,

Le saludo muy atentamente,

Espero con anticipación su respuesta,

¿Cuáles son las ventajas y desventajas de las redes sociales?

¿Cuáles son los riesgos de Internet y las redes sociales?

En la actualidad existen muchos riesgos al usar Internet y las redes sociales debido a individuos con malas intenciones que se aprovechan de la tecnología e informática. Todos, tanto los adolescentes como los adultos, necesitan conocer los riesgos y protegerse.

 A **Antes de leer:** ¿Qué sabes de los riesgos de Internet y las redes sociales? Entrevista a tus compañeros para ver lo que hacen en Internet y las redes sociales. Apunta tus respuestas para compartirlas con otros compañeros.

1. ¿Quién puede ver tu información en tu sitio personal o muro?
2. En la red social que usas, ¿qué información personal tienes en tu perfil? ¿número de teléfono, dirección, escuela o fecha de nacimiento?
3. ¿Subes fotografías de otras personas que son inapropiadas?
4. ¿Te has comunicado en línea con personas que no conoces? ¿Por qué y qué pasó?
5. ¿Cuáles son algunas precauciones que tomas para protegerte de los riesgos de Internet y en las redes sociales que usas?
6. ¿Tus padres imponen reglas para tu uso de Internet o redes sociales?

Vas a leer lo que dicen unos adolescentes argentinos de *Los riesgos en Internet y en las redes sociales*. El Ministerio de la Educación, Escuela y Medios, de Argentina presenta lo que indicaron los adolescentes en varias encuestas en cuanto a los riesgos de Internet y en las redes sociales.

 B **Al leer por primera vez: Piensa - Conversa - Comparte** Visita la guía digital y categoriza el vocabulario según el organizador.

Cognados	Palabras familiares	Palabras que no sabes

1. Conversen, compartan sus listas y prepárense a compartir con toda la clase.
2. Compartan las palabras nuevas entre todos para completar sus listas.

« | » | □ | 🔊

En Internet

El riesgo mayor con Internet, como dijimos, es que los chicos y los adolescentes no siempre son conscientes de lo que puede ocasionar un uso no responsable de la web. La confianza que tienen en ellos mismos es superior a la posibilidad de pensar en situaciones difíciles que puede generar la Red. Por eso, respecto de Internet, los chicos no toman las prevenciones necesarias. Un estudio entre adolescentes argentinos reflejó que…

95%	no cree en los riesgos de Internet.
90%	se siente inmune frente a lo que pueda encontrar.
75%	cree en todo lo que dice la Red.
60%	cree que sólo los amigos ven su página personal.
90%	dice que en su casa no hay reglas de uso.

Los adolescentes- como se ve- no suelen ser conscientes de los riesgos que puede traer un uso no responsable de las redes sociales. Y aun, quienes tienen información sobre estos riesgos, no siempre llevan lo que saben a la acción. En general se sienten seguros de lo que hacen en Internet.

En las Redes Sociales

Como las redes sociales se organizan en torno a las páginas web de los usuarios, los riesgos más frecuentes en este caso tienen que ver con la construcción y el contenido de los sitios personales.

Algunos riesgos son:

Abrir los sitios para que cualquiera los pueda ver.
Dar información personal.
Subir fotografías- propias o ajenas- que reflejen situaciones de intimidad.
Hacerse "amigos" de gente que no conocen.
Hacer citas en persona con "amigos" que sólo conocieron en la Red.

C **Al leer el texto por segunda vez,** compara tu opinión con la información de la encuesta de los jóvenes argentinos. Indica sí, a veces, o no en la columna "tuya" y en la columna de los argentinos.

En las columnas a la derecha indica: Sí, A veces o No	Tú	Los argentinos
No cree en los riesgos de Internet.		
Se siente inmune frente a lo que pueda encontrar.		
Cree en todo lo que dice la Red.		
Cree que solo amigos ven su página web.		
Dice que en su casa no hay reglas de uso.		

D **Después de leer: Piensa - Conversa - Comparte**

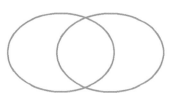

1. Piensa en las diferencias y semejanzas entre las prácticas de tus compañeros (prácticas "que viste en tu encuesta de actividad 1 / la introducción") y las de los argentinos. ¿Por qué piénsas que será así? Haz unas notas en el organizador de comparaciones culturales.

2. Conversa con un compañero para completar el organizador. Preparen un resumen de los resultados. Incluyan dos diferencias y dos semejanzas.

3. Compartan sus resultados con la clase.

¿Qué aprendiste?

Tienes un hermano/a menor o un amigo/a menor que necesita algunas sugerencias para protegerse en Internet y en las redes sociales. Escríbele un mensaje electrónico dándole unos consejos. Usando mandatos familiares, incluye por lo menos cinco precauciones que puede tomar para protegerse. Refiérete a la actividad 4 del hilo 1, página 17, para repasar el imperativo familiar.

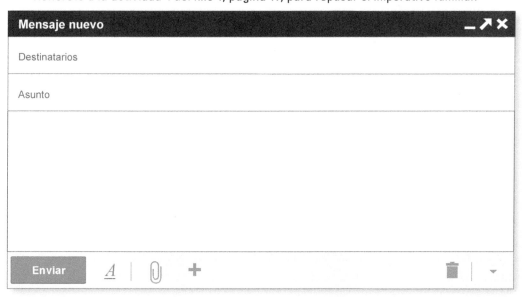

Actividad 5

¿Cuáles son los papeles de jóvenes y padres en el uso responsable de las redes sociales?

"Educafamilia" es un sitio dedicado a la educación de los padres para darles las herramientas necesarias para educar a sus hijos. En esta actividad, leerás dos artículos sobre el uso responsable de las redes sociales por jóvenes y el papel que los padres cumplen para facilitar el uso seguro a sus hijos. Al final podrás diseñar materiales para enseñar a otros sobre el uso responsable de las redes sociales.

USO DEL LENGUAJE EN CONTEXTO: El imperativo formal y el presente del subjuntivo

El imperativo formal (Ud.) y plural (Uds.): Se usa para darles consejos a los padres y a los adolescentes sobre los usos de las redes sociales y para que las usen con responsabilidad:

1. Promover *(promueva/n)* la confianza.

2. Acordar *(acuerde/n)* un lugar común y un tiempo de conexión.

3. Consultar *(consulte/n)* periódicamente el registro de webs visitadas.

4. Utilizar *(utilice/n)* programas de control preventivo.

5. Vigilar *(vigile/n)* la información publicada en línea.

Formación: Usa la forma de *yo* presente, cambia el vocal final (-ar- e/n, -er-a/n, -ir-a/n). Añade la "n" si es plural.

Hay ciertos verbos irregulares: dar (dé/den), ir- (vaya/n), ser-(sea/n), haber- (haya/n), estar-(esté/n), saber- (sepa/n)

El presente del subjuntivo: se usa para dar recomendaciones, opiniones y reacciones de emoción sobre el uso de las redes sociales. Explica por qué se usa el presente del subjuntivo en estas oraciones:

1. Es preciso que **incluya** solo la información necesaria para poder ser reconocido por los amigos.

2. Tengo miedo de que **permitan** el acceso al perfil a desconocidos.

3. Los expertos recomiendan que los adolescentes *tengan* cuidado con las imágenes o informaciones comprometedoras porque todo lo que *se publique* puede ser utilizado.

Mientras lees los textos, a ver si puedes cambiar algunas oraciones para que uses el subjuntivo o el imperativo formal o plural.

 A **Antes de leer:** Se hace mucho énfasis hoy en día del uso responsable de las redes sociales. ¿Qué hacen tus amigos para protegerse de los riesgos? Conversa con un compañero sobre lo siguiente:

- si los jóvenes protegen su privacidad en las redes sociales o si publican información personal que les exponen a los riesgos de Internet
- si tú y tu compañero piensan en los riesgos antes de publicar información en las redes sociales
- si los padres deben enseñar a sus hijos a usar las redes sociales e imponer límites en el uso

B **Al leer por primera vez,** a ver si infieres el significado de estas palabras según su contexto. Empareja las palabras con sus sinónimos o definiciones. Visita la guía digital para apoyo adicional.

Consejos para el uso responsable de Internet

1. _____ códigos de conducta
2. _____ sedentarismo
3. _____ ordenador
4. _____ aislamiento
5. _____ filtrado de contenidos

a. estilo de vida sedentario
b. computadora
c. una manera de controlar la información que una puede acceder en la red
d. reglas de comportamiento
e. soledad

El papel de la familia ante las redes sociales en Internet

6. _____ lúdico
7. _____ herramientas laborales
8. _____ salvaguardar
9. _____ comprometedoras
10. _____ enganchados

a. lo que usa en el trabajo
b. adictos, agarrados
c. de juego
d. peligrosas
e. proteger

   C **Al leer por segunda vez,** lee los artículos y rellena el organizador con información que incluya ventajas y desventajas de las redes sociales y sugerencias para padres y adolescentes para el uso seguro de estas redes. Visita la guía digital para hacer este trabajo en grupos.

Ejemplo:

Ventajas	Desventajas	Sugerencias para Padres	Sugerencias para Adolescentes
acceder información	sedentarismo		

« | » | □ | ᴙ

Consejos para el uso responsable de Internet

a. Internet, es decir, las páginas web, el chat, la mensajería instantánea, el correo electrónico, los blogs, las redes sociales…constituyen nuevas formas de relacionarse entre los adolescentes y jóvenes. Aparecen nuevos *códigos de conducta*, nuevas oportunidades y sensaciones que las familias desconocen, además se encuentran en constante reinvención.

« | » | □ | ⌁

El Internet, los videojuegos y el teléfono móvil constituyen un mundo en el que los menores tienen un dominio superior al de los padres. Por ello, debemos interesarnos por el uso seguro de estas *herramientas*.

Constituye una gran oportunidad porque nos proporciona la posibilidad de acceder a cualquier tipo de información, disfrutar de videos y música, publicar cualquier tipo de documento o imagen para que otras personas puedan verlo, comunicarnos con cualquiera no importa en qué parte del mundo se encuentre.

b. Es imposible renunciar a esta poderosa herramienta si deseamos un *desarrollo integral* de los hijos e hijas. A pesar de las ventajas, debemos estar atentos a los riesgos que presenta: peligros derivados de la publicación de la información de texto, visual, sonido o video, de entrar en contacto con personas o de adquirir productos o servicios.

El uso muy intenso de Internet puede tener consecuencias para la salud física y psicológica. Los daños físicos van unidos al *sedentarismo* y al uso del *ordenador* como máquina en condiciones poco adecuadas. Los riesgos de tipo psicológico hacen mención del *aislamiento,* falta de habilidades sociales, visión distorsionada de la realidad, los cambios en su conducta y adicción o fuerte dependencia.

c. Ofrecemos unas recomendaciones generales que unidas a una buena educación de habilidades sociales les ayudarán decidir qué deben hacer en situaciones difíciles como la resistencia a la presión de grupo, la petición de ayuda y la autocrítica:

1. Promover la confianza y el uso compartido de Internet: Los hijos e hijas deben tener asegurada la confianza de los padres en casos de necesitar ayuda.
2. Acordar un lugar común y un tiempo de conexión para facilitar el control en el Internet.
3. Consultar periódicamente el registro de webs visitadas en el navegador.
4. Utilizar programas de control preventivo, de y con límites en la conexión.
5. Vigilar la información publicada en línea a través de Google, se puede saber si están dando datos personales en la red.

« | » | □ | ⌁

El papel de familia ante las redes sociales en Internet

d. Las redes sociales, que ofrecen más ventajas que inconvenientes, suponen una revolución de la comunicación entre los más jóvenes. Por lo general, la influencia de las redes en sus usuarios es muy positiva.

En primer lugar, porque les familiariza de un modo *lúdico* con unas tecnologías que serán en unos años sus principales *herramientas laborales*. También porque las redes sociales suponen una segunda oportunidad para los jóvenes que en el mundo exterior no logran comunicarse con otros: en las redes, el joven tímido, con dificultades de relación o que tiene problemas para encontrar a personas de interés en su ambiente puede comunicarse a su manera, sin complejos y para un público mucho más amplio.

Otra de las grandes ventajas de las redes es su carácter colaborativo. Sus jóvenes comparten contenidos de manera constante y, de ese modo, también conocimientos. Incluso se pasan apuntes de clase y se consultan dudas. Es decir, aprenden a estudiar y trabajar en equipo, cualidad muy valorada en las empresas. Por tanto, estas redes, lejos de aislarles, socializan todavía más a los jóvenes.

e. Debemos dar algunos consejos a nuestros hijos e hijas para *salvaguardar* la privacidad ya que éste es uno de los riesgos de la red:

- Incluir solo la información necesaria para poder ser reconocido por los amigos.
- Nunca permitir el acceso al perfil a desconocidos.
- Tener cuidado con las imágenes o informaciones *comprometedoras* porque todo lo que se publique puede ser utilizado.

No hay que obsesionar pero sí conviene prestar atención a los síntomas de que algo puede no ir bien. No es fácil, pero a veces, la observación nos puede indicar que el comportamiento y la expresión de los hijos e hijas cambian tras una sesión de Internet.

Extraído de: educafamilia.jimdo.com

  D **Después de completar el organizador,** conversen en un grupo de tres o cuatro compañeros, consulten el organizador para intercambiar ideas y contestar estas preguntas:

- ¿Piensan que las ventajas de las redes sociales superan las desventajas?
- ¿Piensan que las redes sociales causan sedentarismo, visión distorsionada de la realidad, adicción, aislamiento o dificultades en las relaciones sociales entre los jóvenes?
- ¿Piensan que los padres e hijos deben trabajar juntos para asegurar el uso responsable de las redes sociales?

  ¡A tejer!

  1. **Contexto:** La oficina de orientadores /consejeros escolares en tu escuela está preparando *"La semana del uso responsable de la red"* y necesita información para distribuir a los padres y estudiantes hispanohablantes sobre el uso seguro de las redes sociales. Tu clase de español desarrollará una variedad de materiales información para hacerlos disponibles en la oficina. Sigue leyendo en la página siguiente:

2. **Opciones de formato:** ¿Cuál sería tu preferencia de formato para distribuir información sobre el uso responsable de las redes sociales?

- *Cartel informativo:* Diseña un cartel digital o en papel para poner en los pasillos de las escuela.

- *Folleto:* Diseña un folleto para poner en la oficina de consejeros, orientadores escolares, para distribuir a padres y estudiantes.

- *Sitio Web:* Diseña un anuncio con los requisitos para enlazar al sitio web de la escuela.

- *Podcast:* Graba un mensaje que sirva de anuncio de servicio público para enlazar al sitio web.

- *Video/Comercial:* Graba un video corto que puedas publicar en el canal de televisión de la escuela o subir al sitio web de la escuela.

3. **Requisitos:** Usando los artículos y otras fuentes del hilo, incluye por lo menos la información siguiente:

- Mínimo de 3 ventajas de las redes sociales para jóvenes o padres

- Mínimo de 3 desventajas de las redes sociales para jóvenes, padres o una familia

- Mínimo de 3 consejos para los padres de cómo facilitar el uso responsable de las redes sociales por sus hijos

- Mínimo de 3 consejos para los jóvenes de cómo usar las redes sociales de una manera segura para proteger su información personal

4. **Uso del lenguaje:** Utiliza el vocabulario del hilo, el imperativo de usted y ustedes y el subjuntivo del presente para crear el texto de la presentación.

Esta es la introducción a la guía del uso responsable para padres e hijos:

> ## Uso responsable de las redes sociales: Una guía para padres e hijos
>
> Hasta hace poco tiempo los padres luchaban contra sus hijos para limitar el tiempo que los hijos veían la televisión. Pero hoy en día, el televisor ya no es una preocupación tan importante. Ahora las redes sociales causan muchos conflictos entre padres e hijos. Incluimos en este folleto información útil para padres e hijos sobre las redes sociales y sus ventajas y desventajas. Al final les ofrecemos recomendaciones para el uso seguro de las redes sociales.

¿Cómo cambia la manera de interactuar entre nosotros cuando usamos las redes sociales?

¿Cómo cambia la comunicación familiar con el uso de la tecnología?

La familia digital, un cortometraje cómico, refleja la vida cotidiana de una familia española y sus relaciones con la tecnología. Es una producción del foro **Generaciones Interactivas** en la cual destaca la importancia de las nuevas tecnologías en la vida de padres e hijos. El objetivo del foro es promover un uso responsable e inteligente de las tecnologías desde las perspectivas de jóvenes y adultos en el ambiente familiar. En esta actividad verás un cortometraje y participarás en una conversación familiar con un compañero.

Adaptado de www.generacionesinteractivas.org

 A **Lo que sabes:** Muchas palabras de las tecnologías nuevas son cognados y fáciles de entender, sin embargo hay otras expresiones que querrás aprender para poder comunicarte lo mejor posible cuando hables de las tecnologías nuevas. Al seguir las instrucciones abajo, anota tus ideas en tu diario para ver después si tenías razón.

A ver si puedes inferir el significado de las siguientes expresiones en el contexto y después, fíjate en quién usa estas expresiones en el video: la mamá, el papá, la hija o el hijo.

1. Me encanta la falda pero hay un *gorro super chulo* que tengo que comprar.

2. Mi mamá dice que *maneja bien* las tecnologías.

3. Las tecnologías no *entorpecen* nada en absoluto la comunicación familiar.

4. No hay sitio para la comida, tantos *aparatitos,* pero bueno…

5. Cuando éramos niños nos divertíamos con *una piedra y un palo* toda la tarde. *Antigua…*

6. Sé que hay unos peligros en el Internet pero mis hijos son *sensatos* y responsables, tienen mis *genes.*

7. *El tema* es la imagen, la ropa y el maquillaje, *cuesta esfuerzo* ir al instituto.

8. La verdad no es lo que dices, sino en lo que haces cuando *cuelgas* fotos en Facebook.

9. Tu amiga me *ha aceptado* como amiga tuya.

10. Soy un padre moderno y *domino* las nuevas tecnologías.

B **Antes de ver el video:** La comunicación entre los miembros de la familia cambia más cada día debido a las nuevas tecnologías. Imagina que estás hablando con unos amigos sobre el uso de las tecnologías en tu casa. ¿Qué les dirías? Al conversar con tus compañeros, incluye algunas de estas sugerencias:

- el uso de los aparatos en tu casa, quiénes los usan y cuantas veces al día o a la semana los usan
- tu familia y sus relaciones con las nuevas tecnologías
- las perspectivas de tus padres y de tus hermanos en cuanto al uso de tecnologías

 C **Al ver el video por primera vez:** Vas a ver *La familia digital,* una comedia de una familia española y sus relaciones con las tecnologías. Imagina que encontraste este video en *YouTube* y les explicas a tus amigos de que se trata. Como solo lo viste una vez, no te preocupes por los detalles sino fíjate en lo que está pasando en general. ¿Se lo recomendarías a tus amigos?, ¿por qué sí o por qué no?

No me gusta / Me gusta

 D **Guía para** *La familia digital:* Ahora vas a ver el video otra vez, pausando a cada rato. Después de ver cada sección del video, conversa con tus compañeros sobre los temas dado para ese capítulo. Prepárense para compartir sus comentarios con la clase entera para entenderlo más a fondo.

Capítulo 1

- lo que dicen los padres de sus relaciones con la tecnología
- la reacción de la madre cuando sirve la comida
- la reacción de la hija cuando la madre dice que se maneja bien sin ellos
- lo que dice el padre de sus habilidades con la tecnología

Capítulo 2

- lo irónico de esta escena
- ¿has hecho algo parecido alguna vez?

Capítulo 3

- lo que los padres hacían antes y lo que la hija hace ahora
- la perspectiva de la hija cuando ella tenga hijos
- lo que tiene la hija en su móvil
- lo irónico en la escena con sus amigas cuando saca la foto

Capítulo 4

- la perspectiva de lo importante para los padres
- lo que pasa en la escena del baño con el hijo
- lo irónico de esta escena

Capítulo 5

- la perspectiva de la madre en cuanto a la supervisión de los hijos
- el uso del Internet en la familia
- la perspectiva de los padres sobre "ser padres"
- lo irónico de esta escena

Capítulo 6

- la perspectiva del padre de su modernidad
- lo que dice el padre de los peligros del Internet y sus hijos
- cómo la hija se comunica con su padre
- lo irónico de esta escena

Capítulo 7

- lo que confiesa la hija del precio de la falda y por qué
- la perspectiva de la hija de su imagen
- por qué la madre le dice que "una cosa es lo que dices y otra cosa es lo que haces"
- la reacción de la hija cuando supo que su mamá se enteró de lo que subió a su Facebook

Capítulo 8

- por qué se enfada la hija con la amiga
- quién domina al fin
- el mensaje a los padres y los hijos

¿Qué aprendiste?

La familia digital nos ofrece una visión cultural de la vida familiar española y su relación con las nuevas tecnologías nuevas. La cultura se puede analizar con los siguientes tres elementos:

- **los productos:** objetos cotidianos o productos creados por la cultura-pinturas, tecnologías, bailes, cuentos orales, sistemas de educación, etc.
- **las prácticas:** qué hacer cuándo y dónde: la conducta social aceptada por la cultura y las maneras de ser y costumbres
- **las perspectivas:** valores y creencias que justifican el uso de los productos o por qué lo hacen de esa manera

Identifica ejemplos específicos de los tres elementos de la cultura que aparecen en la familia digital, anotando tus ideas en tu diario. Prepárate para compartir tus ideas con la clase.

Productos Prácticas

Perspectivas

Conversación entre familia: Imagina que tienes una conversación con tu madre o tu padre sobre el uso de las nuevas tecnologías. Toma el papel del hijo/a o del padre/madre y prepara una conversación en un tiempo limitado (10-15 minutos). Con un compañero, escoge una de las siguientes opciones:

- convence a tu madre o padre por qué necesitas un nuevo producto tecnológico
- convence a tu madre o padre de por qué debes usar una nueva tecnología
- pregúntale a tus padres que hacían de jóvenes para comunicarse con los amigos; enséñales a tus padres cómo se usa una nueva tecnología
- habla con tus padres sobre las reglas del uso de las tecnologías en casa

¡Tu opinión cuenta!

Escribe un mensaje de Facebook a tu profesor/a diciéndole qué te gustó del cortometraje.

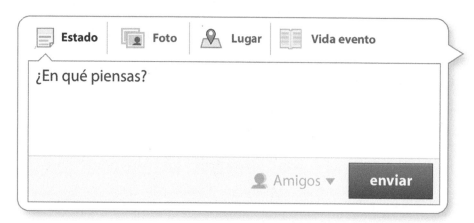

¿Cómo escribimos en un español abreviado en las redes sociales?

Los hispanohablantes jóvenes alrededor del mundo utilizan un español abreviado informal, a veces llamado "amix", para comunicar entre sí mismos al textear, Tuitear y escribir en las redes sociales. Es parecido al inglés abreviado que se usa en las redes sociales.

  A Conversa con un compañero/a:

- si utilizas una forma abreviada de inglés para textear o escribir en línea
- para qué sirven estas abreviaturas
- si afecta nuestra escritura formal (en la escuela, por ejemplo)

  B La siguiente gráfica presenta algunas de las muchas abreviaturas posibles en español.

Esta(s) letra(s) significa(n)...	esta palabra en español
X	Por
q, k	que
xq, xk	?
Xa	Para
Qndo	¿Cuándo?
tmb, tbn	también
Amix	amigo/a
amis	Amigos
Salu2	Saludos
tqm	te quiero mucho

Otras maneras posibles de abreviar las palabras en español:

1. Se puede quitar la vocal de una palabra, por ejemplo:
    - me gusta = m gusta
    - chévere = chvr
    - ns vms dsps = nos vemos después

2. Se puede quitar la vocal al principio o al final de la palabra. Por ejemplo, ¿qué significarían las siguientes palabras?
    - scribo = _____
    - salg = _____

3. Además se puede cambiar la vocal de la *y* a la *i*, por ejemplo:
    - stoi = estoy
    - mui bn = muy bien

4. Se puede quitar la *h* del principio de una palabra:
    - ola = hola
    - abla = habla

5. Se puede sustituir la *k* por la *c* o la *qu*:
    - aki, aka = aquí, acá

¡Te toca a ti!

Completa el organizador con la forma abreviada o con la palabra completa en español.

Forma abreviada en amix	Forma completa en español
stoi n kasa	
ns vms mañna	
¿tiens temp xa salir?	

Forma abreviada en amix	Forma completa en español
	Ven para acá, por favor
	Habla bien, no te escucho
	Amigo no salgo porque no tengo tiempo

¿Qué aprendiste?

1. Aquí siguen unos Tuitos agradeciendo a Twitter. Utiliza los patrones de amix para escribirlos de nuevos en forma abreviada.

> Por twitter conoces personas que en la vida real no hubieras conocido jamás por eso #GraciasTwitter
>
> Hubo una vez un pueblo que se dejaba manipular por los medios de comunicación hasta que llegó su pajarito azul que los salvó de la miseria...#GraciasTwitter
>
> #GraciasTwitter por consumirme todito el tiempo y hacer que mi batería me dure nada
>
> #GraciasTwitter por darme ese pequeño momento de felicidad cuando sé que tu tuit es para mi.
>
> #GraciasTwitter por escucharme cuando no tengo con quien hablar
>
> No tengo sueño y mañana tengo clases :/ #GraciasTwitter por estar conmigo.
>
> Un pajarito me lo dijo todo u_u #GraciasTwitter :D
>
> Yo no sé si mi teléfono es móvil o fijo, siempre lo tengo enchufado al cargador. #GraciasTwitter

2. Escribe unos Tuits usando amix dando gracias a sus redes sociales favoritas.

> Manejar y enviar mensajes de texto se ha convertido en un problema serio en los Estados Unidos. En una encuesta nacional realizada a adolescentes estadounidenses, más de la mitad de adolescentes admitió enviar mensajes de texto mientras conduce. A continuación verás dos veces un video de la guía digital. Cuando lo veas por primera vez, anota el vocabulario importante usado para hablar del tema. Cuando lo veas por segunda vez, anota algunas estadísticas importantes.
>
> **Después de ver el video, conversa con un compañero sobre lo siguiente:**
>
> - por qué es peligroso enviar mensajes de texto mientras se conduce
> - qué estadísticas escucharon que demuestran la magnitud del problema
> - qué otras acciones peligrosas toma la gente mientras maneja
> - qué debería hacer la policía y/o el gobierno acerca de este problema
> - qué le dirías tú a un amigo si lo vieras enviando mensajes de texto mientras conduce

Hilo 2: Evaluación final - *Generaciones Interactivas*

Preguntas esenciales:

- ¿Por qué usamos redes sociales y por qué nos importan?
- ¿Cuáles son las ventajas y desventajas de las redes sociales?
- ¿Cómo cambia la manera de interactuar entre nosotros cuando usamos las redes sociales?

Contexto

Cada vez aumenta más la discusión en línea sobre los usos de las redes sociales, su importancia en la vida cotidiana y cómo ha cambiado nuestro mundo al incorporar estos nuevos medios de expresarnos y comunicarnos. Entre las muchas publicaciones digitales se encuentra el blog semanal,

Generaciones Interactivas, que ha presentado la opinión de varios "**blogueros invitados**" blogueando sobre el uso y el efecto de las redes sociales. Los seguidores respondieron con mucho interés a estas opiniones, pero únicamente son los adultos expertos en informática y empresas tecnológicas que han aportado sus opiniones hasta el momento. Mientras la nueva generación constituye la mayoría de los usuarios de las redes sociales, actualmente hay un vacío del punto de vista de los jóvenes sobre estos asuntos. Por eso pedimos entradas de blogueros jóvenes para el blog de esta semana que trata el tema, *Comunicación antes y después de las redes sociales*. ¡A tejer!

Conectores:	Contrastes:
para empezar	sin embargo
en primer lugar	al contrario
en segundo lugar	al otro lado
también	mientras
por ejemplo	en cambio
además	aunque
para continuar	

| | **Dar tu opinión:** |

Conectores (cont.):	Dar tu opinión:
también	Para mí…
en conclusión	En mi opinión…
para concluir	Yo creo / pienso que…
por fin	Según… (nombres de las personas)

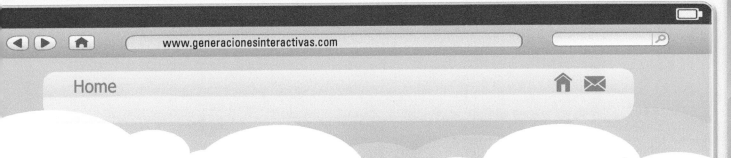

Home

Por tres años, Generaciones Interactivas ha publicado opiniones de las nuevas tecnologías de las redes sociales pero nunca hemos incluido el punto de vista de los usuarios más fieles a estas tecnologías modernas: los jóvenes. Para la semana que viene buscamos a "blogueros invitados" de menos de diecinueve años para aportar sus experiencias y punto de vista sobre las redes sociales. Si perteneces a la generación mencionada anteriormente, considera esta oportunidad para participar en nuestro blog. Nos interesa saber cómo ven el cambio iniciado por la nueva tecnología de comunicación y las repercusiones en nuestra sociedad. Solicita la opinión de otras personas para desarrollar esta parte de tu entrada. Además, deberías comentar la importancia de las redes sociales para ti: ¿cómo las usas y por qué? Finalmente, quisiéramos saber si piensas que el mundo era mejor antes, cuando no se usaban las redes sociales, o ahora, cuando forman una parte tan significente en nuestra vida diaria. Manda tu entrada a www.generacionesinteractivas.com para ser revisada y publicada en línea. El tema se desarrollará en el blog durante esta semana e invitamos tus comentarios en las entradas publicadas.

Parte I: ¿Cómo era la vida antes de las redes sociales?

❑ Entrevista a otras personas sobre lo que recuerdan de la vida antes de las redes sociales:

- ¿Cómo era la vida antes de que hubiera las redes sociales?
- ¿Cómo interactuaba la gente?

Parte II: ¿Cómo es la vida actual y por qué usamos las redes sociales?

❑ Incorpora tus propias experiencias:

- ¿Cómo usas las redes sociales para expresarte y comunicarte con otras personas?
- ¿Cómo afectan tu vida cotidiana?
- ¿Por qué son importantes para ti?

❑ Da ejemplos de por lo menos dos de las fuentes de información en este hilo. Revisa el hilo para encontrar información que te ayude a desarrollar esta parte de tu respuesta.

Parte III: ¿Cómo ha cambiado la vida debido al uso de redes sociales? ¿Era mejor antes o ahora?

❑ Desarrolla y defiende tu opinión.

Visita la guía digital para los detalles de la evaluación final.

Introducción

Para hablar de las redes sociales:

ciberespacio, el

cibervoluntariado, el

cifra, la - número

círculos de amigos, los - los amigos en las redes sociales

comentar o hacer un comentario en un blog

contraseña, la - números y letras secretos para entrar a un sitio web

enterarse - averiguar, saber, descubrir

estar disponible - estar listo, estar libre de tiempo para hacer algo

estar en contacto, ponerse en contacto

fijar los límtes - establecer reglas

filtrar - no dejar pasar algo por Internet

ingresar - entrar (en una red social), inscribirse

nulo costo - gratis

portal, el - sitio de web

proveedor, el - empresa que suministra el servicio de Internet

Red, la - Internet

retos, los - desafíos

sistema de wifi, el - Internet inalámbrico

veloz - rápido

Antes de empezar

conexión de banda ancha, la - conexión rápida a Internet

descargar - bajar de la Red

día por medio - un día sí y otro no, en días alternos

a diario - al día, todos los días

enlace, el - vínculo para visitar un sitio web

Internet de banda ancha - de alta velocidad

Internet gratuito - servicio gratis

muro, la - pared de una red social

página web, la

red social, la

subir a la Red - poner en la Red

unirse (a una red social) - asociarse

usuario, el - persona que usa una cosa o un servicio (usuario de la Red o de Internet)

Actividad 1

anonimato, el - cuando alguien hace algo sin que nadie sepa quién lo hace

aumentar - dar mayor número a algo, incrementar

bloguear - escribir en un blog

ceder - rendirse

chatear - conversar en línea

conquistar - ganar

encuesta, la - cuando se pide la opinión de varias personas sobre un tema determinado, sondeo de opinión

espontaneidad, la - sin planificarlo

favorecer - preferir

generadora, la - alguien o algo que crea o genera algo

inmerso - sumergido

modular - modificar algo para obtener cierto resultado, regular, ajustar

navegar la red - investigar, leer en la red

pantalla, la - superficie de un aparato donde se proyectan imágenes

perfil digital, el - información personal que se comparte en línea

recién estrenada - nueva

riesgos, los - posibles peligros

rodeado - tener personas, cosas alrededor

soberanía - autoridad o poder supremo, independencia, libertad

soler (o→ue) - tener costumbre de hacer algo

tono de sonido, el - lo que suena en un teléfono al recibir una llamada

Actividad 2

acceder - tener entrada

bloguero, el - el que escribe el blog

emisión, la - transmisión radial, radiodifusión, exhalación de gases

entretenimiento, el - diversión

localización, la - lugar

móvil, el - celular

privacidad, la

promover - promocionar

tráfico de visitas, el - si se refiere a Internet, número de personas que visitan un sitio web

Actividad 3

boca-oído - de una persona a otra

cara a cara - comunicación en persona

conllevar - implicar

convivencia - estado de vivir juntos

giran en torno - tratan de

escolarizados - educados

país de procedencia, el - país de origen

población, la - personas que habitan un lugar

por encima de _ % - superar el %

saludable - sano

sorprendente - que sorprende o admira, raro, extraño

utilización, la - uso

Actividad 4

aislar - alejar, desconectar

aportar - contribuir

conocimiento, el - entendimiento, lo que sabes

consciente de - cuidadoso, prudente

datos personales los - información personal

en torno a - alrededor de, acerca de

índole, la - tipo

inmune - resistente

Actividad 5

adecuado - suficiente

amplio - extenso

autocrítica - criticarse a sí mismo/a

comprometedora - peligrosa, arriesgada

código de conducta, el - conjunto de reglas de comportamiento

consejero(a) - orientador(a) escolar

conviene (convenir) - es útil, provechoso, adecuado

desarrollo integral, el - formación total

dominio, el - control

enganchado - adicto, atraído, seducido

entorno, el - ambiente, ámbito

filtrado de contenidos, el - filtro de información

herramienta laboral, la - instrumento que se usa en el trabajo

imprescindible - necesario, obligatorio

interactuar - relacionarse con alguien de manera recíproca

mensajería instantánea, la - comunicación en tiempo real entre dos o más personas a través de Internet

modo lúdico - relacionado al juego o al ocio

ordenador, el - computadora personal

poderoso/a - que tiene poder, con influencia

presión del grupo, la - coacción que una persona siente debido al comportamiento o a la forma de pensar de la mayoría

salvaguardar - defender, proteger

sendentarismo, el - estado caracterizado por la carencia de movimiento, indica permanencia en un lugar

Actividad 6

antigua - vieja, del pasado

aparatos electrónicos, los - instrumentos, artefactos electrónicos

chulo - bonito

colgar fotos - subir fotos a la red social

cuesta esfuerzo - es difícil

entorpecer - dificultar

gorro, el - tipo de sombrero

manejar bien - saber utilizar

perjudicar - dañar

sensato - prudente, de buen juicio

Actividad 7

abreviaturas, las - palabras reducidas

textear - enviar un mensaje escrito a través del teléfono móvil

la vocal - cada una de las letras a, e, i, o, u

Expresiones útiles

además de

ambos/ambas - los/las dos

apenas - escasamente

a pesar de

bajo costo

¿cómo se te ocurre?

en la actualidad - lo que pasa hoy en día

en resumidas cuentas

estar al día - estar al corriente

estar al tanto - estar informado

estoy harto/a - no puedo aguantar más

hazme saber - avísame

he perdido la conexión a Internet

la red social me hizo bien/mal

lo de siempre

los demás - el resto

me imagino

perder el hilo - olvidar

poner a prueba - probar

por desgracia - desafortunadamente

por el momento

precisamente - así es

¿qué más da? - ¿qué importa?

tener en cuenta - considerar

tener mayor dominio

tener que ver con - tratar de

una vez por semana - semanalmente

vida cotidiana, la - vida diaria

Preguntas esenciales

- ¿Por qué necesitamos los ciudadanos globales?

- ¿Qué características debe tener un/a ciudadano/a global?

- ¿Cómo contribuyen los jóvenes al bienestar de las comunidades?

Ciudadanía global

Como ciudadanos globales tenemos la responsabilidad de ser conscientes de lo que está pasando en las comunidades locales y globales para mantener la dignidad de todas las personas. El modelo de la ciudadanía global respeta la dignidad de todos los individuos, quienes merecen un mundo sin injusticias ni pobreza, con el fin de mejorar el bienestar de todos. Cuando los jóvenes descubren que con su pasión y talento pueden contribuir a un mundo más justo, no solamente cambia la comunidad sino que su mentalidad cambia a la de un/a ciudadano/a global. *Como dijo Mahatma Ghandi, "Tú debes ser el cambio que quieres ver en el mundo".* En este hilo, podrás contribuir al tejido global con tu aporte como un/a ciudadano/a global.

¿Qué pueden hacer los jóvenes para mejorar el mundo?

En el mundo de hoy, vemos los desafíos que enfrentan mucha gente y también a los individuos que se esfuerzan para hacer un cambio positivo y ayudar a los demás. Nunca hemos necesitado más a las personas que se preocupan por su comunidad local tanto como por la global. Al ver este tráiler de un documental hecho en 2012, vas a enterarte de cómo algunos jóvenes españoles se involucran activamente en su comunidad.

 A Al ver por primera vez (¡sin sonido!), conversa con un compañero:

- qué hacían los jóvenes en el tráiler
- de qué va a tratar el documental

 B Al ver por segunda vez (¡esta vez con sonido!), conversa con un compañero:

- qué te parece esta campaña "Jóvenes por una Ciudadanía Global"
- qué quieren hacer estos chicos

 ¡Tu opinión cuenta!

Con la clase entera, comenten estas preguntas:

- ¿Piensan que los jóvenes pueden mejorar el mundo?
- ¿Sobre qué asunto quisieran concientizarse?
- ¿Qué problema(s) les gustaría conocer más a fondo?

- **la conciencia** – s. La capacidad de distinguir entre lo bueno y lo malo, las acciones y sus consecuencias

- **consciente** – adj. Que siente, piensa, quiere y actúa con conocimiento de sí mismo y de su entorno

- **concientizar** – v. Hacer que otra persona conozca y piense sobre los problemas que hay en el mundo

- **concientizarse** – v. Abrir los ojos ante las realidades del mundo y reflexionar sobre el papel que uno puede jugar en él

Antes de empezar

¿Qué necesita el mundo actual?

Los jóvenes españoles de la campaña "Jóvenes por una ciudadanía global" aspiran a responder a varios desafíos del mundo. Al final del hilo tendrás la oportunidad de dar una respuesta a uno de los grandes problemas a los que se enfrenta mucha gente hoy en día.

A Piensa - Conversa - Comparte

1. Contesta en tu diario:
   - ¿Cuáles son algunos de los grandes desafíos y necesidades que enfrenta **la gente del mundo** hoy en día?
   - ¿Cuáles son algunos de los grandes desafíos y necesidades que enfrenta **la gente de tu comunidad local** hoy en día?
2. Conversa con un compañero e intercambien sus ideas.
3. Con la clase, colaboren para hacer una lista de sus ideas. Copia la lista en tu diario.

B Al ver un cortometraje de la Liga española de la educación:

1. Con un compañero, anota los ocho problemas que identificaron la liga española para los objetivos del milenio.
2. Comparen estos desafíos con los suyos en un organizador de comparaciones y preséntenlos a otra pareja.
3. En el grupo de cuatro compañeros, decidan cuáles son los dos o tres problemas más alarmantes de todos. ¿Por qué? Presenten su opinión a la clase.

¿Por qué necesitamos los ciudadanos globales?

Actividad 1

¿Qué es un/a ciudadano/a global?

¿Qué significa ser un ciudadano del mundo, o sea, un ciudadano global? Un grupo de educadores ha propuesto una definición. Antes de leerla, deberías saber algunas palabras claves. ¡Al final, podrás identificar a los ciudadanos globales en tu comunidad!

A Antes de leer

1. Revisa el vocabulario para poder contestar las siguientes preguntas:

el ciudadano – un miembro de una comunidad

la ciudadanía – el comportamiento propio de un buen ciudadano

2. Completa y contesta en tu diario:

- Yo soy un/a ciudadano/a de…
- Mis padres son ciudadanos de…
- ¿Qué podría significar ser un/a ciudadano/a global?

3. Para aprender el nuevo vocabulario usado en el texto, revisa el organizador y completa el ejercicio que sigue. Decide el verbo que corresponde y escríbelo en la forma correcta. Trabajen en parejas o grupos para que aprendan juntos. Visita la guía digital para obtener una copia del ejercicio.

1er párrafo	2º párrafo	3er párrafo
- reclamar (protestar) - pertenecer (ser parte de) - comprometerse (responsabilizarse)	- cumplir (hacer lo prometido, llevar a cabo) - lograr (conseguir o alcanzar lo que se desea) - plantear (proponer, planear)	- difundir (promover por todos lados, transmitir) - indignarse (enojarse, ofenderse por algo)

Los derechos humanos son derechos que tenemos todos los seres humanos, no importa la edad, nacionalidad, género, color de piel ni creencias. Hay que ser conscientes de cuáles son estos derechos para poder luchar por ellos alrededor del mundo. Todos _____ a la comunidad global y por lo tanto tenemos que _____ a defender los derechos de los demás. Si no se respeta un derecho, entonces yo puedo _____ y luchar por mejorar la situación.

Por ejemplo, dado que me importa la educación y veo que hay unos niños en mi país que no tienen acceso a una educación adecuada, voy a _____ que mis amigos y yo recaudemos fondos y les construyamos una nueva escuela. Si tenemos éxito y _____ construirla, hemos _____ con la meta que hicimos al principio. Hemos podido ayudarles en algo muy importante: educarse y prepararse para el futuro.

En general me siento enojada, o sea _____ ante las situaciones injustas porque me parece obvio que todos tenemos ciertos derechos. Hay que por lo menos intentar disminuir la falta de igualdad para tener un mundo más justo. Así podemos _____ la educación y la justicia social.

B **Al leer por primera vez,** visita la guía digital para obtener una copia del texto para seguir los siguientes pasos:

1. Subraya con un lápiz de color los cognados que ves en el texto.
2. Subraya con otro color el vocabulario nuevo mencionado anteriormente y otras palabras que no sabes pero que puedes adivinar su significado según su contexto.
3. Para las otras palabras que te parecen importantes, busca el significado en un diccionario o pídele ayuda a un compañero

C **Al leer por segunda vez,** toma apuntes en el siguiente organizador según la información del texto.

¿Qué les importa a los ciudadanos globales? *(sus valores)*	¿Cómo se puede describir a los ciudadanos globales? *(adjetivos)*	¿Qué hacen los ciudadanos globales? *(verbos)*

La ciudadanía global

La ciudadanía global se basa en la comunidad y en la persona. Plantea un modelo social y político respetuoso de la dignidad de todas las personas, en el que cada ciudadano y ciudadana sea consciente de su pertenencia a una comunidad local y global, se comprometa activamente a la construcción de un mundo más justo y sostenible, contribuyendo a erradicar la injusticia y la pobreza.

Los ciudadanos y ciudadanas globales

- son conscientes de los desafíos del mundo actual

- se reconocen a sí mismos y a los demás como sujetos con dignidad, con obligaciones que cumplir y derechos que reclamar, y con poder para conseguir cambios,

- se responsabilizan de sus acciones, se indignan ante las injusticias y frente a cualquier vulneración de los derechos humanos,

- respetan y valoran la equidad de género, la diversidad y las múltiples pertenencias identitarias de las personas y de los pueblos como fuente de enriquecimiento humano,

- se interesan por conocer, analizar críticamente y difundir el funcionamiento del mundo en lo económico, político, social, cultural, tecnológico y ambiental,

- participan, se comprometen con la comunidad en los diversos ámbitos, desde los locales a los globales, con el fin de responder a los desafíos y lograr un mundo más equitativo y sostenible,

- contribuyen a crear una ciudadanía activa, que combate la desigualdad a través de la búsqueda de la redistribución del poder, de las oportunidades y recursos.

Extraído de www.ciudadaniaglobal.org

  D **Después de leer,** conversen en grupos de tres o cuatro estudiantes: *¿Cómo respondería un/a ciudadano/a global a estas situaciones y por qué?* Siempre refiéranse al texto para apoyar sus respuestas. Prepárense para compartir sus ideas justificándolas con el texto.

- No se están respetando los derechos de un niño de tener techo, ropa y comida.
- Otra persona no sabe lo que está pasando en el mundo actual.
- Se está buscando formar un grupo de voluntariados para mejorar el medio ambiente de una ciudad cercana.
- Una persona no sabe si debería trabajar en una empresa donde sus colegas serían mujeres y gente de otros países.

 Reflexión

  Piensa - Conversa - Comparte: Reflexiona en tu diario sobre la descripción de un ciudadano global indicada en esta actividad.

- Piensa en las personas que estén comprometidas con las necesidades de la gente: en tu escuela, comunidad, país o mundo.
- Conversa con un compañero para pensar en más ejemplos.
- Expliquen a la clase de qué manera estas personas ejemplifican las características indicadas en el texto.

Actividad 2

¿Por qué necesitamos ciudadanos globales?

Los jóvenes por una ciudadanía global se organizaron para concientizar a los demás sobre las grandes necesidades del mundo actual. ¿Cuál de estos temas piensas que es el más importante? Vas a usar tus materiales para hacerte experto en uno de estos desafíos mundiales y empezar a reflexionar sobre lo que te importa a ti.

jóvenes por una **ciudadanía GLOBAL**

a mí sí me importa

¿Sabías que...?

Cada minuto muere una persona como consecuencia de la **violencia armada**.

En muchos países se castiga la homosexualidad con la **cárcel** o la **muerte**.

La **libertad de expresión** sigue siendo castigada con censura, multas, amenazas, cárcel e incluso la muerte en muchos países.

Actualmente más de 300.000 menores de 18 años participan en conflictos armados en mas de 24 países y regiones del mundo.

¿Sabías que...?

840 millones de personas pasan **hambre** en el mundo.

En 2011 se destinaron 1,7 billones de dólares en **gasto militar** mundial.

La **pobreza** no es inevitable, tiene responsables. Los gobiernos, organismos internacionales y empresas deben responder por las prácticas y **políticas abusivas** que generan la pobreza.

ciudadanía cooperación interculturalidad desarroll cooperativo ecología género ciudadanía cooperació

A Antes de leer

1. **Predice:** ¿Cuáles son algunas necesidades mundiales sobre las cuales quisieras concientizarte más? Anótalas en tu diario.

2. **Observa** las imágenes en el folleto y conversa con un compañero: ¿Qué ves? ¿Qué está pasando?

3. **Vocabulario:** Fíjate en las palabras en negrita.
   a. Haz una lista de las palabras en negrita.
   b. Identifica los cognados con su correspondiente en inglés y las palabras que ya sabes.
   c. Busca las definiciones para las palabras que no sabes en la lista al final del hilo.

B Al leer en grupos expertos

1. Con algunos compañeros, vas a hacerte experto en uno de los desafíos mundiales y lo presentarán al resto de la clase. Sigan las instrucciones de su profesor/a para ponerse en grupos.

2. Preparen un afiche y una presentación oral para la clase, en la cual cada miembro del grupo participará. Refiéranse a las instrucciones en la guía digital.

3. Mientras que un grupo presenta a los otros grupos, escucha con cuidado y toma apuntes en el organizador que está disponible en la guía digital.

¿Sabías que...?

Las **minorías étnicas** se ven marcadas por un mayor desempleo, una mayor tasa de actividad no declarada, menores salarios, trabajos menos cualificados y menores oportunidades para acceder a la formación.

El **racismo**, la **intolerancia** y la **xenofobia** siguen provocando agresiones y discriminación en millones de personas.

¿Sabías que...?

Una minoría de los habitantes de la tierra tira grandes cantidades de comida diariamente, mientras una mayoría está **subalimentada**.

Si todas las personas del mundo consumieran como los habitantes de este continente, harían falta 3 planetas Tierra para cubrir sus necesidades.

¿Sabías que...?

La competitividad y el máximo beneficio a cualquier precio están basados en la explotación de las fuentes de **materia prima** y en la mano de obra barata.

Este tipo de prácticas generan o perpetúan la pobreza a base de **explotación laboral e infantil**, discriminación de la mujer, salarios de miseria, condiciones de trabajo insalubres y destrucción de la naturaleza.

¿Sabías que...?

Las **mujeres** y las niñas de todo el mundo ven vulnerados sus derechos humanos por el mero hecho de ser mujeres. Es la violación de derechos humanos más extendida, oculta e impune.

Las mujeres ganan solamente una décima parte de los ingresos mundiales y son propietarias de menos de un 1% de la propiedad.

El **feminicidio** sigue siendo la sexta causa de muerte de mujeres a nivel mundial.

¿Vas a seguir mirando para otro lado?
Hablemos de ello en clase

Porque el mundo no se acaba en nuestro barrio, ciudad o continente, porque la injusticia es **siempre** injusticia se dé donde se dé y porque tenemos la responsabilidad de velar por la dignidad humana, di **¡a mí sí me importa!** y conviértete en un **ciudadano/a global.**

C Después de leer: Imaginando un mundo mejor

1. Revisa los apuntes gramaticales que siguen y practica las estructuras para describir un mundo mejor.

USO DEL LENGUAJE EN CONTEXTO: Cláusulas subordinadas de "si" con el condicional y el imperfecto del subjuntivo

Usamos esta estructura para considerar causas y efectos hipotéticos. ¿Qué pasaría si...?

Estructura gramatical: Son dos partes, la cláusula subordinada con "si" (la causa) y el resto de la oración (el efecto).

"Si" + [verbo en el imperfecto del subjuntivo] , [verbo en el condicional]

Si *fueras* un ciudadano global, ¿*servirías* de voluntario en tu comunidad?

Si *tuvieras* un problema en tu comunidad, ¿qué *harías* para tomar acción?

Se forma el imperfecto del subjuntivo del plural del pretérito indefinido: tuvieron ⟶ tuviera, hicieron ⟶ hiciera, -ras, ra, éramos, érais, aran

Encuentra los verbos en el imperfecto del subjuntivo y en el condicional en los ejemplos que siguen:

    Ej. Si **supiera** más sobre los problemas del mundo, yo **podría** ayudar más a mejorarlo.

También la misma frase se puede escribir en otro orden:

    Ej. Yo **podría** ayudar más a mejorar el mundo si **supiera** más sobre sus problemas.

    Ej. **Serviría** de voluntario si **hubiera** una necesidad en mi comunidad.

---

2. Completa las frases que siguen para hablar con un compañero de un mundo mejor:

    a. Si todo el mundo tuviera suficiente comida y agua, ...

    b. Si hubiera menos pobreza en el mundo, ...

    c. El mundo sería mejor si...

    d. Me gustaría si...

    e. Si yo pudiera solucionar una injusticia mundial, yo...

¡Te toca a ti!

¿Qué te preocupa a ti? Piensa en las grandes necesidades de tu comunidad local o global. ¿Cuál te preocupa y/o te interesa más? Vas a reflexionar, investigar y compartir tus ideas con tu profesor/a sobre este tema en preparación para tu proyecto final de este hilo.

Actividad 3

¿Cómo se define un/a ciudadano/a global?

Un padre describe su deseo de criar a su hija con unos valores importantes que le darán una perspectiva global de cómo viven otras personas. Pensando en ella, él escribió en detalle diez atributos de un ciudadano del mundo o sea un ciudadano global. En esta actividad vas a leer su reflexión y también ver una parte del documental de la Liga Española, para después realizar unos trabajos creativos a base del tema de la ciudadanía global.

A Antes de leer

1. Piensa en lo que has aprendido sobre la importancia que tienen los ciudadanos globales en nuestra sociedad. Usa el organizador en la guía digital para definir, según tu opinión, lo que significa ser un ciudadano global.

    a. características típicas y características atípicas

    b. sinónimos y antónimos

2. En una discusión comparte tus ideas con la clase. Juntos, elijan diez atributos esenciales de un/a ciudadano/a global.

USO DEL LENGUAJE EN CONTEXTO: Oración subordinada de "si" con el presente y el futuro

Usamos esta estructura para considerar qué pasará en el futuro si hacemos algo hoy en el presente.

Estructura gramatical: También tienen dos partes, oración subordinada con "si" (la causa) y el resto de la oración (el efecto).

"Si" + [verbo en el presente] , [verbo en el futuro]

Si eres un ciudadano global, entonces ***podrás*** identificarte con otros jóvenes del mundo.

Si ayudas a otros en tu comunidad, ***te sentirás*** muy satisfecho.

Si un ciudadano ***es*** informado, ***sabrá*** sobre las guerras en el mundo actual.

¿Cuáles son las formas del futuro? ¿Sabes las formas irregulares también?

B Al leer

1. **Cuando leas por primera vez,** subraya la idea central de cada uno de los diez atributos. También dibuja un círculo alrededor de los verbos que representan las acciones de un ciudadano global.

2. **Cuando leas por segunda vez,** selecciona **una sola palabra** que resuma cada atributo. El autor nos da diez definiciones de cualidades y condiciones de un ciudadano global; tu trabajo es escribir diez atributos que representen sus definiciones.

    a. Comparte con un compañero los diez atributos que escribiste y seleccionen de las dos listas las diez palabras que mejor describan al ciudadano global.

    b. Compartan con los otros compañeros de la clase para elaborar una lista final.

« | » | □ | ᔕ

Pero ¿qué implica ser 'ciudadano del mundo'? A continuación hago mi aportación a un posible debate definiendo una lista de diez de cualidades y condiciones que reuniría un *ciudadano del mundo*.

1. Capacidad para asimilar y considerar la globalidad del mundo, mucho más allá de su área de confort.

2. Un ciudadano del mundo actúa en lo global atendiendo los problemas y realidades más próximas.

3. Como tal, tiene conciencia ciudadana y capacidad para el análisis crítico de la realidad. Defiende la importancia de la multiculturalidad y sostenibilidad. En este sentido, es una persona culta e informada de los problemas sociales del momento.

4. Es una persona con carácter proactivo, con iniciativa propia y actitud creativa. Actúa con independencia de modas.

5. En el ámbito profesional, posee una vocación emprendedora y posee confianza en sus posibilidades y persigue el control de sus tiempos y vida.

6. Posee autonomía para negociar problemas o situaciones adversas.

7. No atiende a estereotipos e imágenes preconcebidas sobre países, etnias, culturas, personas… Aprecia el acto de viajar y experiencias, por conocer, mezclarse y disfrutar de otras realidades y personas. El gusto por los viajes no define por sí mismo a un ciudadano del mundo.

8. Capacidad para comunicarse y socializar ya no sólo con personas que hablan otros idiomas sino para compartir experiencias, conocimientos, ideas… En los tiempos actuales, Internet es una herramienta imprescindible para cualquier persona que quiera actuar activamente en el mundo.

Una actitud para vivir con intensidad aprovechando con plenitud las posibilidades que ofrece la vida en su dimensión más amplia.

por Antonio Jiménez Gómez

Extraído de http://vaidarsamba.es

 C **Al ver un documental** producido por la Liga española, "Jóvenes por una ciudadanía global", unos jóvenes españoles comparten sus descripciones de un ciudadano global.

1. **Al ver por primera vez**, escucha los atributos que los jóvenes usan para describir un ciudadano global.

 2. **Al ver por segunda vez**, escribe una lista de los atributos y acciones que asocian los jóvenes con "un ciudadano global".

atributos	acciones

D Después de leer el texto y ver el documental

1. Colabora en grupos de cuatro, dibujen una silueta humana y rellénenla con palabras, frases o dibujos que representan los atributos y acciones que definen a un ciudadano global. Después compartan su ciudadano global con la clase.

2. **Poesía:** Escribe un poema en el que describes al ciudadano global. Incluye los atributos y acciones típicas de un ciudadano global según las fuentes de esta actividad. No es necesario que el poema rime.

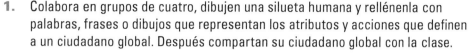

Actividad 4

¿Qué es el voluntariado?

¿Por qué vale la pena ser voluntario? ¿Qué impacto tiene el voluntariado en la comunidad? En esta actividad aprenderás sobre la Fundación Pies Descalzos, establecida por la famosa cantante colombiana Shakira. Ella trabaja para construir escuelas en comunidades desplazadas – para los que viven en condiciones desfavorecidas – de su país. A través de las escuelas, la fundación desarrolla conexiones con los estudiantes, sus familias y la comunidad para mejorar la situación socioeconómica del pueblo.

A **Antes de leer,** conversa con un compañero sobre los siguientes temas.

- si han hecho trabajo voluntario y qué hicieron / cómo sirvieron

- cómo les impactó el voluntariado

- si quieren servir la comunidad o las comunidades globales como voluntario/a y en qué capacidad

B **Al leer el texto por primera vez,** aplica tu comprensión del vocabulario al escoger el sinónimo de estas palabras claves del texto.

Escucha la radioemisión sobre la Fundación Pies Descalzos de Shakira.

Shakira

"La Fundación Pies Descalzos que la cantante creó en Colombia en el año 2003 sabe que más de 6.000 niños en una situación desfavorecida asisten hoy a los colegios de la Fundación en todo el país. Allí reciben educación, comida, atención sanitaria, y según la propia cantante, mucho afecto para construir un futuro mejor".

gratuito	fundado / asalariado / regalado
beneficiar	mejorar / dañar / perjudicar
desinteresada	egoísta / tacaño / altruista
ejercer	practicar / ignorar / renunciar
calidad de vida	pobreza / miseria / bienestar
un aporte	inactividad / contribución / pereza
brindar	ofrecer voluntariamente / negar / prohibir
vincularse	separarse / unirse / desjuntarse
sin fines de lucro	remunerado / a sueldo / sin ganancias
enfrentarse	olvidar / confrontar / desatender
reciprocidad	intercambio / independencia / individualismo
gratificante	desfavorable / desagradable / satisfactorio
remuneración	voluntariado / perdida / salario
esfuerzo	trabajo fuerte / desinterés / inactividad

C **Al leer el texto por segunda vez,** escribe en tus propias palabras la idea central de cada parte del texto.

- ¿Qué es el voluntariado?
- ¿Por qué es importante hacer el voluntariado?
- Perfil de un voluntario

¿Qué es el voluntariado?

El voluntariado es un trabajo *gratuito* que realizas para *beneficiar* una comunidad de manera *desinteresada*, sin esperar nada a cambio.

¿Por qué es importante hacer el voluntariado?

Es un camino para *ejercer la solidaridad* y responder al deseo de ayudar a los demás, generando bienestar y mejoras en la *calidad de vida* de la comunidad. La decisión de hacerse voluntario es un compromiso con la Fundación, con los beneficiados y con ustedes mismos para lograr *un aporte* al desarrollo y la educación de la población. El voluntario puede transformar el ritmo y la naturaleza del desarrollo y beneficia tanto al conjunto de la sociedad como a los voluntarios. El trabajo como voluntario *brinda* la oportunidad de generar cambios favorables y tener un impacto positivo en la vida de las personas.

Perfil de un voluntario

Si decides *vincularte* al voluntariado de la Fundación Pies Descalzos, debes tener la determinación y compromiso de servir por un período de tiempo *sin fines de lucro* y con objetivos y metas especificas a cumplir durante el voluntariado.

El voluntariado es una forma poderosa de involucrar a los ciudadanos para *enfrentarse* a *los desafíos* en materia de desarrollo. Cada uno puede *aportar* sus conocimientos, su tiempo y su experiencia mediante actividades voluntarias. El voluntariado contribuye a la creación de una sociedad más cohesiva mediante la consolidación de la confianza y *la reciprocidad* entre las personas.

El voluntariado puede ser en ocasiones un desafío, pero es también la perfecta oportunidad para adquirir nuevos conocimientos y nuevas y *gratificantes* experiencias de vida. Cada voluntario aporta sus conocimientos mientras aprende a entender los problemas a los que *se enfrentan* los demás.

Si te conviertes en voluntario no recibirás ningún tipo de *remuneración* económica por tu trabajo, y como retribución tendrás la satisfacción personal de brindar tu *esfuerzo* para el bien de los demás.

Extraído de: www.fundacionpiesdescalzos.com

 D **Después de leer,** conversa de los siguientes temas con un compañero:

- El voluntariado es…
- Es importante hacer el voluntariado porque…
- Un voluntario es…
- Un voluntario hace su trabajo…

 ¿Qué aprendiste?

La Fundación Pies Descalzos necesita que haya más interés por parte de los jóvenes para trabajar como voluntarios en la organización. ¡Ayúdales! Escribe un anuncio para La Fundación Pies Descalzos pidiendo voluntarios para servir en las comunidades de Colombia. Sigue las tres opciones:

Opción 1:

Escribe dos o tres oraciones describiendo lo que busca la Fundación en un voluntario y por qué necesitan voluntarios.

Opción 2:

Haz un pequeño afiche con un párrafo presentando la necesidad de la Fundación y una lista de las características que busca la Fundación en un voluntariado. Utiliza la forma de "ustedes los jóvenes" como mandato para llamar la atención de los jóvenes.

Opción 3:

Crea un afiche bien diseñado con información sobre lo que la Fundación busca en un voluntario, los beneficios para la gente servida por la fundación y por el voluntario. Utiliza mandatos formales usando la forma de "ustedes" y el presente del subjuntivo para llamar la atención de los jóvenes y comunicar la importancia del voluntariado.

¿Cómo contribuyen los jóvenes al bienestar de las comunidades?

Actividad 5

¿Cómo pueden cambiar el mundo los jóvenes voluntarios?

Los jóvenes con su talento, pasión e interés en la humanidad, sí que pueden cambiar su comunidad local o global como ciudadanos globales. En esta actividad vemos a unos jóvenes voluntarios hondureños que participaron en el concurso "Héroes cotidianos", patrocinado por ArmandoPazOEA, en la que se comprometieron con a la limpieza de su comunidad.

 Armando Paz es un proyecto financiado por USAID, cuyo objetivo principal es sensibilizar y movilizar a los jóvenes y los diferentes agentes de la sociedad con respecto a la responsabilidad que tenemos todos de construir un BIENESTAR común y una cultura de paz. Esta construcción solo es posible si entendemos que…"CUIDARNOS ES LA ÚNICA OPCIÓN".

La filosofía consiste en tres elementos fundamentales que apoyan la definición de la ciudadanía global:

1. CUÍDATE: el cuidado de sí mismo - cuidado del cuerpo, espíritu e intelecto

2. CUIDÉMONOS: cuidar a los otros - cuidar de tu familia, amigos, organizaciones sociales e instituciones publicas

3. CUÍDALO: cuidar al entorno - cuidar de tu medio ambiente y de los bienes comúnes

Investiga las respuestas a estas preguntas antes de seguir:

• ¿Qué es la OEA?

• ¿Qué es USAID?

Extraído de Armando Paz Organización de los Estados Americanos

A **Después de leer:** **Piensa – Conversa – Comparte**

1. Piensa: ¿Deben los jóvenes en tu escuela sensibilizarse y movilizarse para cuidar a otros y cuidar el entorno? ¿Piensas que ya existe una actitud de voluntariado en tu escuela? Piensa en unos ejemplos.

2. Conversa y compara tus ideas y opiniones con las de un compañero. Den ejemplos.

3. Compartan sus reflexiones con la clase.

Escoge el mejor video de Héroe Cotidiano, dale un

👍 **Like**

Hasta el 29 de junio

 B **Al ver el video,** completa el organizador "Y" con un compañero.

 1. Anoten lo que ven, lo que piensan y lo que quieren saber.

 2. Compártanlo con la clase.

3. Escuchen la canción, "Honduras merécetla" de Polache y hablen del significado de la canción.

 C **Al leer el texto,** comparen lo que tú y tu compañero pensaron después de ver el video con la información del texto que sigue. ¿Qué más saben? Añádanlo al dorso del organizador.

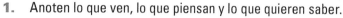

« | » | □ | 🔊

Héroes cotidianos

"Somos un grupo de jóvenes conscientes del problema ambiental que se vive en nuestro pueblo y país, por tal razón nos hemos dado a la tarea de realizar una campaña de limpieza, de un rio ubicado en nuestra comunidad de Jacaleapa, El Paraíso, Honduras y de esta forma lograr un impacto, en las personas que viven a orillas del rio, a quienes se les pidió su colaboración para no seguir tirando basura en el rio, para que nuestras futuras generaciones tengan un mejor bienestar y una nueva cultura de conservación de nuestros recursos para obtener agua limpia, en un mundo donde la contaminación está matando nuestras fuentes de agua y todo por nuestra falta de educación.Al final de la campaña se recogieron más de 3,500 libras de basura, y más de 20 familias comprometidas a colaborar".

Autor: Dolan Francisco Andino Rodríguez

Los verdaderos héroes no son famosos, no salen en las películas, ni están en las revistas de cómics, ni tienen superpoderes. Los verdaderos héroes están más cerca de lo que pensamos, son parte de nuestro vivir cotidiano, son aquellos que cada día realizan acciones por el bienestar de los demás, actos heroicos que ayudan a construir la paz. Puede ser un familiar, un profesor, un amigo, un voluntario, una persona de tu colegio o universidad, un vecino o alguien que tú conoces.

"Un héroe cotidiano es alguien que en estos tiempos en donde la realidad supera la ficción, siempre actúa correctamente. Tal vez trabaja conmigo y siempre me apoya o tal vez mira cuando algo se me cae en la calle y me lo devuelve". - Gente con Clase

¡Tu opinión cuenta!

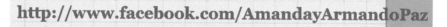
http://www.facebook.com/AmandayArmandoPaz

Manda un mensaje por Facebook a Amanda y Armando Paz de Héroes Cotidianos, para darles una recomendación a favor o en contra de lo que hizo este grupo de jóvenes hondureños para su proyecto en su comunidad. En tu mensaje, haz una recomendación que se enfoque en uno de estos aspectos: educación de la comunidad, trabajo hecho por la comunidad, cultura de respeto por el entorno y promoción del bienestar comunitario.

Recuerda que tu mensaje a Amanda y Armando Paz debe ser claro y ofrecer sugerencias creativas. Incluye estos elementos en tu mensaje:

- con qué tema se relaciona: educación, trabajo, cultura, bienestar
- cómo previene la violencia y formenta una cultura de paz
- creatividad en forma y contenido
- claridad del mensaje

 ¿Qué aprendiste?

Reflexiona y escribe un resumen de lo que aprendiste en tu diario:

- tres cosas que aprendiste que no sabías antes
- dos cosas que sabías antes de esta actividad
- una cosa que vas a hacer diferente debido a lo que leíste y viste de los héroes cotidianos en esta actividad

Aprendí que....

Ya sabía que...

Después de ver el video y leer lo que hicieron los jóvenes hondureños, voy a ...

Actividad 6

¿Qué puedes hacer tú para hacer una diferencia en tu comunidad?

"Hacer voluntariado es querer cambiar el mundo, y hacerlo" es el lema de una campaña de sensibilización y promoción del voluntariado organizada por la Plataforma del Voluntariado de España (PVE). *"No es lo que hago, es por qué lo hago"* es un video producido por PVE para comunicar las razones por las cuales las personas hacen voluntariado.

La campaña de PVE muestra no tanto lo que uno hace como voluntariado sino lo que motiva a las personas a hacerlo. Además, tiene el objetivo de reclutar a personas que tengan la motivación y quieran involucrarse para transformar los problemas de nuestras comunidades.

¿Has pensado tú en qué puedes contribuir para organizar el cambio en tu comunidad?

BEA: Hago voluntariado para que los bosques vuelvan a crecer en zonas desertificadas.

SONIA: Hago voluntariado para que todos los refugiados encuentren aquí sus derechos garantizados.

 A Antes de ver el video, conversa con un compañero sobre las ventajas y desventajas de involucrarse en el voluntariado. Completen el organizador con información de sus propias experiencias y prepárense para compartir con la clase.

Ventajas	Desventajas

 B Al ver el video por primera vez, capta algunos de los problemas que los ciudadanos globales tratan de solucionar. Haz una lista breve en tu diario y después compárala con un compañero.

 C Vocabulario del video: Escoge el significado de las palabras según el contexto del video.

1. refugiados	a. aconsejar, orientar
2. discapacidad	b. en forma legal
3. asesorarles	c. con limitación física / incompetencia
4. jurídicamente	d. deportado / expatriado

 D Al ver el video por segunda vez, escucha lo que dice cada voluntario y completa la frase. ¿Qué forma gramatical tienen en común y por qué es así? Refiérete a la Actividad 2 para repasar la estructura de los tiempos verbales.

Sonia	Si _____ como las personas refugiadas reconstruyen su vida en nuestro país, _____ porque dedico horas de mi vida a asesorarles jurídicamente.
David	Para que todos _____ conciencia de las dificultades cotidianas que tienen las personas con discapacidad.
Angelina	Para que todas las personas mayores _____ acompañadas.
Rubén	Para que todas las personas _____ libres de definir nuestra orientación sexual o identidad de género.
Bea	Para que los bosques _____ a crecer en zonas desertificadas.

USO DEL LENGUAJE EN CONTEXTO: El uso del subjuntivo con *para que*

Después de la conjunción ***para que*** se usa el presente o el imperfecto del subjuntivo según el verbo que precede ***para que***. Si el verbo indica presente o futuro, se usa el presente del subjuntivo:

> ***Soy*** voluntario ***para que*** todas las personas mayores ***estén*** acompañadas.

Después de un verbo en el pasado, se usa el imperfecto del subjuntivo:

> ***Servía*** de voluntario ***para que*** mi comunidad ***pudiera*** mejorar.

¡Tu opinión cuenta!

Las motivaciones del voluntariado son más profundas que los actos en sí. Hay que comprometerse a largo plazo porque la gente cuenta contigo. Es un compromiso con tu comunidad. A ti te toca motivar y convencer a tus compañeros para que participen en un proyecto que tú vas a dirigir. ¿Qué les dirías para que colaboren contigo?

NO ES LO QUE HAGO, ES POR QUÉ LO HAGO.

Hacer voluntariado es querer cambiar el mundo, y hacerlo.

PLATAFORMA
DEL VOLUNTARIADO
DE ESPAÑA

Reflexión Escribe unas 100 palabras en tu diario contestando las siguientes preguntas:

- ¿Cuáles es la pasión que te motiva a involucrarte y a comprometerte a una causa?
- Si tú fueras uno de los protagonistas del video, ¿cuál hubiera sido la razón por la cual hubieras sido un/a voluntario/a?
- Si no eres voluntario en este momento, ¿cuándo te gustaría serlo y en qué te gustaría trabajar?

Hilo 3 Ciudadanía Global Evaluación Final - *SUÉÑALO, HAZLO*

Preguntas esenciales:

- ¿Por qué necesitamos los ciudadanos globales?
- ¿Qué características debe tener un/a ciudadano/a global?
- ¿Cómo contribuyen los jóvenes al bienestar de las comunidades?

¿Te molesta algo? ¿Quieres cambiarlo? Te damos los fondos y las herramientas para lanzar tu propia idea. Te invitamos a formar parte de un movimiento de jóvenes que ya están impulsando cambios alrededor del mundo: Ashoka Jóvenes Changemakers. ¡Es la oportunidad para cambiar tu comunidad!

www.joveneschangemakers.org

Contexto

Ashoka fue fundada por un norteamericano en 1980 y llegó a ser una organización internacional que fue lanzada en España en 2003 bajo el nombre Avancemos. El programa de Ashoka en España, **Jóvenes Changemakers,** "invierte en las ideas y actitudes de jóvenes entre 12 y 20 años para crear, iniciar y liderar organizaciones sostenibles que beneficien a la sociedad". Ashoka Jóvenes Changemakers les invita a "formar parte de un movimiento de jóvenes que ya están impulsando cambios alrededor del mundo" y además les da los fondos y las herramientas para lanzar su propia propuesta acompañada de un plan de acción. Se lo presentan a un panel de selección que decidirá si el proyecto sirve las grandes necesidades de la comunidad hispana. Si acepta su propuesta y plan de acción, recibirán fondos para poner en marcha sus planes.

Conectores:		Contrastes:	Dar una opinión:
además	por lo general	tampoco	según
con respeto a	hay que tener en cuenta	en cambio	sería mejor si…
todavía	se trata de	por otra parte	des/afortunadamente
		a pesar de	(no) estar de acuerdo / concordar con
			es posible / probable / preciso / esencial que…

QUIÉNES   SOMOS   CONÓCELES   ÚNETE   ENTIDADES   FACILITADORES   CONTACTA

Únete

2 comentarios

¡Involúcrense en un proyecto que beneficie el bienestar de su comunidad local o regional!

La organización Ashoka Jóvenes Changemakers ha solicitado que los jóvenes de habla hispana identifiquen un problema en la comunidad local o regional y que presenten una propuesta junto con un plan de acción. Si la fundación acepta su propuesta y plan de acción, les dará los fondos para poder realizar el proyecto de sus sueños y hacer una diferencia en las vidas de los seres humanos y sus comunidades. Escojan una de las grandes necesidades de la comunidad en que viven o en otra comunidad. Si su propuesta concuerda con las grandes necesidades que apoya la organización, les comunicará los detalles para poder iniciar el proyecto.

¡Comiencen su propuesta!

SÍGUENOS

Archivo

diciembre 2012 (1)
noviembre 2012 (1)
octubre 2012 (4)
septiembre 2012 (1)
junio 2012 (13)
mayo 2012 (19)
marzo 2012 (3)
febrero 2012 (2)
diciembre 2011 (1)
noviembre 2011 (4)
octubre 2011 (1)
septiembre 2011 (3)
agosto 2011 (2)
abril 2011 (1)
marzo 2011 (1)

Al organizar la propuesta:

☐ En equipos, investiguen las necesidades de la comunidad local o regional. ¿Cómo pueden usar su talento para beneficiar a la comunidad?

☐ Sigan los pasos en la guía digital para descubrir los intereses del equipo.
Visita la guía digital para organizar tu reflexión.

☐ Escriban una propuesta de un párrafo describiendo su idea.

☐ Completen un plan de acción según los criterios en la guía digital.

Al presentar el plan de acción al panel de selección:

☐ Su equipo va a presentar la propuesta y el plan de acción usando la tecnología ante el panel de selección, o sea sus compañeros, profesor/a e invitados. Éstos van a determinar cuáles son los proyectos que mandarán a **Ashoka Jóvenes Changemakers.**

Al reflexionar:

☐ Escribe una reflexión de 200 palabras en la que evaluarás el proyecto desde tu punto de vista y cuál sería tu rol si lo llevaras a cabo.

HILO 3 Ciudadanía global

Vocabulario esencial I

alcance, el - accesible, se puede conseguir

capacidad, la - habilidad

capaz - apto, tener la habilidad de hacer algo bien

compromiso, el - obligación

desperdicios, los - residuos

enterarse - averiguar, saber, descubrir

equitativo - imparcial, justo

fomentar - favorecer, promocionar, promover

género, el - especie, tipo

imprescindible - necesario, obligatorio

intercambio, el - reciprocidad

materializarse - hacerse realidad

sostenibilidad, la - cualidad de sostenible, capacidad de algo de durar y mantenerse por sí mismo

sostenible - que se puede mantener por sí mismo sin ayuda exterior y sin causar daño al entorno

Vocabulario esencial II

animar - dar energía moral a una persona

apasionar - encantarle, entusiasmar

concordar (ue) - ponerse de acuerdo

empatía - simpatía

empatizar - simpatizar

enterarse - averiguar

estabilizar - equilibrar

exponer - mostrar al público

funcionar - marchar, trabajar

incurrir gastos - tener gastos

invertir - cambiar de posición, emplear una propiedad o dinero con un fin productivo

lidiar - luchar

patrocinar - auspiciar

prevenir - evitar, tomar acción para que algo no ocurra

sostener - mantener, sustentar, apoyar

surgir - manifestarse, aparecer, brotar

Introducción

campaña, la - conjunto de actos que se aplican a conseguir un fin determinado, misión

conciencia, la - conocer lo bueno y malo

concientizar - hacer que otra persona sea consciente

concientizarse - hacerse consciente de algo

consciente - que piensa y siente lo que hace

desafíos, los - retos o dificultades que hacen que algo sea difícil de obtener

involucrarse - participar activamente, comprometerse

sensibilizar - concientizar, llamar la atención sobre algo

voluntario, el - persona que hace el trabajo sin recibir pago

Antes de empezar

aspirar - tener esperanzas

alarmante - que causa alarma

Actividad 1

ambiental - del medio ambiente

ciudadanía, la - comportamiento propio de un buen ciudadano

ciudadano/a, el/la - miembro de una comunidad

combatir - luchar

comprometerse - hacer la promesa de cumplir algo, aceptar una obligación, responsabilizarse

difundir - promover por todos lados, transmitir, hacer público

equidad, la - igualdad

erradicar - eliminar

indignarse - enojarse, ofenderse

lograr - alcanzar, conseguir

derechos humanos, los - derechos de cualquier persona por ser un ser humano, libertades esenciales para las personas

pertenecer - ser parte de algo

plantear - proponer

recaudar fondos - conseguir, recoger o juntar dinero para una causa

reclamar - exigir, demandar

responabilizarse - aceptar responsabilidad

valorar - apreciar el valor de algo o alguien

Actividad 2

cárcel, la - prisión

gasto militar, el - dinero que gastan las fuerzas armadas, gasto del ejército

explotación laboral e infantil, la - hacer trabajar a los niños por poco dinero

feminicidio, el - asesinato de las mujeres

intolerancia, la - falta de respeto hacia otros o hacia sus creencias

libertad de expresión, la - derecho de expresarse sin miedo ni consecuencias

materia prima, la - material esencial o básico para hacer o elaborar otra cosa

minorías étnicas, las - grupos de gente de cierto grupo étnico que tienen menor representación

pobreza, la - estado de vivir con pocas posesiones materiales

políticas abusivas, las - reglas injustas

racismo, el - discriminación, sentimientos negativos y malas acciones contra las personas de otros grupos étnicos

subalimentado - persona o animal sin nutrición suficiente, que recibe menos alimentos de lo que necesita

violencia armada, la - violencia con armas

xenofobia, la - odio hacia los extranjeros

Actividad 3

atributos, los - cualidades

autonomía, la - independencia

comprobar - verificar

culto - dicho de una persona que recibió mucha instrucción académica

estereotipo, el - imagen aceptada de un grupo de personas

etnocentrismo, el - ideología y actitud que defiende la cultura y la raza propia como superiores a las demás

gestionar - hacer diligencias para resolver un asunto

mezclarse - unirse con otros

parámetros, los - variables

rechazo, los - negación

vocación emprendedora, la - aptitud, inclinación o tendencia decidida y activa en la profesión

Actividad 4

aporte, la - contribución

beneficiar - favorecer, hacer el bien

brindar - dar, ofrecer

calidad de vida, la - nivel de ingresos o comodidades que tiene una persona o familia

desinteresada - que no tiene interés, que no quiere obtener algo a cambio

ejercer - practicar, llevar a cabo

enfrentarse - afrontar, confrontar, encarar, poner frente a frente

esfuerzo, el - uso de energía o fuerza, ánimo, valor, vigor

gratificante - satisfactorio

gratuito - lo que es gratis, sin costo

hacer frente - enfrentarse, afrontar

reciprocidad, la - correspondencia, intercambio, correlación

remuneración, la - sueldo

sin fines de lucro - sin beneficio o ganancia

vincularse - unirse, conectarse

voluntariado, el - obra social que se realiza voluntariamente o por iniciativa propia

Actividad 5

bienestar, el - comodidad o satisfacción

cuidarse - protegerse a sí mismo

cuídate - ten cuidado

cuidémonos - protejámonos

cuídalo - protégelo

entorno, el - ambiente, ámbito

OEA - Organización de los Estados Americanos

USAID - US Agency for International Development

Actividad 6

asesorarse - recibir consejos

discapacidad, la - limitación, incapacidad

desertificar - transformar los desiertos a zonas fértiles

jurídicamente - con aprobación de la ley

propuesta, la - plan, idea formal

reclutar - alistar, enganchar

refugiados, los - exiliados

Expresiones útiles

a continuación - lo que sigue

a largo plazo - por un periodo largo de tiempo

a lo largo de - a través del tiempo, durante

al cabo de - al fin de

con tal de que - en el caso de que

con el fin de - con el propósito de

cuanto antes - tan pronto posible

en medio de - a la mitad de

espíritu emprendedor - virtud que alguien tiene para empezar negocios o programas

frente a - dar cara a

ONG - Organización No Gubernamental

poner en marcha - iniciar

las redes de apoyo - grupos u organizaciones que ofrecen ayuda

tercera edad - periodo de vida al que pertenecen las personas mayores

Vida contemporánea

MANTA 2

EL MUNDO ES GRANDE

¿Adónde quieres ir tú?

EL FUTURO ES UN MISTERIO

¿Cómo te vas a preparar?

LOS AMIGOS SON PARA SIEMPRE

Quien tiene un amigo tiene un tesoro

Viajes y ocio

Preguntas esenciales

- ¿Cómo se planifica un viaje a un país donde se habla español?

- Como viajero, ¿cómo se puede experimentar la vida cotidiana de otro país?

- ¿Cómo se entiende el ocio desde la perspectiva local?

En este hilo te invitamos a descubrir las alegrías de viajar por países donde hablan español por medio de un viaje virtual a Chile. Vas a conocer lo que los jóvenes hacen cuando van de viaje y cuando tienen tiempo libre, o sea el ocio. Viajar es aprender y conocer la cultura y la gente local desde su propia perspectiva. Al final, después de investigar países y regiones donde se habla español, producirás un "tejido" de tu propio viaje virtual a un lugar que te interese y te emocione.

90

90

Introducción

Introducción

¿Por qué te gustaría conocer un nuevo país?

A Antes de ver el video

Reflexión

Reflexiona sobre esta pregunta y anota tus ideas en tu diario:
¿Por qué te gusta viajar? ¿Adónde has viajado? ¿Adónde te
gustaría ir? ¿Por qué?

Chile

©Santiago

1. Mira este mapa de América del Sur: ¿Dónde está situado Chile?
   ¿Qué tiene de particular la ubicación de Chile?

2. Conversa con un compañero de lo siguiente:
   - lo que ya saben de Chile
   - si les parece interesante ir a América del Sur
   - cuán largo debe ser el viaje

B **Al ver el video,** presta atención a las imágenes de Chile.
¿Qué vocabulario ya sabes para hablar de lo que ves?

C Después de ver el video

1. **Piensa - Conversa - Comparte:** Escribe todas las palabras que sabes para hablar
   de lo que viste de Chile en el video. Después, conversa con un compañero.
   Añade a tu lista cualquier palabra que tu compañero escribió si no la tienes en
   tu lista. Al final, van a colaborar para escribir una lista completa con la clase.

2. ¡Prepárate para viajar! Anota en tu diario por lo menos 4 experiencias que te
   gustaría tener al viajar a Chile.

BIENVENIDO A LA
ISLA GRANDE
TIERRA DEL FUEGO
CHILE

¿Qué sabes de Chile y su cultura?

En este hilo harás un viaje virtual a Chile para conocer su variada geografía, costumbres culturales y como la gente pasa su tiempo libre, o sea, el ocio. Es probable que ya sepas mucho de Chile pero vas a explorar la relación entre productos y perspectivas y entre prácticas y perspectivas para entender la cultura chilena a un nivel más profundo.

Un parapente en Chile

A **Antes de ver** un video turístico de Chile, conversa con tres o cuatro compañeros de lo que saben de la cultura de Chile.

1. Hagan una lista de los productos de la cultura. Recuerden que los productos incluyen los artefactos de una cultura, por ejemplo, las cosas que usa la gente.

2. Compartan con la clase lo que pusieron en la lista. **¡Ojo!** Tienen que explicar lo que escribieron. Escriban lo que saben en forma de grafiti en la pizarra, después repasen todo y añadan lo que no tienen a sus listas.

3. Repitan este proceso con las prácticas sociales- celebraciones, tradiciones, las relaciones personales, o lo que hace la gente.

productos	prácticas

B **Al ver** el video, pon un asterisco * al lado del producto o práctica en tu lista y añade más productos o prácticas que viste en el video.

C **Después de ver** el video, conversa con un compañero sobre Chile y su cultura:

- en qué se fijaron
- qué les sorprendió

Reflexión

Escribe en tu diario algunas cosas que aprendiste de Chile en esta actividad y lo que quieres saber de Chile. Refiérete a página 13 para las expresiones de apoyo.

¿Cómo se planifica un viaje a un país donde se habla español?

¡Volemos a Chile!

Los enlaces en esta actividad te llevarán a sitios del Internet que te ayudarán a averiguar cómo llegar a Chile, cuánto cuesta viajar, dónde quedarte en Santiago y cómo llegar al hotel después de llegar al aeropuerto.

Trabajarán en parejas o grupos pequeños para conseguir la información necesaria en pasos 1 - 4. Después, la compartirán con otros compañeros para que juntos investiguen más sobre Chile.

1. **Cuándo viajar:** El primer paso para planificar tu viaje es decidir cuándo quieres ir de vacaciones. En esta parte de la actividad, decide cuando quieres viajar.

   a. Conversa con un compañero sobre los siguientes temas:

      - si les importa el clima cuando viajan
      - si tienen preferencias de viajar (prefieren la montaña o la playa)
      - si hay actividades específicas que les gusta hacer de vacaciones

   b. Busca información en Internet sobre el clima de Chile en las zonas diferentes para decidir cuándo viajar.

   ¡Tu opinión cuenta!

   Comparte tu opinión con unos compañeros:

      - Quiero viajar a _____ porque _____.
      - Quiero ir allí en _____ porque _____.

2. **El vuelo:** Después de decidir dónde y cuándo viajar, tienes que comprar los boletos del vuelo. Usa los enlaces de esta actividad para completar las tareas.

   a. Visita el sitio del Internet SCL, el aeropuerto de Santiago, Chile y busca información sobre las líneas aéreas que vuelan a Santiago. También averigua los sitios de Internet de las aerolíneas para determinar cuáles vuelan los Estados Unidos. Haz una lista de las ciudades de los EE.UU. con conexión aérea a Chile.

b. Investiga el precio de un boleto de ida y vuelta de tu ciudad a Santiago, Chile. Recuerda que debes buscar boletos durante el mes que decidiste en el primer paso. Usa el sitio de Internet en español de American Airlines para que encuentres conexiones de tu ciudad a un aeropuerto con vuelos internacionales.

c. **Deja un mensaje al tono:** Usando un programa de grabación de audio, graba un mensaje para tu amigo en Chile que te esperará en el aeropuerto. Descríbele tus planes de viaje y menciona la siguiente información:

- tu ciudad de salida
- el día y la hora del vuelo
- cuántas escalas harás y dónde
- el día y la hora de tu llegada a Santiago
- la información de tu vuelo de regreso

3. El hotel

a. Usando los enlaces escoge un hotel o un albergue/hostal en Santiago para alojarte los primeros días de tu viaje. Después encuentra otro para poder comparar los dos y decidir.

b. Escribe un párrafo de 5 a 8 oraciones en el cual comparas los dos alojamientos. Describe las semejanzas y las diferencias entre precio y amenidades. Al final describe tu opción favorita y explica por qué. Incluye la siguiente información:

- ¿Cuáles son las diferencias de precio e instalaciones entre los dos?
- ¿Qué alojamiento prefieres? ¿Por qué?
- ¿Dónde está ubicado el alojamiento?
- ¿Cuánto cuesta alojarse por tres días? *Si el precio no está en dólares incluye el precio en pesos chilenos y en dólares.*

4. ¿Taxi, taxi?

a. Usando la información en el sitio de SCL y un mapa de Santiago, decide cómo vas a llegar a tu hotel.

b. Conversa con un compañero sobre los medios de transporte del aeropuerto a Santiago. Menciona lo siguiente:

- los medios de transporte
- cuál de estos medios te parece más seguro
- si tienes una preferencia de cómo llegar al hotel
- si conoces los precios para cada uno de los medios de transporte

La moneda es diferente en muchos países hispanos. En Chile, la moneda oficial es el peso chileno o CLP; en los EE.UU. usamos dólares estadounidenses o USD. Es importante saber la tarifa de cambio antes de viajar para que sepas cuánto dinero estás gastando en USD.

1.00 CLP = .00207900 USD

1.00 USD = 481.000 CLP

Practiquemos los cambios de moneda: Haz los siguientes cambios:

1. 15,678 CLP = _____ USD

2. _____ CLP = 6.48 USD

3. _____ CLP = 25.99 USD

4. 168,455 CLP = _____ USD

Muchos sitios de Internet en español utilizan euros. El euro o EUR es la moneda oficial de la Unión Europea. El euro se usa en España, Francia, Alemania y otros países europeos que son miembros de la Unión Europea.

1.00 EUR = 607.086 CLP

1.00 CLP = .001674721 EUR

1.00 EUR = 1.26213 USD

1.00 USD = .792309 EUR

Practicamos los cambios de moneda: Haz los siguientes cambios:

1. 35.80 EUR = _____ CLP = _____ USD

2. 263,000 CLP = _____ USD = _____ EUR

3. 80.00 USD = _____ EUR = _____ CLP

Actividad 2

¿Quieres explorar Chile?

En esta actividad utilizarás unos sitios de Internet para aprender más sobre las regiones chilenas, qué hacer al visitar y cómo viajar por el país. Después planificarás tu viaje a la destinación que escojas usando el TurBus, un medio de transporte para turistas y chilenos.

Como aprendiste en la primera actividad de este hilo, Chile es un país con climas y terrenos muy distintos. Desde las playas del norte, hasta los lagos en el centro del país y los glaciares del sur, hay algo para cada viajero. Adónde viajas y qué haces durante tu estancia dependen de tus preferencias y las regiones que visitas. Ahora es tu oportunidad para aprender más de lo que ofrece Chile y cómo llegar a tu destino ideal dentro de Chile.

USO DEL LENGUAJE EN CONTEXTO: El condicional

Usa el condicional para expresar acciones potenciales, es decir, posibles si las condiciones son apropiadas. En este contexto puedes describir lo que podrías hacer si vas a algún sitio específico dentro del país. También se usa para expresar una formalidad:

¿Podría hacerme un favor?

Se forma el condicional con el infinitivo + ía, ías, ía, íamos, íais, ían

a) En las montañas **esquiaríamos** o **escalaríamos** las rocas altas.

b) En la playa **surfearíamos, bucearíamos** e **iríamos** de pesca, ¿qué buena idea, no?

c) Si quisieras, **podríamos** visitar uno de los lagos bellísimos de Chile. Allí **nadaríamos** o **haríamos** un picnic.

¿Cuáles serán los infinitivos para estos verbos irregulares?

dir-, habr-, har-, saldr-, podr-, pondr-, sabr-, tendr-, vendr-, querr-

---

República de Chile

A **Tu destino ideal:** Usando el Internet investiga las diferentes regiones de Chile para tener en cuenta una perspectiva general de la variedad cultural y geográfica del país. Teniendo en cuenta tus intereses y el mes en que viajarías, decide a qué región o ciudad viajarías después de visitar Santiago.

1. Haz un bosquejo de la información que encuentres sobre esa región o ciudad. Incluye la siguiente información:

   - el nombre de la región
   - el nombre de la ciudad dónde te quedarías
   - cómo llegarías allí desde Santiago
   - tus motivos para viajar a este lugar
   - dónde te alojarías
   - qué tipo de actividades harías allí
   - qué cosas llevarías en tu maleta
   - qué esperas aprender durante tu viaje

  2. **Comparación:** Conversa con un compañero sobre tus planes de viaje y el compañero te explicará los suyos. Dibuja un organizador de comparación y rellénala durante la conversación para notar cuáles son las semejanzas y diferencias entre tu viaje y el de tu compañero.

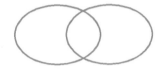

 B **Un viaje en bus:** El terreno de Chile cubre casi la misma distancia de norte a sur que los EE.UU. cubre de este a oeste. Un viaje de Santiago a otras regiones del país puede llevar unas horas o tres días completos. Para recorrer distancias cortas y largas muchas personas viajan en autobús. Hay una variedad de compañías que ofrecen diferentes tipos de asientos para acomodar a los viajeros, si viajan por dos horas o dos días.

1. Visita el sitio de Internet de una compañía de autobuses que viaja por Chile.

   - qué tipo de asientos ofrecen
   - cuál preferirías tú
   - si sirven comidas o meriendas durante el viaje

2. Investiga el precio de un pasaje desde Santiago a tu destino según las fechas de tus boletos a Chile.

 C **Comunica tus planes**

 1. **Llama por teléfono:** Imagina que antes de comprar tu pasaje en autobús, llamas a un amigo chileno para pedirle consejo. Desafortunadamente él está está en el trabajo y no puede hablar por móvil. Déjale un mensaje detallando tus planes del viaje en autobús y pregúntale su opinión sobre el precio del pasaje y la compañía de autobuses. Incluye la siguiente información:

   - el nombre de la compañía
   - cuándo vas a salir de Santiago
   - cuándo vas a llegar a tu destino
   - la información del viaje de regreso
   - cuál es el precio del pasaje
   - si en su opinión vale la pena un boleto de coche cama o de primera clase

2. **Un correo electrónico a tus padres:** Mañana sales de Santiago para tu viaje a otra parte de Chile. No sabes si tendrás acceso a internet en los próximos días, entonces escribe un correo electrónico a tu familia y amigos sobre el viaje que te espera. Usando el tiempo futuro incluye:

- adónde vas
- cómo vas a viajar allí
- qué tiempo hace en esta región
- qué vas a hacer allí
- qué vas a llevar en tu maleta
- qué esperas del viaje

Como viajero, ¿cómo se puede experimentar la vida cotidiana de otro país?

Actividad 3

¿Cuáles son tus costumbres cuando viajas?

"Viajes" es un fragmento de un minicuento del autor Julio Cortázar que aparece en *Historias de cronopios y de famas,* publicado en 1962. Los cronopios, famas y esperanzas son invenciones del autor surrealista que simbolizan los tres tipos de personas en la sociedad. Cuando van de viaje cada grupo tiene costumbres un poco exageradas.

A **Antes de leer:** Cuando se hace un viaje, especialmente si la distancia es larga, normalmente hay que hacer muchos preparativos con anticipación, como la reserva del alojamiento, el transporte y las excursiones. Hay gente que planifica los viajes en gran detalle, haciendo reservas y preparativos con meses de anticipación. Sin embargo, no todos son tan organizados para arreglar todo de antemano y a veces se encuentran con chascos que dan lugar a situaciones incómodas o aún desagradables.

 Con un compañero, conversa sobre tus costumbres cuando vas de viaje con tu familia:

- los preparativos que hacen antes de viajar
- tus reacciones o las de tus padres cuando algo no resulta de la manera en que pensaban
- si hay problemas, ¿cómo los resuelves?

Julio Cortázar, escritor argentino, escribió el famoso cuento surrealista "Continuidad de los parques" y la novela *Rayuela*. Publicó *Historias de cronopios y de famas* en 1962, cuyos personajes ficticios representan tres tipos de personas que él inventó. Contemporáneo de Jorge Luis Borges, Cortázar fue influido por su estilo del realismo mágico, que combina la realidad cotidiana con lo fantástico. Cortázar saca al lector de su zona de su mundo cotidiano y lo lleva más allá de la perspectiva convencional. Además tiene el talento de integrar el sentido de humor y el juego en sus narraciones.

Adaptado de www.literaberinto.com

B **Antes de leer:** Vas a leer un fragmento, "Viajes", escrito por Julio Cortázar que aparece en su colección de minicuentos, *Historia de cronopios y de famas,* publicado en 1962. Según el autor argentino, que se expresa en un estilo surrealista tanto como cómico, los cronopios, famas y esperanzas simbolizan los tres tipos de personas en el mundo.

- **Los famas** representan los que tienen el poder, es decir las personas importantes como los empresarios, el gobierno y los ministros.

- En contraste, **los cronopios,** como el autor, representan la rebeldía y la oposición a la formalidad. Son los que aspiran a ser famas pero son mediocres, idealistas, sensibles y poco convencionales.

- **Las esperanzas** representan los que solo quieren vivir sin problemas; se los percibe como indiferentes o que esperan a que todo les llegue.

C **Al leer,** fíjate en las diferentes costumbres entre los famas, los cronopios y las esperanzas cuando salen de viaje al pasar la noche en una ciudad ajena.

Hay varias palabras que necesitarás saber antes de leer la selección. Busca en el texto la/s palabra/s en bastardilla que corresponde/n a uno de los siguientes sinónimos. Anota la palabra del texto en tu diario.

1. arreglar, preparar
2. edificios, propiedades
3. maletas
4. llover mucho
5. trabaja por noche
6. pasar la noche
7. sutilmente
8. un contrato
9. en grupo
10. investiga
11. trámite, trabajo administrativo

"VIAJES" POR JULIO CORTÁZAR

Cuando los famas salen de viaje, sus costumbres *al pernoctar* en una ciudad son las siguientes: Un fama va al hotel y *averigua cautelosamente* los precios, la calidad de las sábanas y el color de las alfombras. El segundo se traslada a la comisaría y *labra un acta* declarando los muebles e *inmuebles* de los tres, así como el inventario del contenido de sus *valijas*. El tercer fama va al hospital y copia las listas de los médicos *de guardia* y sus especialidades.

Terminadas estas *diligencias*, los viajeros se reúnen en la plaza mayor de la ciudad, se comunican sus observaciones, y entran en el café a beber un aperitivo. Pero antes se toman de las manos y danzan *en ronda*. Esta danza recibe el nombre de "Alegría de los famas".

Cuando los cronopios van de viaje, encuentran los hoteles llenos, los trenes ya se han marchado, *llueve a gritos*, y los taxis no quieren llevarlos o les *cobran* precios altísimos. Los cronopios no se desaniman porque creen firmemente que estas cosas les ocurren a todos, y a la hora de dormir se dicen unos a otros: "La hermosa ciudad, la hermosísima ciudad". Y sueñan toda la noche que en la ciudad hay grandes fiestas y que ellos están invitados. Al otro día se levantan contentísimos, y así es como viajan los cronopios.

Las esperanzas, sedentarias, se dejan viajar por las cosas y los hombres, y son como las estatuas que hay que ir a verlas porque ellas ni se molestan.

  D **Después de leer:**

 1. Describe en tus palabras cómo es un cronopio, un fama y una esperanza. Con un compañero, escriban las acciones de los tres tipos de personas en este organizador.

Tipos de viajeros	Acciones	Características
famas		
cronopios		
esperanzas		

2. Decide cuáles de estas características serían de cronopios (C), famas (F) o de esperanzas (E). Escribe las característcas que corresponden en el organizador de parte 1.

Buscan la sencillez

Defienden el orden establecido

Son generosos

Sienten las emociones profundamente

Son formales

Viven en el presente

No tienen ambición

No son perfectos

Tienen inclinaciones artísticas

Son organizados

Son aburridos

Son rígidos

Son desordenados

Son idealistas

Son perfeccionistas

Son sedentarias

Viven la vida con intensidad

Son soñadores

¿Qué aprendiste?

 1. Imagina que haces un viaje con unos compañeros a Chile y descubres que tú y tus compañeros tienen las características de un cronopio, un fama y una esperanza. ¿Cómo sería el comportamiento de cada uno de los viajeros?

 2. En un grupo de tres compañeros, inventen una mini-dramatización para presentar a la clase para ver si sus compañeros puedan identificar quién es un cronopio, un fama y una esperanza.

 POETA CHILENO PABLO NERUDA, ganador del Premio Nobel de Literatura en 1971

 Ve un video de la vida del poeta.

Pablo Neruda fue un poeta amante de los viajes. Quiso conocer las bellezas del mundo y siempre estuvo en busca de paisajes, expresiones, amores y recuerdos, los cuales le sirvieron en todo momento como fuente de inspiración. De eso nos habla el poeta en el poema "Itinerarios" de su libro *Estravagario* publicado en 1958. *"En tantas ciudades estuve / que ya la memoria me falta / y no sé ni cómo ni cuándo"*.

 Lee el texto completo en la guía digital.

Contribuido por Cristian Acuña Henríquez
Profesor de Lengua Castellana y Comunicación
Liceo Pablo Neruda de Temuco

www.educarchile.cl

POETISA GABRIELA MISTRAL 1889 - 1957 (Vicuña, Chile)

Otra poeta de Chile que recibió el Premio Nobel de la Literatura en 1945 era Gabriela Mistral, reconocida como el primer autor latinoamericano y la primera mujer en ser premiada con el Premio Nobel. Conoció a Pablo Neruda y Juan Ramón Jiménez entre otros poetas del mundo hispano. Era maestra pero al principio la rechazaron de la Escuela Normal, escuela de formación para maestros, por sus ideas que consideraban ateas y que no eran apropiadas para formar a los niños. De todas maneras, recibió el título oficial de profesora de primaria y empezó a publicar libros de poesía a los 26 años. En los últimos años de su vida, se trasladó a Nueva York donde murió en 1957.

Actividad 4

¿Qué puedes aprender y conocer al viajar?

La Expedición Tahina-Can es una iniciativa del Gabinete de Comunicación y Educación de España con el objeto de fomentar el interés de la comunidad universitaria por la cultura y las costumbres latinoamericanas. En este proyecto, un grupo de estudiantes de periodismo de la Universidad Autónoma de Barcelona viajaron a Chile para realizar una "Crónica de la reconstrucción" un año después del terremoto que sacudió todo el país el 27 de febrero de 2010. Vas a leer información de la organización y del proyecto que llevaron a cabo estos jóvenes expedicionarios en Chile.

> ### USO DEL LENGUAJE EN CONTEXTO: El futuro
>
> En la primera fuente, parte C, de la Expedición Tahina-Can se explica la intención del proyecto de cooperación entre los estudiantes españoles y los chilenos usando el futuro.
>
> - Los participantes ***podrán*** conocer otras realidades socio-culturales.
> - Los participantes ***seguirán*** un programa académico que les ***permitirá*** extraer un mayor provecho del viaje realizado.
>
> El futuro se usa para acciones en el futuro o probabilidades.
>
> Se forma con el infinitivo + -é, -ás, -á, -emos, -éis, -án
>
> ¿Cuáles ***serán*** las raíces irregulares de poner, salir, venir, tener, decir, hacer, saber, querer, poder, caber y valer?

A Antes de leer

1. Antes de leer el primer texto de la Expedición Tahina-Can, conversa con un compañero de una experiencia educacional en la que tú has participado. Después prepárate para compartir con la clase. Esta experiencia educacional puede consistir de estos elementos:

   - un viaje o actividad de tu escuela, comunidad, región, país u otro país
   - intercambiar ideas con otros jóvenes
   - lugar donde se aprende algo nuevo

2. Vocabulario: Busca estas palabras y expresiones en el contexto del artículo y haz inferencias del significado. Anota tus ideas en tu diario. Si necesitas apoyo, refiérete al vocabulario final del hilo.

los lazos estrechos	los medios de comunicación
las realidades socio-culturales	el compromiso
la comprensión	ligados a la actualidad
los equipos	los talleres

B **Al leer** sobre la Expedición Tahina-Can, aprenderás lo que los expedicionarios experimentaron a lo largo del viaje. Determina el significado del vocabulario *en bastardilla* por el contexto, según las instrucciones en #2.

La expedición Tahina-Can es un proyecto que nace con la intención de establecer unos *lazos estrechos* de cooperación entre los universitarios españoles y los estudiantes, instituciones y *medios de comunicación* de América Latina. En esta manera los participantes podrán conocer otras *realidades socio-culturales.*

Cada verano la expedición recorre a uno o varios países de América Latina, estudiando las particularidades del país, conociendo como los medios de comunicación funcionan y participando en proyectos de cooperación.

El proyecto propone establecer una *nueva concepción de los "viajes"* que, sin eliminar los itinerarios turísticos (ocio, entretenimiento, descanso, etc.), permita especial importancia al *compromiso, la comprensión* y el análisis hacia el país visitado.

A lo largo del viaje, los participantes seguirán un *programa académico* acompañados por docentes, periodistas y profesionales del mundo de la comunicación del país visitado, que les permitirá extraer un mayor provecho del viaje. Entre las actividades destacan: charlas y coloquios sobre aspectos *ligados a la actualidad* del país, entrevistas con profesionales de los medios de comunicación, elaboración de reportajes u otro tipo de productos periodísticos.

Los expedicionarios desarrollarán sus trabajos divididos en equipos de trabajo de Prensa (Crónicas y Reportajes), Televisión, Radio y Fotografía. Una vez finalizado el viaje, se realizarán *una exposición fotográfica itinerante* por España, donde se expondrán las fotografías más representativas realizadas por los propios expedicionarios. También tendrá lugar una *presentación de los diferentes trabajos* elaborados por los estudiantes en *los talleres* de Radio, Fotografía, Prensa y Televisión.

Adaptado de: www.tahina-can.org

Después de leer, haz el ejercicio de comprensión en la guía digital. Después de completarlo escribe un resumen con la información.

1. La expedición española lleva a los universitarios españoles a

2. El proyecto propone que los jóvenes

3. El nuevo concepto de viajar combina

4. Durante el viaje los participantes siguen un programa académico que consiste en

5. Los expedicionarios reflexionan sobre

6. Después de realizar sus trabajos satisfactoriamente

7. Cuando vuelvan a España, los participantes tienen que

8. El objetivo de esta expedición es que los jóvenes españoles

a. el aspecto turístico con el aprendizaje analítico del país.

b. coloquios, entrevistas y desarrollo de reportajes u otros productos periodísticos que se relacionan con sus estudios en la universidad.

c. participan en proyectos de cooperación

d. establecer unos lazos de cooperación con estudiantes de América Latina.

e. se realiza una exposición fotográfica

f. presentar sus productos periodísticos en talleres de Radio, Fotografía, Prensa y Televisión.

g. aprendan cómo funcionan los medios de comunicación en Chile mientras conozcan otras realidades socio-culturales

h. el compromiso, la comprensión y el análisis hacia el país visitado.

 PELÍCULA DE UN VIAJE EN AMÉRICA LATINA: DIARIOS DE MOTOCICLETA

Ernesto "Che" Guevara se hizo famoso en la Revolución de Cuba en los años 1958-1960. En 1952 los argentinos Ernesto, el "Fuser" Guevara y su amigo Alberto Granado, hicieron un viaje de aventura y autodescubrimiento de cuatro meses y 8,000 kilómetros en motocicleta para descubrir la verdadera América Latina. Salieron de Buenos Aires en una moto estropeada y siguieron por barco hasta Chile. Después siguieron al Perú, para llegar hasta las alturas de Machu Picchu y las selvas amazónicas de Venezuela. *Diarios de Motocicleta* es una película donde se narra esta experiencia, en ella se ve mucho de los paisajes y la geografía de América Latina.

Adaptado de: www.lahiguera.net

LOS MAPUCHE

La Nación Mapuche está situada en el Cono
Sur de Sudamérica, en los territorios que hoy
ocupan los estados de Chile y Argentina. Chile
no reconoce la existencia de la nación Mapuche
ni protege los derechos humanos de su gente,
antes conocidos como los araucanos. Sin
embargo, el pueblo Mapuche sigue exigiendo el
respeto de sus derechos en la justicia y libertad.

Tejedor en el Cono Sur

El pueblo Mapuche aún mantiene su idioma (mapu-dugun) y su identidad nacional, unida
por su cultura, historia, espiritualidad, modos de vida y aspiraciones comunes.

Adaptado de: www.argentour.com

D **Antes de leer y ver el documental,** conversa con un compañero: ¿Qué
sabes del terremoto que ocurrió en Chile el 27 de febrero de 2010? Ve el documental
en la guia digital y fíjate en lo que experimentó la gente en ese terremoto.

E **Al leer** este informe sobre la "Crónica de la reconstrucción" que realizaron el
grupo de españoles que viajaron a Chile, vas a anotar detalles de la expedición para
escribir un blog, como si fueras un expedicionario en el viaje, a tus compañeros en
España. Se encuentran las definiciones de las palabras en *bastardilla* al final del
hilo.

USO DEL LENGUAJE EN CONTEXTO: El pretérito indefinido

En la segunda fuente de la Expedición Tahina-Can, se nos informa de los resultados del
proyecto de cooperación usando el pretérito indefinido para narrar acciones terminadas
en el pasado. A ver si encuentras algunos usos del pretérito en el texto parecidos a este
ejemplo

Los expedicionarios **recorrieron** localidades como Villarrica, donde **pudieron** probar
algunos platos típicos.

- Se usan indicadores de tiempo como **ayer, la semana (año, mes) pasado/a**

- Los verbos regulares llevan acento en la primera y tercera personal singular:
  participé, viajó, probé y sacudió

- Los verbos irregulares que cambian de raíz y no llevan acentos: **fui, hiciste, pudo,
  pusimos, dijeron, tuvisteis, anduve, estuvo, supo, traje y quiso,**

- Otros verbos (**-car, -gar, -zar**) cambian de ortografía debido al cambio de sonido:
  busqué, pagué, comencé

- Verbos de **-ir** cambian en la tercera persona singular y plural de **e-i, o-u** como **pidió,
  pidieron, sintió, sintieron, durmió, durmieron, murió, murieron**

CRÓNICA DE LA RECONSTRUCCIÓN: EL TERREMOTO DE 2010

A un año del terremoto que sacudió a Chile el 27 de febrero de 2010, treinta estudiantes de periodismo de la Universidad Autónoma de Barcelona (UAB), académicos de la UAB y profesores invitados de otras universidades, viajaron al país más *austral* del mundo para realizar su particular "Crónica de la reconstrucción".

El centro de operaciones de los expedicionarios de Tahina-Can Bancaja 2010-2011 fue la ciudad de Valdivia, en el sur de Chile. Desde allí, se dirigieron a localidades como Lebu, donde conocieron *de boca* de las víctimas las historias de la reconstrucción tras la tragedia. Algunos de los momentos más importantes del viaje fueron recogidos en el documental "Expedición Tahina-Can Chile, 'Crónica de la reconstrucción', enero 2011". (El video se encuentra en la guía digital)

El viaje, que duró diez días, incluyó la visita a otras ciudades del sur de Chile como Temuco, donde los expedicionarios conocieron *hitos* de la cultura del pueblo originario Mapuche. Además, recorrieron localidades como Villarrica, donde pudieron *probar* algunos platos típicos de la gastronomía como empanadas, asados y mariscos.

Durante el viaje por el país sudamericano, los expedicionarios realizaron productos periodísticos en los formatos de radio, televisión, prensa y fotografía. Hoy, estas piezas son testimonio de una experiencia que, *tal como dicen*, les cambió sus vidas.

Adaptado de: www.tahina-can.org

 F **Después de leer y ver el dcoumental:** Los expedicionarios deciden escribir entradas en un blog para que todos puedan leer de su experiencia en Chile. Si fueras uno de los expedicionarios, ¿qué les escribirías a tus compañeros en el blog?

- Cuéntales de la misión de la expedición.
- Coméntales los momentos más importantes de la expedición.
- Diles cómo vas a documentar lo que aprendiste en Chile.

« | » | □ | ◎

Saludos de Chile,

Es el tercer día de la expedición y aunque estamos cansados, hay tanto que conocer y aprender...

  G **Al escuchar** por lo menos dos veces una radioemisión breve de uno de los expedicionarios, vas a anotar las experiencias que son destacables desde su punto de vista. Apunta las cosas que hicieron los expedicionarios ese día en tu diario.

H **Después de escuchar,** trabaja con un compañero y comparen sus apuntes. Escucha una vez más. Para verificar tu comprensión, contesta estas preguntas:

1. El Pozo es
   a. un bosque en la naturaleza
   b. un lugar al aire libre con aguas termas
   c. una feria de artesanías

2. Allí, los expedicionarios
   a. se durmieron una siesta
   b. se bañaron en el calor del agua
   c. se bañaron en el agua fría

3. Por la mañana los expedicionarios fueron
   a. a Villarrica para comer
   b. a una feria de artesanías
   c. de compras para buscar regalos

4. El día en total fue
   a. ideal para descansar
   b. lleno de visitas y actividades
   c. un poco aburrido

¿Qué aprendiste?

Opción 1:

Tu clase se encuentra con los expedicionarios cuando estás de viaje en Chile. Los dos grupos intercambian sus experiencias del viaje por Chile. Te fascinan los cuentos de la gente que estuvieron en el terremoto y como los expedicionarios lo documentaron. Tu profesor/a quiere que tú analices las realidades socio-culturales de la expedición según los productos, prácticas y perspectivas de la cultura chilena. Presenta tu interpretación a tu profesor/a.

Opción 2:

Convence a tus padres que deberías participar en una expedición con Tahina-Can a Chile. Prepara tu defensa por si acaso no están de acuerdo contigo. Incluye los tres elementos de la cultura chilena (productos, prácticas y perspectivas) para convencerlos que mereces experimentar esta cultura. Presenta tu opinión a tus padres.

Estrategias para analizar productos, prácticas y perspectivas:

Productos: Piensa en lo que usa y produce la gente de la cultura, pueden ser productos comestibles, leyes, literatura, arte, música, ropa, tecnología, ciencia, arquitectura, etc.

Prácticas: Piensa en lo que hace la gente en su vida cotidiana, ir de compras, rutinas diarias, el horario y significado de las comidas, horarios diarios, eventos sociales, celebraciones, ritos religiosos, etc.

Perspectivas: Piensa en por qué hacen estas cosas. ¿Es debido a la geografía, el clima, la religión, las tradiciones, la economía, la historia o la política?

¡Tu opinión cuenta!

Basado en lo que sabes de la ciudadanía global, ¿piensas que los expedicionarios españoles son ciudadanos globales o no? ¿Cuáles son sus características de ciudadanos globales y sus acciones? Escribe tu opinión en tu diario.

¿Cómo se entiende el ocio desde la perspectiva local?

Actividad 5

¿Cómo puedes pasar un día tranquilo en familia?

Ahora que ya has viajado en Chile por un tiempo, ¿te gustaría disfrutar una tarde tranquila en Santiago como haría un santiaguino? ¿Qué hacen los santiaguinos cuando les toca un bonito sábado o domingo para pasarlo en familia y/o con amigos? Pues algunos van al Parque Metropolitano de Santiago. ¡Vas a visitarlo también! A ver cómo te irías siguiendo el folleto del parque, escrito en español, que enseña sus horarios y servicios.

A Antes de ir al parque

1. Conversa con un compañero de gustos y pasatiempos:
   - lo que les gusta hacer en su tiempo libre
   - las actividades que realizan en familia o con amigos un fin de semana típico
   - si les gusta pasear al aire libre o si prefieren quedarse en casa

2. De tus viajes virtuales hasta ahora por Chile, ¿qué puedes predecir del ocio allá? Anota algunas ideas en tu diario.

B Al explorar el parque: Vas al kiosko para pedir más información del parque grande que queda en el medio de la ciudad y te dan este folleto. ¿Qué puedes ver? ¿Qué información útil brindan estas hojas? Míralo con un compañero y decide lo que te gustaría hacer en una visita al parque.

Sobre el Parque ...

El Parque Metropolitano de Santiago cuenta con una serie de atractivos, para todos los gustos y edades, que puedes disfrutar y compartir junto a la familia y amigos. Entre ellos se destacan el Zoológico Nacional, Bosque Santiago y la red de 16 Parques Urbanos que administra.

Jardines y Plazas: Áreas verdes únicas que se caracterizan por sus paisajes y diseños urbanos. Entre ellos puedes visitar el Jardín Mapulemu con una muestra de la flora de todas las zonas de Chile y el Jardín Botánico Chagual, primero en su categoría en el país con vegetación de los climas mediterráneos.

Zonas de Picnic: El Parque ofrece cinco sectores de Picnic con baños públicos, rodeados de la naturaleza y la vegetación del lugar, donde puedes disfrutar un agradable momento en la naturaleza.

Piscinas: En la temporada de primavera-verano, el Parque te ofrece dos espectaculares piscinas pagadas que te deslumbrarán con su diseño y tamaño. Tupahue y Antilén cuentan con baños, camarines y un gran ambiente para capear las elevadas temperaturas de los meses estivales.

1. **¡Disfruta la naturaleza!**

   a. Visita el sitio de Internet: images.google.cl para buscar "Parque Metropolitano Santiago" y gozar de las vistas, jardines y bosques de este hermoso lugar.

   b. Date una vuelta por el zoológico. Conversa con tu compañero:

   - ¿Qué animales conoces?
   - ¿Cuáles quisieras conocer?
   - Si solo pudieras ver seis de las exhibiciones, ¿a cuáles irías y por qué?

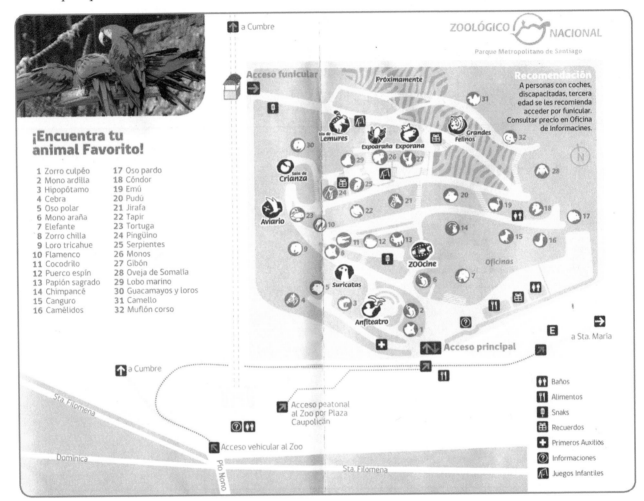

¡Encuentra tu animal Favorito!

1 Zorro culpéo	17 Oso pardo
2 Mono ardilla	18 Cóndor
3 Hipopótamo	19 Emú
4 Cebra	20 Pudú
5 Oso polar	21 Jirafa
6 Mono araña	22 Tapir
7 Elefante	23 Tortuga
8 Zorro chilla	24 Pingüino
9 Loro tricahue	25 Serpientes
10 Flamenco	26 Monos
11 Cocodrilo	27 Gibón
12 Puerco espín	28 Oveja de Somalía
13 Papión sagrado	29 Lobo marino
14 Chimpancé	30 Guacamayos y loros
15 Canguro	31 Camello
16 Camélidos	32 Muflón corso

2. **¡Disfruta la gastronomía!** Caminando por el parque pasas por una de las zonas de picnic y ves a una familia preparando una parrillada. Te acercas para conocer mejor esta costumbre muy típica no sólo de Chile sino de los países del Cono Sur.

   a. **Comparaciones culturales:** Con un compañero, completa el siguiente organizador:

   - si tu familia tiene la costumbre de comer al aire libre
   - si hacen barbacoas
   - las diferencias entre sus costumbres y las de una familia chilena típica

¿Qué hacen las familias en los Estados Unidos para comer juntos al aire libre?	¿Qué hacen las familias en Chile cuando comen al aire libre?

b. **Propaganda por Twitter:** El sitio "This is Chile" necesita tu ayuda para promover el turismo entre los extranjeros que viajan siempre en búsqueda de comida rica. Escribe un Tuit para tu cuenta de Twitter en forma de un mensaje de 140 carácteres.

PLATOS TÍPICOS DE CHILE

Visita la guía digital para ver un cortometraje de la gastronomía chilena. Entre los platos típicos se encuentran:

empanadas de huepo

asados al palo

ceviche

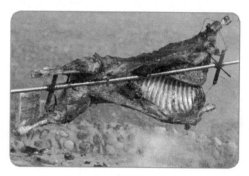

asados de chivo y cordero

3. **¡Disfruta la aventura!**

a. ¿Te interesa hacer ejercicio o realizar algún tipo de actividad física en tu visita al parque? Lee el folleto en la página siguiente para ver qué más podrías hacer en una visita al parque.

¡Mucho que hacer!

A sólo metros del centro de Santiago, pueden encontrar una serie de actividades recreativas, deportivas y culturales que pueden elegir y vivir en el Parque Metropolitano de Santiago.

Actividades programadas: Si prefieren las actividades al aire libre, los fines de semana en la mañana hay gimnasia entretenida y pilates, en el sector Mapulemu a un costado de la Brigada Forestal.

Senderismo: La Fundación Sendero de Chile se encuentra alojada en el Parque Metropolitano, realizando guiados todos los sábados en la mañana, además de recorridos para empresas interesadas en llevar a sus funcionarios a disfrutar de unas horas en contacto con la naturaleza. Para mayor información contactarse al teléfono celular (09) 7569 0023. Se recomienda usar los senderos durante el día!

Biciclos eléctricos: Una entretenida y novedosa alternativa es recorrer el Parque en biciclos eléctricos. Para conocer horarios y precios contáctese al teléfono celular (09) 89032100.

Paracaidismo: Si los deportes extremos y la aventura son sus preferidos, pueden realizar los recorridos aéreos de FlyPiramide, despegando desde el Parque para aterrizar en Ciudad Empresarial. Para programar su salida, debes escribir a prietomaca@gmail.com

Conciertos, exhibiciones de arte y fotografía: Entre los atractivos del Parque, la Casa de la Cultura Anahuac, ofrece mensualmente una parrilla programática con conciertos, exposiciones de arte y fotografías. Los interesados pueden consultar la cartelera y horarios al teléfono (56 2) 7301349.

Los domingos ahora son más entretenidos!
Clases de pilates y gimnasia entretenida gratuitas para todos.

b. **¿Qué entiendes?** Empareja cada imagen con una de las actividades mencionadas.

_____   _____   _____   _____

c. **¿Qué harías tú?** Si solo pudieras elegir una actividad de la lista ¿cuál seleccionarías? Conversa con tu compañero y explícale por qué escogerías esa actividad.

4. **¡Involúcrate como ciudadano global!** El Parque Metropolitano de Santiago pretende aportar servicios y oportunidades al público. Están buscando ideas de cómo utilizar mejor el parque para la ciudadanía global.

a. **Piensa - Conversa - Comparte:** Anota en tu diario algunas ideas de cómo se podría usar este parque para desarrollar la ciudadanía global. ¿Qué grupos podrían aprovechar el espacio verde? ¿Qué podrían hacer? ¡Usa tu imaginación! Después comparte tus ideas con un compañero y con la clase.

b. Conversa con un compañero de este proyecto: ¿De qué manera se ven las características de la ciudadanía global en este proyecto? ¿Quisieras aportar tu talento a este proyecto?

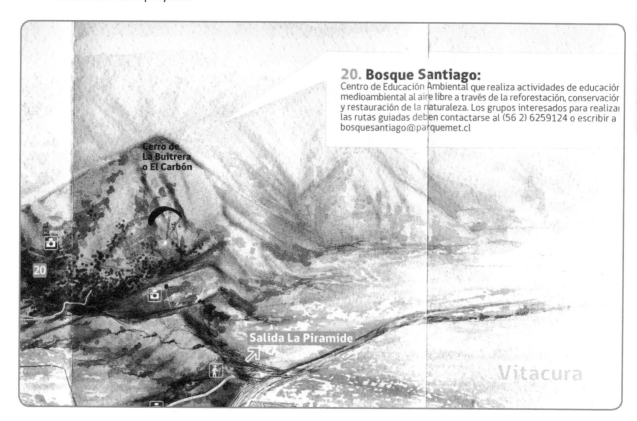

20. Bosque Santiago:
Centro de Educación Ambiental que realiza actividades de educación medioambiental al aire libre a través de la reforestación, conservación y restauración de la naturaleza. Los grupos interesados para realizar las rutas guiadas deben contactarse al (56 2) 6259124 o escribir a bosquesantiago@parquemet.cl

Cerro de La Buitrera o El Carbón

20

Salida La Piramide

Vitacura

C Reflexiones sobre el ocio

1. **¿Qué harías tú?** Después de un lindo día en el Parque Metropolitano, te sientas para escribir en tu diario. Recuerda qué hiciste en tu día libre y escribe una entrada de dos a tres párrafos. Vas a usar los tiempos del pasado (el imperfecto y el pretérito).

2. **¡De nuevo!** Te gustó tanto la experiencia que quisieras volver a visitar al parque – esta vez con tu amigo. Escríbele un correo electrónico:
   - Salúdalo.
   - Expresa tu deseo de volver a visitar el parque y por qué.
   - Sugiere un día y horario para ir.
   - Describe 2 o 3 actividades que te gustaría hacer juntos allí.
   - Pídele que se comunique contigo para finalizar los planes.
   - Despídete.

3. **Comparaciones culturales:** Piensa en tu conversación que tuviste al principio de la actividad con tu compañero. Ahora que has experimentado el ocio chileno, completa el organizador de comparación para comparar los pasatiempos típicos en tu comunidad y en Santiago.

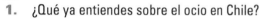

Actividad 6

¿Qué piensan los chilenos sobre el ocio?

Mientras viajamos se puede ver a la gente local en sus vidas cotidianas y gozando del ocio, a veces es difícil entender sus costumbres desde la perspectiva local. ¿Por qué tienen ese estilo de vida y por qué les importa tanto? Ahora tienes la oportunidad de escuchar a una chilena dar su opinión. Escucharás la narración en varias secciones, con preguntas después de cada parte.

A **Antes de escuchar**

1. ¿Qué ya entiendes sobre el ocio en Chile?

- qué les gusta hacer en su tiempo libre

- qué hacen en familia

- qué deportes juegan

- cuáles son algunas comidas típicas

2. **Práctica en parejas con vocabulario:** Repasa las definiciones y sinónimos con un compañero y túrnense para responder a las preguntas.

Primera narración:

afectivo = sensible

cálido = caluroso

1. ¿Conoces a alguien afectivo y cálido? Descríbelo

besar en la mejilla – dar un beso para saludarse

despedirse – hacer o decir alguna expresión de afecto o cortesía para separarse de alguien

2. ¿Qué haces cuando te vas de la casa para despedirte de tu familia?

(sin) pudor - sin modestia; no te da vergüenza

Ej: En mi cultura los novios pueden tomarse de la mano en público sin pudor mientras en otras no.

Segunda narración:

arraigado – con lazos o raíces, establecida fuertemente en la mente de uno

Ej: Tengo este lugar muy arraigado porque mi familia ha vivido aquí desde hace generaciones; no puedo imaginar vivir en otra parte.

la sobremesa – el tiempo de estar en la mesa después de haber comido

3. ¿Conoces a una familia que pase mucho tiempo en la sobremesa?

Tercera narración:

la madrugada – el tiempo justo antes del amanecer, cuando empieza a haber luz en el cielo

el club nocturno – un club abierto por la noche

innatamente = instinctualmente

Cuarta narración:

ensayar = practicar

4. Además de grupos musicales, ¿qué otra gente y grupos ensayan?

Quinta narración:

5. ¿Qué palabra inglesa ves dentro de la palabra **impuntualidad**? Define la palabra en español.

el compromiso - una obligación que debes cumplir

6. ¿Cuáles son los compromisos que tienes regularmente, o sea todos los días o cada semana?

---

3. **"Hablar chileno":** Puede ser difícil a veces entender a la gente local cuando viajas. En la grabación vas a escuchar palabras de la jerga chilena. Revisa los sinónimos abajo y practica "hablar chileno" con un compañero.

- **"pololear"** es estar de novios, en una relación romántica con alguien – en este caso con tu **"pololo"** o **"polola"** (novio o novia)

- **"un carrete"** es una fiesta o reunión de jóvenes, entonces **"carretear"** es salir a una fiesta

- **"bakán"** = chévere

- **"el liceo"** es la escuela secundaria

Túrnense en parejas para utilizar estas palabras en una oración original.

 B La primera narración

 1. **Al escuchar la primera narración por primera vez,** contesta las preguntas según lo que escuchas:

- ¿Cómo son los chilenos?

- ¿Cómo se portan los jóvenes chilenos en público cuando están de pareja?

- ¿Cómo se saludan y despiden?

 2. **Al escuchar por segunda vez,** responde a la siguiente pregunta en tu diario: ¿Qué semejanzas y diferencias notas entre el comportamiento típico en Chile y el comportamiento típico de la gente de tu país?

 3. Comparte tus respuestas e ideas de los ejercicios 1 y 2 con un compañero para ver si entendieron lo que escucharon.

 C La segunda narración

1. **Al escuchar la segunda narración por primera vez,** anota las palabras claves en estas categorías.

la importancia de la familia	el tiempo en familia los domingos

 2. **Al escuchar por segunda vez,** conversa con un compañero:

- lo que les sorprendió

- lo que les fascinó

- lo que tienen en común las familias chilenas con las familias que conoces de tu país

- las diferencias entre las familias chilenas y las familias que conoces de tu país

D La tercera narración

1. **Al escuchar la tercera narración por primera vez,** haz una lista en tu diario: ¿A qué lugares van los jóvenes chilenos por la noche en un fin de semana típico?

2. **Al escuchar por segunda** vez, completa las oraciones que siguen:

    1. En Chile, los jóvenes se juntan en la casa de un amigo a las _____ de la noche para después ir a _____ .

    2. Las fiestas en Chile siguen hasta las _____ de la mañana.

    3. Después, van a...

3. Comparte tus respuestas con tu compañero. ¿Están de acuerdo?

4. Comenta la siguiente cita con tu compañero: *"Yo creo que a los jóvenes chilenos les encanta salir, compartir, conocer gente y pasarlo bien, y salen tarde porque todos demoran en llegar a la hora o porque a veces cenan antes con su familia, y luego salen a carretear".*

    - ¿Por qué salen tan tarde los jóvenes chilenos?

    - ¿Qué semejanzas y diferencias hay entre los gustos de los jóvenes en Chile y los de tu país?

    - ¿Qué semejanzas y diferencias hay entre los horarios de salir de los jóvenes en Chile y los de tu país?

E La cuarta narración

1. **Al escuchar la cuarta narración por primera vez,** haz una lista en tu diario: ¿Cuáles son algunos intereses de los jóvenes chilenos?

2. **Al escuchar por segunda vez,** añade a tu lista. Resalta con un asterisco * los intereses que compartes tú.

3. Comparte tus respuestas con tu compañero y juntos conversen de los siguientes temas:

    - ¿Qué tienen en común con los jóvenes chilenos?

    - ¿Piensan que los jóvenes tengan los mismos intereses por todo el mundo, no importa el país o cultura? ¿Por qué o por qué no?

4. Antes de seguir, toma un momento para anotar algunas comparaciones que puedes hacer entre tu cultura y la de Chile, según lo que has escuchado hasta ahora en las narraciones. Esto te ayudará a completar una reflexión oral después.

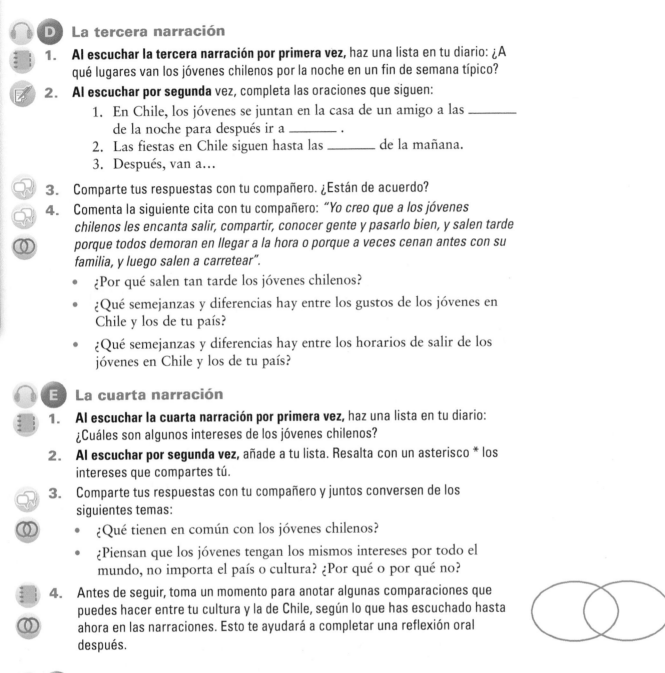

F La quinta (y última) narración

1. **Al escuchar la quinta narración por primera vez,** anota la palabra que escuchas entre estas opciones.

    - Se nota la <u>puntualidad/impuntualidad</u>

    - Al llegar a compromisos <u>informales/formales</u>

    - Es <u>vergonzoso/aceptable</u>

2. **Después de escuchar por segunda vez**, comparte tus respuestas de parte 1 con un compañero. Conversen de los siguientes temas:

- ¿Cuál es la definición de "la hora chilena"?
- ¿Qué les parece esta parte de la cultura chilena?
- ¿Cuál es la opinión de Faby sobre esta parte de su cultura? ¿Cómo lo saben?

3. Añade unas ideas de esta última narración a tu organizador de comparación.

¡A tejer!

  Tu amigo siempre ha querido viajar a Chile pero no sabe mucho de la cultura chilena. Hazle el favor de dejar un mensaje de voz con una comparación entre la cultura chilena y la tuya, contestando esta pregunta: ¿Qué semejanzas y diferencias hay entre los intereses y costumbres de los jóvenes en Chile y tus amigos?

¡Tu opinión cuenta!

Hoy en día se puede comunicar digitalmente con gente de todas partes y Faby quiere escuchar de ti. Responde a su correo electrónico con tus reacciones y preguntas después de haber viajado a Chile y escuchado su narración. Cuéntale qué otras cosas quieres aprender de Chile.

Mensaje nuevo

Destinatarios

¡Saludos de Chile!

Hola, soy Faby, la que escuchaste en las narraciones. Aquí tienes mi foto para que me conozcas mejor.

Espero que hayas aprendido algo de mi explicación sobre el ocio en Chile. Me gustaría saber lo que te interesó más de mi narración – ¿Te interesó lo que hacen los jóvenes los fines de semana? ¿Qué te parecen nuestras fiestas, la hora chilena, o cómo nos comportamos en público? Tenemos muchas costumbres, o prácticas culturales, que son diferentes a las tuyas en los EE.UU. pero lo bonito es conocer otras culturas, especialmente si hablas el idioma.

Me encantaría que me escribieras una respuesta al correo electrónico y si tienes cualquier pregunta sobre **lo** que les conté, favor de hacérmela.

Ojalá que aproveches mucho estas lecciones de español porque quizás algún día puedas visitarme en Santiago, mi casa es tu casa.

Tu amiga chilena,

Faby

 Enviar

Hilo 4 Viajes y ocio Evaluación Final - *Un viaje virtual*

Preguntas esenciales

- **¿Cómo se planifica un viaje a un país donde se habla español?**
- **Como viajero, ¿cómo se puede experimentar la vida cotidiana de otro país?**
- **¿Cómo se entiende el ocio desde la perspectiva local?**

Contexto:

El verano que viene tu clase de español visitará un país hispanohablante por una semana. Tu profesor/a quiere que los estudiantes aporten su opinión a las decisiones: cómo viajarán, dónde se quedarán, adónde irán, qué actividades harán y qué sitios históricos o famosos visitarán.

Para incorporar las opiniones de los estudiantes el profesor/a asigna una tarea en que cada estudiante diseña un viaje a un país hispanohablante con todos los detalles. Usando los recursos de Internet, planea tu visita.

Después, presentarás los planes del viaje a la clase en una presentación oral en la que tratas de convencer a tus compañeros que escojan tu itinerario. También debes presentar un folleto informativo que incluya los detalles del viaje. El viaje que reciba más votos es el que tomará la clase este verano. ¡A tejer!

Presentación oral

Incluye lo siguiente en tu presentación oral:

- ❑ Una descripción del país
- ❑ Una descripción de las ciudades que visitarán durante el viaje
- ❑ Una descripción de las actividades que harán o sitios que visitarán
- ❑ Una descripción de los medios de transporte que utilizarán mientras estén allí
- ❑ Fotos y mapas
- ❑ Lo que esperas aprender en este viaje
- ❑ Uso de estructuras gramaticales: futuro (p. 99), condicional (p. 93), subjuntivo (p. 133)

Presentación escrita: el folleto

Incluye lo siguiente en el folleto:

- ❑ La información sobre los vuelos
- ❑ La información sobre los hospedajes
- ❑ Un itinerario
- ❑ Una lista para empacar (lo necesario para hacer el viaje)
- ❑ Fotos del país, las ciudades y sitios
- ❑ Uso de estructuras gramaticales: subjuntivo (p. 133)

Expresiones útiles

Para convencer a tus compañeros que tu viaje sea el mejor para la clase, debes hacer una presentación coherente. Estas expresiones te ayudarán a organizarla.

Introducción
para empezar

Para añadir información y detalles
a lo mejor
tan pronto como
durante
mientras
quizás / tal vez
entonces / luego / después
por ejemplo
posiblemente
además

Conclusión
por lo tanto

Otras expresiones útiles
allí, allá, acá
desde allí
hasta
según la gente de aquí (el país)
si prefieres / si te gusta

Expresiones para el subjuntivo
Es probable que..
para que

Modelo:

Desde la capital viajaremos a San Pedro Sula. Una vez *allí* subiríamos una cascada bonita en el parque nacional. *Si eres* un tipo atrevido *también* podrías hacer tirolesa y tener una panorámica vista de pájaro del paisaje.

Vocabulario esencial

anfitrión/a, el/la - persona que tiene invitados a su mesa o a su casa

contratiempos, los - dificultades

descubrimientos, los - hallazgos, inventos

destacarse - distinguirse

extrañar - echar de menos

huésped, el/la - invitado/a

instaurar - establecer

refugiarse - protegerse

sacudir - agitar

Introducción

mochilero, el - viajero con mochila

ubicación, la - lugar donde algo o alguien está situado

ubicar - colocar, situar

Antes de empezar

emocionante - impresionante, conmovedor

fijarse - asegurarse, observar

hacer un viaje - viajar

ocio, el - diversión

asterisco *, el - el símbolo *

planificar - programar

Actividad 1

albergues, los - posadas

alojamiento, el - hospedaje

alojarse - hospedarse

aterrizar - llegar a tierra firme

averiguar - investigar

buque, el - barco

coche cama, el - coche del tren con camas o literas para dormir

despegar - partir, iniciar vuelo

ida y vuelta - si se refiere a un boleto, boleto que permite la ida a un lugar y el regreso

instalaciones, las - establecimientos, servicios

líneas aéreas, las - compañías de vuelo

paisaje, el - panorama, vista

parada, la - escala

pasaje, el - billete de viaje

planos, los - mapas

retrasos, los - demoras

transbordo, el - cambio de transporte

ventanilla, la - asiento al lado de la ventana

vestimenta, la - ropa

Actividad 2

cálido - caluroso, afectuoso

estancia, la - estadía, permanencia

obsequios, los - regalos, recuerdos, presentes

Actividad 3

acta, un - redacción escrita de lo sucedido, tratado o acordado en una reunión o en una junta

ajena - distante, lejano/a, extraño/a, perteneciente a otra persona

averías, las - daños, desperfectos

cautelosamente - con cuidado

chascos, los (el chasco) - desilusiones

cobrar - recibir dinero al vender un objeto o al proveer un servicio

con anticipación - de antemano

de guardia - trabajo por la noche o fuera del horario normal de trabajo

en ronda - en círculo, en un grupo, haciendo un círculo

inmuebles, los - propiedades, edificios

labrar - preparar, arreglar

llover a gritos - llover a cántaros, llover fuerte

pernoctar - pasar la noche

pormenores, los - detalles

trámites, los - diligencias

valijas, las - maletas, equipaje

Actividad 4

aportar - contribuir

asesoría, la - consultoría

austral - perteneciente o relativo al sur

conocer de boca - saber algo por medio de otra persona

convivir - relacionarse, coexistir

despedirse - saludarse al alejarse, apartarse, marcharse, irse

docentes, los/las - maestros, profesores

equipos, los - grupos colaborativos

estrechos - cercanos, íntimos, angostos, apretados

expedicionarios, los - exploradores

expediciones, las - paseos o viajes de exploración

fomentar - favorecer, promocionar, promover

hitos, los - sucesos o acontecimientos que sirven de punto de referencia

lazos, los - vínculos

ligados a la actualidad - actuales

mediático - relativo a los medios de comunicación

probar - saborear comida

realidades socioculturales, las - lo que en realidad ocurre o se da dentro de una sociedad y su cultura o cómo se la define

tal como dicen - según dicen

talleres, los - seminarios

Actividad 5

asado, el - carne preparada a la parrilla

atrevido - valiente

eco-compromiso, el - acuerdo o compromiso con interés en proteger el medio ambiente

folleto, el - hoja informativa

involucrarse - participar activamente, comprometerse

parrillada, la - barbacoa

Actividad 6

afectivo - sensible

arraigado - establecido, acostumbrado

carrete, el - reunión de amigos

la jerga - lenguaje especial y familiar de ciertas profesiones y clases sociales

madrugada, la - amanecer, alba

pololear - estar de novios

pololos, los - novios

sobremesa, la - tiempo que se pasa a la mesa charlando después de haber comido

Expresiones útiles

a largo plazo - por un periodo largo de tiempo

a los alrededores - en las afueras

a partir de - desde

a pesar de - aun así

apenas - escasamente

de hoy en ocho - en una semana

de hoy en quince - en dos semanas

en cuanto a - respecto a

estar para chuparse los dedos - la comida es muy sabrosa

generación tras generación

inolvidable - imborrable, algo que deja una impresión que se va a recordar

lo cotidiano - lo diario

más allá - más lejos o más a fondo

me parece que - pienso que

ni siquiera - ni tan solo

rodeado por - circundado, cercado

sanos y salvos - sin peligro

tener ganas de - tener deseos de, querer hacer algo

Educación y carreras profesionales

- ¿Cómo son los sistemas educativos en varias partes del mundo hispanoamericano?

- ¿Cómo nos prepara la educación para nuestra vida futura?

- ¿Cómo se elige una carrera profesional?

En este hilo vamos a explorar los sistemas educativos de varios países de habla hispana. ¿Están preparados para la educación superior los estudiantes que egresan de las escuelas públicas en América Latina? Muchos estudiantes no finalizan la secundaria debido a la deserción escolar, entonces ¿qué podemos hacer como ciudadanos globales para mejorar las estadísticas? Los estudios nos preparan para una profesión que puede cambiar nuestra vida y la vida de nuestra comunidad. Al final del hilo vas a crear un "tejido" al investigar una carrera que te interese e imaginar cómo sería hacerte profesional en un país de habla hispana.

120

122

134

138

¿Qué significa aprender?

Esta viñeta yuxtapone dos actitudes de los estudiantes con respecto al estudio. Observa las viñetas y reflexiona sobre esta pregunta: ¿Piensas que el éxito en la escuela tiene que ver con la actitud del estudiante?

una cosa es **ir a la escuela.** y otra cosa es **aprender.**

  A **Antes de conversar:**

En un organizador "T" escribe los adjetivos o acciones que describen a los dos estudiantes en la viñeta.

Ir a la escuela	Aprender

 B **Conversa con un compañero de lo siguiente:**

- las características de un buen estudiante
- cómo la actitud de una persona puede influir en su experiencia escolar y en el aprendizaje
- qué significa "aprender"

Tuiteando sobre #educación

¿Qué dicen los jóvenes en Twitter sobre la educación? En esta actividad vas a leer unos Tuits en los cuales los jóvenes expresan sus sentimientos sobre la escuela, las clases y los deberes. ¿Son tus sentimientos diferentes a los de tus amigos?

 A **Antes de leer**

Asociaciones: En parejas, cuando su profesor les da una palabra sobre la educación o la escuela, túrnense diciendo la primera palabra que asocian con la palabra inicial. Continúen hasta que su profesor les indique parar.

 B **Al leer**

Ejemplo: El profesor dice "autobús"	
Estudiante A	**Estudiante B**
amarillo	*ruidoso*
mañana	*asientos*
sucio	*paradas*

 1. **Al leer por primera vez,** escoge 5 de los Tuits y escríbelos en "amix" usando lo que aprendiste en el hilo 2 sobre las redes sociales.

2. **Al leer por segunda vez,** elige 5 Tuits que representen tus sentimientos sobre #clase, #escuela y #estudiar.

@carocastanos Quisiera seguir durmiendo! ☹ #Escuela

@PaulaErreC Día de #clase acabao,, hasta el lunes #rutina :D

@milagroslababy #clase #clase #clase Y mas #clase #Grrr

@deejay_Jhordan "por fin para la Casita, Buen día de #clase hoy" < ☺ /

@miritaserrano Segundo día de #clase y ya estoi hasta las nariceees!! –'

@Axeel_shuffle No Quiero ir a la #Escuela '>.<"

@pac_HUMAN estoy en la #escuela aburrido uuuu

@_Mylo_Xyloto volver a empezar otra vez… #clase #quepereza pero #ultimoaño!

@Rikolinowi a #Estudiar, VENGA FUERZA DE VOLUNTAD!

@alitacamarillo Mañana examen de #biolgy #math #estudiar #queflojera

@just_dana21 #estudiar: acción de escribir, comer, twittear y ver la tv con un libro abierto al lado :D

@jorgegolf72 A #Estudiar y ha hacer unos pocos de #deberes #TwitterOff #GOTIME

@vargas018 Muy cansado pero vale la pena #estudiar :)

 Después de leer

1. Responde a los 5 Tuits que escogiste en el número 2 de la parte B. Contesta en forma Twitter. Incluye el nombre del usuario de Twitter (@just_danza21) en tu respuesta. También puedes marcar temas importantes con # (#estudiar).
   Ejemplo: @Rikolinowi ¿por qué la fuerza nunca está conmigo cuando la necesito para #estudiar? #pereza

2. Conversa con un compañero de los siguientes temas:
   * en qué se parecen o se diferencian los Tuits a los mensajes que dejan tus amigos y tú sobre la escuela en las redes sociales
   * por qué los estudiantes de hoy en día se sienten así sobre la escuela y los deberes asociados con sus clases

¿Cómo son los sistemas educativos en varias partes del mundo hispanoamericano?

¿Educación pública o privada en Argentina?

Mientras a la gente argentina le importa mucho la educación, las escuelas públicas en la República Argentina han pasado por etapas de desprestigio porque el gobierno no priorizó la educación. En esta actividad vas a escuchar un audio de la directora de una escuela pública K-8 en Argentina y verás unas imágenes de su escuela.

 A Antes de escuchar

 1. **¿Qué tipos de escuelas hay en los EE.UU?** En grupos, escojan cuatro tipos de escuelas que son parte del sistema educativo en los EE.UU. y sigan estas instrucciones:

- Dividan una hoja de papel en cuatro como en el modelo.
- Escriban los cuatro tipos de escuela en cada sección de la hoja.
- Siguiendo las instrucciones del profesor, llenen los espacios con descripciones de cada tipo de escuela.
- Tendrán 20 segundos para escribir todo lo que puedan y después muevan el papel para que tengan la oportunidad de escribir algo sobre cada tipo de escuela.

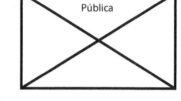

Pública

 2. **Piensa - Conversa - Comparte:** Escribe la respuesta a las siguientes preguntas en tu diario. Después conversa con un compañero y comparen sus respuestas. Finalmente compartan sus ideas sobre los temas con la clase.

- ¿Qué tipo de institución educativa es tu escuela?
- ¿Cuáles son las diferencias entre las escuelas públicas y privadas donde vives tú?
- Si tuvieras la oportunidad de elegir asistir a una escuela pública o privada, ¿cuál preferirías y por qué?

3. En grupos de cuatro alumnos, elijan una de las siguientes imágenes y usando el organizador "Y" describan lo que ven, lo que piensan y lo que quieren saber. Túrnense para escribir sus ideas en el organizador para poder compartirlas con la clase.

Viviana Allegri es Directora de una Escuela Pública de Educación Primaria en Villa Gobernador Gálvez, Provincia de Santa Fe, República Argentina. Viviana había sido maestra de grado durante gran parte de su carrera profesional hasta que se le promovió a directora. Su labor consiste fundamentalmente en administrar la tarea pedagógica y organizar las actividades de la Institución. Además es catedrática /profesora de Ciencias de la Educación, título obtenido en la Universidad Nacional de Rosario. Enseña en Institutos Superiores de Formación Docente, siendo su especialidad la preparación de docentes.

4. **Palabras claves para la comprensión:** Mientras escuchas la grabación, oirás las siguientes expresiones en contexto. ¿A qué se refieren? Lee todas las expresiones antes de escuchar para predecir si representan a la educación pública (PUB) o la privada (PRI).

es gratuita	hay escasos recursos
se debe abonar inscripción y cuotas mensuales	se brinda el servicio de copa de leche y comedor
ofrece competencias que les beneficiarán para competir en el mercado laboral	hay paro frecuente de docentes por razones salariales y otros derechos
se nota que el perfil de los alumnos es bajo	hay días reiterados sin clases
hay carencia (falta) de cosas necesarias para estudiar	se requiere el uso de guardapolvos
existen problemas económicos para afrontar gastos como pasajes de ómnibus y útiles	hay el temor de encontrarse con gente que tenga otro estilo de vida
fueron fundadas por inmigrantes	le cuesta mucho estudiar porque debe ayudar a su familia
las escuelas atravesaron etapas de desprestigio	hay conformación social

B **Después de escuchar por primera vez,** verifica con un compañero y después con la clase si tenías razón al categorizar las expresiones como escuelas públicas o privadas.

C **Después de escuchar por segunda vez,** escoge la mejor respuesta para completar las siguientes oraciones:

1. Los alumnos en las escuelas públicas en la región de la directora representan en su mayoría la población de _____ .
2. En las escuelas públicas se brinda el servicio de _____ .
3. Al alumno en la escuela pública le cuesta mucho estudiar porque _____ .
4. Los alumnos de la escuela primaria pública usan _____ encima de su ropa.
5. Los alumnos faltan días reiterados sin clases debido al _____ .
6. Las escuelas privadas fueron fundadas por _____ .
7. Las familias cuyos hijos asisten a las escuelas privadas deben _____ .

8. Las escuelas privadas ofrecen competencias como
   _____ para que los alumnos estén preparados para
   el mercado laboral.

9. Los padres de clase alta y media les preocupa _____
   y temen que sus hijos se encuentren con diferencias en
   _____ .

10. Los padres deberían elegir la escuela para sus hijos
    _____ y en función del proyecto de cada institución
    y de cómo este es llevado a cabo.

USO DEL LENGUAJE EN CONTEXTO: Los tres usos de la voz pasiva con *ser* y *se*

1. La voz pasiva expresa una acción pasiva cuando el sujeto de la oración no hace la acción sino que recibe la acción del verbo (después de *por* o *de*) como es indicado en ejemplos a. y b.

sujeto + ser + participio (como adjetivo) + (opcional: + por + agente)

a. *La educación* pública por ser gratuita **es elegida** en su mayoría **por la población** de escasos recursos.

b. *Las escuelas* privadas **fueron fundadas por inmigrantes**.

También se puede usar la voz pasiva con ser + participio sin mencionar el agente pero "el agente" está implícito como en ejemplo c.

c. ...*proyecto* de cada institución y de cómo este **es llevado** a cabo (por la institución)

¿Cómo cambiarías las 3 oraciones anteriores a la voz activa?

2. También puedes usar otra forma de la voz pasiva: la voz pasiva con se + verbo (3a persona singular o plural según la oración): con **se + verbo en 3ª persona singular o plural:**

d ...**se brinda** el servicio de copa de leche y comedor

e ...se ofrecen dos sesiones al día, la sesión de la mañana o la de la tarde.

3. La voz pasiva en una expresión impersonal: **se + verbo (3ª personal singular)**

f. **Se supone** que frente a una educación pública desprestigiada...

Estrategias para hacer comparaciones:

En mi escuela pública no se usan... como en Argentina.

Se nota que en las escuelas privadas de Argentina les preocupa... y en mi escuela...

En las escuelas públicas de mi región se ofrecen competencias como... y en Argentina no siempre se las ofrece en sus escuelas públicas.

En los EE.UU. la educación es considerada...

D **Comparaciones culturales:** ¿En qué se parecen y diferencian la educación pública y privada en Argentina y los EE.UU? Si asistes a una escuela pública, compárala con las escuelas públicas en Argentina o si asistes a una escuela privada, compárala con las privadas en Argentina. Usa la voz pasiva para escribir un párrafo (mínimo cinco oraciones) de las semejanzas y/o diferencias. Refiérete a las estrategias de apoyo a la derecha.

 Reflexión Al final de la grabación, la directora dice que "en realidad ningún sistema garantiza de por sí calidad, depende de cómo cada institución lleva a cabo su función". ¿Estás de acuerdo con esta declaración? ¿Cómo puede garantizar calidad una institución, sea pública o privada? Escribe tu reflexión en tu diario.

Estrategias para expresar tu opinión:

Me parece que...

Es evidente que...

Tengo que insistir en que... *(+ subjuntivo)*

Para mí...

¿Qué causa la deserción escolar?

La deserción escolar ocurre cuando un estudiante deja de asistir a la escuela y no logra graduarse de la escuela. Este problema sigue hoy en día en muchos países del mundo, incluyendo los de América Latina. ¿Por qué abandonan la escuela los jóvenes? Vas a leer una selección de una publicación "Deserción escolar en el nivel medio superior" por el Sistema Educativo Estatal, parte del Gobierno del Estado de Baja California en México. Esta selección presenta las estadísticas de la deserción escolar y una lista de indicadores de la deserción escolar.

Después, verás una imagen con las tasas de finalización en América Latina que fue publicada por el Banco Interamericano de Desarrollo en un esfuerzo para mejorar la educación en América Latina.

 ¡Tu opinión cuenta! Piensa en las siguientes preguntas y escribe unas respuestas en tu diario para compartir con tus compañeros de clase.

Según tu opinión, ¿cuáles son las ventajas de graduarse de una escuela secundaria? ¿Cuáles son las desventajas de no graduarse?

A Antes de leer

1. Conversa con un compañero de los siguientes temas:
   * por qué los jóvenes abandonan la escuela antes de graduarse
   * qué factores puede haber en la vida de una persona que pueden aumentar su probabilidad de no graduarse de la secundaria
   * cómo afecta la vida de una persona el no graduarse de la secundaria
   * qué pueden hacer las escuelas para prevenir la deserción escolar

2. Define las siguientes palabras asociadas con los niveles de educación:
   * primaria
   * secundaria
   * bachillerato
   * medio superior
   * educación superior

B Al leer

1. **Al leer las estadísticas por primera vez,** resalta las estadísticas mencionadas en el texto.

2. **Al leer por segunda vez,** usa los siguientes símbolos para marcar información del texto:
   - ¡ = sorprendente
   - ¿ = algo que no entiendes
   - ✓ = algo que ya sabías antes
   - __ = vocabulario que no sabes

Estadísticas de deserción

En México el Sistema Educativo Nacional está conformado por los niveles básico, medio superior y superior, contando con una matrícula total durante el ciclo escolar 2007 – 2008 de 33 millones 335 mil 758 alumnos, donde la población escolar equivale al 31.5% de la población total del país.

****

En términos generales, el Sistema Educativo Nacional presenta una deserción escolar elevada; tan solo en **primaria** abandonan la escuela 22 de cada 100 alumnos. En el trayecto a **secundaria**, el número se incrementa a 32, y de los 68 que siguen estudiando sólo egresa la mitad. Al ingresar a **bachillerato** abandonan sus estudios un promedio de 10 estudiantes; de tal forma que de los 100 iniciales sólo 24 concluyen el nivel **medio superior**. De éstos, 21 alumnos llegan a **educación superior**, pero sólo 14 la concluyen (OCDE. Educación en México, 2008).

Determinantes de la deserción escolar

Como principales determinantes de la deserción escolar y de acuerdo a los estudios y documentos publicados por PREAL 2003; JUNUAEB, 2003; Y Mejía 2002, se definen fundamentalmente los siguientes:

- Problemas de desempeño escolar: bajo rendimiento, dificultades de conducta y los problemas asociados a la edad.

- Problemas relacionados con la oferta o falta de establecimientos: ausencia del nivel educativo, lejanía, dificultades de acceso, ausencia de maestros.

- Falta de interés de los adolescentes y de sus familias en la educación.

- Problemas familiares, principalmente mencionados por las niñas y las adolescentes tales como la realización de quehaceres del hogar, el embarazo y la maternidad.

- Problemas relacionados al entorno comunitario y a las redes sociales existentes.

- Razones económicas: falta de recursos del hogar para enfrentar los gastos que demanda la escuela, el abandono para trabajar o buscar empleo.

- Otras razones, tales como, servicio militar, enfermedad o accidente, etc.

  C **Después de leer,** piensa en los siguientes temas y comparte tus ideas con la clase en forma de discusión:

- ¿Te sorprende las estadísticas de la deserción escolar en todos los niveles educativos en México? ¿Cuál de las estadísticas te sorprende más?

- En tu opinión, ¿crees que los mismos determinantes se aplican a la los estudiantes de tu región? Defiende tu respuesta.

- ¿Cuáles de los determinantes que afectan la deserción escolar pueden ser prevenidos para aumentar el número de estudiantes que se gradúan de la secundaria?

  D **Al ver los gráficos:** Lee la información en la primera parte del gráfico en la página suiguiente. Responde a las siguientes preguntas en tu diario:

- ¿Qué información es representada en los gráficos?

- ¿Qué representan los colores diferentes (Q1, Q2, Q3, Q4, Q5)?

E **Después de ver los gráficos,** conversa con un compañero y respondan a las preguntas entre ustedes, refiriéndose a los gráficos:

- ¿Cuáles de los países tienen las mejores tasas de graduación?
- ¿Qué países tienen las peores tasas de graduación?
- ¿Qué tienen en común todos los países de América Latina respecto al porcentaje de los graduados?
- Pensando en lo que representan los indicadores Q1, Q2, Q3, Q4 y Q5, ¿cómo influye el estatus socioeconómico en el porcentaje de graduados?

Reflexión

Escribe en tu diario tres cosas que aprendiste de la deserción escolar en América Latina y dos recomendaciones para mejorar la situación.

Tasas de finalización de secundaria en América Latina

PORCENTAJE DE GRADUADOS SEGÚN NIVEL ECONÓMICO

Los quintiles representan en este caso la distribución del ingreso de la población, por lo tanto el primer quintil (Q1), representa la porción de la población más pobre el segundo quintil (Q2), el siguiente nivel y así sucesivamente hasta el quinto quintil (Q5), representante de la población más rica.

Q1 Quintil 1 Q4 Quintil 4
Q2 Quintil 2 Q5 Quintil 5
Q3 Quintil 3

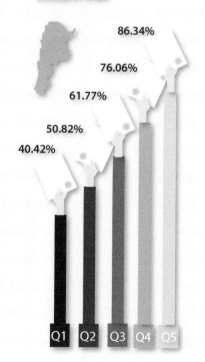

ARGENTINA
86.34% 76.06% 61.77% 50.82% 40.42%
Q1 Q2 Q3 Q4 Q5

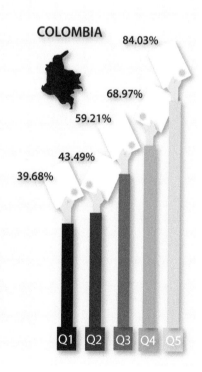

COLOMBIA
84.03% 68.97% 59.21% 43.49% 39.68%
Q1 Q2 Q3 Q4 Q5

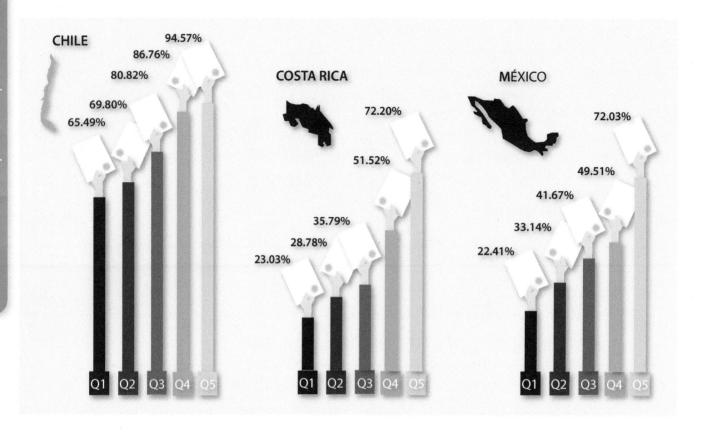

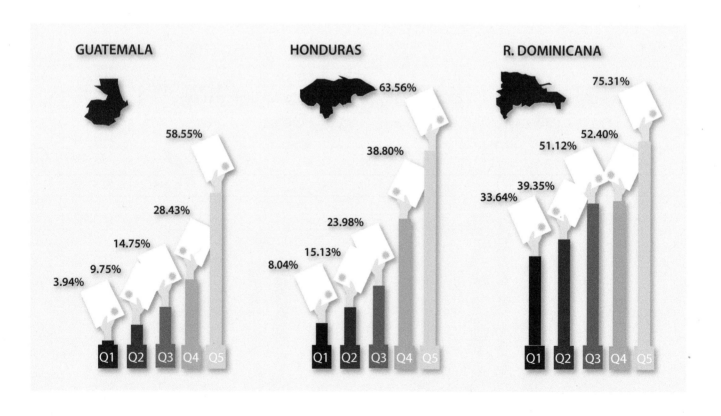

¿Cómo nos prepara la educación para nuestra vida futura?

¿Cómo sirve la educación secundaria en la preparación para la universidad?

La educación secundaria o media superior sirve para preparar a la juventud para la universidad. Cada país tiene su propio sistema de estructurar la educación que consiste en: la educación infantil, la primaria, la secundaria o bachillerato, la educación superior o universitaria. Vas a explorar los sistemas en España, México y Nicaragua en esta actividad.

 A **Antes de leer:** Imagina que hay un estudiante peruano que va a matricularse en tu clase la semana que viene. Tu profesor sugiere que la clase le explique el sistema de educación secundaria en los EE.UU. antes de que se matricule en tu escuela. Conversa con dos o tres compañeros para determinar lo que van a decirle en un correo electrónico. No olviden de incluir algunos de estos elementos:

- la estructura de la educación secundaria: ¿cómo es la estructura de la educación secundaria en los Estados Unidos? cuáles son, por lo general, las materias obligatorias para la graduación

- posibles materias optativas que tendrá en la secundaria: académicas, extracurriculares y sociales

- el mejor camino preparatorio para para asistir a una universidad de alta categoría

---

Al leer los dos textos que siguen, hay palabras en *bastardilla*. Escoge la palabra que NO es un sinónimo según el contexto.

1. *preparatoria:* media superior / graduado / secundaria

2. *vínculo:* separación / puente / conexión

3. *etapa:* época / escalera / tiempo

4. *ingresar:* inscribirse / matricular / abandonar

5. *egresado:* graduado / principiante / licenciado

6. *área:* materias / experiencias / especialidades

7. *gama:* escala musical / variedad / repertorio

8. *abarcar:* incluir / excluir / contener

9. *corroborar:* confirmar / alejar / apoyar

10. *proporcionar:* facilitar / repartir / aportar

B **Al leer** los textos siguientes, también anota la estructura de la organización de la educación secundaria en México y España en un organizador gráfico "T".

México	*España*
el bachillerato general	bachillerato formación general
el tipo profesional técnico	preparatoria- preparación básica

Educación preparatoria en México

La Educación Media Superior o *preparatoria* se encuentra en el nivel medio del sistema educativo nacional, como *un vínculo* entre la educación básica y la educación superior. Esta *etapa* en la educación tiene normalmente una duración de 3 años que comprende los estudios de bachillerato y de técnico profesional.

En la actualidad existen tres diferentes tipos de escuela media superior que son:

1. **el bachillerato general**, con el propósito de preparar a los estudiantes para *ingresar* a instituciones o universidades de educación superior:

   - Ofrece educación en diversas materias: español, matemáticas, ciencias sociales, ciencias naturales y disciplinas filosóficas y artísticas
   - Al concluir los estudios se obtiene el certificado de bachillerato.

2. **el tipo profesional técnico**, que prepara para una carrera técnica

   - Ofrece educación especializada en varias carreras o profesiones de nivel medio superior. Los egresados tienen demanda en la industria, la producción, la atención a la salud, el comercio, la administración y las comunicaciones
   - Al concluir estos estudios se obtiene el certificado de técnico profesional

3. **el bachillerato tecnológico**, una modalidad que es una mezcla de los anteriores, ya que se puede estudiar el bachillerato y al mismo tiempo una carrera técnica

   - Las materias iniciales preparan al estudiante para estudiar una carrera profesional del nivel superior.
   - El plan de estudios incluye materias tecnológicas que los preparan para ser técnicos
   - Cuando se concluyen los tres años de estudio se puede ingresar en la educación superior en instituciones universitarias o tecnológicas.
   - Al concluir los estudios, se obtiene el certificado de bachillerato.

Una característica básica de este nivel educativo es la preferencia de los jóvenes por la modalidad de bachillerato general. El 58.6 % de los estudiantes matriculados corresponde a esta modalidad.

Dicha diferencia en porcentaje indica que algunos jóvenes con aptitudes para carreras técnicas prefieren entrar al bachillerato general. Hay una falta general o ineficacia en los programas de orientación vocacional que contribuye a que la juventud no realice una selección adecuada de correspondiente opciones profesionales.

La educación media superior corresponde al precedente de la universidad y por lo tanto la mayor parte de las preparatorias cuentan con los que se denomina áreas, materias especializadas, orientadas hacia cierta ciencia como las matemáticas, la bióloga, la medicina, la comunicación o la gastronomía. Así el estudiante puede tener experiencia y conocimiento respecto *al área seleccionada* y *corroborar* si su gusto por dicha aérea es en la que se quiere enfocar y especializar.

Por Alejandro de la Parra
1 de noviembre 2012

Adaptado de: http://mexico.thebeehive.org

La Educación Secundaria y el Bachillerato en España

La Educación Secundaria Obligatoria (ESO) es para todos los ciudadanos en edad escolar que completen la Educación Básica y *abarca* cuatro cursos académicos. Su finalidad es transmitir a los alumnos los elementos básicos de la cultura, formarlos para asumir sus deberes y ejercer sus derechos y prepararlos para la incorporación a la vida activa o para acceder a la formación profesional específica de grado medio o al bachillerato.

El Bachillerato es la última etapa de la educación secundaria postobligatoria y, por lo tanto, tiene carácter voluntario. Consta de dos cursos académicos que se realizan entre los 16 y 18 años de edad. Se desarrolla en modalidades diferentes y se organiza de modo flexible.

Las modalidades de preparación del bachillerato son:

1. **Formación general:** favorece a los que tienen capacidad de adquirir una amplia *gama* de conocimientos y habilidades.

2. **Preparatoria:** asegura una preparación básica para la educación superior o para la formación profesional que les prepara para el mundo laboral.

3. **Orientadora:** los alumnos pueden seleccionar sus preferencias e intereses específicos.

El bachillerato tiene como finalidad:

- *Proporcionar* a los estudiantes formación, madurez intelectual y humana, conocimientos y habilidades que les permitan desarrollar las funciones sociales e incorporarse a la vida activa con responsabilidad y competencia.

- Ofrecer a los alumnos una preparación especializada, acorde con sus perspectivas e intereses de formación, que les permita acceder a la educación superior.

Las actividades educativas en el bachillerato favorecerán la capacidad del alumnado para aprender por sí mismo, para trabajar en equipo y para aplicar los métodos de investigación apropiados.

Quienes cursen satisfactoriamente el bachillerato en cualquiera de sus modalidades recibirán el título de Bachiller, que tendrá efectos laborales y académicos.

Opciones al terminar el Bachillerato

El alumno que concluya sus estudios de Bachillerato tiene la opción de seguir estudiando e iniciar lo que se considera educación superior, pero también podría acceder al mundo laboral.

Extraído del Ministerio de Educación, Cultura y Deporte, Gobierno de España:
www.educacion.gob.es

C **Después de leer,** verifica tu comprensión de los textos. Marca cada una de las siguientes afirmaciones como cierta o falsa según la información de los textos. Si es falsa, corrígela para que sea cierta. Si es cierta, justifica por qué es cierta.

Afirmación	CIERTA	FALSA
1. Hace falta estudiar el bachillerato general para llegar a la educación superior o sea, la universidad, no hay otra opción.		
2. La educación profesional técnica sirve de formación para el mundo laboral.		
3. Los jóvenes con aptitudes técnicas no seleccionan la educación técnica, aunque los programas de orientación vocacional son buenos, porque la modalidad del bachillerato general es más popular.		
4. Los estudiantes en México tienen oportunidades para estudiar áreas o materias especializadas antes de ir a la educación superior.		
5. El bachillerato en España es obligatorio y consta de dos cursos.		
6. El bachillerato se dedica a formar estudiantes independientes que sepan investigar y trabajar con otras personas.		
7. En España, los estudiantes que completen el bachillerato están bien preparados para la educación superior.		

USO DEL LENGUAJE EN CONTEXTO: Los artículos definidos

Así el estudiante puede tener cierta experiencia y conocimiento respecto **al aérea seleccionada**. Cuando un sustantivo femenino empieza con **a** o **ha** y el acento cae sobre la primera sílaba, se usa el articulo **el** en vez de **la**.

Ejemplos:

El agua está fría. **El hambre** es un desafío mundial.

Los estudiantes están en **el aula.**

¿Por qué no se usa **el** en estos ejemplos?

La alfombra es de España.

La alcahueta es muy chismosa.

 ¡Tu opinión cuenta! Conversen en grupos o con toda la clase:

- ¿Para qué sirve la educación secundaria en cualquier país?
- ¿Qué inferencias puedes hacer en cuanto a la educación secundaria en México y España en comparación a los EE.UU?
- Si tuvieras que decidir entre el sistema de educación secundaria en México o España, ¿cuál escogerías y por qué?

D **Tu perfil de estudiante:** Tienes una cita con tu consejera en unos días. Ella quiere que le prepares tu perfil de estudiante y que se lo mandes adjunto a un correo electrónico. Prepara los datos para tu perfil y mándaselo a tu consejera. Incluye estos elementos en tu perfil y cualquier otra información que sea relevante. Consulta la información de apoyo adicional en la guía digital.

- aptitudes personales
- intereses y pasatiempos
- aspiraciones profesionales
- habilidades profesionales
- experiencias de trabajo voluntario o asalariado
- planes después de la graduación de secundaria

¿Qué aprendiste?

Es la hora de la verdad. Vas a ser entrevistado/a por la consejera para que ella te dé unos consejos. Con el uso del perfil de estudiante, contesta sus preguntas de una forma concisa. Después ella te dará unos consejos para el próximo paso a la educación superior.

- ¿Qué quieres hacer cuando te gradúes de la escuela secundaria?
- ¿Cómo sabes que este es el mejor camino para ti?
- En este momento, ¿cuáles son tus aspiraciones para una carrera?
- ¿Qué habilidades tienes que serían importantes en el mundo profesional?
- ¿Cuáles son tus intereses y pasatiempos?
- ¿Tienes experiencia de trabajo voluntario o asalariado?

USO DEL LENGUAJE EN CONTEXTO: El presente del subjuntivo

Cuando ofreces consejos a alguien, o sea, para darles tu opinión, se usa el subjuntivo. Cuando expresas tus consejos paa la otra persona es posible que esa persona no siga tus consejos. Con esta duda, se emplea el subjuntivo. Si expresas tu opinión en el presente, entonces el verbo que sigue también debe conjugarse en el presente del subjuntivo. Usa algunas de estas expresiones en el correo electrónico que vas a escribir al final de esta actividad.

Recomiendo que…	*Es preciso que…*
Te aconsejo que…	*Es posible que…*
Prefiero que…	*Es importante que…*
Sugiero que…	*Es útil que…*
En fin, espero que…	*Es mejor que…*

¡Te toca a ti!

Ahora imagina que eres el/la el consejero/a. Présentale tus recomendaciones al estudiante que entrevistaste. Dale consejos sobre lo que pueda hacer en la secundaria para lograr sus metas en el futuro. Dale por lo menos tres recomendaciones usando las expresiones sugeridas en el uso del lenguaje.

Educación secundaria en Nicaragua

La educación secundaria en Nicaragua es indispensable para que los jóvenes de hoy en día salgan del círculo de la pobreza. Según datos del Estado Mundial de la Infancia 2011, publicado por UNICEF, sabemos que más de 70 millones de adolescentes en edad de estudiar la secundaria básica no están en las aulas. Un reportaje elaborado por *Abre tus Ojos*, revela el estado de la educación secundaria en Nicaragua. Mira el video y observa por ti mismo lo que está pasando en Nicaragua.

Al ver el video, fíjate en las aulas de las escuelas. ¿Qué conclusiones puedes sacar al ver el video? ¿Por qué no habrá estudiantes que asistan a las clases?

Después de ver el video, comparte con tu clase tus observaciones y conclusiones de las escuelas en Nicaragua.

Reflexión Como ciudadano/a global, ¿qué podrías hacer para mejorar la situación de la educación en Nicaragua? Escribe tus pensamientos en tu diario.

Actividad 4

¿Cómo se elige una institución universitaria o educación superior?

Una de las decisiones más importantes para los jóvenes es decidir en cuál universidad cursarán sus estudios profesionales. Dentro de poco, quizás ahora o dentro de un año, tú y tus compañeros harán planes para asistir a una universidad o a una instutición técnica-profesional. Es el próximo paso en tu preparación para tu vida futura. En esta actividad vas a explorar los factores que se necesitan considerar al elegir una universidad.

A Antes de leer:

1. En grupos pequeños, conversen de cómo se elige la mejor universidad. Hagan una lista de los factores que se deben de tener en cuenta al elegir una universidad. Recuerden que deben tener en cuenta las preferencias personales. Anoten los factores importantes que hay que considerar al investigar universidades

2. Presenten sus ideas a la clase. Cuando presenten tus compañeros, anoten otros factores que no tenían en sus listas de factores importantes. Después van a consultar estas listas para otro ejercicio en esta actividad.

La universidad de Oviedo, España

B Al leer: Vas a leer sobre los factores que se deben tener en cuenta al buscar una universidad, ¿cuáles de estos factores son los más importantes para ti? En tu diario, escribe todos los factores que presenta el artículo y organízalos según tus prioridades. Usa una escala del 1 al 6, siendo el 1 el más importante. Prepárate para explicar tu lista.

¿Qué se debe tener en cuenta al buscar una universidad?

Aunque haya miles de universidades en México será importante reducir las opciones y tener en cuenta estos factores:

La universidad autónoma de México, D.F.

1. **Tipo de universidad** ¿Cuál es el tipo de carrera que más le interesa?

   ➢ ¿Una licenciatura de 4 o 5 años? (Para recibir un título de licenciatura, debe ir a una universidad al menos 4 años).

   ➢ ¿Una carrera técnica o diplomado? (Para recibir alguno de estos
   títulos deberá asistir al menos 2 años).

   ➢ ¿Una universidad privada, pública o no tiene preferencia? (Las públicas cuestan menos y generalmente son más grandes).

2. **Tamaño**

   ➢ Las universidades más grandes tienen clases más grandes, especialmente en los primeros dos años. Esto significa que los profesores no tienen mucho tiempo para dedicárselo a los estudiantes individualmente. Estas generalmente tienen más clases y más opciones respecto a qué carreras elegir, más actividades, tales como deportes y música.

   ➢ Es importante que averigüe si en la universidad adonde está pensando asistir ofrecen los cursos que le interesan.

   ➢ Las universidades pequeñas son muy parecidas a las escuelas secundarias, en el sentido de que casi siempre se puede conocer a una gran mayoría de los estudiantes y profesores. Probablemente tenga muchas menos materias de dónde elegir, pero recibirá mucha atención personalizada de sus profesores.

3. **Ubicación**

   ➢ ¿Quiere mudarse fuera de la casa o ir a una universidad local?

   ➢ ¿Quiere estar cerca de su universidad o no le importan los traslados largos?

   ➢ ¿Prefiere ir a la universidad en una ciudad grande o prefiere una ciudad pequeña?

4. **Tipo de programa académico** El tipo de programa es muy importante. Debe contestar estas preguntas:

   ➢ ¿Qué universidades tienen las carreras que me interesan?

   ➢ ¿Cuál es el promedio de estudiantes que se gradúan de esa carrera?

   ➢ ¿De qué tamaño son las clases de una carrera en particular?

5. **Actividades extra-curriculares**

   ➢ ¿Qué tipos de actividades ofrecen y en cuáles quiere participar? (deportivas, sociales y artes)

   ➢ ¿Hay cosas que hacer los fines de semana o después de las horas de clase?

   ➢ ¿Hay diversidad en la universidad? ¿Se sentirá a gusto allí?

6. **Costo**

   ➢ ¿Cuánto es el total de los costos de clases, libros, transporte, vivienda y comida?

   ➢ ¿Qué tipo de ayuda financiera o becas ofrece la universidad?

   ➢ ¿Está ubicada la universidad en una colonia (en las afueras de la ciudad)?

De editorcarlos
13 de agosto de 2012

Extraído de: http://mexico.thebeehive.org/education

C **Después de leer:** Con un compañero, respondan a las siguientes preguntas y hagan un organizador de comparación. ¿Cómo se comparan estos factores con los que tu clase ha determinado en la parte A? ¿Qué factores incluyó la clase que no aparecieron en el texto? Después, cada estudiante va a preparar un organizador de comparación para separar los factores de la clase y los del texto anterior. ¿A qué conclusiones pueden llegar de las semejanzas y diferencias entre las dos listas, la de México y la de los EE.UU?

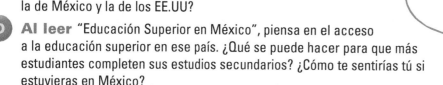

D **Al leer** "Educación Superior en México", piensa en el acceso a la educación superior en ese país. ¿Qué se puede hacer para que más estudiantes completen sus estudios secundarios? ¿Cómo te sentirías tú si estuvieras en México?

Educación Superior en México

En México, la educación superior es exclusiva de un grupo de personas ya que sólo tres de cada 10 personas de entre las edades 19 y 23 años tienen acceso a este tipo de educación. Por lo tanto si usted tiene la oportunidad, decida bien cuál es la mejor opción para realizar sus estudios superiores ya sea en una universidad o en un centro de educación superior.

No todos los aspirantes llegarán a conseguir espacio *disponible* en alguna opción educativa que se ofrece en México. Además, se tiene que buscar universidades privadas, ya que la matriculación en universidades públicas es limitada y la cantidad de personas que demandan la posibilidad de estudio en dichas es exorbitante.

Es de suma importancia buscar alternativas en las cuales el estudiante quede satisfecho, y en México existe una variedad de centros de educación superior de todo tipo, incluyendo estudios en biología, agricultura, derecho, economía, gastronomía, comunicación, administración, diseño, ingenierías y hasta moda.

InfoFácil *Infórmese Simplemente*

Por Alejandro de la Parra
13 de enero 2012

Adaptado de: http://mexico.thebeehive.org

1. Los pronombres indirectos se refieren a personas y son *me, te, le, nos, os, les.* Se usan antes del verbo a menos si es un infinitivo, un gerundio o mandato afirmativo.

   a. ¿Cuál es el tipo de carrera que más *le* interesa (a usted o él, ella)?

   b. ¿Qué universidades tienen las carreras que *me* interesan?

   c. Estoy prestándo*le* los libros de mis cursos universitarios.

   d. *Les* aconsejé (a los estudiantes) que fueran a un instituto local.

2. Los pronombres directos se refieren a personas, objetos o ideas/conceptos y son: *me, te, lo, la, nos, os, los, las. Se* usan antes del verbo a menos si es un infinitivo, un gerundio o un mandato afirmativo.

   a. *Dígame* que debo tener en cuenta al buscar una universidad.

   b. Cuando estaba investigando las universidades, mi padre siempre me decía, *investígalas* con cuidado.

3. Si hay más de un pronombre en una oración, el indirecto es el primero (personas son más importantes que cosas) seguido por el directo. Se usan antes del verbo a menos que sea un infinitivo, un gerundio o un mandato afirmativo.

   a. *Te lo* dije varias veces.

   b. Los estudiantes *me lo* traerán cuando puedan.

   c. A mis estudiantes les encantan los chocolates. Quisiera *comprárselos* para la fiesta.

   Si hay dos pronombres en tercera persona, el indirecto cambia a *se.*

   a. Esto significa que los profesores no tienen mucho tiempo para *dedicárselo* a los estudiantes individualmente.

   b. *Se la* recomiendo a todos mis alumnos secundarios. (refiriéndose a la universidad)

 E **Después de leer,** con un compañero conversa de las ventajas y desventajas de ir a un centro de educación superior en vez de una universidad. Compartan sus ideas con la clase.

Reflexión

¿Que te sorprendió al leer esta información de la educación superior en México? ¿Por qué será así? ¿Piensas que la situación es diferente en los EE.UU.? Explica tu opinión en tu diario.

El patio de la Universidad Pontifica de Salamanca

Educación Superior en España: Adiós a las Licenciaturas y Diplomaturas

El proceso hacia la convergencia universitaria europea ha pasado necesariamente por estructurar la educación superior con sistemas comunes. En ese camino, se han quedado las antiguas Licenciaturas y Diplomaturas, las titulaciones de Ingeniería y Arquitectura, así como las de Arquitectura Técnica e Ingeniería Técnica. Ahora, todas las enseñanzas universitarias de Europa se organizan según este modelo de tres ciclos consecutivos:

Grado, primer ciclo: formación esencial

La fachada de la Universidad de Salamanca, España

Las enseñanzas de Grado tienen como finalidad la preparación del estudiante para el ejercicio de actividades de carácter profesional. Su duración es de 240 ECTS (*créditos*), lo que equivale a 4 años.

Máster, segundo ciclo: especialización

Las enseñanzas de Máster Universitario tienen como finalidad la preparación profesional avanzada, orientada a la especialización, académica, profesional y a la investigación.

Doctorado, tercer ciclo: investigación

Las enseñanzas de Doctorado tienen como finalidad la formación avanzada del estudiante en investigación. Su duración no se fija en créditos. Se estructura en un Programa de Doctorado, formado por un periodo de formación y uno de investigación (tesis doctoral).

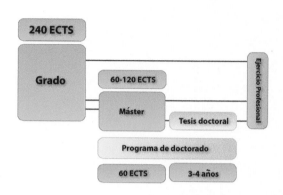

¿Por qué cambió España a este sistema?

Visita la guía digital para conocer los exámenes de selectividad en España y México.

Extraído de: http://universidad.es/estudiar-en-espana/preguntas-frecuentes

¿Qué aprendiste?

Escoge una opción, escribe por lo menos un párrafo citando las fuentes que has leído y preséntalo a tus compañeros.

Opción 1:

De todos los factores que necesitarías considerar para elegir una universidad, ¿cuál es el factor que te importa más y por qué? Comienza tu redaccion con la frase: "*En mi proceso de elegir una universidad, planifico...*"

Opción 2:

Tienes un amigo que quiere estudiar en España con un programa internacional en la Universidad de Valencia. ¿Cómo le explicarías el sistema educativo superior en España y cuánto tiempo le tomará para completar cada ciclo?

Opción 3:

Si tuvieras la oportunidad de estudiar en la universidad en España o México, ¿qué país escogerías y por qué? Justifica tu respuesta con información de las fuentes, por ejemplo, incluye como te prepararías para los exámenes de selectividad. Visita la guía digital para conocer los examenes de selectividad. Comienza tu redacción con estas palabras "*Si tuviera la oportunidad de estudiar en España o México, escogería...*"

¿Cómo se elige una carrera profesional?

Actividad 5

¿Cómo puedes elegir una carrera apropiada y atractiva para ti?

Muchos jóvenes se preguntan cómo escoger la mejor carrera para su futuro. Hay muchos recursos disponibles para ayudarle a uno en este proceso. Por ejemplo, el sitio de web www.elegircarrera.net te ofrece una encuesta para que descubras las carreras que corresponden a tu perfil. Vas a completar la encuesta para saber qué tipo de profesión se recomienda para tu personalidad, preferencias y habilidades.

USO DEL LENGUAJE EN CONTEXTO: El pretérito y el imperfecto

Usamos **el pretérito** para describir o narrar acciones en el pasado que ocurrieron en un momento específico o que se completaron.

Ej. **Tomé** una clase de geometría el año pasado. Hace diez años **decidí** estudiar el derecho internacional **y me inscribí** en la Facultad de Derecho en la Universidad Complutense de Madrid.

…pero usamos el **imperfecto** para describir una situación, escenario o acciones repetidas / constantes del pasado.

Ej. Mi clase de literatura **era** fácil pero divertida. Siempre me **interesaba** la medicina cuando era joven.

¿Qué **decías** que **querías** hacer profesionalmente cuando **eras** niño/a?

A Antes de hacer la encuesta digital

1. Piensa en tus intereses personales y experiencias previas. Conversa con un compañero sobre:
   - qué decías que querías hacer profesionalmente cuando eras niño/a
   - en qué te destacas (en qué tienes mucho éxito)
   - por qué piensas que es difícil para muchos jóvenes decidirse por una carrera
   - cómo decidieron tus hermanos / primos / amigos mayores qué carrera estudiar.

2. Antes de escribir de tu carrera ideal piensa en lo siguiente:
   - cuáles eran tus materias favoritas en los primeros años de la escuela secundaria y por qué
   - cómo es tu clase favorita
   - puede haber una conexión entre las materias que te gustan en la escuela y la profesión que tal vez quieras tener en el futuro

3. Ahora escribe en tu diario: Si tuvieras que describir el trabajo de tus sueños en 50 palabras, ¿qué dirías? Aún si no estás seguro/a cuál sería ese trabajo, describe lo qué estarías haciendo.

4. Lee esta introducción a la encuesta digital que han hecho muchos jóvenes latinoamericanos para guiarles en el proceso de discernir una carrera.

Elegir la carrera universitaria que estudiarás es una de las decisiones más importantes que tendrás que tomar en tu vida. Marcará tu formación como adulto, así como el enfoque que tendrás en el ámbito laboral.

Sin embargo no siempre es fácil tener claro qué estudiar y menos aún teniendo en cuenta la inmensa cantidad de profesiones existentes y carreras universitarias. Es por ello que para ayudarte a escoger, hemos desarrollado esta aplicación, que tras analizar tus preferencias, te orientará indicándote qué estudios son más afines a tu perfil.

Despeja tus dudas sobre qué estudiar. Descubre ya cuál es tu futuro profesional con nuestro test vocacional.

elegir carrera .net
ORIENTA TU VIDA, **CONSTRUYE TU FUTURO**

Vocabulario clave:

la formación - proceso de desarrollarse, crecer

el ámbito laboral - el espacio / ambiente donde uno trabaja

el perfil - na descripción de tus conocimientos

destacar - ser excelente / al que estás bien orientado o preparado

---

B **Al hacer la encuesta digital:** Entra al sitio www.elegircarrera.net para completar la encuesta y ver tus resultados.

1. Elige el "test general" después de repasar las otras encuestas más específicas. Anota tus resultados.

2. Mientras haces la encuesta, refiérete a estas palabras para guiarte:

---

contraindicaciones = peligros / riesgos

desenvolverse con soltura (en la computadora) - saber usar la computadora muy bien

artículos de divulgación científica - que presentan descubrimientos en la ciencia

registro personal de gastos - un récord de cuánto dinero pagas y para qué

técnicos de primeros auxilios - personal médico que viene en casos de emergencia

aparatos se descomponen = aparatos que se rompen

profesor particular = tutor

¿Cómo son las calificaciones en las escuelas de América Latina?

Mira este ejemplo de una pregunta en la encuesta:

Tu nota media de matemáticas en la preparatoria fue de:

Entre 5 y 6'9.

Entre 7 y 8'9.

Entre 9 y 10.

Mientras en los Estados Unidos, tenemos un sistema de calificaciones (notas) basado en 100, los sistemas de calificación varían en otros países. Por ejemplo, en este caso la máxima nota que puedes sacar es un 10. Para poder responder a esta pregunta, necesitas dividir tu promedio de matemáticas entre (se usa por para la multiplicación) 10 para tener tu nuevo promedio.

Otros ejemplos:

- en Chile, las notas se calculan sobre 7
- en Perú, se calculan sobre 20

 C **Después de hacer la encuesta**

 1. El test vocacional te va a brindar algunas sugerencias según tus respuestas. Revisa con cuidado y después comparte con un compañero:

- ¿En qué te destacas?
- ¿Qué opciones profesionales no debes descartar?
- ¿A cuáles profesiones corresponde tu perfil?

 2. Responde en tu diario:

- ¿Qué te sorprendió de tus resultados?
- ¿Qué te resultó fácil contestar en la encuesta? ¿Qué te resultó difícil?
- ¿Piensas que valen la pena estas encuestas de orientación vocacional?

 3. Imagínate que eres consejero de jóvenes y una estudiante, Cecilia, te pide ayuda para entender los resultados del test de personalidad. Según sus resultados en la encuesta, ¿qué debería y no debería hacer esta persona en el futuro? Escribe una lista de mandatos (informales, tú) basados en la información en su perfil.

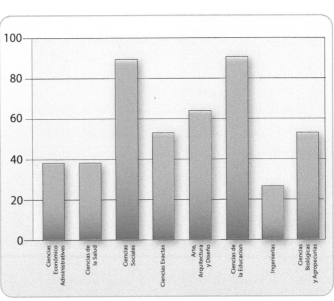

RESULTADO DEL TEST GENERAL

1°	Ciencias Sociales	87%
2°	Ciencias de la Educación	87%
3°	Arte, Arquitectura y Diseño	62%
4°	Ciencias Exactas	50%
5°	Ciencias Biológicas y Agropecuarias	50%
6°	Ciencias Económico Administrativas	37%
7°	Ciencias de la Salud	37%
8°	Ingenierías	25%

Consejo:

¡Enhorabuena! Destacas mucho en **Ciencias Sociales** y en **Ciencias de la Educación.** Comienza a definir tus metas. No descartes tampoco **Arte, Arquitectura y Diseño** porque tienes mucho potencial en este campo.

Compartir

Escribe aquí tu dirección de correo   Enviar

4. Para apreciar las diferencias que hay entre el grupo de amigos, revisa estos resultados de Eduardo, el mejor amigo de tu compañera Cecilia.

Resultado del Test General

1°	Ciencias Exactas	100%
2°	Ingenierías	87%
3°	Ciencias de la Salud	75%
4°	Ciencias de la Educación	62%
5°	Ciencias Económico Administrativas	50%
6°	Ciencias Sociales	50%
7°	Ciencias Biológicas y Agropecuarias	50%
8°	Arte, Arquitectura y Diseño	37%

Consejo:

¡Felicidades! Tienes un alto nivel de habilidades y aptitudes tanto en **Ciencias Exactas**, así como en **Ingenierías** y en **Ciencias de la Salud**. Sólo tienes que elegir qué estudiar. ¡Hazlo ya!

Compartir

Escribe aquí tu dirección de correo   Enviar

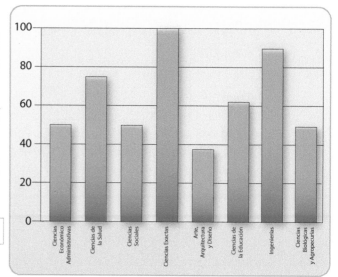

¿Qué diferencias hay? ¿Tienen algo en común? Considera ambos resultados para escribir un párrafo:

* tu primera frase debería presentar el tema
* explica cuáles son las dos fuentes de información
* describe las semejanzas y diferencias entre los dos amigos
* concluye tu análisis

¡Te toca a ti!

Tu amigo no sabe empezar a seleccionar una carrera y ya va a la universidad pronto. Escríbele un correo electrónico recomendándole este sitio como una herramienta útil. No olvides de incluir:

* el nombre y portal de web de la encuesta
* para qué sirve
* si usarlo te ayudó
* cómo le podría ayudar
* otra(s) recomendación(es) para mejorar el proceso de encontrar su carrera perfecta

¿Qué factores influyen al elegir una carrera?

Elegir una carrera es una decisión sumamente estresante para algunos, fácil e interesante para otros. ¿Qué influye en la carrera que uno elige? Este artículo, publicado en 2011 en *Coyuntura Ecónomica*, describe qué factores entran en juego en este proceso para jóvenes latinoamericanos. Los jóvenes latinoamericanos optan por ciertas carreras por tradición, no siempre por preferencia personal ni necesidad. Vas a leer más sobre el tema y considerar qué factores te importan a ti en esta decisión.

A **Antes de leer : Piensa - Conversa - Comparte**

1. Reflexiona y prepara tus respuestas en tu diario:
   - ¿Por qué piensas que los jóvenes eligen ciertas carreras?
   - Si no es por interés ni pasión propia, ¿por qué podría ser?
   - ¿Qué otros factores influyen en la elección de una carrera?

2. Con un compañero compartan sus respuestas y después organiza esta lista de factores en orden de importancia. No hay una respuesta correcta. Prepárense para defender su elección por si acaso necesitan explicarla a la clase.

3. **Cognados inglés – español:** En parejas, prepárense para leer y hablar del significado de estos cognados que aparecerán en la lectura. ¿Pueden explicar qué significa cada uno en español?

Sustantivos	Adjetivos	Verbos
el prestigio	saturado	inclinarse
la demanda	adquirido	agravarse
el deterioro	vocacional	prevalecer
el estatus		percibir
el criterio		
el mercado laboral		

B **Al leer:** Después de leer cada sección, pausa para revisar el texto y contestar las preguntas en tu diario.

Carreras más elegidas en América Latina

Por tradición familiar, prestigio social o una falsa percepción de trabajo seguro, los latinoamericanos prefieren carreras tradicionales aunque la demanda apunte hacia otras áreas.

Según las últimas tendencias, cada día son más los jóvenes que consultan en Internet o personalmente, los espacios de orientación vocacional, tomando en cuenta, además, el criterio de demanda en el mercado laboral. Sin embargo, esta tendencia aun está muy lejos de *incidir en*[1] los resultados finales sobre *la escogencia*[2] de la carrera universitaria, que en Latinoamérica continúa *perfilándose*[3] hacia las profesionales tradicionales, *por encima de*[4] elecciones más *acordes con*[5] las necesidades de *desarrollo regional.*[6]

---

[1] causar un efecto en; afectar a
[2] la elección
[3] definiéndose

[4] en vez de / en lugar de
[5] de acuerdo con
[6] necesidades regionales

¿Qué entendiste?

1. ¿Cuáles son los tres factores que influyen en la actitud de los jóvenes latinoamericanos hacia ciertas carreras?
2. ¿Qué fuentes consultan y toman en cuenta los jóvenes cuando buscan información sobre carreras universitarias?
3. Cierto o Falso: Al final, los jóvenes latinoamericanos deciden una carrera según las demandas y necesidades del mercado laboral en su región. *Justifica tu respuesta con una cita del texto*.

Factores que influyen en la elección de carreras

Los expertos señalan que las carreras tradicionales ofrecen reconocimiento y prestigio social, y aun cuando el mercado está saturado, los futuros profesionales creen tener *mecanismos de inserción*[7] eficaces, en tanto que las carreras no tradicionales se perciben como riesgosas, poco conocidas, sin mayor aporte al estatus, y de difícil ubicación concreta en un medio laboral.

Otros factores en contra son *los prejuicios*[8] adquiridos desde la infancia hacia las ciencias exactas, que alejan a los jóvenes de carreras no tradicionales como la Química y la Física, que no ofrecen *un marco*[9] muy popular de *desempeño*[10] profesional, *no obstante*[11] son una de las necesidades más sentidas de las industrias básicas en cualquier país. También la falta de preparación en esta área desde la educación secundaria, hace que los estudiantes se inclinen por las ciencias sociales.

---

[7] manera de entrar al mercado laboral
[8] opiniones desfavorables / recelo
[9] escenario / ámbito

[10] desarrollo
[11] aunque

¿Qué entendiste?

4. ¿Qué ofrecen las carreras tradicionales, qué atrae a los jóvenes?
5. ¿Cuál es la percepción de las carreras no tradicionales?
6. ¿Por qué no son muy populares las ciencias exactas? ¿Por qué son importantes?

Las carreras elegidas muchas veces son sólo una continuación de la tradición familiar, de allí que profesiones como Derecho, Medicina, Arquitectura, Ingeniería y Contaduría, siguen prevaleciendo en la sociedad. Esta es la lista según las preferencias por área:

Ciencias de la Salud

- Medicina
- Psicología
- Odontología
- Bioanálisis
- Farmacia
- Enfermería
- Fisioterapia
- Veterinaria

Ciencias Sociales

- Derecho
- Economía
- Administración de Empresas
- Contaduría
- Educación
- Pedagogía
- Comunicación Social
- Periodismo
- Relaciones Industriales
- Relaciones Públicas
- Publicidad y Mercadeo
- Idiomas

Ingeniería y Arquitectura

- Arquitectura
- Ingeniería (Química, Civil, Telecomunicaciones, Mecánica, Industrial)
- Tecnología de Alimentos
- Ciencias Ambientales
- Geología
- Biología
- Física
- Química
- Biotecnología
- Matemáticas

Arte y Humanidades

- Filología
- Diseño Gráfico
- Traducciones e Interpretaciones
- Estudios Musicales
- Bellas Artes

Carreras técnicas más elegidas

- Informática
- Analista-Programación
- Administrador de Redes
- Técnico en Electricidad y Electrónica
- Técnico en Medios Audiovisuales
- Dibujante Proyectistas
- Técnico en Telecomunicaciones
- Mecánica Automotriz

 ¿Qué entendiste?

7. Conversa con un compañero de cinco carreras que reconocen y que también son populares aquí en los Estados Unidos. También conversen de los cognados para las carreras y pidan ayuda a sus compañeros para identificar el significado de las que no entendieron.

Licenciaturas en crisis

En un informe presentado por la Asociación Nacional de Universidades e Instituciones de Educación Superior de México, se advierte "la situación de crisis de empleo para *los egresados*[12] de 41 licenciaturas", crisis que se agravaría en los próximos años.

Entre las carreras citadas en el informe se encuentran Administración de Empresas, Derecho, Contaduría, Medicina, Arquitectura, Educación, Ciencias Políticas, Periodismo y algunas áreas de Ingeniería, que actualmente presentan *excedentes*[13] críticos.

---

[12]los graduados   [13]cantidad que sobrepasa la demanda

¿Qué entendiste?

8. ¿Qué crisis se ha presentado como resultado de tantos estudiantes eligiendo carreras tradicionales?
9. ¿Cuáles son algunas carreras que ya tienen demasiados graduados para el mercado laboral?

Hacia la transición cultural

La crisis educativa y económica en América Latina hace que las universidades ya no ofrezcan garantías plenas de *realización*[14] personal y profesional. Cuando *los aspirantes*[15] van a ingresar al sistema educativo superior observan el deterioro de los salarios, sienten que están a punto de abordar una nave sin rumbo seguro y confiable.

Axel Didriksson, Coordinador del Programa de Cooperación en el Instituto Internacional para la Educación Superior en América Latina y el Caribe, de la Unesco, afirma que los perfiles de egresados no corresponden a la revolución científica y tecnológica actual.

Según *el catedrático*[16], se necesita crear un sistema absolutamente nuevo, que produzca conocimientos en las áreas prioritarias: tecnología, genómica, desarrollo de la sustentabilidad y otras relacionadas con el progreso y los avances de la ciencia, porque es allí donde *la brecha*[17] es más grande.

---

[14]capacitación   [16]profesor titular de una cátedra (facultad)
[15]los estudiantes   [17]la abertura, el vacío, la separación, el alejamiento

¿Qué entendiste?

10. Revisa la primera oración de esta sección. ¿De qué ya no pueden depender los aspirantes al sistema universitario en América Latina?
11. ¿Qué dice el catedrático en cuanto a las destrezas y habilidades de los egresados en relación a las demandas científicas y tecnológicas en el mercado laboral actual?
12. ¿Qué cambios sugiere Didriksson para mejorar el sistema?

 ¡Tu opinión cuenta!

 Piensa – Conversa – Comparte: Anota tus ideas en forma de un breve párrafo en tu diario antes de compartir con un compañero y la clase. Basa tu respuesta en la información en el artículo, *Las carreras más elegidas en América Latina*.

- ¿Qué deberían hacer los jóvenes latinoamericanos para elegir sus carreras universitarias si quieren un buen empleo después de graduarse?

- ¿Cómo deben las universidades preparar a las generaciones futuras de egresados universitarios para responder a la falta de profesionales en carreras críticas?

 C Investigación de carreras: ¿Cuáles son las carreras críticas en los Estados Unidos hoy en día? Con tus compañeros vas a investigar algunas carreras y presentarlas a la clase. Se les asignará una de las categorías presentadas en el artículo: ciencias de la salud, ciencias sociales, ingeniería, arquitectura, artes y humanidades y carreras técnicas. Buscarán información sobre algunas de las carreras mencionadas para poder yuxtaponerlas (compararlas) en términos de demanda, sueldo y popularidad entre los universitarios de tu país. Tu grupo tendrá la misión de persuadir a los otros estudiantes de tu clase a que consideren estas carreras para su futuro profesional.

 Reflexión ¿Qué te importa y qué te interesa a ti? Piensa y después conversa con un compañero de lo siguiente:

- qué factores te importan más al elegir tu carrera

- hacer referencia o responder a por lo menos dos factores mencionados en el artículo

- cuál(es) de las carreras presentadas en clase te interesa(n) y por qué

Hilo 5 Evaluación Final - *Exposición de carreras profesionales*

Preguntas esenciales:

- ¿Cómo son los sistemas educativos en varias partes del mundo hispanoamericano?
- ¿Cómo nos prepara la educación para nuestra vida futura?
- ¿Cómo se elige una carrera profesional?

Contexto:

Imagina que han pasado 15 años, estás viviendo en un país de habla hispana y ya eres un profesional con éxito en tu carrera. Te invitan a participar en una exposición de carreras profesionales informativa para jóvenes. Alguien te pregunta cómo alcanzaste tus metas profesionales. ¿Qué le dirías?

Pasos para preparar tu presentación:

1. ¿Cuáles son tus aspiraciones profesionales?

2. ¿En qué país hispanohablante te vas a capacitar y desarrollar profesionalmente? (sigue las indicaciones de tu profesor/a)

3. ¿Quién va a ser tu modelo? Busca a un profesional de ese país que tenga éxito y a quien admires por sus logros profesionales en la misma carrera. Investiga dónde estudió y trabajó.

4. ¿Cómo realizarías tus sueños? ¿En qué universidad estudiarías y/o qué experiencias profesionales tendrías que obtener?

5. ¿Cómo llegaste a tener éxito en tu profesión? Recuerda de contestar como si estuvieras viviendo en el futuro. "Fui… Estudié… Conocí a… Trabajé…"

Al final, realizarás un proyecto de tres partes:

 Parte I: Presentarás un relato escrito de tu historia profesional describiendo qué hiciste y cómo te fue desde la escuela secundaria, hace 15 años, hasta el momento de encontrarte como un profesional famoso.

 Parte II: También prepararás un curriculum vitae como si tú fueras el profesional que investigaste.

 Parte III: Tu profesor indicará el día de la exposición de carreras profesionales. Ese día presentarás la historia de tu carrera y responderás a preguntas de otros estudiantes para que conozcan mejor como te has desarrollado en tu profesión.

Conectores	Imperfecto	Pretérito
A pesar de que…	En el pasado (en el sentido general)…	Hace… años
Por lo tanto…	De vez en cuando…	Por fin…
Hay que tomar en cuenta…	Siempre…	En el año…
A principios de mi carrera…	Por lo general…	Cuando me gradué de…, decidí…
Si no fuera por…	Mientras (mientras tanto)…	Estaba… cuando…

HILO 5 Educación y carreras profesionales

Actividad 1

abonar inscripción - pagar la matrícula

actualizar - modernizar, poner al día

afrontar gastos - hacer frente a los gastos

ajustes ecónomicos - reducción de gastos

atravesar - pasar por

brindarse - ofrecerse

calidad, la - nivel de excelencia, condición

carencias, las - falta de lo básico

convivencia, la - vida en común, estado de vivir juntos

despojados - libres, desposeídos

docente el/la - maestro/a, profesor/a

escasos - limitados

guardapolvos, los - si a la escuela se refiere, uniforme de escuelas primarias

humilde - pobre

llevar a cabo - cumplir, realizar, efectuar, hacer

mercado laboral, el - mercado de trabajo

paro de docentes, el - cuando los maestros no trabajan para protestar sobre un asunto

perfil, el - descripción de conocimientos, conjunto de rasgos peculiares que caracterizan a una persona

prejuicios, los - recelos, aprensiones

recursos, los - dinero, medios

reiterados - repetidos

suceder - ocurrir

suponer - considerar, imaginar

temor, el - miedo

útiles escolares, los - lo que se necesita para la escuela como lápices, cuadernos u otros materiales

Actividad 2

aumentar - mejorar, incrementar

bajos recursos - falta de dinero o falta de otros medios que puedan facilitar el logro de un objetivo

de tal forma - de manera que

desempeño, el - manera en que se realiza o cumple un trabajo u obligación

deserción, la - si a la escuela se refiere, abandono de los estudios

discapacidad, la - limitación, incapacidad

egresar - graduarse

entorno, el - ambiente, ámbito

gastos, los - cuotas, pagos

lejanía, la - distancia

pedagógica - educativa

prevenir - evitar, tomar acción para que algo no ocurra

el promedio - punto en que algo se divide por la mitad

quehaceres, los - trabajos de la casa

rendimiento, el - productividad

tasas, las - números o porcentajes, índices

tasas de finalización, las - en educación, el porcentaje de los que se gradúan

Actividad 3

abarcar - incluir, contener

aptitudes personales, las - habilidades de la persona o individuo

constar de - consistir en

corroborar - confirmar

en equipo - en un grupo que coopera

encargarse de - responsabilizarse, ocuparse de

etapa, la - período de tiempo

gama, la - variedad

ingresar - inscribirse, entrar

jornada completa, la - día completo de trabajo

madurez, la - cualidad o edad de haber crecido y madurado y de tener buen juicio o prudencia

media jornada, la - mitad del día de trabajo

modalidades, las - opciones

preparatoria, la - escuela secundaria

propiciar - ayudar, favorecer

proporcionar - facilitar

vínculo, el - conexión, lazo, enlace, nexo, unión

Actividad 4

acceder - entrar

cursos, los - años académicos, materias, asignaturas

excedente - lo que sobra, cantidad que sobrepasa la demanda

indagar - examinar, investigar

licenciatura, la - tipo de diploma de educación superior

manejo, el - empleo o uso de algo, dirección de un negocio o asunto

tamaño, el - cuando se habla de la clase, cantidad o número de alumnos o estudiantes en la clase

ubicación, la - lugar donde algo o alguien está situado

Actividad 5

agravarse - emperorar

alistarse - prepararse

ámbito laboral, el - espacio, área o ambiente de trabajo

aparato, el - máquina

descomponen - dejan de funcionar o de marchar, se averían

artículos de divulgación científica, los - artículos que discuten descubrimientos en la ciencia carrera, la - licenciatura, estudio universitario, profesión

contraindicaciones, las - efectos secundarios

currículum vitae, el - conjunto de datos académicos y laborales de una persona

desarrollo profesional, el - proceso de continuar aprendiendo sobre asuntos profesionales

desempeño escolar, el - manera en que se realiza o cumple con los estudios

desenvolverse con soltura (en la computadora) - saber usar la computadora muy bien

despejar - aclarar

disponible - desocupado, libre

encuesta, la - cuando se pide la opinión de varias personas sobre un tema determinado, sondeo de opinión

equidad, la - igualdad

estás por encima de la media - tienes más aptitud que el 50% de la población

formación, la - acción y resultado de formarse al aprender o recibir una educación

habilidades profesionales, las- capacidades profesionales o relacionadas al trabajo o profesión

inclinarse - mostrar preferencia

percibir - advertir, notar, observar

prevalecer - predominar, influir

profesor particular, el - tutor

registro personal de gastos, el - anotación de cuánto dinero uno gasta y con qué motivo

técnicos de primeros auxilios, los - personal médico que acude rápidamente y cuida del paciente en casos de emergencia

Actividad 6

adquirido - que tiene en posesión

aspirantes, los - personas que desean obtener un empleo, distinción o título

brecha, la - abertura, separación, alejamiento

criterio, el - pauta

demanda, la - búsqueda, petición, solicitud

desempeño, el - manera en que se realiza o cumple un trabajo u obligación

destacarse - ser excelente, sobresalir, distinguirse

deterioro, el - desgaste

estatus, el - posición social

excedentes - lo que sobra, que sobrepasa la demanda

nave sin rumbo, la - expresión que indica que no hay un plan

perfil, el - descripción de tus conocimientos, conjunto de rasgos peculiares que caracterizan a una persona

prestigio, el - reconocimiento

saturado - que hay mucho, abarrotado

vocacional - referente a la vocación o al trabajo

Expresiones útiles

acorde con - siguiendo las reglas

contar con - confiar en una persona

le cuesta mucho - es muy difícil para él o ella

de suma importancia - muy importante

de tal forma - de manera que

llevarse bien - tener una buena relación

no obstante - sin embargo

por encima de - más importante que

por lo tanto - por consiguiente, entonces, así pues

si bien - aunque

tales como - así como

tomar en cuenta - considerar

vale la pena - es importante o está bien a pesar del trabajo o la dificultad, es buena idea, merece el esfuerzo

- ¿Cómo afecta la comunicación a nuestras relaciones personales?

- ¿Cómo nos definen nuestras amistades?

- ¿Cómo influyen nuestras expectativas en el noviazgo?

Relaciones personales

Las relaciones personales son una parte de la experiencia humana que influyen en nuestra formación, en cómo nos relacionamos con la familia, amigos y hasta de quien nos enamoramos. En este hilo vas a explorar distintas relaciones personales, desde las relaciones con nuestros padres y hermanos hasta las relaciones con nuestros amigos y novios. Al final del hilo presentarás un cortometraje de una situación que podrías encontrar en la vida real para brindarles consejos a otros jóvenes de cómo manejar problemas en los ámbitos románticos y familiares.

Introducción

¿A quién amas tú?

En este hilo explorarás las distintas relaciones personales que son parte de la experiencia humana. En el primer hilo nos enfocamos en las relaciones familiares, pero ahora también consideraremos las relaciones entre amigos y novios. Estas relaciones tienen un gran impacto en nuestra identidad. En esta actividad vas a pensar en tu definición de "quién soy yo" y cómo te influyen las personas que amas.

A **Galería de fotografías:** Con un compañero, examinen las fotografías de las personas en diferentes relaciones—familias, amigos y novios—y describan lo que ven en las imágenes. Enfóquense en los siguientes temas:

- cómo son las personas en cada foto
- qué tipo de relación se expresa en cada foto
- qué emociones muestran las personas
- en qué piensas cuando ves este tipo de relación

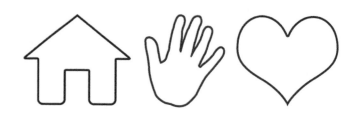

B **Lluvia de ideas:** ¿Cómo defines las relaciones entre familia? ¿Entre amigos? ¿Entre novios? Rellena la casa, la mano y el corazón con palabras y frases que expresan tu definición de cada tipo de relación.

C **Una carta de gracias:** Muchas veces, estamos tan ocupados que no tomamos tiempo para decir "gracias" a las personas que han influido en nuestra vida. Hoy, toma unos minutos para escribir una carta agradeciéndole a una persona que te ha influido positivamente. Coméntale a esa persona cómo te influyó y menciona dos o tres maneras en las que esa persona mejoró tu vida.

Amor adolescente

¿Te has enamorado alguna vez de un amigo/a u otra persona en tu escuela pero no sabías si él o ella se sentía igual? En esta tira cómica, Baldo está enamorado de Estella, pero no sabe si ella también está enamorada de él. Cruz, un amigo de Baldo, trata de hablar con Estella sobre los sentimientos de Baldo.

 A **Antes de leer,** visita la guía digital para escuchar un escenario de una joven que necesita consejos. Después, conversa con un compañero para pensar en uno o dos consejos y compártanlos con la clase.

B **Al leer**

1. Escribe otra manera de expresar los siguientes dichos:
   - ni modo
   - quiubo
   - y punto
   - y esa prisa
   - invitar a salir
   - ya veo

2. Escribe una o dos frases que resuman lo que ocurre en cada tira.

3. Conversa con un compañero sobre los siguientes temas:
   - qué tipo de relación tienen Baldo y Cruz, y ¿Baldo y Estella?
   - qué nos muestra Cruz sobre su papel de amigo en la vida de Baldo
   - por qué no quiere Baldo hablar con "Estella"
   - cómo cambió la apariencia de Baldo en la última tira
   - por qué Baldo no se ve a sí mismo
   - cómo va a responder Estella

C **Después de leer:** Escribe y dibuja la última escena en que Estella responde a Baldo. ¿Cómo se siente Baldo al escuchar su respuesta? Después, escribe un párrafo en el que defiendas por qué escogiste este fin.

¿Cómo afecta la comunicación nuestras relaciones familiares?

Actividad 1

¿Son normales los conflictos entre hermanos?

La rivalidad, los celos y las peleas verbales entre hermanos son una parte normal de las relaciones familiares. Sin embargo, muchos padres e hijos se preocupan por la falta de amistad entre hermanos. Los psicólogos, médicos y consejeros escolares tienen el entrenamiento profesional para asesorar a las familias sobre este tema. En esta actividad, escucharás a una doctora que recibió una carta de una mamá preocupada. Al final, podrás hacerle tus propias preguntas a la doctora.

A **Antes de escuchar**

1. Conversa con un compañero y después comparte con la clase lo que te dijo tu compañero. Usa un organizador de comparaciones para anotar las respuestas de tu compañero y cómparalas con las tuyas.
   * ¿Tienes hermanos?
   * ¿Cómo se llevaban cuando eran niños?
   * ¿Por qué reñían (peleaban)? ¿Recuerdas?
   * ¿A qué edad empezaron las riñas?
   * ¿Ya se acabaron riñas infantiles o siguen hasta hoy?
   * De lo que sabes de las familias hispanas, ¿crees que la rivalidad entre hermanos se parece a la rivalidad entre las familias de otros grupos? ¿Por qué?

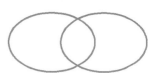

2. **Palabras claves:** Con un compañero, repasa las palabras **en negrita** y túrnense para responder a las siguientes preguntas.

1. La mamá en la grabación que vas a escuchar se describe a sí misma como **agitada, agotada, harta** y **desesperada** a causa del comportamiento de sus hijas de 9 y 12 años. ¿Cómo se siente la mamá? ¿Por qué crees que se siente así?

2. Las peleas familiares a veces se pueden explicar debido a la falta de **madurez** de los hijos. ¿Qué significa "ser" maduro? ¿Son maduros tus hermanos?

3. Los hijos mayores **suelen ser** (normalmente son) muy **exigentes** consigo mismos. Piden o esperan mucho de sí mismos. ¿Eres exigente contigo mismo? ¿Con quién más eres exigente?

4. ¿Qué **expectativas** tienen de ti, o qué esperan tus padres de ti? ¿Qué necesitas hacer para **alcanzar lo que esperan de ti?** (lograr lo que esperan)

5. ¿Qué quehaceres o responsabilidades tienes que hacer en casa? Los padres pueden **proporcionarle** (darle) responsabilidades que **concuerdan con** la edad y personalidad de un hijo. ¿Piensas que es justo lo que tienes que hacer tú y tus hermanos en casa?

6. A veces se dice que hay una **"oveja negra"** en una familia. Esta expresión significa lo mismo en inglés, ¿verdad? ¿Conoces a una familia que tenga una "oveja negra"?

7. A veces no es una sola pelea sino un conflicto **perpétuo,** que dura o sigue por mucho tiempo. ¿Qué puede causar conflictos perpetuos entre hermanos?

8. Los padres pueden ayudar a sus hijos a **enfrentarse** a las rivalidades: reconociéndolas y haciendo algo para cambiar la situación. ¿Cómo se pueden enfrentar los problemas entre hermanos?

3. **Predice:** Con un compañero, examina este dibujo de unos niños peleándose entre ellos. Prepárense para compartir sus predicciones con la clase.

- ¿Te recuerda esta escena a tus relaciones con tus hermanos cuando eran pequeños? ¿quizás a las relaciones entre otros hermanos que conoces?
- ¿Cómo describirías lo que ves en el dibujo? ¿Se llevan bien estas chicas?
- ¿Cuál podría ser la causa de la riña?
- ¿Cómo la resolverán?
- ¿Qué soluciones hay para estos conflictos?

B **Al escuchar por primera vez:**

Vas a escuchar una radioemisión presentada por la Dra. Anselmo. La doctora lee una carta que recibió de una madre, la señora Teresa Brotes de Roscos. Ella le escribió una carta explicando un problema que tiene con sus hijas. La doctora le da consejos a la madre.

1. Después de escuchar por primera vez, conversa con un compañero:
- cuál es el problema que tiene la mamá con sus hijas
- si la doctora piensa que su problema es algo raro o extraño

C **Al escuchar por segunda vez,** toma apuntes en el organizador.

Después de escuchar la grabación por segunda vez, contestarás unas preguntas.

1. Los conflictos entre hermanos son parte del _____ infantil.
2. La rivalidad entre hermanos empieza _____ cuando el hermano mayor percibe al bebé como _____.
3. Las familias latinas suelen ser _____ y como resultado minimiza _____.
4. Una causa principal de la rivalidad es _____.
5. El hijo mayor siente la presión de _____.
6. Los niños necesitan la oportunidad de ser _____.
7. Es buena idea proporcionarles _____.
8. Si no pueden resolver los conflictos, pueden _____.

¿Qué aprendiste?

Para cada pregunta que escuchas, elige la mejor respuesta de las cuatro opciones impresas.

Número 1.

> A. Una carta agradeciéndole su ayuda.
> B. Una carta pidiendo ayuda.
> C. Una carta escrita por una hermana disgustada.
> D. Una carta escrita por una madre asustada.

Número 2.

> A. Porque son una manera de aliviarse del estrés.
> B. Porque son básicos en la madurez del niño.
> C. Porque son una manifestación de la ley del más fuerte.
> D. Porque son un modo de expresar la superioridad del niño mayor.

Número 3.

    A. Cuando nace un hermanito.

    B. Cuando los hijos entran en la adolescencia.

    C. Cuando los padres indican una preferencia por uno de los niños.

    D. Cuando los padres intentan resolver sus problemas matrimoniales.

Número 4.

    A. Hablan la misma lengua.

    B. Exigen la estricta obediencia entre los hijos.

    C. Esperan que los miembros de la familia estén unidos y que se lleven bien.

    D. Pueden marginar fácilmente a la oveja negra de la familia.

Número 5.

    A. Pedir ayuda a los abuelos que viven con la familia.

    B. Decirle al hijo mayor que no es necesario ser perfecto.

    C. Separarlos y hacerles contar hasta diez lentamente.

    D. Darles a los niños obligaciones según su edad y personalidad.

Número 6.

    A. No hay opción alguna.

    B. La familia puede hablar con un psicólogo.

    C. Los padres tienen que separarse.

    D. Los niños se enfrentarán a los problemas solos.

D   **Al escuchar por tercera vez: Enfoque gramatical**

1.   Revisa los apuntes gramaticales que siguen antes de escuchar.

USO DEL LENGUAJE EN CONTEXTO: *cuanto más* + verbo (en el presente del subjuntivo)

En su programa de radio la Dra. Anselmo les da consejos a los papás para que los niños sean más saludables. Emplea la estructura gramatical "cuanto más..." que requiere el uso del presente del subjuntivo con el verbo *dar*:

Ej: **Cuanto más** les **den** a los niños la oportunidad de crear un sentido positivo de sí mismos, más saludable serán.

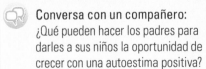 **Conversa con un compañero:** ¿Qué pueden hacer los padres para darles a sus niños la oportunidad de crecer con una autoestima positiva?

USO DE LENGUAJE EN CONTEXTO: El verbo *deber*

El verbo *deber* tiene más de un significado:

1. Muchas veces debe significa lo que tienes que hacer. Por ejemplo, en esta radioemisora, la doctora Anselmo explica lo que deben y no deben hacer los padres para que sus hijos se lleven bien.

    Ej: En estos casos, los padres y los niños **deben** buscar la ayuda profesional.

2. Con el uso de la voz pasiva, se puede decir a qué "se debe" una situación (en qué tiene sus orígenes, cuál fue la causa).

    Ej: Estos conflictos perpetuos **se deben al** hecho de que los padres nunca ayudaron a sus niños a enfrentar las rivalidades.

3. También se usa el verbo deber para sugerir una acción.

    Ej: Si quieres resolver ese problema con tu amiga, **deberías** conversar con ella pronto.

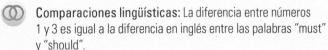 **Comparaciones lingüísticas:** La diferencia entre números 1 y 3 es igual a la diferencia en inglés entre las palabras "must" y "should".

---

2. Al escuchar, fíjate en el uso de *cuanto más + infinitivo* y el verbo deber en la selección.

3. Conversa con un compañero de lo siguiente:
   - ¿Qué deben hacer y qué no deben hacer los padres para evitar o resolver conflictos entre sus hijos?
   - ¿A qué se deben las rivalidades?

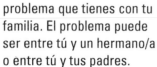

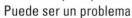

Ahora vas a redactar un mensaje electrónico a la misma doctora pidiéndole consejos para resolver un problema que tienes con tu familia. El problema puede ser entre tú y un hermano/a o entre tú y tus padres. Puede ser un problema ficticio, no tiene que ser verdadero. Debes usar el lenguaje apropiado para dirigirte a la doctora formalmente. Sigue estos pasos:

- Salúdale
- Preséntate y explícale el problema
- Describe el problema y dale ejemplos
- Pídele consejos para resolver el problema
- Despídete

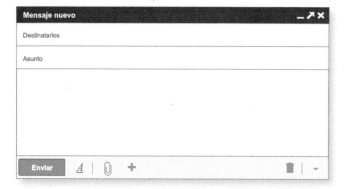

Sugerencias para la correspondencia formal

Encabezamiento:

Fecha

Nombre y dirección del destinatario

Saludo:

Estimado(a) _____ :

Distinguido(a) _____ :

Muy señor(a) mío(a):

Expresa tu propósito para escribir la carta:

Le escribo estas líneas para…

Me dirijo a usted para…

Usar el presente del subjuntivo para pedir consejos:

¿Qué me recomienda que…?

Necesito que…

Despedida:

En espera de sus noticias / consejos,

Reciba un muy atento saludo de,

Muy atentamente,

Se lo agradezco,

Actividad 2

¿Cómo afectan a los padres las decisiones de sus hijos?

A pesar de las buenas intenciones y esperanzas de los padres, a veces los hijos van por mal camino, lo cual causa preocupaciones, ansiedad y decepción en los padres. En esta actividad, leerás un cuento, "No oyes ladrar los perros" de Juan Rulfo, que trata de la relación entre un padre y su hijo. En este cuento, como siempre en las relaciones entre individuos, hay varias interpretaciones de la situación según la experiencia de cada persona involucrada. Al final tendrás la oportunidad de explorar los múltiples puntos de vista de esta situación.

Juan Rulfo, autor mexicano, vivió entre 1917 a 1986. De niño se crió sin padres, primero vivió con sus abuelos y después pasó una temporada en un orfanato. Empezó a escribir cuando llegó al Distrito Federal, México a los 16 años, tras ganar una beca Rockefeller para seguir escribiendo. En sus cuentos y novelas se destacan la soledad del campesino mexicano y su experiencia autobiográfica con la pobreza. Solía emplear pocas palabras para pintar imágenes y ambientes naturales como en "No oyes ladrar los perros". Aunque Rulfo no publicó muchas obras literarias, las que sí publicó son bien conocidas y han sido traducidas a varios idiomas.

A Antes de leer

1. Conversa con un compañero:
   - ¿Qué esperan tus padres de ti?
   - ¿Estás de acuerdo con que el hecho de que a tus padres les importa quiénes son tus amigos? ¿Por qué les importa?
   - ¿Cuáles son las dificultades que enfrentan los padres cuando sus hijos se involucran en problemas como la delincuencia, malos amigos, mentiras, o engaños, etc.?
   - Como padre, ¿qué harías si tu hijo fuera delincuente?

2. **Piensa – Conversa – Comparte**
   - Mira la imagen. ¿De qué piensas que va a tratar este cuento? Escribe tus ideas en tu diario.
   - Comparte tus ideas con un compañero. Fíjate en el vocabulario que están usando para describir la imagen y hacer predicciones. Anota estas palabras en tu diario.
   - Compartan las anotaciones con la clase y preparen una lista de vocabulario clave.

3. **Al leer la selección** de "No oyes ladrar los perros", fíjate en la imagen para que puedas imaginar la situación en que se encuentran el padre y su hijo.

> Hablaba poco. Cada vez menos. En ratos parecía dormir. En ratos parecía tener frío. Temblaba. Sabía cuándo le agarraba a su hijo el temblor por *las sacudidas* que le daba porque los pies se le encajaban en *los ijares* como *espuelas*. Luego las manos del hijo, que traía trabadas en su *pescuezo*, le *zarandeaban* la cabeza como si fuera una *sonaja*.

4. **Después de leer por primera vez,** con un compañero, repasa las definiciones de las palabras resaltadas en la página siguiente. Después, vuelvan a leer la selección juntos. ¿Entienden mejor el significado de la selección? ¿Con qué se compara la posición física del muchacho?

los ijares – los lados del cuerpo

las espuelas – bolitas de metal usados cuando uno está montado en caballo y quiere que el caballo vaya más rápido

trabadas = sujetas, atadas

zarandear = mover, agitar, sacudir

el pescuezo = el cuello

una sonaja – un instrumento musical que sacudes para que suene (como un tamborín)

5. **Práctica de vocabulario:** En el cuento "No oyes ladrar los perros" aparecen muchas palabras que describen movimientos físicos que tal vez sean nuevas para ti. Sigue las indicaciones de tu profesor(a) para anotar las definiciones de estas palabras en tu diario. ¡Presta atención porque después tendrás la oportunidad de practicar este vocabulario jugando a la charada!

trepar	tropezar
tambalear	cargar
recular	agarrar
doblar	agachar
temblar	soltar
encajar	balancear
apretar	sacudir
encoger	aplastar
enderezar	

B **Al leer,** completa el siguiente organizador en la guía digital con tus ideas. En la última columna, anota donde encontraste la información.

Qué buscar:	Información que encontraste / pudiste inferir:	Línea del texto:
El motivo del viaje y por qué el papá llevaba al hijo en sus hombros		
La relación entre padre e hijo, los sentimientos del padre hacia su hijo		
Qué pasó con la mamá		
La vida que había estado llevando el hijo		

 ¿Dónde está Tonaya?

El padre de Ignacio lo lleva al pueblo de Tonaya al otro lado de las montañas en busca de un médico que lo puede ayudar. Tonaya se ubica en la parte sur del estado de Jalisco, México a una altura de 900 metros sobre el nivel del mar. Se sitúa entre Guadalajara y la costa oeste de México en la Sierra Madre Occidental. Búscalo en Google Earth.

Tonaya proviene de la palabra náhuatl, *Tonatiuh* que significa "al oriente donde sale el sol".

Vista del pueblo desde la loma

"No oyes ladrar los perros" por Juan Rulfo

–Tú que vas allá arriba, Ignacio, dime si no oyes alguna señal de algo o si
ves alguna luz en alguna parte.

– No se ve nada.

– Ya debemos estar cerca.

5 – Sí, pero no se oye nada.

– Mira bien.

– No se ve nada.

– *Pobre de ti*, Ignacio.   Malo para ti

La sombra larga y negra de los hombres siguió moviéndose de arriba abajo,
10 trepándose a las piedras, disminuyendo y creciendo según avanzaba por la orilla
del *arroyo*. Era una sola sombra, tambaleante.   río pequeño

La luna venía saliendo de la tierra, como una *llamarada* redonda.   fuego

– Ya debemos estar llegando a ese pueblo, Ignacio. Tú que llevas las orejas
de fuera, fíjate a ver si no oyes ladrar los perros. Acuérdate que nos
15 dijeron que Tonaya estaba detrasito del monte. Ya desde qué horas que
hemos dejado el monte. Acuérdate, Ignacio.

– Sí, per no veo *rastro* de nada.   señal

– Me estoy cansando.

– Bájame.

20 El viejo se fue reculando hasta encontrarse con el paredón y *se recargó* allí,   descansó
sin *soltar la carga* de sus hombros. Aunque se le doblaban las piernas, no quería   dejar
sentarse, porque después no hubiera podido levantar el cuerpo de su hijo, al
que allá atrás, horas antes, le había ayudado a *echárselo a* la espalda. Y así lo   subírselo
había traído desde entonces.

25 – ¿Cómo te sientes?

– Mal.

Hablaba poco. Cada vez menos. En ratos parecía dormir. En ratos parecía
tener frío. Temblaba. Sabía cuándo le agarraba a su hijo el temblor por las
sacudidas que le daba, y porque los pies se le encajaban en los ijares como
30 espuelas. Luego las manos del hijo, que traía trabadas en su pescuezo, le
zarandeaban la cabeza como si fuera una sonaja.

Él que apretaba los dientes para no morderse la lengua y cuando *acababa*   terminaba
aquello le preguntaba:

– ¿Te duele mucho?

35 – Algo – contestaba él.

Primero le había dicho: "*Apéame* aquí… Déjame aquí… Vete tú solo. Yo te   Desmóntame
alcanzaré mañana o en cuanto *me reponga* un poco". Se lo había dicho como   descanse
cincuenta veces. Ahora ni siquiera eso decía.

Allí estaba la luna. Enfrente de ellos. Una luna grande y colorada que les llenaba
40 de luz los ojos y que *estriaba* y oscurecía más su sombra sobre la tierra.   marcaba

– No veo ya por dónde voy – decía él.

Pero nadie le contestaba.

El otro iba allá arriba, todo iluminado por la luna, con su cara *descolorida*, sin   sin color
sangre, reflejando una luz opaca. Y él acá abajo.

45   – ¿Me oíste, Ignacio? Te dije que no veo bien.

Y el otro se quedaba callado.

Siguió caminando, a tropezones. Encogía el cuerpo y luego se enderezaba para volver a tropezar de nuevo.

50   – Éste no es ningún camino. Nos dijeron que detrás del cerro estaba Tonaya. Ya hemos pasado el cerro. Y Tonaya no se ve, ni se oye ningún *ruido* que   *sonido*
nos diga que está cerca. ¿Por qué no quieres decirme qué ves, tú que vas allá arriba, Ignacio?

– Bájame, padre.

– ¿Te sientes mal?

55   – Sí.

– Te llevaré a Tonaya *a como dé lugar*. Allí encontraré quien te cuide. Dicen   *de todas maneras*
que allí hay un doctor. Yo te llevaré con él. Te he traído cargado desde
hace horas y no te dejaré *tirado* aquí para que acaben contigo quienes   *abandonado*
sean.

60   Se tambaleó un poco. Dio dos o tres paso de lado y volvió a enderezarse.

– Te llevaré a Tonaya.

– Bájame.

Su voz se hizo *quedita*, apenas murmurada:

    suave

– Quiero acostarme un rato.

65   – Duérmete allí arriba. Al cabo te llevo bien agarrado.

La luna iba subiendo, casi azul, sobre un cielo claro. La cara del viejo,
mojada de *sudor*, se llenó de luz. Escondió los ojos para no mirar de frente, ya   *transpiración*
que no podía agachar la cabeza *agarrotada* entre las manos de su hijo.   *paralizada, rígida*

– Todo esto que hago, no lo hago por usted. Lo hago por su *difunta* madre.   *muerta, fallecida*
70   Porque usted fue su hijo. Por eso lo hago. Ella me *reconvendría* si yo lo   *reprocharía, criticaría*
hubiera dejado tirado allí, donde lo encontré, y no lo hubiera recogido
para llevarlo a que lo curen, como estoy haciéndolo. Es ella la que me da
ánimos, no usted. Comenzando porque a usted no le debo más que puras
dificultades, puras mortificaciones, puras vergüenzas.

75   Sudaba al hablar. Pero el viento de la noche le secaba el sudor. Ya sobre el
sudor seco, volvía a sudar.

– *Me derrengaré*, pero llegaré con usted a Tonaya, para que le alivien esas   *me cansaré*
heridas que le han hecho. Y estoy seguro de que, en cuanto se sienta
usted bien, volverá a sus malos pasos. Eso ya no me importa. Con tal
80   que se vaya lejos, donde yo no vuelva a saber de usted. Con tal de eso…
Porque para mí usted yo no es mi hijo. *He maldecido* la sangre que usted   *He blasfemado*
tiene de mí. La parte que a mí me tocaba la he maldecido. He dicho: "Que
se le *pudra* en los riñones la sangre que yo le di!" Lo dije desde que supe   *eche a perder*
que usted andaba *trajinando* por los caminos, viviendo del robo y matando   *errante*
85   gente… Y gente buena. Y si no, allí está mi compadre Tranquilino. El que
lo bautizó a usted. El que le dio su nombre. A él también le tocó la mala
suerte de encontrarse con usted. Desde entonces dije: "Éste no puede
ser mi hijo."

– Mira a ver si ya ves algo. O si oyes algo. Tú que puedes hacerlo **desde allá**
90   arriba, porque yo me siento sordo.

– No veo nada.

– Pero para ti, Ignacio.

– Tengo sed.

95 – ¡Aguántate! Ya debemos estar cerca. Lo que pasa es que ya es muy noche y han de haber apagado la luz en el pueblo. Pero al menos debías de oír si ladran los perros. Haz por oír.

Tolera, Soporta

– Dame agua.

100 – Aquí no hay agua. No hay más que piedras. Aguántate. Ya aunque la hubiera, no te bajaría a tomar agua. Nadie me ayudará a subirte otra vez y yo solo no puedo.

– Tengo mucha sed y mucho sueño.

– Me acuerdo cuando naciste. Así eras entonces. Despertabas con hambre y comías para volver a dormirte. Y tu madre te daba agua, porque ya te habías acabado la leche de ella. *No tenías llenadero* y eras muy *rabioso*.
105 Nunca pensé que con el tiempo se te fuera a subir aquella rabia a la cabeza... Pero así fue. Tu madre, que descanse en paz, quería que te criaras fuerte. Creía que cuando tú crecieras irías a ser su *sostén*. No te tuvo más que a ti. El otro hijo que iba a tener la mató. Y tú la hubieras matado otra vez si ella estuviera viva *a estas alturas*.

Siempre tenías hambre
satisfacer / enfadado

apoyo

ahora

110 Sintió que el hombre aquel que llevaba sobre sus hombros dejó de apretar las rodillas y comenzó a soltar los pies, balanceándolos de un lado para otro. Ya le pareció que la cabeza, allá arriba, se sacudía como si *sollozara*.

llorara

Sobre su cabello sintió que caían gruesas gotas, como de lágrimas.

115 – ¿Lloras, Ignacio? Lo hace llorar a usted el recuerdo de su madre, ¿verdad? pero nunca hizo usted nada por ella. Nos pagó siempre mal. Parece que, en lugar de cariño, le hubiéramos *retacado* el cuerpo de maldad. ¿Y ya ve? Ahora lo han herido. ¿Qué pasó con sus amigos? Los mataron a todos. Pero ellos no tenían a nadie. Ellos bien hubieran podido decir: "No tenemos a quién darle nuestra lástima." ¿Pero usted, Ignacio?

llenado

120 Allí estaba ya el pueblo. Vio brillar los tejados bajo la luz de la luna. Tuvo la impresión de que lo aplastaba el peso de su hijo al sentir que las corvas se le doblaban en el último esfuerzo. Al llegar al primer tejabán, se *recostó* sobre el pretil de la acera y soltó el cuerpo flojo, como si lo hubieran *descoyuntado*.

reclinó
dislocado

125 *Destrabó* difícilmente los dedos con que su hijo había venido *sosteniéndose* de su cuello y, al quedar libre, oyó cómo por todas partes ladraban los perros.

Desenganchó/
apoyándose

– ¿Y tú no los oías, Ignacio? – dijo –. No me ayudaste ni siquiera con esta esperanza.

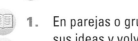 Después de leer

 1. En parejas o grupos de tres, revisen el organizador de parte B, compartiendo sus ideas y volviendo al texto para explicar de donde sacaron sus ideas. Túrnense para hablar de cada parte y pónganse de acuerdo entre todos.

2. **Afirmaciones de Cierta / Falsa:** Marca cada afirmación en la página siguiente como cierta o falsa según lo que entendiste. Vuelve al texto para confirmar tus repuestas y encontrar la información correcta para corregir las afirmaciones falsas. Prepárate para justificar tus respuestas.

Afirmación	CIERTA	FALSA
1. La mamá de Ignacio no les acompañó en el camino porque estaba en casa.		
2. Iban a Tonaya para buscar ayuda de la policía.		
3. El padre no podía ver ni escuchar bien mientras caminaba.		
4. Ignacio pidió a su padre que le bajara de sus hombros.		
5. El padre no explicó claramente por qué estaba enojado con su hijo.		
6. Ignacio llevaba tiempo involucrado en la delincuencia.		
7. Ignacio llegó bien a Tonaya.		

USO DEL LENGUAJE EN CONTEXTO: Verbos con *haber*: presente del perfecto (pretértio del perfecto), presente perfecto del subjuntivo, pluscuamperfecto, pluscuamperfecto del subjuntivo y condicional perfecto

Emplean una forma de haber + participio pasado que termina en *–ado o –ido*. Los irregulares terminan en *–to* o *–cho* como *muerto* o *dicho*.

El presente del perfecto (pretérito perfecto): he, has, ha, hemos, habéis, han + participo pasado

    a)   Ya desde qué horas que ***hemos dejado*** el monte.

    b)   Me derrengaré, pero llegaré con usted a Tonaya, para que le alivien esas heridas que le ***han hecho***.

El presente del perfecto del subjuntivo: haya, hayas, haya, hayamos, hayáis, hayan + participio pasado. Se usa para expresar una acción acabada pero el verbo principal es en el presente.

    a)   No creo que ***hayan llegado*** a Tonaya.

    b)   Cuando lleguen a Tonaya, temo que no ***haya encontrado*** doctor para aydudarlo.

El pluscuamperfecto: había, habías, había, habíamos, habíais, habían + participo pasado

    a)   Horas antes, le ***había ayudado*** a echárselo a la espalda.

    b)   Y así lo ***había traído*** desde entonces.

    c)   Se lo ***había dicho*** como cincuenta veces.

    d)   Y tu madre te daba agua, porque ya te ***habías acabado*** la leche de ella.

El pluscuamperfecto del subjuntivo: hubiera, hubieras, hubiera, hubiéramos, hubierais, hubieran + participio pasado. Se puede utilizar junto con el condicional perfecto o el pluscuamperfecto de nuevo para considerar una situación hipotética.

    a)   Aunque se le doblaban las piernas, no quería sentarse, porque despúes no ***hubiera podido*** levantar el cuerpo de su hijo

    b)   Ella me reconvendría si yo lo ***hubiera dejado*** tirado allí, donde lo encontré, y no lo ***hubiera recogido*** para llevarlo a que lo curen, como estoy haciéndolo.

    c)   Y tú la ***hubieras matado*** otra vez si ella estuviera viva a estas alturas.

El condicional perfecto: habría, habrías, habría, habríamos, habríais, habrían + participo pasado

    a)   Si la mamá de Ignacio ***hubiera estado*** allí, ella le ***habría dado*** consejos de cómo mejorar su vida.

Verás en las preguntas 1 y 7 que siguen unas oportunidades para practicar esta gramática avanzada.

¡Tu opinión cuenta!

Conversa y comparte: En parejas o según las instrucciones de su profesor/a, preparen una respuesta detallada a una de las siguientes preguntas. Prepárense para presentarlas a la clase entera.

1. ¿Por qué es importante el ambiente del cuento (dónde y cuándo tiene lugar)? ¿Cómo hubiera sido diferente si hubieran vivido Ignacio y su padre en un ambiente urbano?
2. ¿Qué pensaba el papá de su hijo? ¿Te parece justa su opinión? Explica tu opinión.
3. ¿Por qué piensas que Ignacio no habla mucho en el cuento? Analiza el patrón de comunicación.
4. Imagina las razones por las cuales Ignacio pudo haberse metido en la delincuencia. De lo que sabemos de su vida, ¿qué le pasó que lo llevó por el mal camino?
5. ¿Qué experiencias llevan a que los jóvenes se involucren en la delincuencia? ¿en las pandillas? ¿a alejarse de sus padres?
6. ¿Qué podría haber hecho su padre para evitar que Ignacio se metiera en problemas? ¿Qué pueden hacer los padres sin ser demasiados "autoritarios" para proteger a sus hijos de estas situaciones?
7. Si Ignacio hubiera tenido buenos amigos, ¿crees que lo hubieran llevado en busca de atención médica?
8. ¿En qué momentos es apropiado rechazar a un miembro de la familia?
9. ¿Qué piensas del padre y de Ignacio? ¿Puedes sentir empatía por ellos? Explica tu reacción a las emociones del padre y del hijo.
10. Si pudieras cambiar algo de este cuento, ¿qué cambiarías? ¿Por qué?

¡A tejer!

Escoge una de las opciones que siguen para hacer conexiones e inferencias con varias perspectivas sobre este cuento.

Opción 1:

¿Qué le diría la mamá de Ignacio a su hijo en este momento, si pudiera hablar con él? Escribe un párrafo desarrollando una respuesta a esta pregunta y defiéndela usando el texto como referencia.

Opción 2:

¿Qué harían tus padres? Compara lo que hizo el papá de Ignacio con lo que harían tus papás en tal situación. En un ensayo de tres párrafos, desarrolla tu comparación, según estas indicaciones:
- Primer párrafo: párrafo de introducción. Describe la situación a la cual tienen que enfrentar los papás. Después, explica cómo reaccionarían ellos.
- Segundo párrafo: párrafo de comparación. Compara lo que hizo el padre de Ignacio con lo que harían tus papas. Describe las semejanzas y diferencias entres las dos reacciones.
- Tercer párrafo: párrafo de conclusión. ¿Qué opinas de estas reacciones? ¿Cuál es la más apropiada? ¿Por qué? Concluye tu ensayo.

Opción 3:

¿Qué diría Ignacio? Escribe un monólogo expresando el punto de vista de Ignacio. Cuenta la historia de nuevo desde *su* perspectiva. En un párrafo entre 100 a 150 palabras, imagina lo que diría Ignacio sobre esta situación y el final de su vida.

¿Cómo nos definen nuestras amistades?

Actividad 3

¿Por qué son valiosos los amigos en nuestra vida?

Las amistades son parte de una vida sana y feliz. En la niñez hacemos amigos especiales que siguen siendo parte de nuestras vidas. Durante la adolescencia los amigos son aún más importantes porque nos influyen en todo lo que hacemos. En esta actividad vas a definir al amigo ideal e interpretar unos refranes populares sobre la amistad.

A **Antes de leer:** Parece que algunos jóvenes adolescentes siempre están rodeados de sus amigos. Si no están con ellos cara a cara, entonces están con sus amigos en las redes sociales o texteándoles. Con un compañero, conversa del amigo/a ideal y las cualidades que buscas en esa persona especial. Anota las cualidades en tu diario. **¡OJO!** Empiecen con: *Busco a un/a amigo/a que…* y usen el subjuntivo porque es un antecedente indefinido.

USO DEL LENGUAJE EN CONTEXTO: Usos del subjuntivo

1. Uso del subjuntivo con antecedentes indefnidos:

> *Ej: Busco* a un amigo que **sea** fiel, respetuoso y sensible.

¿Existe el amigo si lo buscas? Entonces explica por qué se usa el subjuntivo.

2. Uso del subjuntivo con incertidumbre:

 En su canción **La Amistad** Laura Pausini dice

> *Porque en cada sitio que* **estés,**
>
> *Porque en cada sitio que* **esté,**
>
> *En las cosas que vives, yo también viviré*

 ¿Por qué se usa el subjuntivo? Anota tus opiniones en tu diario.

B **Al leer** el poema *Mi mejor amigo,* escribe las palabras o expresiones que definen al amigo en tu diario.

Mi Mejor Amigo por Manuel Zaid de México

Cuando tengo algún problema
él está para escucharme
pues él siempre me aconseja
y me ayuda a desahogarme.

Cuando pienso en el fracaso
me regala una esperanza
y me dice que en mis pasos
yo debo tener confianza.

Él me comparte sus penas
y también las cosas buenas
que le pasan en su casa
y en la escuela.

Él me hace mirar mis faltas cuando
cometo un error y nunca me da la
espalda cuando le pido un favor.

Cuando el tiempo nos separa los
recuerdos nos consuelan y si es
grande la distancia
no importa lo que suceda
pues somos amigos
y nuestra amistad
es lo que nos mantiene unidos.

Él es mi amigo síncero
 y mi más fiel compañero
 el que guarda mis secretos
y me sabe comprender.

El que me dice
cuenta conmigo
es mi mejor amigo.

C **Después de leer,** escribe tu propia definición de un amigo y compártelo con tus amigos y familiares en Facebook. Se puede usar los adjetivos e ideas del poema y la canción de Laura Pausini, un enlace en la guía digital.

D **Refranes y dichos de personas conocidas:** A través de los años los filósofos y escritores expresaron su definición de "amigo" o "amistad" con máximas o frases que todavía hoy día usamos. Con un compañero, elijan una de las siguientes citas, conversen del significado y después dibujen su interpretación del refrán para compartir con la clase.

- *La amistad es un alma que habita en dos cuerpos; un corazón que habita en dos almas.* Aristóteles (384 AC-322 AC) Filósofo griego.

- *El verdadero amigo es aquel que a pesar de saber cómo eres te quiere.* Anónimo

- *La única manera de hacer un amigo es serlo.* Ralph Waldo Emerson (1803-1882) Poeta y pensador estadounidense.

- *Un amigo es una imagen que tienes de ti mismo.* Robert Louis Stevenson (1850-1894) Escritor británico.

- *Cada uno muestra lo que es en los amigos que tiene.* Baltasar Gracián (1601-1658) Escritor español.

- *Tendré que soportar dos o tres orugas si quiero conocer a las mariposas.*
  Antoine de Saint-Exupery (1900-1944) Escritor francés.

- *La amistad termina donde la desconfianza empieza.* Proverbio español

Extraído de: www.proverbia.net

Reflexión   Escribe un párrafo en tu diario interpretando uno de los refranes y cómo todavía tiene significado hoy en día.

¿Sabes que hay un Día Mundial de la Amistad?

El "Día Mundial de la Amistad" se festeja el 30 de julio de cada año. En dicha fecha es costumbre saludarse entre todos los amigos y conocidos con felicitaciones y buenos augurios. Además de cambiar obsequios se reúnen para festejar la fecha.

El Día Mundial de la Amistad fue la idea del Dr. Ramón Artemio Bracho de Puerto Pinasco, Paraguay, quien sugirió la celebración de las amistades mientras cenaba con un grupo de amigos el 20 de julio de 1958. De allí surgió la "Cruzada Mundial de la Amistad", que ha venido reclamando a las Naciones Unidas a reconocer un día como Día Internacional de la Amistad.

Finalmente, el 27 de julio de 2011 la Asamblea General de las Naciones Unidas fija el 30 de julio como "Día Internacional de la Amistad", pidiendo a todos sus miembros festejar la amistad en esta fecha.

Aaptado de: http://es.wikipedia.org

A **Antes de leer:** Parece que los países de América Latina celebran más días especiales que en los EE.UU. porque además de celebrar el Día de las Madres y el Día de los Padres, también se celebran el Día del Niño y el Día de la Amistad. Si tu comunidad celebrara el Día de la Amistad, ¿cómo lo celebrarías tú? Conversa con un compañero de lo siguiente y prepárate para compartir con la clase:

- dónde se reunirían los amigos jóvenes para celebrar el día
- qué se regalarían los unos a los otros
- cómo te comunicarías con tus amigos si no pudieras reunirte con ellos en ese día

B **Al leer**

Busca las expresiones siguientes *en bastardilla* en el artículo que sigue y haz inferencias del significado en su contexto, anotando tus ideas en tu diario. Después de leer, explícalas en tus propias palabras a un compañero.

- A la usanza tradicional de antaño

- Crudo invierno, con 32 grados centígrados de temperatura a la sombra

- Los especialistas ya hablan de "tecno autismo", incapacidad de expresar las emociones personalmente

- Las relaciones humanas en cambio, son impredecibles

- Para esta generación salir a la realidad puede resultarle un proceso "estresante"

- Los padres deberían de estar alerta y ayudarles a establecer las fronteras entre estos dos mundos, el personal y el virtual

Luque celebra el Día de la Amistad por Esteban G. Fortunatti Meza

La Cruzada Mundial de la Amistad celebra su día en la ciudad de Luque en Paraguay donde la juventud se dio cita en los locales de diversión, *a la usanza tradicional de antaño.*

Las librerías más tradicionales ubicadas en el centro de Luque, están celebrando el Día de la Amistad, los distintos comercios se han convertido en un clásico para varias generaciones de luqueños además de ofrecer sus presentes a muy bajo costo. Los negocios más antiguos -entre las aún presentes- tienen un estilo tradicional, con tarjetas, flores, y helados, o un delicado postre de mamón (bizcocho) en almíbar (jarabe dulce) con crema chantilly, para pasar este "*crudo invierno" paraguayo, con 32 grados centígrados de temperatura a la sombra.*

Lo más común en este día es ver los cyber-cafes llenos de niños, adolescentes y jóvenes adultos entre 8 y 24 años saludando a sus amigos. Si antes solamente se podían felicitar con tarjetas o cartas, ahora, con el e-mail, el chat y los mensajes de texto se ha creado una nueva forma de vínculos sociales, sin contacto físico ni provocación cara a cara, pero una forma de comunicación instantánea que ayuda a que el mensaje de felicitación por el Día de la Amistad llegue rápidamente.

Los especialistas *ya hablan de "tecno autismo" incapacidad de expresar las emociones personalmente,* para los profesionales paraguayos, menos radicales, lo importante es evitar que se sustituyan las relaciones sociales "reales" por las "virtuales".

Pero las relaciones humanas en cambio, son impredecibles, no sabemos cómo nos van a absorber el tiempo. Entonces, *para esta generación* que ha interactuado toda su vida únicamente en un mundo virtual, *salir a la realidad puede resultarle un proceso "estresante".*

En el Día de la Amistad, debe ser el único día en que los padres no deberían preocuparse de quiénes son las amistades de sus hijos, pero el resto del año los padres deberían de interesarse en los amigos virtuales de nuestros hijos, además de *estar alerta y ayudarles a establecer las fronteras entre estos dos mundos, el personal y el virtual.*

Una dosis justa de interacción virtual, es muy positiva, ya que permite a los niños tomar contacto con otras culturas y profundizar lazos a través del correo electrónico, como antes se hacía con el intercambio de cartas y de presentes en el Día de la Amistad.

Extraído de: www.infoluque.com

 C **Después de leer: Un debate** ¿Estás de acuerdo con el periodista del artículo cuando dice que la gente joven es incapaz de expresar las emociones personalmente porque "salir a la realidad" puede resultarle un proceso estresante? A ese fenómeno lo llaman "tecno autismo". Para expresar las opiniones a favor y en contra del tecno autismo, divídanse en dos grupos para expresar los dos puntos de vista de esta declaración del periodista. Refiéranse a las sugerencias en la siguiente página para expresar sus puntos de vista.

Para expresar sus opiniones a favor o en contra del periodista, usa….	
A favor del periodista	**En contra del periodista**
Estoy de acuerdo con el periodista porque…	No estoy de acuerdo con la creencia de que existe el tecno autismo entre los jóvenes porque…
Lo apoyo porque….	No creo que pueda generalizar porque…
Es importante que los padres…	Los jóvenes comunican…
El periodista tiene razón porque…	El periodista no puede tener razón porque…

 Tradiciones en Paraguay: *El amigo invisible*

En Paraguay, un clásico entre los estudiantes de todo nivel académico o grupos humanos en general (oficinas, empresas, gremios, etc.), es el juego del "amigo invisible". Este juego consiste en escribir en papelitos el nombre de cada alumno o "amigo", luego, cada participante debe sacar un papelito al azar y guardarlo como un secreto. Se realiza una semana antes del Día de la Amistad y en todos estos días, se corresponden notas anónimas, etc. Finalmente, cuando el esperado día llega, uno a uno pasa al frente a nombrar a su amigo invisible y entregar el presente correspondiente.

Costumbres entre los jóvenes

En *el Día de la Amistad*, es costumbre que los jóvenes envían saludos y mensajes a todos sus amigos reales y virtuales, en especial las postales virtuales más populares del momento.

 Compara esta costumbre del amigo invisible en Paraguay con una costumbre en tu cultura. ¿En que se parecen y se diferencian?

  ¡Te toca a ti!

Es el Día de la Amistad la semana que viene y quieres hacer algo por tu amigo que también habla español. Ya que has leído un poema, escuchado una canción y leído de las costumbres del Día de la Amistad, ¿qué piensas hacer para tu mejor amigo/a? Crea algo original para tu amigo/a. Puede ser una canción, un rap, un poema, un dibujo con unas frases especiales dedicado a tu amigo/a, un cuento ilustrado o una tarjeta, algo que creas que tu amigo/a apreciará. Usa tu talento y el vocabulario del hilo.

Actividad 5

¿Cómo nos influyen los amigos?

El refrán español, "dime con quién andas y te diré quién eres", fue popularizado en la novela de Miguel de Cervantes *El Hidalgo de la Mancha* parte II capítulo 10 cuando su escudero y amigo Sancho Panza dijo "dime con quién andas, decirte he quién eres". Otro refrán en el castellano del siglo XVII es "no es de quien naces, sino con quien paces". Estos refranes nos advierten que la compañía de los demás, ya sea buena o mala, tiene gran influencia en el comportamiento y en las costumbres de uno, hasta se puede determinar los gustos y características de alguien por los amigos que lo rodean.

Don Quijote, El hidalgo de la Mancha

Miguel de Cervantes, España, escribió esta novela, publicada al principio del siglo XVII, inspirándose en las novelas de caballería de la Edad Media en las cuales los caballeros andantes tuvieron muchas aventuras con el fin de acabar con las maldades del mundo. En la novela, *El hidalgo de la Mancha,* don Quijote, Alonso Quijano, tiene un escudero, Sancho Panza, que le acompaña a todas partes. Este amigo sencillo de su pueblo es realista mientras Don Quijote es idealista. Sin embargo, influido por Don Quijote, Sancho se vuelve idealista también. ¿Ves cómo se parecen Alonso Quijano (don Quijote) y Sancho Panza a los jóvenes de hoy en día? Don Quijote convence a su amigo que la fantasía es la realidad. Sin embargo, al final Sancho cree en la fantasía mientras que Don Quijote vuelve a la realidad.

A **Antes de leer,: Piensa - Conversa - Comparte**

Escribe respuestas a las siguientes preguntas en tu diario. Después comparte tus respuestas con dos o tres compañeros y entre todos decidan quién va a presentar a la clase.

- ¿Cómo crees tú que influyen los amigos a la hora de organizar nuestro tiempo libre?
- ¿Crees que es cierto el dicho "dime con quién andas y te diré quién eres?
- ¿Qué criterios hemos de seguir a la hora de seleccionar a nuestros amigos?

 B **Al leer** los dos textos cortos que siguen, piensa en lo que les dices a tus padres cuando quieres hacer algo con tus amigos que a tus padres no les parece buena idea.

- ¿Aceptas las decisiones de tus padres sin tratar de convencerles de tu punto de vista?
- ¿Cuáles son algunas razones que les das para convencerles de lo que quieres hacer?
- ¿Qué pasa si no haces lo que tus amigos quieren que hagas?

CONOCE A QUIENES TE RODEAN

Una realidad bien palpable hoy en día entre los jóvenes es *ir de juerga*[1] a la hora de buscar diversión según el "ambiente". Uno va donde hay ambiente y donde se divierten los demás, sin *advertir*[2] que esa influencia puede ser en muchas ocasiones negativa.

A muchos jóvenes no les angustia el tener o no tener razón. Les aterroriza, sin embargo, pensar cosas que estuvieron ayer de moda pero que hoy no lo están. Les falta "estilo" personal. Ellos se divierten, viven según el viento dominante, según la moda del ambiente en el que se mueven.

Las personas cuyo carácter es como *las veletas*[3] son menores de edad con respecto a su juicio personal. Quizá en su interior escuchen muchas voces, pero siempre sale ganando alguna de éstas.

– "Es allí adonde va todo el mundo";

– "Eso es lo que todos hacen";

– "Nadie piensa así, ¿por qué voy a ser precisamente yo la excepción?"

---

[1] ir de marcha / salir con los amigos   [2] llamar la atención   [3] señalan la dirección del viento

EL CASO DE JAIME

"Hay que elegir un poco a los amigos... - me decía con convicción Jaime, un estudiante de 16 años -; *se ve en seguida cómo son por la forma que tienen de pasar el rato.*

Encuentras "compañeros" para pasarlo bien, dicen bobadas[4], *te ríes, acabas cogiendo una gran habilidad dialéctica*[5] *y humorística... pero no se puede intimar*[6]. *Hay mucho "coleguismo". Aprendes a bandearte*[7], *porque en cuanto te descuidas le dan a uno en las narices*[8].

Y, desde luego, como sean perezosos, acabas siéndolo tú también. No hay quien aguante que te llamen todos los días para salir cuando estás estudiando.

Yo tuve a los catorce años unos amigos que fumaban "porros"[9] *y en la "disco" te ofrecían. Todavía no sé bien cómo logré quitármelos de encima*[10]. *Han probado todo y necesitan más. Esnifan coca y fuman marihuana. Y en zonas muy corrientes*[11], *no en los suburbios. Lo peor es el chico o la chica con demasiado dinero. Venga, vamos a probar, y ya no lo consiguen dejar*[12].

Lo más triste es que está de moda. Se contagian entre ellos. Si vas con esa gente, comprendo que caigan, porque no se puede resistir estar con ellos y no enviciarse[13] *Fumas "porros", si no, no pintas nada*[14] *allí. Te excluyen del grupo, y si no estás con los amigos, ¿adónde vas? Y si te dicen que todos los sitios son peligrosos pero no te dan soluciones, ¿en qué ocupas el tiempo libre?*

Yo tuve suerte porque encontré otros amigos que hacían mucho deporte, iba a jugar con ellos a sus casas y venían a la mía, me aficioné[15] a la bicicleta, y a leer. Desde luego, si juegas un partido el domingo a las diez de la mañana, o sales de excursión al monte, seguro que no te pasas la noche anterior de juerga[1].

"Hay que tener amigos con buenas ideas, lo que pasa es que no hay muchos amigos de ésos".

Escuchando a Jaime me venía a la cabeza aquello de "dime con quién andas y te diré quién eres". Sin que nadie se lo explicara, había llegado a comprender la importancia de seleccionar las amistades.

-¿Pero eso de seleccionar las amistades no es un poco antinatural, incluso "elitismos"? No es elitismo. O, si acaso, toda persona *sensata*[16] es "elitista" si por elitismo entiendes saber rodearse de amigos que no supongan sino un bien mutuo.No es elitismo sino sensatez. Piensa un momento con quién vas, a quién admiras, a quién envidias, con quién quieres *codearte*[17]. Y piensa si son los modelos de persona que realmente quieres para ti; y si no debes elegir un poco mejor tus amistades.

por Alfonso Aguiló
Educar el carácter,
Colección Hacer Familia, Ed. Palabra

---

[4] tonterías
[5] arte de diálogo y convencimiento
[6] fraternizar
[7] cuidarte
[8] pegarle en la cara
[9] cigarrillos de marihuana mezclado con tabaco

[10] dejar de fumarlos
[11] normales
[12] no pueden dejar de fumar, etc.
[13] adquirir un vicio una mala costumbre
[14] no importas nada
[15] me acostumbré

[16] prudente
[17] relacionarte

C Después de leer: Cuando tenía 16 años, Jaime se dio plena cuenta de las personas que lo rodeaban y compartió su experiencia y observaciones con un profesor. Conversa con unos compañeros y vuelvan al texto para buscar las respuestas y prepárense para compartirlas.

1. ¿Cómo sabes cómo son las personas cuando los conoces por primera vez?
2. ¿Cómo se comportan los "colegas" cuando se juntan? ¿Cuál es el peligro de estar con ellos?
3. ¿Qué pasa cuando quieren que salgas cuando estás estudiando?
4. ¿Qué le pasó a Jaime cuando tenía catorce años? ¿Existen tales situaciones en tu escuela?
5. ¿Qué era lo más difícil para Jaime cuando no quería fumar porros?
6. ¿Cómo logró alejarse de ese grupo de "colegas"?
7. ¿Cuál es el mensaje del profesor Aguiló?

Reflexión Después de contestar estas preguntas, ¿qué habrías hecho tú si te hubieras encontrado en una situación como la de Jaime? Escribe una reflexión en tu diario o en la guía digtial. Refiérete a la página 166 para la estructura gramatical.

¡Te toca a ti!

¿Qué influencia puedes tener en los jóvenes para que tengan cuidado a la hora de elegir sus amigos? Con unos compañeros, escriban y presenten un mini drama en el que dramaticen la influencia positiva o negativa de los amigos. Pueden basar sus presentaciones en sus experiencias o en experiencias de amigos, pero hay que incluir lo siguiente:

1. **Contenido:** Escojan un escenario para representar:

   - razones por las cuales los jóvenes se hacen amigos de jóvenes con comportamiento negativo
   - cuáles son las indicaciones de que ciertos jóvenes no son los mejores amigos
   - estrategias para alejarse de los "amigos" con quienes uno no se siente cómodo
   - las consecuencias de no alejarse de estas malas influencias

2. **Consejos:** ¿Qué sugerencias les puedes dar a los jóvenes para evitar malas compañías?

   - consejos para atraer a amistades positivas
   - consejos para amigos para que no se metan con los jóvenes de malas influencias

¿Cómo influyen nuestras expectativas al noviazgo?

Actividad 6

¿Cómo formamos nuestras ideas y expectativas del amor?

¿Cómo representan el amor los artistas en su arte? Francisco Cerón es un artista colombiano de estilo pop que vive en Miami, Florida. Combina colores brillantes, formas geográficas y sus experiencias de la vida para crear un tipo de arte moderno e interesante que nos atrae a los personajes y objetos de sus obras. En esta obra "Serenade", los novios nos revelan su interpretación del noviazgo y amor. ¿Qué te parece la obra? ¿Cómo influyen las varias interpretaciones artísticas del amor en tus perspectivas del noviazgo?

Francisco Cerón un artista colombiano que empezó a pintar cuando era niño. Quería mejorar su habilidad artística y por eso se matriculó en la prestigiosa Escuela de las Artes Antonio María Valencia en Santiago de Cali, Colombia. Se graduó con un certificado de posgrado en el diseño gráfico. Después se especializó en negocios y mercadotecnia en la Universidad de Miami, Florida.

Neo-Pop y cubismo posmoderno

Las obras de Cerón combinan los elementos del arte pop con las técnicas clásicas y modernas, mezclando símbolos pre-colombianos e iconos antiguos de distintas culturas con el arte urbano para crear sus propios símbolos. De esa manera, crea obras únicas multiculturales, posmodernas y urbanas. En sus obras se combinan los estilos clásicos y modernos y se enriquece la imagen con símbolos y mensajes.

Ver sus obras es como abrir una ventana a un nuevo idioma, lleno de colores vibrantes, junto con los personajes de varios colores que llaman la atención del observador. Sus obras contienen mensajes de alegría y celebran la vida.

Adaptado de Ceron, "Living Creatively"

 A **Antes de interpretar la obra**

1. ¿Cómo imaginas una relación entre novios? Dibuja una representación de lo que te hace pensar al escuchar las palabras *novios*, *noviazgo y amor*. Después comparte tu obra con un compañero y la clase. ¿Son semejantes las representaciones entre los miembros de la clase o no? ¿Por qué hay diferencias en las obras?

2. ¿Qué expectativas tienen los adolescentes del noviazgo? Conversa con un compañero sobre los siguientes temas:

   - Cuando eras niño, ¿cómo imaginabas el amor romántico?
   - ¿Es el amor como lo imaginaste?
   - ¿Qué quieres de una relación romántica ahora en tu adolescencia?
   - ¿Qué cualidades quieres en un(a) novio/a?

B **Al interpretar la obra**

1. Toma unos minutos para observar la obra "Serenade" que se encuentra en la página siguiente. En un grupo de 3 o 4 compañeros, contesten las preguntas en el organizador "Y".

 Veo ...
- ¿De qué estilo es la obra?
- ¿Qué colores ves? ¿Qué tipo de colores son?

 Pienso...
- ¿Quiénes son los personajes en la obra? ¿Cómo son?
- ¿Dónde están? ¿Qué están haciendo?
- Describe su relación como novios: ¿Están contentos? ¿Cómo lo sabes?

 Quiero saber...
- ¿Qué te llama la atención en la pintura?
- ¿Te gusta la pintura o no? Explica tu respuesta.
- ¿Te gustaría ser uno de los novios en la obra? Explica.

2. Escribe una crítica de un párrafo de la obra de Cerón. Menciona el estilo que usó para pintar las personas y tu opinión de la obra. ¿Te parece bien hecha? ¿Cómo te hace sentir? ¿Qué cambiarías si pudieras? Refiérete al vocabulario de hilo 8 Antes de empezar, p. 225.

C Después de interpretar la obra

1. Haz conexiones y piensa en cómo esta obra y otras representaciones de amor influyen tus expectativas del noviazgo y del amor. Haz una lista de obras de arte—fotos, pinturas, obras de teatro, películas y canciones—que han influido en tus perspectivas del noviazgo, del amor y del romance. Después escribe una o dos características de tu futura alma gemela en base a estas perspectivas.

Obra	Cómo ha influido tu perspectiva	Características de tu futura alma gemela
Ejemplo: Romeo y Julieta		

2. Compara tu lista con la de tu compañero. Conversen de las semejanzas y diferencias.

3. **Un mensaje al futuro:** ¿Qué le dirías a tu alma gemela del futuro si pudieras decirle algo ahora? Graba un mensaje en que expresas tus deseos y esperanzas de esta persona y la relación de ambos. Usa el subjuntivo.

> **Ejemplos:** Espero que seas...
> Quiero que tengas...
> Deseo que te guste...
> Espero que nunca/siempre...

4. ¡Visita la guía digital para aprender a escribir una carta de amor!

Actividad 7

¿Cómo influyen las expectativas en una relación romántica?

"Me gustas cuando callas" es un poema por Pablo Neruda que trata del amor. ¿En qué te hace pensar el título? Pablo Neruda es uno de los poetas más conocidos del mundo hispanohablante. Durante su vida, escribió de muchos temas incluyendo el amor. El poema que vas a leer es el poema XV de su conocida colección, *Veinte poemas de amor y una canción desesperada*. Fue publicado en 1924, cuando tenía solamente veinte años. Refierete a la página 98 para más información del poeta.

Ⓐ Antes de leer

1. Conversa con un compañero:
- cómo te sientes cuando estás con una persona callada
- cómo te sientes cuando estás con alguien que nunca se calla
- si prefieres un novio/a callado/a o uno/a que hable mucho

2. **Gramática:** Revisa los apuntes que siguen para poder entender el tema del poema.

> **USO DEL LENGUAJE EN CONTEXTO: El verbo gustar en el sentido interpersonal**
>
> Normalmente estamos acostumbrados a usar el verbo gustar para describir nuestros gustos de cosas, actividades o lugares:
>
> *Me gusta viajar a otros países.*
>
> *A ellos les gustan los libros en español.*
>
> Sin embargo, en este poema vas a ver el uso del verbo gustar para indicar que a una persona (el narrador) le gusta otra persona. Ahora el verbo gustar se usa de otra manera para comunicar eso.
>
> **Práctica de comprensión:** ¿Cómo lo interpretarías en inglés?
>
> — *Me gustas* mucho.
>
> — También *me gustas*. ¿Desde cuándo *te gusto a ti*?
>
> — Desde el año pasado pero nunca me atreví a decírtelo.
>
> — Salgamos algún día, ¿vale?

El uso de "como si…" presenta un escenario ficticio, teórico, por tal motivo requiere el uso del subjuntivo. No importa si la oración está en el tiempo presente, pasado, etc., después de la conjunción "como si" el verbo siguiente siempre se conjuga en el imperfecto del subjuntivo.

Ej. Nos relajamos juntos todo el día **como si no tuviéramos** tarea que hacer ni otros compromisos que cumplir.

Dependiendo del contexto, también puedes utilizar el pluscuamperfecto del subjuntivo después de "como si".

Ej. Te hablo con mucha confianza **como si nos hubiéramos conocido** por más tiempo de dos días.

B Al leer y escuchar el poema

1. **Al escuchar el poema,** piensa: ¿Cómo te hace sentir? ¿Qué palabras se destacan en el poema?

2. **Al escuchar y leer el poema,** enfócate en lo que está diciendo el poeta. ¿De qué trata?

"Me gustas cuando callas" por Pablo Neruda

1 Me gustas cuando callas porque estás como ausente,
 y me oyes desde lejos, y mi voz no te toca.
 Parece que los ojos se te hubieran volado
 y parece que un beso te cerrara la boca.

5 Como todas las cosas están llenas de mi alma
 emerges de las cosas, llena del alma mía.
 Mariposa de sueño, te pareces a mi alma,
 y te pareces a la palabra melancolía.

10 Me gustas cuando callas y estás como distante.
 Y estás como quejándote, mariposa *en arrullo*.[1]
 Y me oyes desde lejos, y mi voz no te alcanza:
 déjame que me calle con el silencio tuyo.

15 Déjame que te hable también con tu silencio
 claro como una lámpara, simple como un anillo.
 Eres como la noche, callada y constelada.
 Tu silencio es de estrella, tan *lejano*[2] y sencillo.

20 Me gustas cuando callas porque estás como ausente.
 Distante y dolorosa como si hubieras muerto.
 Una palabra entonces, una sonrisa *bastan*.[3]
 Y estoy alegre, alegre de que no sea cierto.

---

[1] dormida [2] alejado, remoto [3] son suficientes

C Después de leer

1. **Vocabulario en contexto:** Analiza el vocabulario utilizando el siguiente organizador. Busca los cognados en los versos indicados en la primera columna y escribe la palabra correspondiente en inglés para cada palabra

Verso del poema	Palabra en español	Cognado en inglés
1	ausente	absent
6		
7		
10		
14		
16		
17		

2. **Vocabulario metafórico:** Identifica las siguientes imágenes y las descripciones (adjetivos) que Neruda emplea en el poema. Anótalas en tu diario.

1. _____

2. _____

3. _____

4. _____

Técnicas literarias

Hay dos tipos de técnicas literarias que emplean los escritores para hacer comparaciones:

- Una comparación directa es un **símil**, en el cual el poeta compara dos cosas directamente usando la palabra "como." ¿Cómo se dice símil en inglés?

- Una comparación indirecta es una **metáfora**, en el cual el poeta relaciona dos cosas que normalmente no se asocian juntas. No usa la palabra "como". ¿Cómo se dice metáfora en inglés?

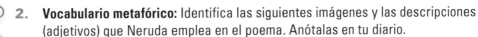

3. **Interpretación del texto:** Contesta las siguientes preguntas individualmente, volviendo al texto y pidiendo ayuda de un compañero sólo después de haber hecho tu propio esfuerzo.

a. **Estructura del poema:**
   1. La voz poética: ¿Quién habla? ¿A quién?
   2. ¿Cuántas estrofas hay? ¿Cuántos versos?

b. **Lenguaje descriptiva:**
   1. El poeta describe a la mujer a quien se dirige el poema (**el sujeto** del poema) con ocho adjetivos. Haz una lista de esos adjetivos.
   2. En base a esa información, ¿cómo es esta mujer? ¿Te parecen positivas, negativas, o neutras estas características? Explica.
   3. El poeta describe al silencio de esa persona también, en la cuarta estrofa. Encuentra y anota lo que dice sobre su silencio.
   4. En base a esa información, ¿cómo parece que se siente el narrador hacia el silencio de la mujer? Explica tu respuesta.

c. **Lenguaje figurativo:**
   1. ¿Cuáles son los símiles que emplea el poeta para describir a la mujer?
   2. ¿Cuáles son algunas metáforas que emplea?
   3. El poema utiliza el imperfecto del subjuntivo y pluscuamperfecto del subjuntivo como parte de la descripción figurativa de la mujer. Refiérete a los apuntes gramaticales en la página 180. Anota los tres ejemplos y subraya el verbo en el subjuntivo.
   4. ¿Qué impresión del narrador nos dan estos versos? Explica estos versos,
      Como todas las cosas están llenas de mi alma
      emerges de las cosas, llena del alma mía.
   5. En base a la información en número 4, ¿cómo percibe el narrador a la mujer? Explica tu respuesta.

> **Términos literarios**
>
> - **La voz poética** es la voz que habla en (narra) el poema.
>
> - Un **verso** representa "una línea" en la poesía.
>
> - Una **estrofa** representa un grupo de versos en la poesía. ¿Cómo se dice "estrofa" en inglés?
>
> - **Apóstrofe** es una técnica literaria por la cual la voz poética se dirige directamente a alguien; está "hablando" a una persona o grupo de personas en el poema.

4. **Escucha el poema en voz alta una vez más.** Después, conversa con un compañero:
   - ¿Qué quiere decir la última estrofa?
   - ¿Cómo es la mujer?
   - ¿Por qué se siente feliz el poeta "que no sea cierto" (que ella haya muerto)?
   - ¿Qué siente el narrador hacia ella?

5. **Análisis del tema: La comunicación o falta de comunicación** ¿Dónde describe el poema una falta de comunicación? Escribe un párrafo en respuesta a esta pregunta, mencionando versos del poema que apoyen tu respuesta.

¡A tejer!

Imagina que hablas con un amigo/a y le describes a un(a) novio(a) que te gustaría tener en el futuro. ¿Qué tipo de interacción y comunicación te atraería en una relación futura con tu alma gemela? Refiérete a la carta de amor que quizás escribiste al final de la última actividad o visita la guía digital para apoyo adicional.

1. Planifica tu respuesta al completar el organizador.

Adjetivos para describir su personalidad	Verbos para describir su comportamiento	Símiles para describir con qué le podrías comparar	Adjetivos y símiles para describir la comunicación entre tú y tu pareja

2. Escribe un poema siguiendo el modelo de Pablo Neruda en la guía digital. Recuerda que escribes el poema a otra persona. Los verbos se conjugarán en la segunda persona singular, tú.

3. Revisa y mejora tu poema según las indicaciones y apoyo de tu profesor(a).

HILO 6 Relaciones personales

Hilo 6 Evaluación Final - *Jóvenes de Hoy*

Preguntas esenciales

- ¿Cómo afecta la comunicación a nuestras relaciones familiares?
- ¿Cómo nos definen nuestras amistades?
- ¿Cómo influyen nuestras expectativas en el noviazgo?

Contexto:

El portal de Internet ***Jóvenes de Hoy*** ha propuesto redactar una página de recursos para los jóvenes hispanohablantes que buscan amistad o consejos para solucionar problemas románticos y familiares. En vez de depender de lo que dicen los psicólogos, trabajadores sociales y profesores, el sitio quiere el aporte de la juventud, los que viven, sobreviven y aprenden de estas experiencias. Están solicitando ejemplos y consejos para los jóvenes hispanos que visitan el sitio. Un comité evaluará las selecciones que reciban y compilará la publicación final.

Para dar consejos	Para considerar posibilidades hipotéticas
Es importante / necesario / imprescindible que…	Si esa persona no…, (no)…
Les recomendamos que…	Es lamentable que … porque…
Les sugerimos que…	Hubiera sido diferente si…
Deberías considerar…	Se podría haber evitado esa situación si…

Jóvenes de Hoy solicita cortometrajes dramatizados o filmados por jóvenes hispanohablantes para subir a nuestro portal de Internet. El propósito es presentarles escenarios a nuestros usuarios que podrían encontrar en la vida y brindarles algunos consejos para manejar estas situaciones, a veces complicadas. Pretendemos abarcar tres categorías: la amistad, el amor y la familia. Para participar en nuestra publicación colaborativa, elige la categoría que más te interese y en la cual puedas ofrecer consejos según tus experiencias y conocimiento:

1. **Cómo ser un buen amigo y evitar conflictos y malentendidos**
   Temas posibles: la confianza, el chisme y los rumores, apoyar a otros, las "cliques", la comunicación y las redes sociales

2. **Cómo tener confianza y paz dentro de la familia**
   Temas posibles: la confianza con los papás, las relaciones entre los hermanos, la independencia juvenil y reglas / expectativas de los padres, la comunicación o falta de comunicación

3. **Cómo crear y mantener un noviazgo sólido**
   Temas posibles: la comunicación, si la amistad puede convertirse en el noviazgo, el estatus en las redes sociales, salir con el ex de una amiga, romper una relación y volver a salir, cambiar tu personalidad o identidad por un novio

¡Agradecemos de antemano su colaboración e ideas creativas! ¡Gracias por ayudar a los *Jóvenes de Hoy!*

Información para los participantes:

Este trabajo incluirá tres partes: un trabajo en grupo, una reflexión individual y una respuesta a lo que ves como miembro de la audiencia. Visita la guía digital para apoyo adicional.

Parte I: Trabajo en grupo: Escribe, practica y presenta una dramatización de una situación ficticia para ser filmada y presentada a *Jóvenes de Hoy*

Parte II: Trabajo individual: Considera posibilidades hipotéticas para un personaje en tu dramatización, es decir, presenta un escenario alternativo. ¿Qué habría pasado si él /ella hubiera hecho algo diferente?

Parte III: Trabajo de la audiencia: Al ver cada dramatización, escribe dos consejos, en forma de mandatos informales para un personaje en la actuación (uno afirmativo, uno negativo).

Introducción

amistad, la - relación de confianza y afecto desinteresado entre amigos

celoso - que siente inseguridad en la relación, envidioso

contento - feliz

enamorado de - que tiene amor por otro, que tiene un sentimiento romántico por otra persona

enojado - enfadado

estabilidad, la - equilibrio, seguridad, firmeza

inestabilidad, la

romance, el

romántico

seguridad, la

tener celos - sentir inseguridad en una relación

triste - afligido, apesadumbrado, lo opuesto de contento

Antes de empezar

invitar a salir - invitar a ser novios, invitar a alguien a salir en una cita

ni modo - expresa que algo ya no tiene remedio o solución

quiubo - ¿qué pasa?, ¿qué ha ocurrido?, ¿qué noticias hay?

y esa prisa - ¿por qué con esa prisa?

y punto - no es necesario dar más explicaciones

ya veo - yo veo, me doy cuenta, entiendo

Actividad 1

agotado - cansado

alcanzar - lograr, obtener, conseguir

alianza, la - acuerdo de estar en el mismo lado de un conflicto, unión de dos o más partes con un mismo fin

aliviar - disminuir

aminorar - reducir

concordar con - ponerse de acuerdo

desarrollo, el - crecimiento

desgraciadamente - desafortunadamente

enfrentarse a - afrontar o hacer frente a algo, confrontar, encarar, poner frente a frente

exigente - estricto, que pide mucho, riguroso

hacer una mueca - expresar un sentimiento con una expresión facial

harto/a - fastidiado/a, cansado/a

intimidad, la - familiaridad

invasor - usurpador

madurez, la - cualidad o edad de haber crecido y madurado y de tener buen juicio o prudencia

obligado - forzado

pellizcar - apretar con los dedos un poco de piel para que duela

percibir - advertir, notar, observar

perpetuo - duradero

reñir (e-i) - pelear, discutir, regañar, reprender

riña, la - pelea

rogar (ue) - pedir con súplicas, implorar

sensible - cualidad de sentir o percibir emociones fácilmente

surgir - manifestarse, aparecer, brotar

Actividad 2

aguantar - tolerar, soportar

arroyo, el - riachuelo

difunto, el - muerto

herido - lastimado

ladrar - el gritar del perro, lo que hacen los perros al emitir sonidos para comunicarse o llamar la atención

rastro, el - señal

reponerse - descansar

sollozar - llorar

Actividad 3

aconsejar - recomendar

amoroso - cariñoso

comprensivo - tolerante

confiable - persona de fiar, persona de quien uno puede fiarse

demorar - tardar, retrasarse

desahogarse - aliviarse, consolarse

eterno - para siempre

fiel - leal

fomentar - favorecer, promocionar, promover

fracaso, el - decepción, caída

impredecible - que no se puede predecir o prever

juzgar - formar una opinión

refranes, los - dichos, proverbios

reír - celebrar algo con risa

sugerir (e-i) - recomendar

surgir - manifestarse, aparecer, brotar

valioso - apreciado

Actividad 4

almíbar - jarabe dulce

antaño - referente a otra época del pasado

augurios, los - pronósticos

festejar - celebrar

fronteras, las - límites

obsequios, los - regalos, recuerdos, presentes

usanza, la - costumbre

Actividad 5

advertir (e-ie) - llamar la atención

aguantar - tolerar, soportar tener paciencia

bandearse - cuidarse

bobadas, las - tonterías

caerle bien a uno - gustarle o agradarle a uno la forma de ser de otra persona

codearse - relacionarse

contagiarse - adquirir una enfermedad o un vicio de otros

corrientes - comunes, populares en el momento, lo que no es extraordinario

daño, el - dolor, sufrimiento

darle a uno en las narices - molestar a alguien

enviciarse - adquirir un vicio

intimar - fraternizar

ir de juerga - ir de marcha, salir con los amigos

no pintas nada - no importas nada

pasar el rato - pasar el tiempo

porros, los - cigarillos de marihuana mezclada con tabaco

preocupante - agobiante

sensato - prudente, de buen juicio

veletas, las - piezas metálicas que señalan la dirección del viento

vicio, el - mala costumbre

Actividad 6

abrazar - estrechar entre los brazos

fondo, al - en la parte de atrás

alma gemela, el - espíritu afín

apoyar - ayudar, respaldar

colores, los - colores brillantes

confiable - persona de fiar

confiar en - tener fe en

esperar - desear

fiar - confiar en alguien

honrar - respetar

noviazgo, el - relación entre novios

primer plano, el - centrar la atención en alguien o en algo, especialmente cuando se trata del cine y la televisión

proteger - apoyar, salvaguardar

Actividad 7

alma, el - espíritu, parte espiritual e inmortal del hombre

bastar - ser suficiente

callado - silencioso, reservado, que ha dejado de hablar

distante - alejado, remoto

estrofa, la - fragmento, copla, verso, estribillo

expectativa, la - esperanza

sencillo - simple

verso, el - línea de un poema

voz poética, la - voz que narra un poema

Expresiones útiles

el buen sentido de humor - estado de ánimo que se caracteriza por ser cómico y gracioso

te aceptan con tus defectos

están allí para ti - te apoyan

te da ánimos - te alienta

tener razón - estar en lo cierto

en seguida - inmediatamente

pasar el rato - pasar el tiempo libre

quitármelos de encima - alejarme de ellos

está de moda - se refiere al uso, modo o costumbre popular, lo que corresponde al estilo moderno o actual

cuanto más

se debe al hecho de que - es consecuencia de

anda mal - está mal, se encuentra mal

darse cuenta de que - advertir algo, percatarse de algo, entender, comprender

soler (ue) + infinitivo - acostumbrar

Belleza y estética

LAS BELLEZAS DEL MUNDO

¿Cómo definirías la belleza?

REALIDAD Y FANTASÍA

¿Qué expresa el arte de una cultura?

Preguntas esenciales

- ¿Cómo varían las definiciones de la belleza en otras culturas?

- ¿Quién tiene el poder de definir la belleza y la moda?

- ¿Cómo se puede concientizar hacia una definición más amplia de la belleza?

Definiciones de la belleza

Mientras que cada persona tiene su propia definición de la belleza, nuestros conceptos, imágenes y perspectivas de lo bello de nuestra cultura y sociedad los heredamos. En este hilo aprenderás cómo la cultura y el momento histórico definen la belleza. Además podrás investigar quiénes influyen en nuestra definición de la belleza. También hay publicaciones, publicidad y productos que nos invitan a reinventar y expandir nuestras impresiones de lo que es bello. Al final del hilo vas a preparar un tejido al diseñar un conjunto para jóvenes inspirado por la moda de una cultura indígena.

Introducción

¿Puedes tú definir la belleza?

La belleza es algo que sin duda existe, pero es algo muy difícil de definir. Antes de que empecemos nuestro estudio de la belleza y las varias definiciones de ella, reflexiona sobre lo que significa la belleza para ti.

 A **Una nube de palabras:** ¿Cuáles son las palabras, frases, dichos o letras de canciones que asocias con *la belleza*? Rellena las letras de la palabra con tus ideas y sentimientos sobre lo que significa.

BELLEZA

 B **Comparar:** Comparte tu nube de palabras con un compañero de clase. Rellena el organizador de comparación con las semejanzas y diferencias entre sus nubes. Después de que conversen, respondan a los tres puntos siguientes:

- cuáles son las palabras y temas que tienen en común
- cuáles son las diferencias entre tus ideas de la belleza y las de tu compañero
- por qué existen estas diferencias

C **Tuitear:** Escribe una definición de #labelleza en 140 letras.

Antes de empezar

¿Por qué es difícil definir la belleza?

En Madrid, puedes visitar el Barrio de las Letras para visitar los hogares de algunos escritores famosos del Siglo de Oro de España. Mientras caminas por las aceras del barrio, puedes ver las citas famosas de estos literatos. Por ejemplo, puedes pisar la cita famosa de José Echegaray, matemático y dramaturgo español que trata el tema de ¿podemos definir la belleza?

¡La belleza! Lo que es no lo sabemos, quizá no lo sepamos nunca; pero que la belleza es algo que existe, que palpita en la Naturaleza, y que así como la ola que llega a la playa rompe en espuma...

~José Echegaray, 1903

Extraído de http://hdl.handle.net

A **Conversa con un compañero:** Pensando en el dicho de Echegaray, responde a los siguientes temas:

- cómo sabes qué la belleza existe
- dónde encontramos la belleza
- por qué es tan difícil definir la belleza
- pueden existir distintas definiciones de belleza y por qué

B **¿Por qué es difícil definir la belleza?** Escribe un párrafo de 5 a 8 oraciones completas en el que analices lo que escribió Echegaray en 1903 sobre la belleza, "Lo que es no lo sabemos, quizá no lo sepamos nunca; pero que la belleza es algo que existe..." Incluye lo siguiente:

- ¿Estás de acuerdo con Echegaray?

- Si estás de acuerdo con Echegaray, incluye tres razones para defender la idea de que tal vez nunca sepamos lo que es la belleza.

- Si no estás de acuerdo con Echegaray, incluye tu definición de belleza y tres maneras en las que esta definición puede transcender culturas, generaciones y campos (como como las ciencias, el arte, la moda, las matemáticas, etc).

¿Cómo varían las definiciones de la belleza en otras culturas?

Actividad 1

¿En qué se ha basado la belleza a través de la historia?

A lo largo de la historia nos referimos a los "cánones" de la belleza. Estos cánones representan los modelos de perfección según esa época histórica. Las características perfectas de la belleza han variado mucho a través de los últimos veintiún siglos. Vas a leer sobre los cánones de varias épocas de la historia y al final de la actividad explicarás las influencias del pasado en los canones de la belleza actual de las Américas y Europa.

"Cada cosa tiene su belleza, pero no todos pueden verla".

Extraído de www.refranero.popular.com

Escultura surrealista de Joan Miró, España

 A **Antes de leer: Piensa – Conversa – Comparte**

Al final de este hilo, después de leer artículos periodísticos y examinar muchas imágenes, vas a crear tu propia definición de la belleza. Lee estas definiciones y anota las frases con las que estás de acuerdo en tu diario personal. Después, conversa con un compañero sobre lo que escribiste y prepárense para compartir por lo menos una parte de la definición que prefieren.

1. Los expertos solamente están de acuerdo con que "la belleza no se define, se reconoce. Es una cualidad, un concepto, un sentimiento, que se caracteriza por su relatividad: no hay un criterio universal a pesar de que existen aproximaciones a lo absoluto, acercamientos a la perfección que no existe más que como ideal". Otros consideran que la belleza es lo que resulta agradable a los sentidos y que por consiguiente causa placer, pero no todo lo que nos causa placer tiene por qué ser bello.

Confucio
Filosofo chino (551 AC-475 AC)

2. Entonces, ¿qué es la belleza? A lo largo de la historia, como podemos ver en otro *apartado* de la web, el ideal estético ha ido variando y marcando la imagen de las personas, especialmente en lo que a las mujeres se refiere. En la sociedad actual de los países desarrollados, especialmente marcados por el consumismo, el cuerpo se ha convertido en el mayor objeto de consumo.

Extraído de www.stop-obsesion.com

3. La belleza es una actitud mental subjetiva de *agrado*, placer y bienestar del individuo, ante un objeto visible. Las personas son distintas y se agrupan según su estrato social, grupo étnico, nivel sociocultural. Por eso, el individuo suele inclinar sus gustos personales de acuerdo a su forma de ser, la cual fue formada en un determinado entorno.

De Venus Maritza Hernández http://suite101.net

 B **Al leer** el artículo, verás las siguientes palabras que aparecen en el texto del artículo *en letra bastardilla*. Infiere el significado según el contexto. Según la lectura, escribe la época histórica a la cual correspondan las características o imágenes representadas. Es posible que una época abarque más de una palabra.

Característica	Época	Característica	Época
gruesa	prehistoria	los tobillos	siglo 20
melenas doradas		las nalgas	
las caderas		esbelta	
peso saludable		procreador	
la androginia		abultado	
las pelucas		los muslos	
las arrugas		el vello	

La belleza en las distintas etapas de la historia

Si una persona se mira al espejo y no se ve atractiva, podría no estar en lo cierto, es posible que viva en el lugar y en el momento histórico equivocado. Te ofrecemos un paseo por la historia para que *compruebes* que *el prototipo* de la belleza ideal y de la moda ha ido cambiando según las épocas.

Durante la **época prehistórica** la mujer era considerada bella conforme a *los cánones estéticos* de la fertilidad, por eso se prefería a la mujer *gruesa*, sus pechos debían ser grandes, sus *nalgas* prominentes y su estómago *abultado*. El hombre sin embargo debía ser fuerte y atlético para sobrevivir.

En el **antiguo Egipto** el canon de la belleza era muy parecido al actual, tanto hombres como mujeres eran representados en su versión idealizada, con grandes ojos negros, *esbeltas* figuras, cuerpos morenos y perfectos y brillantes cabellos, tanto se estimaba el cabello, que solían utilizar *pelucas*.

En **Grecia y en Roma**, tanto el hombre como la mujer debían ser más gruesos que los egipcios. Los hombres debían ser musculosos en su justa medida y las mujeres lo contrario. Ellas *lucían* grandes *caderas y muslos* generosos en contraposición con pequeños y firmes pechos que simbolizaban el papel *procreador* de la mujer.

En la **Edad Media** las figuras seguían siendo gruesas ya que era símbolo de riqueza y salud y llevaban más ornamentación en el cuerpo.

En el **Renacimiento** llamaba la atención *la androginia* del modelo de belleza masculino y los cuerpos esbeltos y largas *melenas doradas* de las mujeres. Ellas debían adoptar una expresión tímida y sonreír muy levemente. Se destacaba el cuerpo del hombre atlético.

Durante el **siglo veinte** el canon estético, sobre todo femenino pasó por distintas variaciones. La década de los años veinte revolucionó la moda y el estilo de *vida imperante de principios de siglo*. Las mujeres se cortaron el cabello por primera vez y enseñaron *los tobillos*. El modelo de belleza se estilizó y se volvió mucho más atlético y andrógino.

Ya en **los años cincuenta** irrumpió un estilo de mujer ultra femenina de finísima cintura, caderas amplias y pechos grandes y firmes. **Los años sesenta y setenta** volvieron a estilizar el cuerpo femenino y pusieron de moda el bronceado y en **los años noventa** las modelos *adelgazaron* hasta tal punto que la anorexia *hizo estragos* entre las adolescentes de medio mundo. En cuanto a los hombres, el latin lover de *pelo en pecho* fue el modelo *imperante* desde Rodolfo Valentino hasta Sean Connery.

En **la actualidad** se observa una tendencia hacia la relajación del cuerpo femenino, de nuevo modelos, actrices y cantantes lucen curvas naturales y la transparente delgadez de los años noventa sigue presente en *las pasarelas* pero ha pasado a un segundo plano. En el ámbito masculino la cosmética y la depilación han hecho un hueco, los hombres ya no quieren lucir *vello* en el cuerpo y en el rostro quieren mostrar solamente las *arrugas* justas.

Adaptado de suite101.net

C **Después de leer,** describe estas imágenes señalando a) la época histórica a la cual pertenecen, b) las características de la belleza que corresponden, c) el tipo físico de hombre o mujer que estaba de moda en esa época y d) busca o dibuja una imagen contemporánea que demuestre las mismas características. En la guía digital, completa el organizador con los datos de la lectura anterior *"La belleza en las distintas etapas de la historia"*. Aquí tienes un modelo para empezar tu trabajo.

Imagen	Época / Lugar	Características	Influencias en el concepto actual de la belleza	Imagen contemporánea
	Prehistoria	Mujer: gruesa, pechos grandes, nalgas prominentes estómago abultado Hombre: fuerte y atlético	Hombre y mujeres: fuertes y atléticos	
	Antiguo Egipto	Grandes ojos, esbeltas figuras, cuerpos morenos, perfectos brillantes cabellos y usan pelucas	esbeltas figuras, cuerpos morenos (bronceados)	

¿Qué aprendiste?

Escribe un texto informativo respondiendo a esta pregunta: ¿Cómo han influido los conceptos de belleza de otras épocas en nuestro concepto actual de la belleza? Refiriéndote a las estrategias, escribe tres párrafos en que describas las influencias específicas de cada época a través de la historia. Cita datos de las fuentes y si quieres, añade imágenes.

Estrategias para escribir un texto informativo:

Introducción y presentación del tema (primer párrafo): Comienza el primer párrafo con esta tesis: *El concepto de la belleza ha cambiado a través de los años pero la belleza actual refleja muchas características de las épocas de antaño.* Sigue completando el párrafo indicando las tres épocas históricas que vas a incluir en tu texto informativo y por qué las has escogido.

Explicación y datos (segundo párrafo): Pon ejemplos de las características con imágenes. Incluye ejemplos de por lo menos tres épocas diferentes. Ej: *En la época de los griegos, se valoraban características masculinas que todavía se consideran bellas en la actualidad….*

Conclusión (tercer párrafo): Da una evaluación, resume. Ej: *Por lo tanto, se concluye que las influencias de épocas de antaño se refieren más a los hombres que las mujeres porque…*

Usa la tercera persona y verbos en el indicativo.

En el "Hombre de Vitruvio " de **Leonardo da Vinci,** circa 1492, las proporciones del cuerpo humano perfecto se representaban por el número *áureo*[1]. En él, el *ombligo*[2] era el punto central natural del cuerpo humano y el centro de la circunferencia y del *cuadrado*[3] en el que se inscribe el cuerpo del hombre extendido. Este dibujo representa las proporciones que podían establecerse en el cuerpo humano, la proporción áurea viene representada por el número 1.618. Esta proporción refleja la máxima belleza y perfección, es decir la belleza divina. El rectángulo asociado se denomina áureo. Para Leonardo, el hombre era el modelo del universo y lo más importante era *vincular*[4] lo que descubría en el interior del cuerpo humano con lo que observaba en la naturaleza.

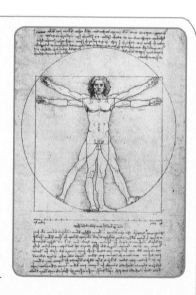

---

[1] el número que significa la proporción perfecta
[2] la cicatriz del cordón umbical
[3] en forma de cuadro
[3] en forma de cuadro
[4] unir

Extraído de www.cienciapopular.com

 Conexiones con las matemáticas: Investiga los cálculos de da Vinci del "Hombre de Vitruvio" y contesta estas preguntas. ¿Por qué se considera el dibujo del "Hombre de Vitruvio" la representación del hombre perfecto? ¿Es una buena representación de la belleza universal o solamente de esa época en la historia?

USO DEL LENGUAJE EN CONTEXTO: La concordancia de los números ordinales y cardinales y otros usos

Números cardinales:

1. Si un número termina en "uno" se convierte en "un" o "una" según el sustantivo. Si es plural, no se añade "s": Las características perfectas de la belleza varían mucho a través de los últimos *veintiún siglos*.

2. Un sustantivo femenino singular que empiece con "a" o "ha" acentuada, lleva el artículo masculino. Por ejemplo, se dice "un agua clara", fíjate como el adjetivo es todavía femenino. Cuando se cambia al plural, entonces se usa el artículo femenino en plural, "unas aguas claras". Otro ejemplo es "el harpa", "las harpas".

3. El número *cien* se convierte en *ciento(s)* antes de otro número: El número 1.618 se escribe mil *seiscientos* diez y ocho (dieciocho) y *cientos de mujeres* siguen a las modelos.

4. Se intercambien la coma y el punto con el uso de dinero y números en general: Un millón = 1.000.000 y $7,85.

5. Se dice *un millón de estudiantes* pero *mil estudiantes.* Mil millones = un millardo = 1.000.000.000 pero un billón = 1.000.000.000.000

Números ordinales:

1. Suelen usar "primero" a "décimo" en la conversación. Después de décimo se usa el número cardinal: La pareja vive en *el piso quince* y sus padres en *el sexto piso*.

2. "Primero" y "tercero" se convierten a *primer* y *tercer* ante un sustantivo masculino singular: El *primer día* de clases pero la *primera actividad*.

3. El número ordinal suele escribirse antes de los sustantivos: el segundo siglo, excepto con nombres de reyes *Felipe IV (cuarto)*

4. No te olvides dela fecha: día - mes - año 4-7-1990 = el 4 de julio, mil novecientos noventa.

5. Cuando se habla de años o décadas, se dice en *los años cincuenta* irrumpió un estilo de mujer ultra femenina de finísima cintura, caderas amplias y pechos grandes y firmes. *Los años sesenta y setenta*…. *La década de los años veinte…*

Actividad 2

¿Qué otros conceptos de belleza hay en otras culturas?

Los conceptos de la belleza no solamente cambian a través de los siglos sino que también varían entre culturas en las mismas etapas históricas. Sabemos por la actividad anterior que el canon de belleza es el conjunto de características "perfectas" que debería reunir un objeto o persona para que la sociedad lo considere atractivo. Este concepto varía según las épocas y de una cultura a otra. En esta actividad vas a explorar cómo los productos y las prácticas de varias culturas, incluso las culturas indígenas de Latinoamérica, influyen en las perspectivas de la belleza.

A **Antes de leer,** revisa este vocabulario. ¿Cuáles de las palabras son cognados o en cuáles se puede inferir el significado del contexto? Refiérete a la lista al final del hilo para las palabras que no sepas. Completa el organizador de vocabulario en la guía digital.

el canon de belleza	estatura	se colocó
las vallas publicitarias	piel canela	alargar
cuanto más largo	un tercio	se atrofian
melenas trenzadas	trasero	fallecen
un mechón de pelo	lóbulos (de orejas)	rapada

B **Al leer la primera fuente,** completa el siguiente organizador en la guía digital señalando los **productos, prácticas y perspectivas culturales** de cada cultura indicada.

- qué productos culturales usan para embellecerse
- qué prácticas culturales siguen para representar la belleza
- qué perspectivas explican los productos y prácticas

Lugar	Producto cultural	Práctica cultural	Perspectiva cultural
Africa – mujeres masai	cilindros metálicos	prolongar los lóbulos hasta los hombros	Son ornamentales y simbolizan la belleza

El concepto de belleza según las distintas culturas y épocas

Debido a los efectos de la colonización, *el canon de belleza*[1] dominante es el europeo, concretamente el de los países más desarrollados. Ejércitos de hombres y mujeres rubios y de ojos azules pueblan las *vallas publicitarias*[2] de medio mundo y el número de modelos de otras razas es infinitamente menor en campañas fotográficas. Sin embargo el mundo y la belleza que en él habita son mucho más extensos de lo que la publicidad quiere mostrar.

En Asia, por ejemplo, una mujer bella debe ser de estatura pequeña o mediana, no demasiado alta y su piel debe ser lo más blanca posible. **En la tribu Kayan de Tailandia,** las mujeres *alargan*[3] sus cuellos artificialmente con anillos dorados, cuanto más largo es el cuello de una mujer, más bella se le considera. Se les conoce popularmente como "mujeres jirafa". Una mujer Kayan *se colocó*[4] hasta 27 collares, pesaban 9 kilos y le alargaron el cuello unos 10 cm. Éstos son permanentes, pues pasado el tiempo los músculos se atrofian y si se quitan el collar *fallecen*[5] en el acto, ya que sus vértebras están rotas por haber sido artificialmente alargadas. Las mujeres **chinas valoran los pies pequeños.** El pie parece no ser considerado bello en China, por lo que, a las mujeres, desde niñas, les vendaban los pies para reducirlos a *un tercio*[6] *de su* tamaño natural.

La belleza en África cuenta con múltiples variaciones. En la mayoría de los pueblos africanos, especialmente entre **los masai,** la mujer es más bella cuanto más *rapada*[7] lleve la cabeza, al contrario de los hombres, que en muchas tribus africanas lucen *melenas trenzadas*[8]. La costumbre de rapar la cabeza femenina proviene de una tradición según la cual el hombre que le corte *un mechón*[9] de pelo a una mujer será su dueño de por vida. Las mujeres masai empleaban cilindros metálicos para prolongar los *lóbulos*[10] de las orejas hasta los hombros. En Nigeria, las mujeres van a centros de obesidad para poder ganar kilos antes de casarse, ya que esto indica un elevado estatus social.

En Latinoamérica, también el modelo estético es distinto aunque está cambiando debido a la globalización. El modelo estético sudamericano es el de una mujer muy femenina, de *piel canela*[11] y cabellos largos sin importar el volumen de su *trasero*[12].

En Norteamérica los patrones estéticos son los de la belleza anglosajona y escandinava, origen de muchos de los emigrantes de los que descienden los actuales norteamericanos aunque ese patrón va cambiando más con cada generación. A pesar de sus estrictos patrones estéticos son uno de los países con mayor índice de obesidad.

En Europa también impera el modelo de belleza *occidental*[13], aunque de manera mucho más relajada sobre todo para las mujeres a las que ya no se les *exige* ser tan jóvenes ni tan delgadas.

[1] modelo de características perfecta	[5] mueren	[10] parte de la oreja donde se llevan pendientes
[2] anuncios de publicidad en las carreteras	[6] 1/3	[11] bronceado
[3] hacer más largo	[7] afeitada	[12] parte posterior del cuerpo
[4] se puso	[8] pelo entrecruzado? /trenzas	[13] europeo / americano
	[9] porción de pelo	

Contribuido por Elena Puchalt Ruiz
Extraído de http://suite101.net

Reflexión

Ahora vas a analizar cómo ha cambiado el concepto de la belleza a través de la historia y cómo se aprecia la belleza en culturas diferentes. Escribe una reflexión en tu diario. En esta entrada explica si tu concepto de la belleza ha cambiado. Incluye un producto, práctica o perspectiva que te sorprendió. Comparte tu concepto de la belleza con un compañero y compara los productos, prácticas y perspectivas que te sorprendieron.

USO DEL LENGUAJE EN CONTEXTO: Uso de los pronombres relativos para conectar una o más frases

1. **que**- introduce la oración subordinada (después de personas o cosas): a) Una mujer ***que*** lleva una falda de hojas o corteza de árbol es más apreciada. b) una imagen ***que*** está en directa relación con la necesidad de *sobrevivencia*[4].

2. **quien / quienes** – para personas y se usa después de las preposiciones: Las indígenas del tribu masai en Africa ***de quienes*** leíste en la fuente anterior, llevan las cabezas rapadas.

3. **el / la cual, el / la que, los / las que, los / las cuales** – para personas o cosas después de preposiciones: a) Sobre todo para las mujeres ***a las que*** ya no se les *exige* ser tan jóvenes ni tan delgadas. b) La costumbre de rapar la cabeza femenina proviene de una tradición según *la cual* el hombre que le corte *un mechón*[9] de pelo a una mujer será su dueño de por vida.

4. **lo que** se usa cuando se refiere a una idea, acción o concepto que ha sido expresado,o no ha sido expresado: a) De todas las prácticas culturales en nombre de la belleza, no me gusta nada ***lo que*** les hacen a las mujeres en Tailandia. b) ¿Por qué no me dices ***lo que*** está pasando?

5. **cuyo / a / s** – adjetivo que concuerda con el sustantivo al que se refiere: Me fijé en la modelo ***cuyos ojos*** expresaban tristeza por tener que ser tan delgada.

C Antes de leer la segunda fuente:

La segunda fuente te informa de los conceptos de belleza de las culturas indígenas de Latinoamérica. Además verás cómo lo bello en las culturas indígenas contrasta con el prototipo de belleza en las ciudades latinoamericanas.

En grupos de 3 o 4 compañeros, escriban en el organizador lo que ya saben de por lo menos cuatro culturas indígenas de Latinoamérica. En cada parte del organizador escriban la siguiente información de la cultura indígena:

- cuáles son algunas características de estas culturas
- cómo es la mujer indígena en contraste con la mujer actual o la mujer de la ciudad
- cómo es su vestimenta
- cuáles son algunas influencias de las culturas indígenas en la cultura occidental

Culturas indígenas

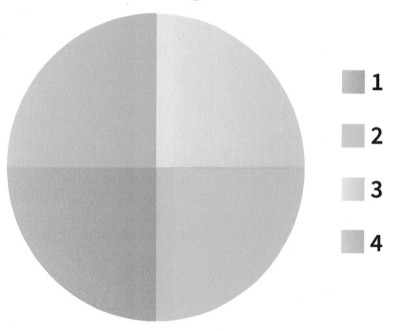

1
2
3
4

Estereotipos occidentales de belleza fuera de las culturas indígenas: Ellos las prefieren rellenitas y fuertes

Alta, sin grandes curvas, muy delgada y de *rasgos*[1] delicados. Las "cualidades" de una mujer "bella" para el mundo occidental están muy lejos del concepto de belleza que las culturas indígenas de los pueblos latinoamericanos mantienen desde hace siglos. La mujer bella de los pueblos originarios es aquella que *luce*[2] *rellenita*[3] y fuerte, una imagen que está en directa relación con la necesidad de *sobrevivencia*[4]. **Una dicotomía** nos enfrenta como sociedades, en la medida que somos una fusión de ambas imágenes culturales.

En los pueblos indígenas, una mujer apreciada y continuamente *cortejada*[5] es, más bien, aquella que, sin necesidad de ser obesa, demuestra *fortaleza*[6] para la reproducción, tanto como para la sobrevivencia. *De hecho*[7], para los pueblos nativos, la idea de belleza está en función de la abundancia.

De la amazona boliviana, el antropólogo boliviano Wigberto Rivero, distingue dos elementos que armonizan con el paradigma de belleza:

El primero señala como estos pueblos se encuentran en permanente lucha por la sobrevivencia, "la mujer flaca no es bella para ellos; lo es aquella gordita, rellenita, pero no obesa. El concepto de lo bello está en función a cierta prosperidad". Cuando se mueven de un espacio a otro, es preciso que la mujer resista con fortaleza los continuos recorridos, siendo capaz de cargar sus pertenencias y a los hijos e hijas.

- El segundo elemento es la simbiosis entre naturaleza y mujer. El indígena aprecia, tanto como a una mujer fuerte, una que luzca adornos en sintonía con la naturaleza, con la fauna y flora de la selva, es decir *artesanías*[8] con *semillas*[9], dientes y plumas de animales y *maderas*[10]. En lo que se refiere a la vestimenta, una mujer que lleva una falda de hojas o corteza de árbol es más apreciada.

Igual de importante para los pueblos originarios de la región de los Andes es la forma en que la mujer luce la *indumentaria*[11]. El uso de *la pollera*[12], la manta y el sombrero no es bien visto si quien lleva las *prendas* es una mujer muy delgada. "En occidente, la estética privilegia la armonía estilizada del cuerpo, en el campo es a la inversa; esa estética está orientada a la obesidad. *La gordura* es un modelo muy fuerte vinculado al éxito".

Un elemento de singular importancia es el cabello. En la mayoría de las regiones latinoamericanas el pelo largo es sinónimo de abundancia y prestancia. "Cuanto más largo se tiene da mayor presencia", dice Guaygua sobre las largas trenzas que se observan en las mujeres más cercanas a los mundos rurales y/o indígenas.

La transculturación de los pueblos indígenas y la gradual migración del campo a la ciudad han configurado en estos colectivos diversas transformaciones del canon del prototipo de la belleza femenina. Los nuevos idearios de belleza van modificándose de acuerdo al estrato social y/o los espacios económicos donde van integrándose, dependiendo mucho, además, del grado de occidentalización del país latinoamericano donde el pueblo originario habite.

Adaptado de: cimacnoticias.com
Mujeres Hoy, México, D.F.

---

[1] características
[2] exhibe
[3] gordita
[4] el acto de perdurar

[5] tratar de conseguir el amor de una mujer
[6] es fuerte
[7] la verdad es que

[8] objetos hecho a mano
[9] el origen las plantas
[10] de los árboles
[11] vestimenta

[12] falda

Después de leer: Con la información de los productos, prácticas y perspectivas de la primera fuente, vuelve al organizador de la parte B de las culturas mundiales y complétalo para incluir las culturas indígenas de la segunda fuente.

¿Qué aprendiste?

Comparaciones culturales: Compara las perspectivas de la belleza entre los estereotipos occidentales (América del Norte, América Latina y Europa) con las culturas indígenas de Latinoamérica. Usa el organizador de comparaciones. Escribe cuatro párrafos. Si necesitas apoyo adicional, visita la guía digital.

- **1er párrafo:** Introducción de las dos culturas y las características generales de cada cultura
- **2o párrafo:** Escoge dos productos culturales y explica las perspectivas de esos productos (prendas, artesanías)
- **3er párrafo:** Escoge dos prácticas culturales y explica las perspectivas que corresponden: una característica física (el pelo o el peso) y la vestimenta (lo que llevan)
- **Conclusión:** La transculturación de los pueblos indígenas: cómo están cambiando las culturas y por qué

¿Quién tiene el poder de definir la belleza y la moda?

Actividad 3

¿Quién decide lo que está de moda?

Tal vez hayas escuchado del "G-8", un grupo de líderes de países muy poderosos los cuales se reúnen para tomar importantes decisiones económicas. Pues, de la misma manera hay líderes de la moda que también se reúnen. En 2008, el Economista.es publicó el siguiente artículo, "¿Quién decide cómo vestimos?" El diseño de hoy es resultado de un 'G-8' de expertos. En este artículo periodístico vas a leer sobre las estrategias y las decisiones detrás de la moda popular. ¿Sabes quién decide qué telas, colores y diseños verás en las tiendas cada temporada?

A Antes de leer

1. ¿Qué está de moda? Piensa en la moda actual. ¿Qué tipo de ropa llevan los jóvenes? ¿Hay moda que representa distintos grupos sociales? Rellena el organizador que se encuentra en la guía digital con lo que sepas de la moda en este momento.

2. Conversa con un compañero de los siguientes temas sobre lo que influye tu vestuario:

- qué tipo de ropa te gusta llevar a la escuela o fuera de la escuela
- cómo decides qué ropa quieres comprar o llevar (revistas de moda, comerciales, los famosos, tus amigos, etc.)
- en tu opinión, cuáles son los factores que influyen la moda de los jóvenes en este momento

B Al leer

1. **Cuando leas por primera vez,** usa los siguientes símbolos para marcar la información del texto:

   ¡ = algo sorprendente

   ¿ = algo que no entiendes

   □ = algo que ya sabías antes

   __ = algo que no quieres olvidar

2. **Cuando leas por primera vez,** subraya las oraciones que te parezcan más importantes para expresar la idea central del artículo.

¿Quién decide cómo nos vestimos?: El diseño de hoy es el resultado de un 'G-8' de expertos

Un acto tan habitual, tan poco profundo - también *frívolo*,[1] por qué no decirlo- como ir de compras tiene todo un *entramado*[2] que incluye desde sociólogos, economistas y periodistas hasta *diseñadores*[3] detrás de este acto y todo con dos años de *anticipación*[4] como mínimo!

Ellos deciden desde casi cualquier punto del planeta los colores y tendencias que llevaremos tiempo después los mortales consumidores de *medio mundo*[5]. Así que no le extrañe si cuando luego sale de shopping la mayoría de las tiendas tiene casi lo mismo. Nada es una casualidad.

Aunque Patricia Rosales, directora del Grupo Esme, cree que algunas modas surgen de los dos polos de las clases sociales. "Lo que lleva la alta sociedad está determinado por lo que dictan algunos diseñadores, cantantes... e incluso películas. Y luego están las que más *perduran*[6] que son las que nacen en la calle y sirven para hacer *encuestas*[7] y estudios de mercado", dice. Al fin y al cabo, "el *vestuario*[8] sigue siendo la forma más fácil de distinguir las clases sociales", añade.

Pero cada cierto tiempo hay reuniones que marcan *pauta*[9] sobre lo que llevaremos puesto. Los miembros de este G-8 o *cónclave*[10] -llámelo como quiera- son periodistas, también hay economistas, *cazatendencias*,[11] sociólogos, etcétera. "Desde el origen de la materia prima hasta el escaparate intervienen multitud de personas", señala Jorge Rodríguez-Taboadela, socio director de CMT España. ¿Pero quiénes son estos *sacerdotes*[12] de la moda?

Profesionalización

Afortunadamente, parece que está todo mucho más profesionalizado. Desde CMT España apuntan que para formar parte de este *tinglado*[13] hace falta ese sexto sentido y la intuición de captar hacia dónde se dirige la estética de un grupo. Son necesarias personas con conocimientos de sociología, comportamiento social, antropología e historia. También hace falta estar al tanto de lo que pasa en el mundo, de economía, de comportamientos de la sociedad. Después hay que saber *trasladarlo*[14] a la creatividad y a un estudio de mercado que las empresas entregarán a sus clientes para que estos sepan por dónde van a *ir los tiros*[15] y así ajustar su oferta.

Rodríguez-Taboadela divide en cinco pasos toda esta cadena que va de las ideas a las *baldas*[16] de cualquier tienda minorista del mundo. Primero se decide *la materia prima*[17] -"natural, artificial o sintética"- y sus *mezclas*[18] posibles. Después se trabaja en el *diseño*[19] y la fabricación de los hilos con los que diseñar y fabricar los tejidos. El cuarto paso consiste en la fabricación de las prendas y por último éstas se distribuyen en los distintos *canales de venta*.[20]

¿Cuánto tarda en llegar a las tiendas y a nuestros cuerpos? Depende. Mientras Patricia Rosales dice que pasan cuatro años entre una cosa y la otra, Jorge Rodríguez-Taboadela *matiza*[21] que son entre uno y medio y dos años. En cualquier caso, estos expertos en tendencias explican que casi nada de lo que está de moda es *fruto del azar*[22] y que las preocupaciones de la sociedad se acaban *plasmando*.[23]

Conclusión

Patricia Rosales, por su parte, opina que los países escandinavos son los que en este momento *pisan más fuerte*[24] y desde CMT España apunta que cada país representa a una industria: "Francia es la mujer, Italia el hombre... Brasil, China e India también tendrán ideas, pero de momento las pautas las marca Occidente al resto del mundo y no al revés. No llevamos todavía estilos sari, ni traje Mao ni kimono." Al tiempo.

Extraído de: www.eleconomista.es

[1] superficial	[7] investigaciones	[13] conjunto	[19] el campo de diseñar
[2] estructura	[8] ropa o moda	[14] convertir las ideas en diseños	[20] donde se vende
[3] persona que trabaja profesionalmente en el campo del diseño	[9] reglas	[15] saber lo que va a pasar	[21] aclara
[4] por adelantado	[10] reunión	[16] estantes en las tiendas	[22] por casualidad
[5] una gran proporción de la población del mundo	[11] personas que estudian las tendencias del mercado	[17] materia elemental, básico	[23] expresando
[6] permanecen	[12] los que tienen influencia o poder de tomar decisiones	[18] combinaciones	[24] tienen la influencia más fuerte

C Después de leer

1. Cronología

a. Crea una cronología del proceso de definir la moda de una temporada. Incluye quiénes son las personas que toman las decisiones y cuáles son los pasos que siguen para llevar la ropa que compramos desde su creación hasta que llega a las tiendas.

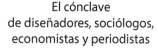

El cónclave
de diseñadores, sociólogos,
economistas y periodistas

La materia prima

b. Compara tu cronología con la de un compañero(a). Refiriéndose al artículo, decidan si la información que incluyeron es correcta, hagan correcciones o añadan información para hacer una cronología completa.

2. Refiriéndote al artículo comenta los siguientes temas de la lectura con un compañero:

- ¿Quiénes son las personas involucradas en el proceso de moda? ¿Les sorprende? ¿Por qué?
- ¿Cómo influye la sociedad en la moda? y ¿Qué influencia tiene la moda en las clases sociales?
- Describe el impacto que la economía tiene sobre la moda.
- Según el último párrafo, ¿quién tiene el poder de decidir como vestimos? ¿Qué piensan ustedes sobre lo que han leído?

¡Tu opinión cuenta!

¿Qué te gustaría ver en las tiendas el otoño que viene?

Este año el cónclave de moda mencionado en el artículo busca jóvenes para diseñar la moda del próximo otoño. Si pudieras aportar tu opinión al proceso, ¿qué le dirías? Escribe un correo electrónico para el G-8 en el que describas lo que te gustaría ver en las tiendas el otoño que viene. Refiérete al hilo 2 actividad 3 (página 42) para ver el formato de una carta formal.

Algunos ejemplos de sugerencias de moda son:

- una tela (como cuero o seda)
- un grupo de colores (colores oscuros o vibrantes)
- un estilo, (atlético, formal, casual)
- un conjunto (botas de cuero con los jeans o pantalones estrechos con chaquetas de cuero)

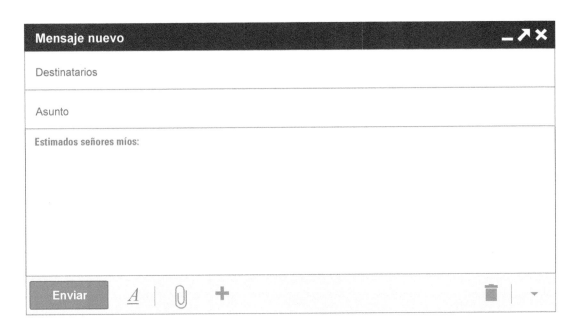

Mensaje nuevo

Destinatarios

Asunto

Estimados señores míos:

Enviar

Actividad 4

¿Cómo influyen los famosos en nuestra moda?

Los famosos siempre están al día en la moda. En todas las revistas de moda, se pueden ver a los famosos con ropa de marcas caras. La moda de las estrellas finalmente llega a las tiendas de gran consumo. ¿Por qué tienen los famosos un impacto tan profundo en nuestra definición de lo que es bello?

A **Antes de ver las fotografías**

1. ¿Quién es tu doble entre los famosos? ¿Quién es el famoso que te ha influido más a la hora de vestir? ¿Por qué? Escribe un Tuit (140 letras) en el que describas tu inspiración de moda. No compartas el Tuit con tus amigos; guárdalo para la siguiente actividad.

2. 20 preguntas

a. Entrevista a un compañero y pregúntale quién es su doble entre los famosos. Usa una variedad de preguntas para tener más información sobre tu famoso hasta que sepamos quién es.

b. Después, comparte tu Tuit con tu compañero y conversen un rato describiendo cómo los famosos les han servido de inspiración en su vestuario.

 B Al ver las fotografías

1. En parejas, túrnense para describir los conjuntos de los famosos. ¿Quién lleva qué? También expresen sus opiniones: ¿Les gusta lo que llevan? ¿Por qué sí? o ¿Por qué no?

2. Ahora túrnense para describir las características físicas de cada famoso. ¿Cómo es su físico? ¿Hay semejanzas o diferencias?

Chris Brown

Ricky Martin

Beyoncé Knowles

Selena Gomez

Justin Timberlake

Mila Kunis

C Después de ver las imágenes

1. **Piensa – Conversa – Comparte:** Primero, piensa en las siguientes preguntas. Después conversa con un compañero de clase y comenten sus respuestas. Finalmente compartan sus ideas con la clase en una discusión.

- ¿Qué tendencias de la moda se han hecho populares gracias a determinados personajes famosos?
- Qué impacto tienen los famosos en las distintas culturas de todo el mundo? ¿Cómo lo han hecho? En tu opinión, ¿es buena la influencia occidental en las perspectivas de belleza y moda de otras partes del mundo?
- Por qué influyen los famosos en el mercado de la moda y el diseño mundial?
- Selena Gómez y Ricky Martin son dos ejemplos de estrellas latinas que han tenido una gran influencia en la cultura norteamericana; la lista de famosos latinoamericanos en la escena de Hollywood sigue creciendo. ¿Cómo han influido las estrellas hispanohablantes en la cultura popular de los EE.UU.?

2. Escribe en tu diario un párrafo de 6 a 8 oraciones refiriéndote al artículo de actividad #3 y la discusión de esta actividad. En el párrafo responde a la siguiente pregunta:

Enfocándote en las perspectivas de tu cultura, ¿qué opinas del poder que tienen los famosos para influir la cultura popular, las definiciones de belleza y las ideas de moda y estilo?

¿Cómo se puede concientizar hacia una definición más amplia de belleza?

Actividad 5

¿Pueden los productos culturales cambiar nuestras perspectivas sobre la belleza?

Como ya has visto en este hilo, nuestra percepción de la belleza tiene mucho que ver que lo que nos rodea en la sociedad: imágenes, publicidad, juguetes y otros productos culturales. ¿Aportan todos estos productos una falsa percepción de una belleza imposible de obtener? ¿Contribuyen todos a una baja autoestima? o por otro lado, ¿es posible que nos puedan ayudar a ampliar nuestras definiciones de la belleza? Vas a ver y leer sobre productos diseñados específicamente con ese propósito y al final aportar tu opinión.

A Antes de ver y leer

1. Conversen en parejas y prepárense para compartir con la clase:

- qué efecto tiene la publicidad en nuestra percepción de la gente atractiva, guapa o bella
- qué veíamos o usábamos cuando éramos niños que pudo influir nuestras primeras ideas sobre la belleza
- por qué es difícil cambiar una definición ya formada de lo que es bello
- cómo los productos y prácticas de nuestra cultura afectan nuestras perspectivas sobre la belleza (piensen en ejemplos específicos)

2. **Juegos de vocabulario:** Sigue las instrucciones que aparecen en cada columna. Trabaja con un compañero para repasar el vocabulario y practicarlo escribiendo oraciones con cada una de las palabras.

¿Puedes adivinar el significado de estos cognados inglés – español?	¿Qué palabras ya sabes en español que parecen tener relación con éstas?	Repasa los sinónimos de estas palabras nuevas en español.
<ul><li>la diversidad (sustantivo)</li><li>innovar (verbo)</li><li>caucásico (adjetivo)</li><li>debutar (verbo)</li><li>la candidatura (sustantivo)</li><li>protagonizado por (adjetivo)</li></ul>	<ul><li>carnoso (adjetivo)</li><li>el centenario (sustantivo)</li><li>juntar (verbo)</li></ul>	<ul><li>lanzar - promover la difusión o popularidad de algo nuevo</li><li>la muñeca (sustantivo) - figura de una persona que sirve de juguete</li><li>rendir (e→i) homenaje = reconocer / celebrar</li><li>ensortijado = ondulado / rizado / crespo</li><li>impulsado por = creado por</li><li>el socio - la persona que trabaja en colaboración con otra</li><li>en giras - haciendo exhibiciones</li></ul>

B Al mirar y leer la primera fuente

Lo más probable es que ya conozcas las muñecas Barbie y otras que son populares para niños en los Estados Unidos. Este artículo publicado por Telemundo en octubre de 2012 describe el nuevo proyecto de una señora afroamericana, Stacey McBride-Irby, que anteriormente trabajó para la marca de muñecas Barbie. Ahora ha creado su propia compañía de muñecas multiculturales. Después de ver ejemplares de sus nuevas muñecas en la guía digital, vas a leer sobre la creación de su empresa.

Stacy McBride-Irby

1. **Examina las imágenes** de las nuevas muñecas de Stacy McBride-Irby en la guía digital. Presta atención a cómo se parecen y prepárate para conversar con un compañero.

2. **Después de ver las imágenes** de las nuevas muñecas, conversa con un compañero:

- ¿Qué ves en las imágenes de las muñecas?
- ¿Cuáles son las semejanzas y diferencias con las muñecas Barbie?
- ¿Por qué Stacey McBride-Irby quiso crear su propia compañía?
- ¿Cómo podrían influir estas muñecas en la percepción de una niña de si misma?

C **Al leer** el artículo sobre las nuevas muñecas, anota en el organizador los puntos más claves.

Las metas del proyecto One World Doll	La experiencia de McBride-Irby previa de ser diseñadora	Lo que hace especial el proyecto One World Doll

Lanzan muñecas multiculturales

La ex diseñadora de las icónicas Barbie, Stacey McBride-Irby trae la diversidad y rinde homenaje a todas las razas. Se trata de juegos para niñas que buscan innovar, identificar y dar poder a las niñas mientras se divierten.

No tan rubias, labios más carnosos, cabellos ensortijados, y otros tonos de piel, no sólo blancas, le dan un perfil y estilo a cada una.

El proyecto One World Doll, impulsado por la ex-diseñadora de Barbie, Stacey McBride-Irby con la idea de promover una imagen propia positiva y dar poder a las jóvenes y niñas de varias etnias. Para Mcbride-Irby "el mundo está cambiando y ella adapta sus creaciones a estas transformaciones.

"Cuando yo era pequeña, todas las muñecas Barbie eran caucásicas. Eso no me molestaba en realidad porque las veía como parte de mi mundo de fantasía. Era la actriz que aparecía en las telenovelas o se vestía para ir de fiesta", dijo McBride-Irby, en una entrevista a la cadena de noticias CNN.

"Me pidieron que diseñara la muñeca Alfa Kappa Alfa, en honor al centenario de la primera fraternidad de mujeres afroamericanas. Me sentí tan inspirada al crear una muñeca afroamericana que estaba tan llena de significado, que eso me impulsó a crear las muñecas Su hija también fue fuente de inspiración, al no verla jugar tanto con muñecas como ella lo hacía, pensó que tal vez era porque la muñeca no se parecía a ella o no la representaba. "Eso me inspiró a llevar mi concepto a Mattel".

Ahora McBride-Irby junto a su socio Trent Daniel, emprende una nueva aventura con One World Doll, su propia compañía de muñecas. La compañía debutó este año con dos muñecas de colección con las que apoyan la candidatura de Barack Obama; la compañía pondrá en venta a finales de 2012 más muñecas multiculturales, llamadas Prettie Girls (niñas bonitas). Está Lena, la afroamericana; Valencia, la latina; Kimani, la africana; Dahlia, una muñeca del medio oriente y Alexie, una muñeca blanca.

"El proyecto One World Doll no solo ofrece muñecas afroamericanas, sino muñecas de todas partes del mundo", dijo McBride-Irby. "Mis muñecas tendrán historias reales, y harán que las niñas tengan sentimientos más positivos respecto a la imagen que tienen de sí mismas".

McBride-Irby y Daniel dijeron que presentarán a las muñecas en videos musicales, en giras a nivel nacional y un programa de televisión que será protagonizado y producido por la ex protagonista del programa El Príncipe del Rap, Tayana Ali.

Extraído de: www.telemundo47.com

D **Después de leer**

 1. Comparte tus apuntes del organizador con un grupo de dos a tres compañeros, seleccionen la información del texto que justifique sus ideas cuando sea necesario.

2. **Responder al proyecto:** La oficina del proyecto One World Doll agradece los comentarios del público. Escribe un mensaje al Departamento de Asuntos Públicos explicando tu opinión sobre las nuevas muñecas. Refiérete a las instrucciones para escribir una carta formal en Hilo 2, act 3 página 42.

Opción 1:
Escribe un breve correo electrónico al departamento.
- Menciona lo que (no) te gusta de esta nueva colección de muñecas.
- Usa adjetivos para describirlas. "Me parecen… exageradas, realistas, idealistas, fenomenales"
- Despídete formalmente al final.

Opción 2:
Escribe un correo electrónico formal al departamento. Asegúrate de empezar y concluir muy formalmente y utilizar por lo menos dos conectores.
- Incluye tu reacción a las muñecas.
- Compáralas con otras que has visto antes y menciona las ventajas y/o desventajas de este nuevo estilo de juguete.

Opción 3:
Escribe un correo electrónico formal al departamento. Saluda, despídete y conecta tus ideas formalmente. Menciona
- tu opinión acerca de las nuevas muñecas
- tus ideas de cómo podrían influir a la próxima generación de niños
- tus recomendaciones para cómo podrían mejorarlas en el futuro.

 E **Al ver y leer la segunda fuente:** Verás un anuncio hecho por la compañía Dove, como parte de su esfuerzo para combatir los estereotipos de la belleza.

1. Cuando veas por primera vez, fíjate en el mensaje del anuncio: ¿Qué pretende comunicar? Comparte tu idea con un compañero.

USO DEL LENGUAJE EN CONTEXTO: Mandatos en forma de nosotros

Al ver la propaganda, fíjate en el uso de los mandatos plurales

- *"Ayudemos"*
- *"Digámosle"*
- *"Liberemos"*

Para formar el mandato plural de nosotros, se usa la forma de nosotros del subjuntivo. Si el verbo es reflexivo, hay que añadir "nos" y una "tilde" en la vocal antes de la "m" al final del mandato. No olvides de quitar la "s" del verbo antes de agregar "nos":

1) *vámonos** 2) *sentémonos* 3) *levantémonos*

* vayamos es la forma del subjuntivo pero en este caso se quita "yamos" antes de agregar "nos".

---

2. Cuando lo veas por segunda vez, anota tus respuestas a las siguientes preguntas en el organizador en la guía digital.

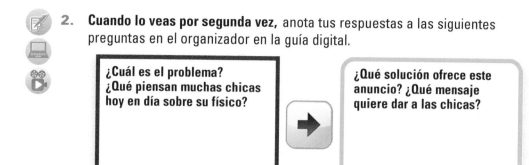

¿Cuál es el problema?
¿Qué piensan muchas chicas hoy en día sobre su físico?

¿Qué solución ofrece este anuncio? ¿Qué mensaje quiere dar a las chicas?

3. Compartan sus ideas del organizador en un grupo de tres o cuatro estudiantes. Después conversen acerca de:

- ¿Qué dice este anuncio acerca de la autoestima?
- ¿Qué problema compartieron las chicas? ¿Piensan que es algo común?
- ¿Cómo podemos liberar la próxima generación de los estereotipos de la belleza?

4. Vocabulario en contexto: Usen las siguientes palabras para completar el párrafo.

la confianza

la hipótesis

inalcanzable - que no se puede alcanzar

los medios de comunicación

el furor mediático (de los medios)

estalló = explotó

desfilar en las pasarelas

aumento = incremento

revelé

_____ una discusión en mi familia cuando yo _____ que quería ser modelo. Mi papá quiere averiguarlo todo y tenía la _____ que la idea de ser modelo se debía a que yo miraba tantos programas de belleza en la tele. Él suele echarle la culpa a los_____ por todo. Mi hermana mayor se sentía orgullosa de mí porque yo tenía la _____ en mí misma para hacerlo, aunque le confesé que me daba miedo la idea de _____ donde todos estarían mirándome, ¿y si tropiezo? Mi interés en el modelaje coincidió con un _____ anunciando que las modelos ahora ganaban más dinero que antes. De pronto, mis padres mostraron un _____ en su interés por el modelaje y aceptaron mi plan. Me dieron ánimo para que yo no lo viera como algo _____; como siempre dice mi mamá, ¡nunca se sabe lo que es posible hasta intentarlo!

Campaña de Dove® por la Belleza Real

Imagina un mundo donde la belleza es una fuente de confianza. No de ansiedad. La marca Dove® escucha a las mujeres. Teniendo en cuenta las conclusiones del estudio 'La verdad sobre la belleza: un informe global', Dove® lanzó la Campaña por la Belleza Real en 2004.

Esta campaña inició una conversación sobre la necesidad de una definición más amplia sobre la belleza, después de que el estudio demostrara que las hipótesis sobre la definición de belleza eran limitadas e inalcanzables. Entre sus conclusiones figura que sólo un 2% de las mujeres de todo el mundo se describe como guapa. Desde 2004, Dove® ha empleado diversas vías de comunicación para luchar contra los estereotipos de belleza e invitar a las mujeres a debatir sobre ello.

Ampliando la definición de belleza

En septiembre de 2006, un nuevo furor mediático estalló cuando en España se prohibió que las modelos demasiado delgadas desfilaran en las pasarelas. El debate llegó al corazón de la misión de Dove® por la Belleza Real. En respuesta, Dove® produjo un cortometraje, *Evolution*, que representaba la transformación de una mujer real en una supermodelo, mostrando cómo se crean las percepciones irreales de la belleza.

En 2011, Dove® hizo públicos los resultados de su mayor estudio hasta la fecha sobre la relación de las mujeres con la belleza: *'La verdad sobre la belleza: una revisión'*, que reveló que sólo el 4% de las mujeres se consideran guapas y que la ansiedad sobre el aspecto físico empieza cada vez más jóvenes. En el estudio, realizado a 1.200 mujeres de entre 10 y 17 años, la mayoría de las chicas, el 72%, dijo que se sienten tremendamente presionadas por ser guapas. También se reveló que sólo el 11% de las chicas se sienten cómodas utilizando la palabra 'guapa' para describirse, mostrando que existe un aumento universal en la presión sobre la belleza y un descenso en la confianza de las chicas cuando se hacen mayores. Hay mucho más por hacer.

Extraído de: www.dove.com.es

F Después de leer

1. **Un debate en la clase:** Prepárate para un debate, considerando estas preguntas:
   - ¿Es posible crear productos que afecten nuestras perspectivas de la belleza? ¿Logró uno de los productos presentados en esta actividad cambiar tu perspectiva de la belleza??
   - ¿Es importante que se haga un esfuerzo para ampliar la percepción común de la belleza? Si es así, ¿quién(es) tiene(n) la responsabilidad de hacerlo?
   - ¿Piensas que es más fácil para un joven que para un adulto modificar su concepto de lo que es la belleza?
   - Si es así, ¿qué se puede decir para concientizar a otros sobre el concepto de la belleza en otras culturas?

2. Mientras participas en el debate, intenta defender tus opiniones con información específica de las fuentes.

¡A tejer!

Telemundo.com está buscando anuncios en español que ofrezcan a sus usuarios una percepción amplia y sana de la belleza para sus usuarios. Usa tu creatividad para elaborar un anuncio que invite a otros a ampliar su idea de lo que es bello. Acompaña tu anuncio con una explicación escrita de cómo realizarás esta meta.

Actividad 6

¿Eres más que una imagen?

En nuestra sociedad moderna, sin darnos cuenta, pasamos bastante tiempo juzgando a otras personas por su imagen: cómo se visten, cómo se ven, cómo se muestran. En realidad, somos individuos mucho más profundos e interesantes que lo que nuestra imagen sugiere. En esta actividad, vas a desarrollar tu propia definición de la belleza, tomando en cuenta todo lo que eres como una persona... porque al final, "eres más que una imagen".

 A Antes de leer

 1. Reflexiona en tu diario: Al terminar este hilo, ¿qué nuevas ideas tienes sobre lo bello? ¿Has encontrado alguna semejanza entre los conceptos de la belleza en las culturas sobre las cuales has leído en este hilo? ¿Por qué es importante la imagen que presentamos a los demás y por qué no?

 2. Conversa en un grupo de tres o cuatro estudiantes sobre las ideas que anotaste en tu diario.

3. **Análisis de vocabulario:** Sigue las instrucciones para cada juego de palabras, conectando y comparando las palabras.

Familias de palabras: Completa la oración con los derivados del sustantivo en el sujeto.

La **belleza** es el sustantivo del adjetivo
_____.

La **delgadez** es el sustantivo del adjetivo
_____.

La **juventud** es el sustantivo del adjetivo
_____.

El adjetivo **corporal** viene del sustantivo
_____.

La **difusión** es el sustantivo del verbo
_____.

La **aparición** es el sustantivo del verbo
_____.

El **consumidor** es el sustantivo del verbo
_____.

El adjetivo **alimentaria** viene del verbo
_____ y el sustantivo _____.

Cognados: Anota las palabras en inglés.

modificar = _____

maleable - que se puede cambiar =
_____

se moldea = _____

el prototipo = un modelo = _____

eterno = _____

primordial = primitivo / primero / fundamental =
_____

erróneo = equivocado / incorrecto =
_____

mero = insignificante / no importante =
_____

el receptor - la persona que recibe el mensaje =
_____

los medios de comunicación = medios informáticos
(la tele, la radio) = _____

B **Al leer,** presta atención a estas ideas, tomando apuntes en tu diario acerca de lo siguiente:

Párrafo	Presta atención a...
1	¿Con qué se relacionan belleza, delgadez y juventud?
2	¿Cuál es el problema principal con estas ideas de la belleza que están de moda?
3	¿Qué ha cambiado fundamentalmente desde "épocas anteriores" a ahora?
4	¿A qué lleva (cuál es el resultado de) esta necesidad que va en contra de la mayoría de la gente?
5	¿Cómo se pueden entender los trastornos (cambios problemáticos) en la dieta de alguna gente?
6	¿Qué hay que hacer en respuesta a este gran problema?
7	¿Cómo podemos desarrollar una conciencia crítica de los medios de comunicación?
8	¿Cuál es el mensaje principal que quiere comunicar el título "Eres más que una imagen"?

(1) Belleza, delgadez, juventud... son algunas características que hoy en día son objeto de deseo para la mayoría de las personas. Se trata de aspectos que están asociados a la imagen corporal de la persona y que en la *actualidad*[1] se relacionan con éxito y felicidad.

el tiempo presente

(2) Ahora la delgadez está de moda, igual que en otras épocas la moda era tener caderas anchas o la *"cintura de avispa".*[2] El problema *surge*[3] cuando se *plantea*[4] esta moda como algo accesible para cualquier persona, y que todas podemos llegar a ser como l@s modelos. Tenemos la idea de que el cuerpo es maleable, que lo podemos modificar en función de las modas y nada más lejos de la realidad.

una cintura delgadísima; aparece; se propone o establece

(3) Al contrario que en épocas históricas anteriores, en las que eran la ropa y los *complementos*[5] los que sufrían transformaciones para *resaltar*[6] ciertas partes del cuerpo, actualmente es el cuerpo el que se "moldea". Y, por si fuera poco, ese prototipo ideal de delgadez no se presenta como algo extraordinario, sino como "lo normal", el cuerpo que todos "debemos" tener.

los accesorios poner de relieve, destacar

(4) Los medios de comunicación, la publicidad y la moda han dejado de escuchar la opinión de la mayoría y se han centrado en las necesidades o ideales de una minoría. De esta manera, se ha creado entre la población una "necesidad" respecto al cuerpo, que no se *corresponde*[10] con la realidad. No es necesario ser alto, joven y delgado para ser feliz. Ha llegado un punto en el que las niñas quieren parecer más mayores y las señoras maduras quieren parecer más jóvenes. Es lo único que importa, la juventud eterna y el atractivo que se pueden *conseguir*[11], claro está, gracias a los productos de cosmética y estética que nos ofrece esta industria de la belleza que se ha creado y que sigue generando millones de beneficios.

no tiene relación con

alcanzar, obtener

(5) Es tal la presión *ejercida por*[12] los medios de comunicación y la sociedad que identifica la delgadez con éxito y belleza que, en ocasiones, lleva entre otras cosas a la aparición de diversos *trastornos*[13] de la conducta alimentaria. La aparición de estos trastornos en ciertas personas, se debe principalmente –pero no exclusivamente- a la necesidad que sienten de ser aceptadas socialmente y

realizada por

alteraciones

necesario, obligatorio

de no sentirse rechazadas.

(6) Resulta *imprescindible*[14] por tanto crear una conciencia crítica sobre estos valores preestablecidos, que nos *sumergen*[15] en un mundo de sacrificio e insatisfacciones constantes. Una capacidad crítica que debe comenzar desde que somos niños y continuar a lo largo de toda la vida. Sólo de esta manera se logrará crecer como persona, desarrollando un criterio propio y aprendiendo a querernos y a aceptarnos tal y como somos.

hundir

(7) El papel de los padres, madres, tutores y educadores es, en este aspecto, primordial. Son ellos los *encargados de*[16] crear en sus hijos y alumnos una conciencia crítica que les ayude a mantener una autoestima alta. También hay que controlar el tipo de contenido que se ve en las propagandas en la televisión ya que son vistas por l@s más pequeños. Hay que tener en cuenta que somos consumidores de estos medios, no meros receptores pasivos y, por tanto, somos nosotros los que decidimos qué tipo de valores queremos *interiorizar*[18] y tomar como positivos.

responsables por

incorporar a tu propia manera de ser y de pensar ideas o acciones nuevas

(8) Tenemos que aprender todo lo que somos y mostrarlo. Quedarnos sólo con una parte, como la imagen, nos limita como personas y limita la visión que los demás tienen de nosotros. La belleza está en uno mismo, sólo hay que buscarla, queriéndote a ti mism@ e interiorizando que "Eres más que una imagen".

Extraído de: www.stop-obsesion.com

 C **Después de leer: Piensa – Conversa – Comparte**

- Añade los puntos esenciales de cada párrafo a tus apuntes.
- Revisa tus apuntes con un compañero. ¿Están de acuerdo?
- Con la clase entera van a conversar de lo que entendieron del artículo.

 ¡Tu opinión cuenta!

Llama a tu amigo/a para decirle qué es la belleza para ti. "Yo creo que la belleza…" "Yo no creo que la belleza…" Usa por lo menos tres palabras del vocabulario del hilo.

 ¡A tejer!

Ya que has leído, analizado y visto ejemplos de las definiciones de la belleza, vas a crear tu propia definición. Utiliza el organizador en la guía digital para preparar tus ideas, de allí saca una definición tuya para la belleza. ¿Qué es la belleza para ti?

Hilo 7 Evaluación final de belleza y moda: ¿Puedes diseñar un nuevo *look* indígena?

Preguntas esenciales:

- ¿Cómo varían las definiciones de la belleza en otras culturas?
- ¿Quién tiene el poder de definir la belleza y la moda?
- ¿Cómo se puede concientizar hacia una definición más amplia de la belleza?

Contexto:

El concepto de la belleza de una cultura influye lo que produce (productos) y lo que hace la gente (prácticas) de esa cultura. Hay que entender la perspectiva de la cultura para poder apreciar sus productos y prácticas y al hacerlo se concientiza hacia un concepto más extenso de belleza. En esta evaluación final, la administración de una empresa que vende ropa y artículos personales de jóvenes va a encargar a varios equipos de diseñadores para crear un nuevo *look* para la próxima temporada de modas. Quieren que las prendas y artículos personales del *look* sean inspirados en las culturas indígenas. ¡A tejer!

Para la descripción:

Tenemos un conjunto inspirado en _____ (país y cultura) que ha sido transformado/a para los jóvenes de hoy en día.

Tal vez…

Es esencial que…

Para la promoción:

No se puede perder esta oportunidad de llevar el conjunto más popular del año…

Si yo fuera tú…

No queda más remedio que…

Conectores:

Además…

Con respecto a…

Hay que tener en cuenta…

De hecho

Por ende / por eso

Anuncio a los diseñadores de El *look* indígena

Estimados diseñadores de El *look* indígena:

Quisiera que los diseñadores buscaran inspiración en las culturas indígenas del mundo para crear un nuevo *look* para los jóvenes, chicos y chicas, entre las edades de 15 a 25 para la próxima temporada de modas. Van a trabajar en equipos para investigar y escoger varias prendas de una cultura indígena que les inspiren a crear prendas nuevas y artículos personales que a los jóvenes les fascinen. Cuando terminen de diseñar el *look*, la administración va a exponerlo al público en forma electrónica o en un cartel. Es preciso que incluyan un anuncio dirigido a los jóvenes para promover su diseño. El mejor conjunto será reconocido y su creación saldrá en la portada de nuestro catálogo. Este trabajo empezará inmediatamente.

Al llevar a cabo la investigación:

❑ Usen por lo menos tres fuentes, una puede ser del hilo, las otras dos fuentes deben ser en español.

❑ Citen el origen de cada fuente.

❑ Entreguen un breve resumen de cada fuente indicando: qué usaron en su *look* y por qué escogieron esa cultura indígena.

Al diseñar las prendas y artículos personales:

❑ Opciones: hagan la creación del conjunto en www.polyvore.com, www.glogster.com, dibújenlo en un cartel u otra opción aprobada por su profesor/a.

❑ Incluyan por lo menos dos prendas y dos artículos personales.

❑ Indiquen las telas u otros materiales sostenibles que usaron y expliquen las ventajas de usar material que no dañe la naturaleza.

Al describir el nuevo *look*:

❑ Cada diseñador escribe su propia descripción detallada de una parte de la creación (una prenda y un artículo personal cada uno).

❑ Incluyan por lo menos dos párrafos (7 – 8 oraciones de calidad por cada diseñador).

❑ Incluyan el subjuntivo, oraciones subordinadas de si con el imperfecto del subjuntivo.

Al promover el nuevo *look* en los jóvenes:

❑ Convenzan a los jóvenes por qué necesitan llevar esta prenda.

❑ Entreguen un guión que incluya los mandatos familiares (dirigido a un/una joven).

Al presentar el conjunto:

❑ Presenten su creación enfrente de la administración de la empresa y de los otros diseñadores.

❑ Expliquen por qué escogieron esa cultura indígena.

❑ Describan los detalles de la creación.

❑ Presenten su promoción para su conjunto.

Introducción / Antes de empezar

alma, el - espíritu, parte espiritual e inmortal del hombre

acera, la - orilla de la calle por donde se camina, vereda

atlético - deportista

centrarse en - enfocarse en

confianza, la - seguridad, familiaridad

delgadez, la - flaqueza

diseño, el - actividad creativa que idea estilos de vestimenta diversos

guapo - bien parecido

hermoso/a - bonito/a, lindo/a

naturaleza, la - conjunto de todo lo que forma el universo, carácter de una persona

personalidad, la - conjunto de características de una persona que la distinguen de otra

pisar - caminar o poner el pie encima de algo o alguien

prenda, la - vestimenta

sabiduría, la - inteligencia

único/a - inimitable

Actividad 1

abultado - voluminoso, gordo

adelgazar - enflaquecer o bajar de peso

agrado - complacencia, gusto, placer, modo agradable de tratar a las personas

androginia - afeminado (tendencia que añade características femeninas a la apariencia masculina)

autoestima, la - tener confianza en sí mismo

arrugas, las - líneas o rugosidad en la cara

caderas, las - parte del cuerpo donde está la pelvis

canon, el (cánones) - modelo de perfección

comprobar - verificar

esbeltas - delgadas, elegantes, altas

estrato social, el - clase social

eterno - para siempre

gruesa - gordita

hacer estragos - hacer daño

las pasarelas - pasillos estrechos y algo elevados donde tienen lugar los desfiles de modas

lucir - exhibir

melenas doradas, las - pelo rubio

modelo imperante - modelo dominante

muslo, el - parte de la pierna entre la rodilla y la cadera

nalgas, las - trasero, pompis

pelucas, las - pelo o cabellera postizos

peso saludable, el - tener un peso del cuerpo sano, ni gordo ni flaco

procreador, el - que tiene hijos, engendrador

prototipo, el - modelo

tobillo, el - parte del cuerpo que junta el pie y la pierna

vello, el - pelo del cuerpo

Actividad 2

alargar - prolongar

artesanías, las - arte popular hecho a mano

se atrofian - se debilitan

se colocó - se puso

canon de belleza - estandard o modelo

cortejada - mujer cuyo amor alguien está tratando de conseguir, pretendida

de hecho - de verdad, de veras, efectivamente

estatura, la - altura de una persona

exigir - requerir

fallecen - mueren

fortaleza, la - vigor

indumentaria, la - vestimenta

lóbulos, los (de las orejas) - parte larga e inferior de la oreja

maderas, las - leña de árboles

mechón de pelo, el - porción de pelo

melenas trenzadas, las - pelo entrelazado, enlazado, entretejido, trenzas

obesa - corpulenta

occidental - del oeste de Europa o de las Américas, de occidente o relativo al grupo de países que lo componen

piel canela, la - piel del color canela, piel que aparenta tener un constante bronceado por su tono moreno claro

pollera, la - falda

publicidad, la - anuncios de promoción

rapada - afeitada

rasgos, los - características, atributos

rellenita - gordita

semillas, las - granos que se siembran, gérmenes de nuevas plantas

sobrevivencia, la - perduración, supervivencia, vida

tercio, el - tercera parte

vallas publicitarias, las - carteles donde publican anuncios al lado de la carretera

Actividad 3

alta sociedad - clase alta

baldas, las - estanterías en las tiendas

canales de venta, los - tiendas, vías o medios por los cuales se vende un producto

consumidores - compradores

diseñador, el - profesional en el campo del diseño

fabricación, la - producción

frívolo - superficial

gran consumo - se refiere a lo que se vende, compra o consume en grandes cantidades

materia prima, la - material esencial o básico para hacer o elaborar otra cosa

mezclas - combinaciones, uniones de dos o más partes

al tanto de - al corriente, se refiere a saber o a estar informado de lo nuevo o más reciente

vestuario, el - conjunto de ropa

Actividad 4

alta costura - moda realizada por un diseñador de renombre

celebridades, las - personas famosas

está de moda - se refiere al uso, modo o costumbre popular o a lo que corresponde al estilo moderno o actual

delgado - flaco, esbelto

elegante - refinado, bien vestido

estilo - manera

joyas - alhajas

alfombra roja - alfombra que simboliza o da una gran distinción

maquillado - retocado

moreno/a - bronceado/a

tacones altos, los - zapatos con tacones

Actividad 5

auténtica - real

caucásico/a - de raza blanca

centenario, el - aniversario de cien años

debutar - estrenar, inaugurar

diseñar - dibujar una nueva creación

diversidad, la - variedad

en giras - serie de exhibiciones que se presentan en diferentes lugares

ensortijado - ondulado, rizado, crespo

estallar - explotar

furor mediático, el (de los medios) - manía de los medios de comunicación por un evento

hipótesis - conjetura, teoría

impulsado por - creado o iniciado por

inalcanzable - que no se puede alcanzar u obtener

innovar - mejorar o alterar algo introduciendo novedades

lanzar - promover la difusión o popularidad de algo nuevo

liberar - dar libertad, rescatar

muñeca, la - juguete que tiene la figura de una niña o mujer

rendir (e - i) homenaje - reconocer, celebrar

socio, el - persona que trabaja en colaboración con otra

vías de comunicación, las - medios de comunicación

Actividad 6

actualidad, la - tiempo presente

conseguir - obtener

delgadez - flaqueza

desprender - separar, desunir, desatar, desabotonar

encargados de - responsables de

erróneo - equivocado, incorrecto

imagen corporal, la - idea que se tiene del cuerpo y la impresión que se causa con el mismo

interiorizar - profundizar

lograr - alcanzar, conseguir

complementos, los - adornos, accesorios

maleable - moldeable, que se puede cambiar

mero - solo, único, exclusivo

patrón, el - modelo

plantear - proponer

primordial - básico, esencial, fundamental, decisivo, principal

prototipo, el - modelo

receptor, el - persona que recibe el

resaltar - poner de relieve, destacar

sumergir - hundir

surgir - manifestarse, aparecer, brotar

Expresiones útiles

a lo largo de - en todo el transcurso de, durante

cuanto más largo - lo más largo posible

es imprescindible - es necesario, es preciso

ha de tener - hay que tener, probablemente tiene

los demás - el resto

por ende - por eso

se corresponde con - pertenece o empareja con

tal y como - de la manera mencionada

tener en cuenta - considerar, tomar en consideración

Preguntas esenciales

• ¿Cómo interpretan los artistas la realidad y la fantasía en sus obras?

• ¿Cómo refleja el arte una perspectiva cultural?

Artes visuales y escénicas

Parque Güell, Barcelona diseñado por Gaudí

Desde el comienzo de la historia, el arte siempre ha sido parte de la cultura de cualquier civilización y por eso no cabe duda de que el arte nos enriquece la vida. Según la Real Academia de la lengua Española, el arte es la "manifestación de la actividad humana mediante la cual se expresa una visión personal y desinteresada que interpreta lo real o imaginado con recursos plásticos, lingüísticos o sonoros". En esta actividad explorarás una gama de artes plásticas que tienen su origen en las culturas hispanas. Al final te tocará elegir una obra de arte de un museo del mundo hispano y crear una interpretación personal de la obra.

Introducción

¿Qué tipo de arte te gusta más?

El arte es una forma de expresión propia que se manifiesta de tantas maneras que aún se están creando nuevos tipos de arte nuevo como las infografías, la música tecno y el arte electrónico. ¿Hay otras formas de arte que han surgido en el siglo XXI? Con tus compañeros, vas a investigar la variedad de manifestaciones artísticas que existen para después identificar la forma que prefieres. También vas a considerar si el arte es un producto o práctica de una cultura.

A **Grafiti en cuatro rincones:** Para determinar lo que sabe la clase de las artes plásticas, se van a dividir en cuatro grupos para hacer una lluvia de ideas de las formas de arte según las siguientes categorías:

- arte visual
- arte escénico
- arte ambulante / de la calle
- arte aplicado / que tiene una función útil

B **Categoriza e identifica** las siguientes imágenes:

- arte visual o escénico
- el tipo de arte y/o el artista
- la perspectiva cultural: por qué lo hacen

Trabajen en un grupo de 3 o 4 compañeros y usen estas referencias para completar el organizador que sigue a las imágenes.

Salvador Dalí	mariachi	flamenco
Pablo Picasso	artesanías	escultura inca
Diego Velázquez	tejidos	zarzuela
Antonio Gaudi	tango	ballet

Clasificación de las artes

Las artes visuales es una clase de arte muy amplia e inclusiva de medios artísticos que abarcan:

➤ **las artes plásticas[1] : la fotografía, pintura, escultura, el dibujo o la ilustración; técnicas como el grabado, el moldeado, el arte del pincel[2], algunas artes decorativas y artes industriales como la cerámica, la alta costura o la joyería.**

➤ **Las artes escénicas: el teatro, la danza, la música (especialmente la ópera, la zarzuela, el teatro musical, el cabaret, el music hall, los conciertos o recitales); desfiles, procesiones de Semana Santa, ritos religiosos, fiestas populares, carnavales o las corridas de toros.**

➤ **Las bellas artes: la arquitectura, la escultura, la pintura, la literatura, la danza, la música y el cine.**

[1] Las artes plásticas reflejan algún producto de la imaginación del artista o su visión de la realidad. Esta rama[3] artística incluye trabajos de la pintura, la escultura y la arquitectura, entre otros.

[2] instrumento que usa el artista para pintar

[3] tipo de arte

Extraído de: http://definicion.de/artes-plasticas

Producto – tipo de arte	Tipo de artista	Perspectiva – por qué lo hacen
1. escénico	Baile / danza - flamenco	Origen en Andalucía, sur de España, popularizado por los gitanos para cantar sobre asuntos de la vida y entretenerse
2.		
3.		
4.		

¡Te toca a ti!

Te toca compartir tu forma preferida del arte. Toma media hoja de papel y escribe la información indicada. **Por ejemplo:** teatro musical- la ópera
Después, sigue las instrucciones de tu profesor/a para terminar la actividad.

- tu nombre
- cuál es tu forma preferida del arte visual o escénico
- un ejemplo de esa forma de arte

¿Cómo se describe el arte?

Nos conectamos a otras culturas es por medio del arte, que refleja los productos, las prácticas y las perspectivas de la cultura que los produce. En esta actividad vas a describir unos murales de un artista dominicano cuyas pinturas reflejan el baile flamenco. Este género nace en Andalucía, región del sur de España.

A **Antes de describir** los murales que tienen como tema España, observen con la clase entera el primer mural de "Jaleo", la bailadora de flamenco en esta página. Usando un cartel grande del organizador "Y", aporten su opinión para decir lo que ven, lo que piensan y lo que quieren saber de esta obra de arte. Vuelvan a hacer lo mismo con el segundo mural, "Cinco grandes de España", en otro organizador del mismo tipo.

B **Al leer** sobre el artista y sus obras, anota los datos importantes de su vida y pinturas en tu diario para poder usarlos cuando describas sus obras.

El artista dominicano **Aurelio Grisanty** nació en la República Dominicana durante el régimen represivo del dictador Rafael Trujillo (1930-1961). De niño pasaba horas en el jardín de sus abuelos fascinado por los colores, texturas y luz de la naturaleza. Empezó sus estudios de arte y dibujo durante su adolescencia y siguió estudios superiores de pintura, artes gráficas y diseño interior en la ciudad de México y Santo Domingo. En 1984 llegó a Washington, D.C. donde se dedicó a la pintura y artes gráficas. Ha ganado varios premios por sus obras pictóricas, su diseño de vestuarios y escenarios de espectáculos.

"Jaleo" de Aurelio Grisanty

España es el tema de los dos murales ilustrados en estas páginas que fueron encargados por el dueño de Jaleo, un restaurante de tapas en Washington, D.C. La técnica que usó Grisanty para pintar los murales de 4,8 metros por 4,8 metros fue pintar debajo del plexiglás. Cada mural mide 4,8 metros por 4,8 metros y consiste en nueve paneles que miden 121,9 centímetros por 121,9 cm. Se ven rosas de forma simétrica al fondo de dos impresionantes pinturas.

El mural de la bailarina flamenca, "Jaleo", fue inspirado por la pintura de Singer Sargent. En el mural del escenario flamenco, "Cinco grandes de España", los músicos sentados en el "tablao" flamenco representan al arquitecto Antoni Gaudí, al pintor Joan Miró, al cineasta Pedro Almodóvar, al poeta y dramaturgo, Federico García Lorca y a la cantante y bailadora, Lola Flores. Se puede ver más de su arte en http://www.grisanty.com/.

C Después de leer y ver

1. En grupos de 3 o 4 estudiantes, ahora les toca describir los murales formalmente usando las expresiones que siguen para comentar el arte de Grisanty. Túrnense para que cada uno diga algo de los murales sin repetir lo que ya se ha expresado. Un estudiante puede escribir lo que dicen los otros en el grupo para compartirlo con la clase después.

2. Presenta las descripciones de los murales de Grisanty a la clase. Cada grupo va a aportar una descripción formal de cada mural, sin repetir lo que ya se ha expresado.

3. **Correo electrónico:** Al artista Grisanty le encantaría si le escribieras un correo electrónico de 6 - 8 oraciones aportando tu opinión de sus murales u otras de sus obras que se encuentran en su portal, www.grisanty.com ¡Incluye por lo menos una pregunta por si a lo mejor te contesta! Manda el correo electrónico a tu profesor/a primero.

4. **Extensión:** Ya que has indicado preferencias por cierto tipo de arte en la actividad anterior, vuelve a escoger una de imágenes del tipo de arte de la introducción y descríbela en más detalle usando las siguientes expresiones.

"Los cinco grandes de España" de Aurelio Grisanty

Para describir el arte...

Visual:

La imagen representa / expresa...

El artista se inspira en...

Me parece que... simboliza...

Muestra una escena de...

Se parece a...

En el primer plano / fondo...

El estilo me parece exagerado / simple / detallado.

Me comunica un sentimiento de placer / tristeza / alegría.

Las líneas en la pintura son / diagonales / horizontales / diagonales y contribuyen a...

Musical

Puedo identificarme con la música porque...

La letra de la canción es sonora como...

La melodía suena a una balada

La danza tiene un ritmo rápido / lento.

El conjunto / la banda musical...

En el concierto se destacaron los siguientes instrumentos musicales...

Refiérete al final del hilo para ver más vocabulario.

Escénico:

Los actores lo interpretan como si fuera...

Es una interpretación realista / surrealista.

El escenario es...

El espectáculo es...

Lo presentaron / actuaron como...

Los pasos del tango / bachata / merengue / son...

¿Cómo interpretan los artistas la realidad y la fantasía en sus obras?

Actividad 1

¿Cómo inspiran las obras surrealistas de Salvador Dalí a Lady Gaga?

Lady Gaga y Salvador Dalí son dos artistas excéntricos cuyas obras de arte representan la lucha entre el mundo de fantasía y la realidad en que vivimos. Varias interpretaciones y trajes de Lady Gaga parecen ser inspirados por el surrealista español, Dalí. El arte surrealista se caracteriza por la realidad subconsciente, de los sueños, imaginaria e irracional. En esta actividad analizarás las influencias de Dalí en las presentaciones musicales y vestimienta de Lady Gaga.

 A Antes de leer: Piensa – Conversa – Comparte

 1. ¿Qué ya sabes de Salvador Dalí y Lady Gaga? Rellena el organizador "T" con todo lo que sabes sobre los artistas pensando en lo siguiente:

- tipo de artista
- categoría de arte
- obras famosas
- personalidad

Dalí	Gaga

2. Conversa con un compañero para comparar lo que escribieron en sus organizadores. Añade nueva información a tu organizador.

3. Imagina que uno de ustedes es Lady Gaga y el otro Salvador Dalí. Presenta a tu compañero a la clase describiéndolo como si fuera el artista.

 B Al leer

 1. **Cuando leas por primera vez,** rellena el organizador con adjetivos, sustantivos y verbos que describan a los artistas según el vocabulario e información de los textos.

	Adjetivos	Sustantivos	Verbos
Salvador Dalí			
Lady Gaga			

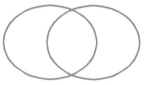

2. **Cuando leas por segunda vez,** rellena el organizador con las semejanzas y diferencias entre Salvador Dalí y Lady Gaga.

SALVADOR DALÍ

Salvador Felipe Jacinto Dalí i Domènech,[1] marqués de Dalí y de Púbol (Figueras, 11 de mayo de 1904 – ibídem, 23 de enero de 1989) fue un pintor, escultor, grabador, *escenógrafo*[1] y escritor español, considerado uno de los máximos representantes del *surrealismo*.[2]

Dalí es conocido por sus impactantes y *oníricas*[3] imágenes surrealistas. Sus habilidades pictóricas se suelen atribuir a la influencia y admiración por el arte *renacentista*.[4] También fue un experto dibujante. Los *recursos*[5] plásticos *dalinianos* también abordaron el cine, la escultura y la fotografía, lo cual le condujo a numerosas colaboraciones con otros artistas audiovisuales. Tuvo la habilidad de *forjar*[6] un estilo marcadamente personal y reconocible, que en realidad era muy ecléctico y que «vampirizó» innovaciones *ajenas*.[7] Una de sus obras más conocidas es "La persistencia de la memoria," el famoso cuadro de los «relojes blandos», realizado en 1931.

Como artista extremadamente imaginativo, mostró una notable tendencia al narcisismo y la *megalomanía*,[8] cuyo objeto era atraer la atención pública. Esta conducta irritaba a quienes apreciaban su arte y justificaba a sus críticos, que *rechazaban*[9] su conducta excéntrica como un reclamo publicitario ocasionalmente más llamativo que su producción artística. Dalí atribuía su «amor por todo lo que es dorado y resulta excesivo, [su] pasión por el lujo y su amor por la moda oriental» a un *autoproclamado*[10] «linaje *arábigo*[11]», que reflejaba sus raíces de los tiempos de la dominación árabe de la *península ibérica*.[12]

Adaptado de: http://es.wikipedia.org

LADY GAGA

Stefani Joanne Angelina Germanotta (Manhattan, Nueva York, 28 de marzo de 1986), más conocida por su nombre artístico Lady Gaga, es cantante, compositora, productora musical, bailarina y pianista de pop/rock estadounidense. Tras ingresar en la escuela de arte Tisch de la Universidad de Nueva York en 2003 y presentarse en la escena del rock en el barrio *neoyorquino*[13] de Lower East Side, firmó un contrato con Streamline Records, una subsidiaria de Interscope Records. En sus primeros tiempos en Interscope, trabajó como compositora para *artistas del sello*[14] y llamó la atención de Akon, quien, reconociendo sus habilidades vocales, le hizo firmar con su propia *discográfica*,[15] Kon Live Distribution.

Inspirada en cantantes de glam rock como David Bowie y Freddie Mercury, así como artistas de rock como Madonna y Michael Jackson, Gaga es conocida por su *sentido estético*[16] con respecto a la música, la moda, las *presentaciones en directo*[17] y los videos musicales cambiantes y extravagantes. Su contribución a la industria musical le aportó numerosos reconocimientos, entre los que se incluyen cinco premios Grammy y doce nominaciones, cuatro apariciones en el *Libro Guinness de los récords* y la venta estimada de 22 millones de álbumes y 69 millones de *sencillos*,[18] lo que la hace una de las artistas con mayor cantidad de ventas a nivel mundial. *Billboard* la nombró la artista del año en 2010 y la colocó en el puesto 73 de su lista de los mejores artistas de la década de 2000. Gaga también fue incluida en la lista *Time 100* de las personas más influyentes del mundo, así como también figuró en varias listas de la revista *Forbes*.

Adaptado de: http://es.wikipedia.org

---

¹ uno que diseña escenarios
² movimiento artístico
³ de los sueños
⁴ del Renacimiento
⁵ materiales

⁶ moldear
⁷ extraños
⁸ dilierio de grandeza
⁹ resistían
¹⁰ proclamado por uno mismo

¹¹ árabe
¹² referenica a la península con España y Portugal
¹³ de Nueva York
¹⁴ artistas con contratos

¹⁵ contrato del disco
¹⁶ sentido de belleza / estilo
¹⁷ presentaciones en vivo
¹⁸ grabaciones individuales

C Después de leer

1. Conversa con un compañero de lo que anotaste al leer. Comparen sus organizadores y las comparaciones que hicieron.

2. Crea una página Facebook para los dos artistas. Incluye la siguiente información de los textos:
   - nombre
   - cumpleaños
   - ciudad natal
   - educación y carrera profesional

D Al leer

1. **Cuando leas por primera vez,** en la primera columna del organizador haz una lista de las interpretaciones escénicas de Lady Gaga mencionadas en el artículo inspiradas por las obras de Dalí.

2. **Cuando leas por segunda vez,** para cada obra que encuentras en la lectura, escribe específicamente lo que Lady Gaga imita de las obras de Dalí.

Nombre de la interpretación de Lady Gaga	...asociada con qué obra de Dalí	Lo que Gaga emula

El día que Salvador Dalí inspiró a Lady Gaga

Warhol, Elton John, Michael Jackson, Prince y, especialmente, Madonna son algunos de los nombres más habituales con los que se compara a la *diva*[1] del momento, Lady Gaga. El estilo *provocador*[2] y *transgresor*[3] de todos ellos *ha calado*[4] en la personalidad de la extravagante estrella. Inspiración para unos, *plagio*[5] para otros, Gaga nunca ha negado sus influencias.

Sin embargo hay otro artista no menos importante del que nunca se ha hablado y que también ha marcado el universo 'gagaísta', especialmente en su etapa más surrealista, *The Fame Monster*.

Me refiero al artista español Salvador Dalí (1904-1989), quien en los años cuarenta *cosechó*[6] gran éxito en Nueva York, *cuna*[7] de Stefani Germanotta nombre verdadero de Lady Gaga. Éste era una referencia obligada en los espectáculos de la cantante, llenas de elementos surrealistas.

Ejemplos tan evidentes que apuntan al *homenaje*[8] y otros que pasan más desapercibidos, forman parte de esta influencia '*daliliana*' sobre la artista:

Adelantamos a diciembre de 2009. Lady Gaga interpreta *Speechless* para la reina Elizabeth II de Inglaterra. Lleva puesto un vestido rojo de látex inspirado en la época isabelina. En el *escenario*[9] aparece suspendida en el aire tocando un piano de diez metros de altura. Las *patas*[10] del instrumento imitaban las de los elefantes que representan la riqueza en *La tentación de San Antonio* (1946) de Dalí.

Si hoy en día nos preguntamos a quién se le ocurriría llevar una langosta como complemento, seguramente Lady Gaga sería la respuesta más inmediata. Efectivamente lo hizo y logró que la foto del *estilismo*[11] llenase, como siempre, páginas y páginas de revistas.

Si ya se había inspirado en sus elefantes, seguramente Gaga sabría que Dalí ya había recurrido al *molusco*[12] en 1936 cuando creó su famoso "teléfono-langosta", como encargo del *mecenas*[13] y artista Edward James.

No sabemos si el huevo fue antes que la gallina, pero Dalí desde luego fue antes que Gaga.

Retrocedemos a febrero de 2011, cuando la cantante presentaba en los Grammy el esperado primer single de *Born This Way*. La estrella de la gala llegó a la alfombra *oculta*[14] dentro de un huevo desde el que contestaba a las preguntas de los periodistas. Finalmente 'rompió el cascarón' cuando apareció en el escenario cantando la canción, simulando el nacimiento de su nueva era.

Pero el huevo como símbolo del nacimiento de algo nuevo fue utilizado antes por Dalí. Un ejemplo es la pintura *Niño geopolítico observando el nacimiento del nuevo hombre* (1943).

Extraído de: http://elfanterrible.blogspot.com

---

[1] estrella	[6] tuvo	[11] referente a su estilo
[2] que provoca	[7] ciudad de nacimiento / lugar de origen	[12] clase de animales invertebrados del océano
[3] infractor	[8] tributo	[13] persona que da ayuda monetaria a un artista
[4] ha influido	[9] plataforma del concierto	[14] escondida
[5] imitación	[10] piernas de un animal	

  E **Después de leer,** busca por Internet las presentaciones de Lady Gaga y las obras de Salvador Dalí mencionadas en el texto.

 ¡Tu opinión cuenta! Con un compañero, conversa de los siguientes temas:

- si te gustan o no las obras originales de Dalí, ¿por qué?
- qué te parecen las interpretaciones de Lady Gaga
- si crees que Lady Gaga realmente está imitando a Dalí o crees que es solo una coincidencia

 ¡Te toca a ti!

 Analiza una de las interpretaciones 'dalilanas' de Lady Gaga que encontraste en el Internet. Escribe un análisis de tres párrafos en el que compares el original de Dalí con la interpretación de Lady Gaga. Incluye lo siguiente en el análisis:

- Primer párrafo: una descripción de la obra de Dalí y la de Lady Gaga
- Segundo párrafo: un análisis de las semejanzas y diferencias entre las obras
- Tercer párrafo: cuál de las obras te gusta más y por qué

Actividad 2

¿Quiénes serán los amantes?

Ya conociste al autor argentino, Julio Cortázar que escribió el relato "Viajes" de los cronopios y famas en hilo 4. Ahora aparece de nuevo con el cuento "Continuidad de los parques" (1956) que pertenece a la literatura del realismo mágico, una mezcla de la realidad y la fantasía. Este cuento emplea la técnica de crear "un cuento dentro de un cuento" en el cual hay una sorpresa que nos deja en suspenso. En esta actividad, vas a interactuar con este relato como si fuera arte visual o escénico al dibujar una serie de imágenes o al interpretar una escena para la clase.

A **Antes de leer,** conversa con un compañero para compartir tus preferencias sobre lo siguiente:

- Cuando lees una novela, ¿dónde te gusta leerla? ¿en un sofá, la cama, o quizás en tu silla favorita?
- Al leer una novela, ¿en qué te fijas primero: el título, las imágenes, si las hay, o palabras claves que destacas cuando ojeas el texto?
- ¿De qué se tratará este cuento según el titulo?
- ¿Cuáles son otras estrategias que usas cuando lees?
- ¿Qué haces cuando hay palabras que no entiendes?
- Mientras lees, ¿qué haces para conectarte con el texto?

B **Al leer parte I,** anota la siguiente información en tu diario:

- qué tipo de persona es el protagonista
- qué puedes inferir en cuanto a su posición social y carácter
- cuál es su motivo para leer: pasar el tiempo, evadir sus problemas u otra razón
- qué palabras o frases son claves para poder escribir un breve resumen del cuento

Estrategias para la comprensión del texto:

Fíjate en:

- el título
- las imágenes
- las palabras que sabes
- palabras que parecen ser importantes y puedes inferir su significado según el contexto

Después de leer un párrafo o una parte del texto…

- visualiza lo que pasó y haz unos dibujos simples de lo que leíste
- escoge unas palabras claves que te ayudarán a recontarlo en tus propias palabras

"Continuidad de los parques" por Julio Cortázar

Parte I

Había empezado a leer la novela unos días antes. La abandonó por *negocios*[1] urgentes, volvió a abrirla cuando regresaba en tren a la finca; se dejaba interesar lentamente por *la trama*,[2] por el dibujo de los personajes. Esa tarde, después de escribir una carta a su *apoderado*[3] y discutir con *el mayordomo*[4] una cuestión de *aparcerías*[5], volvió al libro en la tranquilidad del estudio que miraba hacia el

parque de los robles. *Arrellanado*[6] en su sillón favorito, de espaldas a la puerta que lo hubiera molestado como una irritante posibilidad de intrusiones, dejó que su mano izquierda *acariciara*[7] una y otra vez *el terciopelo*[8] verde y se puso a leer los últimos capítulos.

---

[1] transacciones
[2] intriga
[3] encargado

[4] criado principal de la casa
[5] contrato de tierras con el cultivador

[6] cómodo
[7] el acto de tocar suavemente
[8] una tela de textura suave

C Después de leer, visualiza con uno o dos compañeros, dibuja una imagen de la primera escena y crea un título. Después, escribe un breve resumen empleando las palabras claves que anotaron al leerlo.

 D Al leer parte II, fíjate en la vista desde la ventana en el salón donde el hombre está leyendo: ¿tiene alguna conexión con el título del cuento? ¿En qué se concentra el lector de la novela? Anota algunas palabras que tu creas que te parecen claves para entender la narración.

Parte II

Su memoria retenía sin esfuerzo los nombres y las imágenes de los protagonistas; la ilusión novelesca lo ganó casi en seguida. *Gozaba*⁹ del placer casi perverso de irse *desgajando*¹⁰ línea a línea de lo que lo rodeaba, y sentir a la vez que su cabeza descansaba cómodamente en el terciopelo del alto *respaldo*,¹¹ que los cigarrillos seguían *al alcance*¹² de la mano, que más allá de los ventanales danzaba el aire del atardecer bajo los robles. Palabra a palabra, absorbido por la sórdida *disyuntiva*¹³ de los héroes, dejándose ir hacia las imágenes que se concertaban y adquirían color y movimiento, fue *testigo*¹⁴ del último encuentro en la cabaña del monte.

⁹ disfrutaba ¹¹ espalda ¹³ dilema, aprieto
¹⁰ separándose ¹² cerca ¹⁴ espectador

 E Después de leer, visualiza con uno o dos compañeros, dibuja una imagen de la segunda escena y crea un título. Después, escribe un breve resumen empleando las palabras claves que anotaron al leerlo.

 F Al leer parte III, fíjate en la acción rápida y tensa. ¿Hay alguna referencia al destino del protagonista? Anota las palabras claves.

Parte III

Primero entraba la mujer, *recelosa*¹⁵; ahora llegaba el amante, lastimada la cara por *el chicotazo*¹⁶ de *una rama*¹⁷. Admirablemente *restañaba*¹⁸ ella la sangre con sus besos, pero él rechazaba *las caricias*¹⁹, no había venido para repetir las ceremonias de una pasión secreta, protegida por un mundo de hojas secas y *senderos furtivos*²⁰. *El puñal*²¹ *se entibiaba*²² contra su pecho, y debajo *latía*²³ la libertad *agazapada*²⁴. Un diálogo *anhelante*²⁵ corría por las páginas como *un arroyo*²⁶ de serpientes, y se sentía que todo estaba decidido desde siempre. Hasta esas caricias que enredaban el cuerpo del amante como queriendo retenerlo y disuadirlo, dibujaban abominablemente la figura de otro cuerpo que era necesario destruir. Nada había sido olvidado: *coartadas*²⁷, *azares*²⁸, posibles errores. A partir de esa hora cada instante tenía su empleo minuciosamente atribuido. El doble repaso *despiadado*²⁹ se interrumpía *apenas*³⁰ para que una mano acariciara una *mejilla*³¹. Empezaba a anochecer.

¹⁵ temerosa ²⁰ caminos secretos/ escondidos ²⁶ río pequeño
¹⁶ golpe ²¹ el cuchillo, navaja ²⁷ excusas
¹⁷ parte que sale del tronco del árbol ²² calentaba ²⁸ casualidad
¹⁸ quitaba ²³ palpitaba ²⁹ violento
¹⁹ señales físicas de afecto ²⁴ escondida ³⁰ escasamente
²⁵ deseoso ³¹ parte de la cara

Después de leer, visualiza con uno o dos compañeros, dibuja una imagen de la tercera escena y crea un título. Después, escribe un breve resumen empleando las palabras claves que anotaron al leerlo.

 Al leer parte IV, fíjate en las acciones de los dos amantes que ocurren en imágenes rápidas como si una cámara de cine entrara en la casa. Anota las palabras claves.

- ¿Adónde va cada uno?
- ¿Quiénes serán?
- ¿Cómo lo sabes?
- ¿Quién entra en la casa?

Parte IV

Sin mirarse ya, *atados*[32] rígidamente a la tarea que los esperaba, se separaron en la puerta de la cabaña. Ella debía seguir por la senda[33] que iba al norte. Desde la senda opuesta él se volvió un instante para verla correr con el pelo *suelto*[34]. Corrió a su vez, *parapetándose*[35] en los árboles y los *setos*[36], hasta distinguir en la *bruma*[37] *malva*[38] del crepúsculo la *alameda*[39] que llevaba a la casa. Los perros no debían ladrar, y no ladraron. El mayordomo no estaría a esa hora, y no estaba. Subió los tres *peldaños*[40] del porche y entró. Desde la sangre galopando en sus oídos le llegaban las palabras de la mujer: primero una sala azul, después una galería, una escalera alfombrada. En lo alto, dos puertas. Nadie en la primera habitación, nadie en la segunda. La puerta del salón, y entonces el puñal en la mano, la luz de los ventanales, el alto respaldo de un sillón de terciopelo verde, la cabeza del hombre en el sillón leyendo una novela.

[32] unidos	[35] cubriéndose	[38] color violeta
[33] camino	[36] arbustos	[39] bosque de álamos (tipo de árbol)
[34] libre	[37] niebla	[40] escalón de la escalera

  Después de leer, visualiza con uno o dos compañeros, dibuja una imagen de la última escena y crea un título. Después, escribe un breve resumen empleando las palabras claves que anotaron al leerlo.

 ¿Qué aprendiste?

¿Qué crees que ocurrió en la última escena? Para poder apreciar la calidad dramática del cuento, usa el arte visual o escénico para apoyar tu descripción del relato. Hay tres opciones para recontar el cuento detalladamente. Visita la guía digital si necesitas apoyo adicional.

 Opción 1 (escrita y oral):
Recuenta el cuento detalladamente usando varias palabras claves para cada imagen. Escribe tu propio relato usando sólo las imágenes y un máximo de 12 palabras claves.

  Opción 2 (oral - arte visual):
Usando una serie de 4-5 dibujos y solamente 2-3 palabras claves para cada parte del cuento, relata el cuento oralmente en tus propias palabras.

Opción 3 (oral - arte escénica):

Imaginando que fuiste testigo del asesinato, cuenta detalladamente a un policía lo que pasó.

USO DEL LENGUAJE EN CONTEXTO: Uso de los gerundios con pronombres

1. Indica una acción en progreso:

   a) Palabra a palabra, absorbido por la sórdida disyuntiva de los héroes, ***dejándose*** ir hacia las imágenes que se concertaban y adquirían color y movimiento…

   b) Corrió a su vez, ***parapetándose*** en los árboles y los setos…

   c) Gozaba del placer casi perverso de irse ***desgajando*** línea a línea de lo que lo rodeaba.

2. Cuando el gerundio lleva un pronombre, reflexivo, directo o indirecto, se añade una tilde en la vocal antes de la "***n***" como en los ejemplos de a) y b)..

¿Cómo refleja el arte la perspectiva cultural?

Actividad 3

¿Qué se puede ver "detrás" de un mural?

A diferencia de las obras de arte que se pueden ver en museos, libros o digitalmente, el arte público es para todos y está disponible todos los días. Los murales, por ejemplo, nos saludan desde la calle, los parques y debajo de los puentes. La ciudad de Los Ángeles es conocida por murales grandes y coloridos. Este arte callejero es hecho en gran parte por artistas hispanos, quienes a veces trabajan en equipo o con la ayuda de la comunidad. En esta actividad, verás dos murales y considerarás cómo reflejan las perspectivas culturales.

Katowice, Polania   Nueva York, EE.UU.   Bristol, Inglaterra   Córdoba, España

A **Antes de ver el arte**

 1. Conversa con un compañero de los siguientes temas. Prepárense para compartir sus ideas con la clase.

   • qué tipo de arte público has visto (murales, escultura, etc.) y dónde
   • qué haces cuando ves arte público por la primera vez
   • cómo cambia el arte cuando está en un espacio público versus en un museo

 2. Reflexiona sobre esta pregunta y anota tus ideas en tu diario: ¿Es posible que el arte exprese ideas políticas? Explica tu respuesta.

Willie Herrón III es muralista de Los Ángeles, California, donde se ha decidado a pintar murales desde 1971. Principalmente Willie es inspirado por el cine, música e historia mundial, la naturaleza y el arte chino, japonés, europeo, precolombino y mexicano. Algunos de los temas temas frecuentes de su arte son vivir y desafiar el sueño americano, la identidad, sobrevivir, la esperanza, la violencia juvenil, el enojo y la muerte.

John Zender Estrada fue criado en la zona del este de Los Ángeles donde experimentó un ambiente cultural rico de la juventud chicana de su comunidad. A los quince años vivió en el Distrito Federal de México donde adquirió un gran respeto por "los tres grandes"

 muralistas mexicanos: Diego Rivera, Jose Clemente Orozco and David Alfaro Siqueiros. Estrada fue parte del movimiento grafiti en los años ochenta. Ha producido más de 300 murales en Los Angeles y en otras partes de los Estados Unidos. También fundó la organización Creative Art Solutions para aconsejar a artistas jóvenes.

Adaptado de www.johnzender.com

B **Al ver el primer mural,** ten en cuenta que los murales a menudo presentan una escena de una situación social, como por ejemplo éste, "No somos animales". El artista, Willie Herrón III, con la ayuda de Ralph Ramírez, pintó este mural en Los Ángeles.

1. **Piensa – Conversa – Comparte**

   a. ¿Qué ves? ¿Qué está pasando en esta escena? Anota las palabras que usarías para describirla en tu diario.

   b. Comparte tus ideas y vocabulario con tu compañero. Añade sus ideas y palabras claves a las tuyas.

   c. Con la clase, colaboren para describir la escena que presenta el mural.

2. **Texto escrito dentro del arte**

   a. Copia y completa el siguiente organizador en tu diario según las palabras que ves en el mural. Hay palabras en inglés y español; anota todas las palabras.

Palabras que reconozco y palabras en inglés	Palabras nuevas

   b. Utiliza la lista de vocabulario al final del hilo y/o un diccionario para anotar el significado de palabras nuevas en el organizador.

   c. Colabora con un compañero: ¿Tienen las mismas palabras? ¿Encontraron todas las palabras en inglés? Compartan definiciones y lo que entienden del texto escrito del mural.

   ### Reflexión

   ¿Cuál será el mensaje de este mural? Resúmelo en un Tuit de 140 letras o menos.

C **Al leer:** Estos dos artistas querían rendir homenaje a César Chávez, un mexicanoamericano conocido por liderar el movimiento a favor de los derechos de los trabajadores agrícolas. Interpreta la siguiente información individualmente o con tu clase, según las instrucciones de tu profesor/a.

César Chávez y la lucha no violenta por la justicia

César Chávez fue un apasionado defensor de la justicia social y los derechos civiles de los pobres y *los desamparados*. Nació el 31 de marzo de 1927 en un pueblo pequeño en Arizona, en una familia pobre y numerosa. Murió a los 66 años, dejando un legado de *tenacidad* y justicia. Este campesino empezó a trabajar en los campos de cultivo a los diez años en California. De niño, a César no le gustaba la escuela, probablemente porque él sólo hablaba español en casa y se prohibía el español en la escuela. Chávez abandonó sus estudios después del octavo grado, cuando su padre sufrió un accidente y Chávez a sus 15 años de edad se convirtió en el principal *sostén económico* de su familia.

En San José, Chávez conoció al *sacerdote* católico Donald McDonnell, quien lo introdujo a la vida y obra de Gandhi y de San Francisco de Asís, dos de los personajes que inspiraron su lucha por los derechos de los campesinos. Influido por la enseñanza social de la Iglesia Católica, Chávez entonces dedicó su vida a organizar a *los obreros* agrícolas y superar el sistema de *explotación* que beneficiaba a los cultivadores de uvas mientras oprimía a los trabajadores. Cuando las herramientas tradicionales como las huelgas y demandas en por de mejores sueldos no funcionaron, Chávez y sus obreros se comunicaron con el público, pidiendo su apoyo a través de los boicots masivos de vino y productos agrícolas. Así educaron a millones de consumidores y consiguieron su apoyo a la lucha.

Chávez creía que las injusticias enfrentadas por los obreros agrícolas — las largas horas trabajando *agachados* en el campo de otra persona, la presión en los hijos para trabajar en lugar de asistir a la escuela, la violencia a la que se enfrentaron a causa de su *osadía* de organizarse — era una historia importante de contar. Realizó entre los chicanos un largo trabajo de concientización y organización que culminó como uno de los más grandes movimientos de resistencia no violenta.

Arturo Rodríguez, Presidente de la Unión de Campesinos, fundada por Chávez, nos habla así de su amigo: *"César Chávez fue un hombre increíble. Era un humilde campesino como muchos otros campesinos en este estado. No había tenido oportunidad de recibir educación. Pero él tomó la decisión de cambiar la realidad campesina. Quería respeto y dignidad para el trabajador del campo. Quería cambiar las condiciones del campo para las familias que trabajan en él diariamente, para los niños, las mujeres, los hombres. Durante su vida Chávez hizo todo lo posible para lograr que los campesinos tuvieran mejores sueldos, seguro de salud, una jubilación. Hizo lo posible para asegurarse de que tuvieran acceso a agua potable y facilidades sanitarias, como cualquier otro trabajador. Luchó por dar al trabajador del campo la dignidad y el respeto que se merece. Él hizo por la comunidad latina lo que nadie más ha hecho. Chávez trabajó con la gente más pobre, más discriminada aquí en este estado (California). Formó un sindicato cuando nadie había podido hacerlo. Nos enseñó que la vida de los campesinos puede mejorar."*

Adaptado de www.noviolenciayaccionsolidaria.com

USO DEL LENGUAJE EN CONTEXTO: *Se* impersonal

Seguro has visto el uso del *se* impersonal en oraciones comunes como: ¿Cómo **se dice** en español? y Así **se hace**. "**¡Sí se puede!**" fue un refrán del movimiento de trabajadores agrícolas de César Chávez. También fue usado en manifestaciones y movimientos populares.

Usos del *se* impersonal para expresar "impersonalidad"

1. para hablar de información general, costumbres y hábitos

   a. **Se sabe** que el movimiento de los obreros agrícolas fue organizado por César Chávez.

   b. **Se trabaja** duro en los campos.

2. para dar instrucciones

   a. **Se dobla** a la derecha.

   b. **Se entra** por aquí.

   c. **Se pasa** por muchos murales en el barrio hispano de Los Ángeles.

La formación del *se* impersonal: "se" + el verbo conjugado en la tercera persona de varios tiempos verbales: **Se publicaban** artículos sobre el movimiento agrícola.

D Después de leer:

 1. **¿Qué entendiste?** Conversa con un compañero, refiéranse al texto para justificar y desarrollar sus ideas:

- por qué luchó César Chávez
- qué otros movimientos no violentos conoces y qué tienen en común con el de Chávez
- si tuvieron éxito todos sus esfuerzos

 2. **Interpreta:** Vuelve a tu diario y contesta la siguiente pregunta, anotando todos los detalles e ideas posibles: ¿Cómo representa el mural "No somos animales" la lucha no violenta por la justicia de César Chávez y sus seguidores ?

3. **Enseña a otro:** Se dice que aprendes mejor algo cuando lo tienes que explicar a otra persona. Prepárate para hacer de profesor y enseñar a un compañero tu interpretación del mural "No somos animales" en conexión con la historia de César Chávez. Sigue las instrucciones de tu profesor/a.

 E **Al ver el segundo mural,** fíjate en las imágenes que ves en los dos lados del mural "Rescate". El artista, John Zender Estrada, trabajó con jóvenes de Los Ángeles para realizar este mural. Es parte de la colección del Mural Conservancy de Los Ángeles.

1. **Describe**

a. Copia y completa el organizador en tu diario para anotar el vocabulario que necesitas para describir las dos partes.

Palabras claves para describir el lado izquierdo de "Rescate"	Palabras claves para describir el lado derecho de "Rescate"

b. Conversa con un compañero para intercambiar y añadir sus listas de palabras si son diferentes.

2. **Interpreta**

a. Examina el mural de nuevo y responde a las siguientes preguntas en tu diario:

- ¿Qué símbolos ves en el mural? ¿Se repiten?
- ¿A quiénes podrían representar las figuras en el mural?
- ¿Qué historia cuenta el mural?
- ¿Están conectados los dos lados para contar la historia, o cada lado cuenta su propia historia? Si cuentan la misma historia, ¿en qué orden van los dos lados?

b. Imagina que pasas por este mural en la calle y llamas a un amigo artista para describírselo. Deja un mensaje de voz describiendo el mural y lo que ves en las dos partes. Puedes usar tus reflexiones de la parte A.

F **Después de ver ambos murales**

1. **Compara** los dos murales que rinden homenaje al movimiento pacifista de César Chávez. Vuelve a examinarlos y fíjate en las semejanzas y diferencias en su representación de esa lucha. Usa un organizador de comparaciones para apuntar tus ideas.

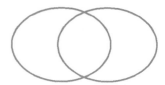

2. **Comparte** tus ideas en un grupo de tres o cuatro compañeros. No escribas de antemano lo que vas a decir; usa el organizador de comparaciones como inspiración.

3. **Analiza:** ¿Qué perspectiva cultural se refleja en estos dos murales? Escribe un párrafo bien organizado, basando tu respuesta en los murales. Da ejemplos específicos de "No somos animales" y "Rescate".

4. **Evalúa:** Explica a un compañero tu evaluación de los murales y escucha la suya:
- si están bien pintados y por qué
- cuál de los dos te interesa más y por qué
- cuál de los dos murales da un mensaje más claro sobre la lucha de César Chávez y los trabajadores agrícolas

Diego Rivera (1886 – 1957) era un muralista mexicano famoso por sus obras en museos y ciudades en México y los Estados Unidos (entre otras San Francisco, Detroit y Nueva York). Rivera fue el esposo de Frida Kahlo. El desarrolló su propio estilo influido por los aztecas con figuras grandes y simplificadas de colores vivos. Su arte cuenta historias de una manera parecida a los monumentos construidos por los mayas. A Rivera se le ha brindado homenaje mundial por sus obras de arte, una fuente de inspiración para muchos artistas modernos.

"A Dream of a Sunday Afternoon in Alameda Park," en el Museo Mural Diego Rivera, D.F.

Adaptado de en.wikipedia.org/wiki/Diego_Rivera

Actividad 4

¿Qué tienen en común los bailes del Caribe?

La música del Caribe es variada y ya ha ganado popularidad a nivel mundial. Estos ritmos tienen sus orígenes en varias culturas, lo cual investigarás en esta actividad. Además, podrás disfrutar de una selección de algunas de las danzas más conocidas y expresarás tu opinión sobre ellas. ¿Cómo refleja este tipo de arte una perspectiva cultural?

A **Antes de leer y ver**

 1. Conversa con un compañero de lo siguiente:
- qué tipos de baile conocen del mundo hispanohablante
- qué adjetivos usarían para describir estos bailes
- si han visto una exhibición de baile en vivo o en línea
- si conocen nombres de artistas conocidos y quiénes son estos artistas

 2. En esta actividad vas a aprender sobre los bailes del Caribe. Las islas hispanohablantes del Caribe son conocidas como las Antillas. Anota tus ideas en tu diario: ¿Qué países hispanohablantes son parte del Caribe? ¿Qué culturas han influido las danzas caribeñas?

 3. **Piensa – Conversa – Comparte:** Piensa en todos los adjetivos que sabes para describir un baile y anótalos en tu diario. Colabora con un compañero para ampliar la lista y después compartan con la clase. Si hace falta, refiérete a la lista de vocabulario al final del hilo.

 B **Al leer** el texto y la información cultural en la página siguiente con la clase, enfócate en estas preguntas:

- ¿Por qué son una fusión de varias culturas los bailes del Caribe?
- ¿Cómo refleja la música las perspectivas culturales?

Bailes típicos del Caribe

En el Caribe, suenan distintos ritmos, entre ellos merengue, kizomba, bachata, la rueda cubana, la salsa… Muchos de ellos tienen su *procedencia*[1] en una fusión de ritmos y *acordes*[2] venidos de distintos continentes, como una expresión cultural que refleja la situación económica y social de los pueblos.

Estos ritmos se logran con el uso de instrumentos de percusión especiales. Uno de estos es "la clave", instrumento de origen afro-cubano, ya que la cultura afro-caribeña trae al mundo musical una gama de instrumentos nuevos. Otro tipo de música cubana es la habanera cubana originada en la danza criolla.

Después de los años 60, aparecen en Cuba nuevos ritmos como el songo y el mozambique y la Timba.

FIESTA DE BAILES LATINOS
Salsa, merengue, bachata, rumba…
Vengan este sábado a las 20:30 en El Coliseo

La salsa

Es una mezcla de rimtos caribeños, donde la influencia cubana predomina; sus ritmos se funden con el Jazz. Sus inicios se encuentran en los años 60.

Como *antecedentes*[3] de la salsa encontramos:

- *Contradanse*, que se bailaba en la corte de Versalles, de ahí pasó a la corte española que la llevó a Haití con el nombre de Contradanza y como tal pasó a La Habana.
- Los ritmos africanos de los esclavos en sus ritos religiosos.
- Los ritmos salseros los llevó la inmigración procedente de Haití a Cuba.

Extraído de www.cosasdelcaribe.es

---

[1] origen
[2] conjunto de sonidos combinados con armonía (cognado con el inglés)
[3] algo que procede o viene antes

 La bachata y la cultura dominicana

La bachata es una música popular dominicana autóctona, que ganó popularidad en los años 60, teniendo como base las músicas latinoamericanas tocadas con guitarra, como bolero, ranchera y son.

Al principios del siglo XX fue un baile del campo, sumamente ligado a las comunidad rurales. Desde un principio aparecieron sectores aficionados a la bachata, las trabajadoras domésticas, guardias, campesinos y peones, entre otros. Puede señalarse que en estos grupos sociales, la música es síntesis de cientos de años de vivencias en la marginalidad.

En relación con ellos fue que surgieron distintas denominaciones para la bachata, con sentido peyorativo, tales como "música de guardia", "canciones de amargue", o "discos de vellonera". A todas estas denominaciones se les consideraba "bajas" por su origen social de plebeyos, inmorales, indecentes, impuras y pecaminosas.

De estos orígenes la bachata se popularizó y ganó una audiencia dominicana mucho más urbana y después, mundial.

La bachata reproduce el mismo espíritu melancólico, nostálgico y de animosidad amorosa de otras expresiones musicales latinoamericanas, donde se combina la animosidad pasional (amor-desamor) con la nostalgia del migrante.

Adaptado de es.wikipedia.org y www.educando.edu.do

Juan Luis Guerra es un artista dominicano famoso por su obra musical y por haber lanzado la bachata al escenario mundial.

En 1989 produjo el álbum Bachata Rosa, alcanzando récords de ventas en el país y en el ámbito internacional. Este álbum contribuyó a explotar el ritmo a nivel mundial. La bachata ahora goza de popularidad en lugares como Alemania, España, Holanda, México, Estados Unidos y muchos más países.

C Después de leer, conversa con un compañero:

- ¿Por qué son una fusión de varias culturas los bailes del Caribe?
- ¿Cómo refleja la música las perspectivas culturales?

 D Al ver los videos: Al ver cada baile, através de los enlaces que se presentan en la guía digital, escribe los adjetivos que emplearías para describirlo. Al lado, anota tu reacción: ¿te gustó? ¿Por qué sí o por qué no?

Baile	Adjetivos	Tu reacción personal

E Después de ver los videos

1. Trabaja con un compañero para completar las siguientes comparaciones usando el organizador de comparaciones:
   - en qué se diferencian o se parecen los bailes que has visto
   - qué semejanzas y diferencias hay con otros tipos de baile que conocen de los Estados Unidos

 2. **Tuitear:** Expresa tu conocimiento y reacción a cada baile en un Tuit de 140 caracteres o menos.

_____ #merengue
_____ #salsa
_____ #son
_____ #bachata
_____ #bolero

Sammy Ayala, un cantante puertorriqueño de salsa y merengue, toca el güiro, un instrumento típico del Caribe.

 **¡Te toca a ti!**

Opción 1:
Hay muchos otros tipos de bailes del mundo hispano que no has podido conocer en esta actividad. Sigue las instrucciones de tu profesor/a para investigar en Internet y buscar más información sobre otro tipo de baile. Después, lo presentarás a la clase. Visita la guía digital para encontrar apoyo adicional.

Opción 2:
En este hilo ya has visto ejemplos de manifestaciones artísticas: exhibiciones de música, pinturas, cuentos, murales y baile. Además sabes de otros tipos de arte como la fotografía, el drama (teatro), el rap, los dibujos animados, etc. Te toca a ti presentar un arte que te gusta a ti. Puede ser un talento que tienes tú o un interés personal. Comparte tu idea con tu profesor/a y comunícale si hay un compañero con quien quisieras colaborar ya que comparten el mismo talento/interés. Visita la guía digital para encontrar apoyo adicional.

Hilo 8 Evaluación final – *Bienvenidos al Museo Tejidos*

Preguntas esenciales:

- ¿Cómo se puede interpretar y reinventar el arte de otra persona?
- ¿Cómo interpretan los artistas la realidad y la fantasía en sus obras?
- ¿Cómo refleja el arte las perspectivas culturales?

Contexto:

El Museo Tejidos quiere crear una exhibición de arte del mundo hispanohablante, El comisario (curador) encargado de la exhibición ha contratado a un grupo de jóvenes bilingües para elegir y presentar el arte. Te toca participar no sólo en la selección de una obra de arte como un comisario asistente, sino también aportar tu propia interpretación personal. Juntos, demostrarán al público la riqueza del arte de las culturas hispanas. **¡A tejer!**

1- Museo el Prado, Madrid

2- Museo de Bellas Artes, Distrito Federal, México

3- Instituto de arte de Chicago

Preguntas para hacer al artista:

¿Cuál fue su propósito en…?

Si pudiera hacerlo de nuevo, ¿qué…?

¿Qué semejanzas y diferencias ve Usted entre…?

¿Qué quiso comunicar / demostrar…?

¿Qué usó Usted para…?

◀ ▶ | | Search 🔍

Bienvenidos al Museo TEJIDOS

INICIO | INFORMACIÓN | EXPOSICIONES | ANIMACIÓN | EDUCACIÓN | PUBLICACIONES

Museo Tejidos

OBRAS MAESTRAS
COLECCIÓN PERMANENTE
VISITA VIRTUAL
AMIGOS DEL MUSEO

facebook **twitter**

Actividades Actuales

BIENVENIDOS

¡Atención jóvenes bilingües! El Museo Tejidos va a estrenar una exhibición dentro de dos semanas y necesitamos tu ayuda. La exhibición, *Arte del Mundo Hispano: nuevas interpretaciones,* tiene el propósito de presentar el arte de los países hispanohablantes interpretado por los jóvenes de nuestra comunidad. Los curadores asistentes elegirán una obra de arte para ser incluida en la exhibición. La exposición persigue describir la perspectiva cultural que comunica el artista en su obra. Se pueden presentar obras de cualquier modalidad artística. Cada participante deberá incluir en su obra lo siguiente:

- Información acerca del artista y la obra de arte que se interpreta
- Interpretación de la perspectiva cultural de la obra escrita por el joven participante en el concurso.

Tu trabajo para entregar al museo tendrá dos partes:

Parte I: La presentación de una obra de arte del mundo hispano.

Además de una explicación de la obra con información acerca del artista, también presentarás tu análisis de la obra: ¿Qué mensaje quiso comunicar el artista con esta obra?

Parte II: Tu interpretación personal de la obra

Como el museo quiere presentar el arte "visto por los jóvenes" harás otra versión de la obra que se presentará junto con el original en el museo. También se acompañará con una placa que describa tu interpretación de la obra. Debes explicar todo el proceso creativo que seguiste para hacer tu obra.

En la exhibición del museo, tendrás la oportunidad de hacer preguntas a otros comisarios-artistas y responder a las que te hacen. Visita la guía digital para encontrar apoyo adicional.

Introducción

Tipos de arte:

alfarería, la - arte y técnica de fabricar objetos de barro

artesanías, las - arte popular hecho a mano

autorretrato, el - retrato (pintura, dibujo, fotografía) que una persona hace de sí misma

ballet, el - baile, danza

cerámica, la - arte creado con barro, loza o porcelana

cine, el - arte de las películas

circo, el

danza, la - baile

dibujar - pintar, ilustrar

escultura, la - arte de modelar, tallar o esculpir en yeso, barro, piedra, madera o en otro material

grabado, el - se usa en relieve para grabar figuras, imágenes o letras sobresalientes sobre otra superficie

mural, el

música, la

ópera, la

pintura, la

teatro callejero, el - teatro que se lleva a cabo en la calle o en otros lugares públicos

zarzuela, la - comedia o drama musical en el que se canta y habla

Antes de empezar

Cómo describir el arte:

abstracto

balance, el - equilibrio

clásico

color

concreto

contraste

espacio negativo, el - en las artes, el espacio vacío alrededor de una figura

figuras, las - siluetas, imágenes, formas

influencia, la

inspiración, la

manejo del color, el - cómo se usa el color

movimiento, el - cambio de posición o de lugar de algo, desarrollo y propagación de una tendencia artística

naturaleza muerta, la - tipo de pintura con animales muertos, alimentos, flores u otros objetos inanimados

símbolos, los

simetría, la - proporción

tablao, el - tablado o escenario dedicado al cante y baile flamencos

textura, la - sensación que produce al tacto un material al tocar o sentirlo

Actividad 1

abordan - incluyen

alfombra oculta, la - alfombra roja

complemento, el - adorno, accesorio

discográfica, la - compañía discográfica

escenario, el - plataforma (del concierto)

escenógrafo, el - el que proyecta, planifica y decora escenarios

estrella, la (persona) - persona destacada o famosa

forjar - moldear

homenaje, el - acto o serie de actos que se celebran en honor de alguien o de algo

interpretar - explicar, analizar, descifrar

narcisismo, el - fascinación con uno mismo

neoyorquino - de Nueva York

presentaciones en directo, las - presentaciones en vivo

provocador - que incita o estimula

riqueza, la - abundancia, opulencia

sentido estético, un - sentido de belleza o estilo

surrealismo, el - movimiento artístico que intenta buscar y representar una creación y realidad subconsciente, onírica (de los sueños), imaginaria e irracional más allá de la realidad física

emular - imitar

Actividad 2

atardecer, el - anochecer, crepúsculo, final de la tarde

encuentro, el - reunión

ladrar - el gritar del perro, lo que hacen los perros al emitir sonidos para comunicarse o llamar la atención

lastimada - herida

mayordomo, el - criado principal de la casa

negocios, los - transacciones

peldaños, los - escalones

puñal, el - navaja, cuchillo

recelosa - temerosa

robles, los - tipo de árbol

sangre, la - líquido rojo que corre por las arterias y venas del cuerpo humano

senda, la - camino

terciopelo, el - tela de seda muy tupida y con pelo, tela suave y fina

testigo, el - espectador, el que está presente para ver algo

trama, la - argumento, tema

Actividad 3

agachado - inclinado

desamparado - abandonado, desvalido, indefenso

desgracia, la - adversidad, tristeza

engaño, el - truco, traición

explotación, la - abuso que uno sufre para beneficio de otros huelga, la - protesta de trabajadores que se caracteriza por un paro voluntario de la actividad laboral

machete, el - cuchillo grande

malcriado - mimado, descortés, maleducado

obrero, el - trabajador

oprimir - negar libertad o derechos a alguien

osadía, la - audacia, valentía

pesticida, el - producto químico que se usa para matar insectos o plantas perjudiciales

sostén, el - apoyo

tenacidad, la - persistencia

Actividad 4

Cómo describir el baile:

movido - rápido

tiene un ritmo - tiene una cadencia, sigue un compás o una métrica, tiene armonía

lento - sin rapidez

suave - tranquilo, delicado, sutil

sensual - romántico

exótico - de lugares remotos, extravagante

complicado - difícil

pasos, los - cada avance en un proceso, movimiento de los pies con que se avanza al andar o bailar

ligado - atado, unido

procedencia, la - origen

antecedentes, los - precedentes

fusión, la - combinación, mezcla

Identidades personales y públicas

LOS HÉROES NOS INSPIRAN

¿A quién admiras tú?

EL MUNDO ES UN PAÑUELO

¿Cómo te identificas tú?

Héroes y personajes históricos

Preguntas esenciales

- ¿Cómo expresan los seres humanos su identidad en diversas situaciones?

- ¿Cómo puede un individuo contribuir a definir la identidad de una nación?

Simón Bolívar, Don Quijote, Eva Perón, Rigoberta Menchú, Federico García Lorca, Cesar Chávez, Gabriel García Márquez, Rubén Darío, Moctezuma, Julia de Burgos, José Martí, ¿qué tendrán en común? Todos los países y culturas del mundo tienen una historia rica de héroes y personajes que han transformado sus naciones o han contribuido algo significante a su respectiva cultura. Estos héroes y personajes han sido inmortalizados en la historia y siguen jugando un papel influyente en sus respectivos países o en el mundo.

Introducción

¿Reconoces a estos íconos del mundo hispanohablante?

Comprueba tu conocimiento de los hispanos más conocidos de la sociedad, historia, política y culturas del mundo hispanohablante.

A **Adivina quién es:** Éste es un juego para ver cuánto sabes de los personajes más influyentes del mundo hispanohablante. Mira las imágenes y escribe todo lo que sepas de cada individuo o grupo. Ganarás puntos por cada detalle que sepas. Recuerda que debes seguir las reglas para ganar puntos. La persona que reciba más puntos es el ganador. ¡Suerte!

Cómo ganar puntos:

- País natal: 1 punto (un punto adicional si identificas el país de residencia).
- Profesión/trabajo: 1 punto
- Contribución a la sociedad: 1 punto
- Nombre y apellido (si no se incluye en la imagen en esta página): un punto

Antes de empezar

¿Cómo han influido en la historia los héroes y personajes públicos?

En la introducción al hilo, evaluaste tu conocimiento sobre algunos hispanohablantes importantes. En esta actividad, vas a profundizar tu conocimiento sobre los héroes y personajes históricos que han influido la cultura del mundo hispanohablante.

A **Investiga en la Red** algunos de los personajes de la introducción de quienes no sabías mucho. Busca en Internet información acerca de estas personas y completa el organizador en la guía digital. Después, busca información acerca de estas los siguientes individuos.

Gabriela Mistral   Diego Rivera   Miguel Hidalgo   Rita Moreno

Emiliano Zapata   Dolores Huerta   Rubén Darío   Alicia Alonso   Severo Ochoa

B **Compara** con un compañero los organizadores que tú y tu compañero completaron durante la investigación. Si tu compañero encontró información o detalles diferentes o más interesantes, añade la información a tu organizador. Sigue la conversación comentando sobre los siguientes temas:

- los personajes de la lista que ya conocías
- quién es la persona que te interesa más
- qué te impresiona de la diversidad de los individuos, sus países de origen y su impacto en la sociedad

C **Radioemisión:** Para celebrar el mes de la herencia hispana, tu clase va a grabar unas breves radioemisiones sobre héroes y personajes históricos hispanohablantes para compartir con el canal de radio local en español en tu ciudad. Escoge una de las personas que investigaste en la introducción o en esta actividad y sigue los siguientes pasos:

1. Prepara una biografía breve del personaje y su impacto en la sociedad. Grábala para ponerla en la radio.

2. Debes incluir su nombre, país de nacimiento, país de residencia, año de nacimiento (y de muerte si se aplica) y su contribución a la sociedad.

¿Cómo expresan los seres humanos su identidad en diversas situaciones?

¿Cómo cambiamos nuestro comportamiento para cumplir con las expectativas de los demás?

Cuando presentas una parte de ti, ¿qué piensas que los demás esperan ver? Se dice que uno lleva "máscaras" cuando esconde quién es en realidad y finge ser algo diferente. Según la situación, nos adaptamos a nuestro ambiente y a veces, elegimos sólo mostrar una parte de nuestra personalidad. La autora puertorriqueña del poema que vas a leer, Julia de Burgos, describió esta experiencia en su obra literaria. En esta actividad, vas a explorar la cuestión de por qué y cuándo usamos máscaras al analizar su poema, "A Julia de Burgos".

A **Antes de leer**

1. Reflexiona en tu diario acerca de estas preguntas:
   - ¿Con quién o quiénes en tu vida puedes ser tú mismo/a y no preocuparte?
   - ¿Cuándo o en qué situaciones sientes presión para cambiar quién eres en verdad o fingir ser alguien diferente?
   - ¿Qué "máscaras" llevas? ¿Cuándo o con quiénes?

2. Con dos o tres compañeros, conversen de lo siguiente:
   - ¿Por qué cambia la gente para complacer a los demás?
   - ¿En qué situaciones es más fácil ser tú mismo/a? ¿Cuándo es difícil fingir ser diferente?
   - ¿Todos hacemos esto? ¿Por qué?

B **Al leer el poema:** Se dice de la poesía que un poeta puede expresarse, por su obra escrita al dejar que su corazón y alma hablen a través de sus versos. En el poema que vas a leer, "A Julia de Burgos", la poeta Julia de Burgos dirige el poema a sí misma. La voz que habla en el poema (la voz poética) es su interior y critica a su exterior.

1. **Cuando leas por primera vez,** escucha la narración y presta atención al tono del poema. ¿Está enojada la voz que habla? ¿Es paciente o impaciente? ¿Es crítica, entusiasta o neutral?

2. **Cuando leas por segunda vez,** presta atención al contraste que Julia de Burgos hace entre sus pensamientos íntimos y su comportamiento público. Utiliza el organizador de T en la página siguiente (que se encuentra también en la guía digital) para anotar esos contrastes. Recuerda que la autora escribió este poema para sí misma y su interior (alma, espíritu, la verdadera Julia) y habla a su exterior (la "máscara"). ¿De qué manera son diferentes?

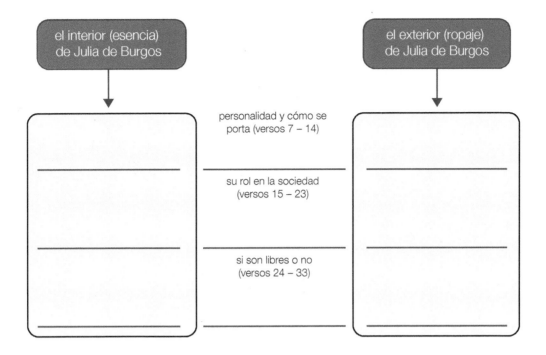

el interior (esencia)
de Julia de Burgos

el exterior (ropaje)
de Julia de Burgos

personalidad y cómo se
porta (versos 7 – 14)

su rol en la sociedad
(versos 15 – 23)

si son libres o no
(versos 24 – 33)

"A Julia de Burgos" por Julia de Burgos

Ya las gentes murmuran que yo soy tu enemiga
porque dicen que en verso doy al mundo tu yo.

Mienten, Julia de Burgos. Mienten, Julia de Burgos.
La que *se alza* en mis versos no es tu voz: es mi voz,
5   porque tú eres *ropaje* y la esencia soy yo;
y el más profundo abismo se tiende entre las dos.

Tú eres fría muñeca de mentira social,
y yo, *viril destello* de la humana verdad.

Tú, miel de *cortesanas* hipocresías; yo no;
10   que en todos mis poemas desnudo el corazón.

Tú eres como tu mundo, *egoísta*; yo no;
que todo me lo juego a ser lo que soy yo.

Tú eres solo la grave señora señorona;
yo no; yo soy la vida, la fuerza, la mujer.

15   Tú eres de tu marido, de tu amo; yo no;
yo de nadie, o de todos, porque a todos, a todos,
en mi limpio sentir y en mi pensar me doy.

Tú te rizas el pelo y te pintas; yo no;
a mí me riza el viento; a mí me pinta el sol.

20   Tú eres dama casera, *resignada, sumisa*,
atada a los prejuicios de los hombres; yo no;
que yo soy Rocinante corriendo *desbocado*
olfateando horizontes de justicia de Dios.

25 Tú en ti misma no mandas; a ti todos te mandan;
en ti mandan tu esposo, tus padres, tus parientes,
el cura, la modista, el teatro, el casino,
el auto, *las alhajas*, el banquete, el champán,
el cielo y el infierno, y el qué dirán social.

30 En mí no, que en mí manda mi solo corazón,
mi solo pensamiento; quien manda en mí soy yo.

Tú, flor de aristocracia; y yo, la flor del pueblo.
Tú en ti lo tienes todo y a todos se lo debes,
mientras que yo, mi nada a nadie se la debo.

35 Tú, clavada al *estático* dividendo ancestral,
y yo, un uno en *la cifra* del divisor social,
somos el duelo a muerte que se acerca fatal.

Cuando las multitudes corran alborotadas
dejando atrás cenizas de injusticias quemadas,
y cuando con la tea de las siete virtudes,
40 tras los siete pecados, corran las multitudes,
contra ti, y contra todo lo injusto y lo inhumano,
yo iré en medio de ellas con la tea en la mano.

---

se alza (4) – sube / surge

ropaje (5) – la ropa exterior; en este poema, lo exterior / público de Julia de Burgos

viril (8) – del varón; que tiene la fuerza, el valor asociado con el hombre

destello (8) – un rayo de luz

cortesanas (9) – miembros de la corte, que está a servicio del monarca (el rey)

egoísta (11) – enfocado en ti mismo, sin ganas de ayudar o de pensar en los demás

resignada (20) – conformada con algo negativo, aceptándolo sin luchar contra ello

sumisa (20) – que se somete o acepta estar bajo el control de otro

desbocado (22) – sin estar bajo el control de otros

olfateando (23) – oliendo

alhajas (27) – joyas

estático (34) – que permanece en un mismo estado, sin experimentar un cambio

la cifra (35) – el número

¡Tu opinión cuenta!

Repasa la información que sigue con un compañero, leyéndola en voz alta. Para cada pregunta, compartan sus opiniones:

1. El verso 6 menciona un *abismo*, o sea un gran hueco. ¿Quiénes son "las dos" en este verso? Resume el verso 6 en tus propias palabras.

2. ¿Cómo cambian la apariencia de cada mujer, la interior y la exterior? Refiéranse a los versos 18-19. ¿Qué te parece mejor: arreglarse o ser "natural"? Explica.

3. En línea 22, *Rocinante* es el caballo del famoso caballero Don Quijote de la Mancha. ¿Por qué se utiliza así en el poema para describir la esencia de una persona?

4. En verso 28 la poeta se refiere a *el qué dirán social*. El qué dirán es el miedo o preocupación por lo que dirá otra gente. ¿Cómo nos puede controlar o "mandar" este miedo? Da ejemplos.

5. En los versos 29-30 la autora emplea *dividendo y divisor*, terminologías de matemáticas, 4 (el dividendo) ÷ 2 (el divisor) = 2. ¿Qué significan estos versos?

6. ¿A cuál de las dos Julia de Burgos te gustaría conocer? ¿Por qué?

 C Después de leer el poema

 1. **¿Qué entendiste?** Contesta estas preguntas, refiriéndote siempre al poema para encontrar la mejor respuesta. Después, comparte tus respuestas con un compañero. Comparen y contrasten sus respuestas.

a. ¿A quién dirige Julia de Burgos el poema?

b. En tus propias palabras, ¿cuál es la diferencia entre "el ropaje" y "la esencia?"

c. ¿Qué significan los versos 9-10? ¿Qué están comparando?

d. En tus propias palabras, resume la idea que expresa Julia de Burgos en los versos 11 al 12.

e. En la séptima estrofa (versos 15-17), ¿qué quiere decir que "tú eres de tu marido"?

f. ¿Por qué es "sumisa" el ropaje? ¿Por quién(es) acepta ser controlada?

g. Explica la lista que se presenta en los versos 25 al 28. ¿Con qué relacionas esta lista de personas y objetos?

h. En tus propias palabras, describe la comparación que hace la autora en los versos 24 - 30. Usa la tercera parte de tu organizador para ayudarte.

i. ¿Qué representan "la aristocracia" y "el pueblo"? (verso 31)

Para la época en la que vivía (entre los años 1914-1953), **Julia de Burgos** tuvo una vida poco común: trabajó de periodista y maestra, se casó dos veces, se divorció y vivió públicamente con un amante antes de casarse con su segundo esposo. De niña su familia era pobre y como maestra enseñó en zonas pobres. Con otros autores políticos, fue parte de un movimiento literario "Negritude" que pretendía rechazar lo europeo y celebrar la influencia africana en las obras escritas por autores caribeños.

Durante su vida luchó contra el alcoholismo y la depresión. Al final, murió a los 39 años en las calles de Harlem y nadie pudo identificarla por un mes. Después de su muerte, muchos políticos, escritores y artistas la honraron y la llevaron a Puerto Rico para enterrarla. Su obra se hizo más conocida póstumamente.

  2. **Repasar una selección**

a. Con un compañero, considera esta información junto con la selección del poema en la página siguiente: En los últimos siete versos del poema, la autora hace una alusión bíblica. Se refiere a la escena del Apocalipsis o del fin del mundo.

somos el duelo a muerte que se acerca fatal.

Cuando las multitudes corran *alborotadas*[1]

dejando atrás *cenizas*[2] de injusticias quemadas,

y cuando con *la tea*[3] de las siete virtudes,

tras los siete *pecados*[4], corran las multitudes,

contra ti, y contra todo lo injusto y lo inhumano,

yo iré en medio de ellas con la tea en la mano.

---

[1] agitados, desordenados
[2] residuo después de quemar algo

[3] antorcha como se usa en los Juegos Olímpicos

[4] transgresiones

b. Con el mismo compañero, conversen juntos sobre lo siguiente:
- ¿Por qué es un "duelo a muerte?"
- Describe en tus propias palabras la escena que pinta Julia de Burgos en la última estrofa. ¿Hay una resolución o una ganadora?
- Conecta estos últimos versos con lo que leíste en la página anterior sobre el fin de la vida de la autora. ¿Puedes plantear una teoría sobre su vida basada en este poema?

3. **Representaciones artísticas:** La Fundación Nacional para la Cultura Popular en San Juan, Puerto Rico solicita representaciones de la identidad de una de sus autoras más famosas, Julia de Burgos. Crea una imagen de ella que muestre las "dos" Julias. Puedes empezar con esta imagen. Visita la guía digital para utilizar la imagen.

Opción 1:
Un diálogo entre las dos Julias: Crea un diálogo entre las dos Julias de Burgos. ¿Quién comenzará la conversación, qué dirán? Ambas se pueden hacer y responder preguntas, debatir un tema, llegar a un acuerdo – tú decides. Cada Julia deberá hablar por lo menos ocho veces.

Opción 2:
Un diálogo entre las dos partes de ti mismo/a: Si tienes un interior y exterior ¿qué se dirían uno al otro? Igual que la primera opción, tú decides el tema y contenido de la conversación y quién comienza. Cada parte de ti deberá hablar por lo menos ocho veces.

Opción 3:
Una carta al ropaje / a la esencia: Si pudieras escribir una carta al ropaje o a la esencia de Julia de Burgos, ¿a cuál escribirías? Decide y redacta una carta escrita en un registro informal. Tu carta debe incluir por lo menos diez oraciones completas.

¿Cuál es el legado que nos dejó Lorca?

Federico García Lorca es otro autor famoso cuya obra se puede relacionar claramente con su identidad y biografía. En la actualidad Federico García Lorca es el poeta y dramaturgo español más leído de todos los tiempos.

Aunque la biografía de Lorca es extensa a pesar de haber vivido solamente 38 años, esta actividad se enfocará en los últimos años de su vida que culminó trágicamente en 1936. En esta época, el célebre dramaturgo habló del papel del teatro en la educación de los pueblos y llevó su amor por el teatro a todas las clases sociales españolas a través de su compañía teatral. Para concerlo mejor, escucharás uno de sus poemas,"La guitarra", que refleja el dolor que siente el pueblo español.

> **¿Sabías que?**
>
> Las obras de Lorca fueron censuradas durante la dictadura de Franco 1939-1976. Los libros se consideraban perjudicales.

A **Antes de leer:** ¿Qué sabes de los siguientes temas? En un grupo de 3 o 4 compañeros, usen el organizador en la guía digital para anotar lo que saben de estos nombres, lugares y fechas dentro del contexto de la vida de Federico García Lorca.

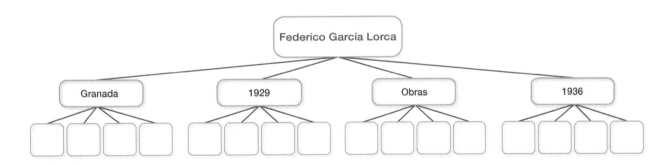

¿Qué sabes de...?	
Federico García Lorca	1898
Andalucía	1929
Granada	1936
Los gitanos	Los nacionales / derechistas
La Guerra Civil española	Los republicanos / liberales
"Bodas de sangre"	Francisco Franco
"La casa de Bernarda Alba"	Los falangistas
El flamenco	Alfonso XIII

El poeta y dramaturgo español **Federico García Lorca** es conocido por ser el portavoz de la gente durante una época turbulenta entre 1918, cuando publicó su primer libro de poesías, hasta su asesinato en 1936. El prolífico escritor publicó poesías y teatro que trataba los temas del amor, la muerte y el deseo además de la identidad y la creación artística. Conoció y colaboró con los grandes artistas y escritores de esa época en España y en Latinoamérica, entre ellos, el compositor musical Manuel de Falla, los poetas Juan Ramón Jiménez, Pablo Neruda, Nicolás Guillén y Walt Whitman, el artista Salvador Dalí y el guitarrista Andrés Segovia.

B **Al leer** sobre los últimos años de la vida de Lorca, 1934-1936, continúa completando el organizador con información sobre esta época.

BIOGRAFÍA de los últimos dos años de la vida de Federico García Lorca

Federico García Lorca nació el 5 de junio de 1898 en Fuente Vaqueros, un pueblo en las afueras de Granada, Andalucía, en el sur de España. Desde que Federico empezó a escribir poesías en 1918, su talento prolífico tuvo mucho éxito como poeta y dramaturgo aunque también poseía talento musical. Un viaje a las Américas, Nueva York y Cuba, en 1929 ayudó a Lorca confrontar su crisis personal y *recobrar sus fuerzas*[1] contra la depresión. Después de pasar una temporada en Argentina estrenando sus obras dramáticas en el teatro de Buenos Aires, Federico García Lorca volvió a España, en abril de 1934, a la edad de 36 años.

Vivió los próximos dos años, 1934-1936, de manera intensa terminó nuevas obras (*Yerma, Doña Rosita la soltera, La casa de Bernarda Alba* y "Llanto por Ignacio Sánchez Mejías"); revisó libros ya escritos (*Poeta en Nueva York*); hizo una larga visita a Barcelona para dirigir sus obras y meditó con ilusión sobre proyectos futuros, que iban a incluir obras de teatro sobre temas sexuales, sociales y religiosos.

Muere su amigo Ignacio Sánchez Mejías en una corrida de toros

En sus entrevistas y declaraciones de 1934 a 1936, insistió Lorca, más que nunca, en la responsabilidad social del artista, especialmente en la del dramaturgo, pues éste podía "poner en evidencia *morales viejas o equivocadas*[2]". Ya se *entrega*[3] a la idea de que el escenario del teatro llega a un público más amplio que la lectura de un libro de poesías. En 1935, cuando se hizo una representación especial de *Yerma* , Federico salió al escenario para defender su visión del teatro de "acción social":

> "Yo no hablo esta noche como autor ni como poeta... sino como ardiente[4] apasionado del teatro y de su acción social. El teatro es uno de los más expresivos y útiles instrumentos para la educación de un país y el barómetro que marca su grandeza o su descenso. Un teatro sensible y bien orientado en todas sus ramas, desde la tragedia a la comedia, puede cambiar en pocos años la sensibilidad de un pueblo... El teatro es una escuela de llanto y de risa y una tribuna libre donde los hombres pueden poner en evidencia morales viejas o equivocadas y explicar con ejemplos vivos normas eternas del corazón y el sentimiento del hombre".

Mientras pronunciaba Federico estas palabras, *Yerma* era atacada por *la prensa*[5] de derechas como obra "inmoral" y "pornográfica".

El ambiente de Madrid, en estos dos años, se había vuelto cada vez más intolerante y violento: España parecía al borde de una guerra civil.

La casa de Bernarda Alba, su "drama de la sexualidad andaluza", casi lo había terminado en mayo de 1936 cuando el poeta estaba a punto de cumplir 38 años. Según él no había alcanzado todavía la madurez y se consideaba todavía *un novato*[6]. Su obra apenas estaba comenzando.

¿Por qué asesinaron a García Lorca en Granada en 1936?

La situación política en Madrid y en toda España se había vuelto insostenible. Se hablaba de la posibilidad de un golpe miliar y en las calles de la capital se vivieron numerosos actos de violencia, desde *la quema*[7] de iglesias hasta los asesinatos políticos.

Aunque Federico García Lorca detestaba la política partidaria y resistió la presión de sus amigos para que se hiciera miembro del Partido Comunista, era conocido como liberal. La popularidad de Lorca y sus numerosas declaraciones a la prensa sobre la injusticia social, le convirtieron en un personaje antipático e incómodo para la derecha.

Intuyendo que el país estaba al borde de la guerra, el 14 de julio Lorca decidió marcharse a Granada para reunirse con su familia a la Huerta de San Vicente.

El 17 de julio *estalló*[8] en Marruecos la *sublevación*[9] militar (derechistas) contra la República (liberales), y desde Canarias, Francisco Franco proclamó el *Alzamiento*[10] Nacional. Para el día 20, el centro de Granada estaba en manos de las fuerzas falangistas (derechistas extremistas).

Dándose cuenta de que sería peligroso quedarse en la Huerta de San Vicente, Lorca intentó llegar a la zona republicana de Granada: por instalarse en casa de su amigo Manuel de Falla, cuyo renombre internacional parecía ofrecerle protección, o alojarse en casa de la familia Rosales, en el centro de la ciudad. Esta última opción fue la que escogió Lorca, pues tenía una relación de confianza con dos de los hermanos del poeta Luis Rosales, que eran destacados falangistas.

La tarde del 16 de agosto de 1936, Lorca fue detenido en casa de los Rosales por un derechista fanático, que sentía un profundo *odio*[11] por el poeta. Según Ian Gibson, biógrafo de Federico, se sabe que esta detención "fue una operación de magnitud. Se rodeó de guardias y policías *la manzana*[12] donde estaba ubicada la casa de los Rosales, y hasta *se apostaron*[13] hombres armados en los tejados contiguos para impedir que pudiera escaparse la víctima" [Federico García Lorca, vol. II, p. 469].

Lorca fue trasladado al Gobierno Civil de Granada, donde quedó bajo la custodia del gobernador. Entre los cargos contra el poeta – figuraban el "ser espía de los rusos, estar en contacto con éstos por radio y ser homosexual [Federico García Lorca, vol. II, p. 476]. Fueron inútiles los varios intentos de salvar al poeta por parte de los Rosales y más tarde, por Manuel de Falla.

Sea como fuera, el poeta fue llevado al pueblo de Víznar junto con otros detenidos. Después de pasar la noche en una cárcel improvisada, lo trasladaron en un camión hasta un lugar en la carretera entre Víznar y Alfacar, donde lo *fusilaron*[14] antes del amanecer.

Aunque no se ha podido fijar con certeza la fecha de su muerte, Gibson supone que ocurrió en la madrugada del 18 de agosto de 1936. En documentos oficiales expedidos en Granada puede leerse que Federico García Lorca "falleció en el mes de agosto de 1936 a consecuencia de heridas producidas por hecho de guerra".

Adaptado de Christopher Mauer
"Una vida en breve"
Fundación de Federico García Lorca

---

[1] recuperar su energía
[2] creencias anticuadas o erróneas
[3] se dedica
[4] apasionado
[5] periódicos
[6] principiante
[7] el incendio
[8] explotó
[9] rebelión
[10] insurrección
[11] aborrecimiento
[12] cuadra
[13] se situaron
[14] asesinaron

Guernica, un pueblo español que los alemanes destruyeron en la Guerra Civil, es un gran mural pintado por Pablo Picasso en tonos de blanco, negro y gris. Fue realizado por encargo del Gobierno de la República Española para ser expuesto en la Exposición Internacional en Paris para que el mundo viera la interferencia de los alemanes e italianos en la política de España. El Guernica simbolizó el sufrimiento del pueblo español a las manos de los derechistas. Aunque los liberales ganaron las elecciones de 1936 los militares no aprobaron las elecciones y hubo un golpe militar que hizo estallar la Guerra Civil el 17 de julio de 1936. Los derechistas ganaron la guerra y como jefe del ejército Francisco Franco estableció una dictadura militar de 1939 hasta su muerte en 1975.

 C **Después de leer,** evalúa la situación en la que se encontraba Lorca al final de su vida. Aporta tu opinión sobre uno de los siguientes temas escribiendo por lo menos 8 oraciones y después compártela con la clase.

- La falta del derecho de "libertad de expresión" en España en la época de Lorca...
- Si Lorca no hubiera criticado los valores anticuados y erróneos en sus obras de teatro...
- Si Lorca hubiera vivido hoy...

USO DEL LENGUAJE EN CONTEXTO: Adverbios

Hay varios tipos de adverbios: la mayoria describen *cómo (de modo), dónde (lugar), cuándo (tiempo), cuánto (cantidad)* o los que expresan *afirmación, duda, orden y negación.* Otras son expresiones adverbiales: ***de pronto, en fin, a menudo, tal vez***

a. La vida de Lorca culminó ***trágicamente*** en 1936. (Los adverbios que terminan en –*o* cambian a la forma feminina antes de añadir -*mente*).

b. Lorca llegó a la casa de sus amigos ***nerviosa y ansiosamente***. (Si hay dos adverbios, sólo lleva –*mente* el último adverbio).

c. Salió ***en seguida***. (tiempo)

d. España parecía ***al borde*** de una guerra civil. (modo)

e. Fueron inútiles los varios intentos de salvar al poeta por parte de los Rosales y, más ***tarde***, por Manuel de Falla. (tiempo)

f. Lo llevaron ***afuera.*** (lugar)

g. ***Entonces*** lo llevaron al pueblo de Viznar. (tiempo)

 D **Antes de escuchar y leer "La guitarra", un poema de Lorca,** echa un vistazo al poema fijándote en las palabras que se repiten, anotándolas en tu diario. "La guitarra" aparece en una de sus primeras publicaciones, *Cante jondo*, poemas que se refieren a la vida dolorosa de los gitanos en Andalucía.

E **Al escuchar** el poema "La guitarra", fíjate en qué sientes al escuchar el ritmo y el tono del poema: tristeza, felicidad, dolor, confusión, etc. ¿Qué en el poema te da esa sensación? Anota tus sentimientos y reacciones en tu diario.

"La guitarra" por Federico García Lorca

Empieza el *llanto*[1]
de la guitarra.
Se rompen *las copas*[2]
de la *madrugada*.[3]
Empieza el llanto
de la guitarra.
Es inútil
callarla.
Es imposible
callarla.
Llora monótona
como llora el agua,
como llora el viento
sobre la nevada.
Es imposible
callarla.
Llora por cosas

lejanas.
Arena del Sur caliente
que pide *camelias*[4]
blancas.
Llora *flecha*[5] sin *blanco*[6],
la tarde sin mañana,
y el primer pájaro muerto
sobre la rama.
¡Oh guitarra!
Corazón malherido
por cinco *espadas*[7].

[1] lamento
[2] vasos
[3] amanecer
[4] arbusto con flores blancas
[5] arma con una punta
[6] el centro / gol
[7] estoque de hierro (lo que usa el matador)

F **Después de leer,** analiza el poema contestando las preguntas e investiga la información que no sepas.

1. ¿Qué significado histórico o cultural tiene la guitarra? ¿Qué sabes de la música y danza de Andalucía?
2. ¿Qué puede simbolizar la guitarra? ¿Por qué es la guitarra una metáfora apropiada?
3. ¿Recuerdas la diferencia entre versos y estrofas? Explica la diferencia.
4. ¿Cuál es el tono del poema y qué palabras o versos crean ese tono en tu opinión?
5. Lorca no expresa el dolor explícitamente sino que usa metáforas para comunicar su mensaje. Explica "llora flecha sin blanco", "la tarde sin mañana" y "primer pájaro muerto sobre la rama".
6. ¿Cómo es una guitarra un "corazón malherido por cinco espadas" en un sentido literal y en un sentido metafórico? ¿Cómo puedes conectar esta última imagen con los gitanos?

 ¡Tu opinión cuenta!

"La guitarra" fue escrito en 1931, unos cinco años antes de la muerte de Lorca. ¿Cómo expresó García Lorca una parte de su identidad en este poema a base de la situación política de esa época? Anota tu opinión y justifícala en tu diario para compartir con tus compañeros después.

¿Cómo puede un individuo contribuir a definir la identidad de una nación?

¿Cómo se convirtió Eva Perón en una leyenda?

Eva Duarte Perón, esposa del presidente argentino Juan Perón, se convirtió en una leyenda después de servir a los humildes, las mujeres y los "descamisados", de 1935 hasta su muerte en 1952. Pero ¿cómo alcanzó su popularidad esta mujer que solamente vivió 33 años? En esta actividad leerás su biografía, verás un documental y darás un paseo por el museo Evita donde hay muchos artefactos de su vida para conocerla mejor. Al final, tendrás la oportunidad de investigar, analizar o crear algo sobre uno de los homenajes a su vida (como las canciones, los poemas, un tráiler de película u otro artefacto que encontrarás).

A **Al leer** la biografía de Eva Perón, anota en tu diario cuáles de estas palabras (hay más de una posibilidad) serían apropiadas para titular un párrafo de la siguiente biografía.

abanderada de los pobres	atrevida
manipuladora	carismática
polémica = controversial, controvertida	ambiciosa
endurecida = aguerrida	benefactora = humanitaria
luchadora por la justicia social	motivadora
luchadora por los derechos de las mujeres	inmortalizada

Eva Duarte Perón - ícono de la cultura y la política argentina del siglo XX

(1) Eva Duarte de Perón, hija ilegítima de Juan Duarte y de Juana Ibarguren, nació en Los Toldos, Argentina en 1919. Vivió pobremente en su pueblo natal hasta los dieciséis años cuando huyó a Buenos Aires. En la capital argentina trabajó como actriz en pequeños locales y en la radio, y a partir de 1935 comenzó a gozar de cierta popularidad, aunque sus papeles de actriz *carecían*[1] de relevancia.

(2) En tales circunstancias conoció al coronel Juan Domingo Perón, con quien inició una relación íntima y se casó en 1945. Este mismo año, Perón fue *despedido*[2] de sus *cargos* de la secretaría de Trabajo y de la vicepresidencia de la nación y fue confinado en la isla de Martín García. Eva mostró su gran energía y carisma para conectar los sectores nacionalistas del ejército *afines*[3] a su marido y con los trabajadores, que se habían beneficiado de las medidas sociales impulsadas por Perón desde su puesto en la vicepresidencia de la nación.

(3) La campaña de agitación social que *emprendió*[4] culminó el 17 de octubre, 1945, cuando miles de trabajadores, a los que ella llamó «descamisados», ocuparon el centro de Buenos Aires para exigir la libertad del político Juan Perón, en una de las mayores manifestaciones populares habidas en el país hasta entonces.

(4) Una vez liberado, Perón se presentó a las elecciones de
febrero de 1946 y obtuvo un rotundo triunfo. A pesar de la
popularidad de que gozaba, ella no aceptó ningún cargo oficial
y prefirió impulsar una política social desde la presidencia de
una fundación que llevaba su nombre. Financiada con fondos
públicos, la Fundación Eva Perón repartió ayudas sociales a los
más necesitados.

(5) Evita, como habían comenzado a llamarla las clases populares, se convirtió en el rostro
humano del régimen de su esposo. Sirvió de enlace con las organizaciones obreras,
principalmente la Confederación General del Trabajo (CGT). Su particular preocupación por
la situación de la mujer la llevó a fundar en 1949 el Partido Peronista Femenino para
promover medidas orientadas a una mejor integración de la mujer en el mercado laboral.

(6) Gracias a su intervención, la legislación laboral articulada durante la primera
presidencia del general Perón se tradujo en unas mejores condiciones de vida de
los trabajadores y de los sectores hasta entonces *marginados*[5] de la sociedad
argentina. Tampoco permaneció *ajena*[6] a la situación del pueblo español, y en
1947 viajó a España, en los peores momentos del aislamiento internacional del
régimen franquista. Su visita estuvo precedida por la concesión del gobierno
peronista al régimen español de un crédito millonario para la compra de trigo,
maíz, carne, legumbres y otros productos agrícolas.

(7) En 1951, año en que publicó su autobiografía "La razón de mi vida", la CGT la
postuló como candidata a la vicepresidencia. Sin embargo, la propuesta *topó*[7]
con la *férrea*[8] oposición de las Fuerzas Armadas, que veían en ella una
amenaza[9] en su calidad de *portavoz*[10] de la línea más radical y reivindicativa del
peronismo. Por otro lado, la propia Eva era *reacia*[11] a aceptar cargos públicos,
convencida de que la eficacia de su labor estaba en la proximidad de su relación
con la gente. Además, el conocimiento de la grave enfermedad que la
aquejaba[12] la indujo a renunciar a la candidatura en un emotivo acto en el que
se dirigió a la multitud desde el balcón de la casa de gobierno.

(8) Su muerte significó el inicio de la decadencia del régimen peronista,
que tres años más tarde fue *derrocado*[13] por un golpe militar. Para
evitar *el peregrinaje*[14] popular a su tumba, los militares *secuestraron*[15]
y trasladaron el cadáver de Eva Perón a Italia y más tarde a España.
En 1975, el gobierno de la presidenta del país, la que había sido la
tercera esposa del general, María Estela Isabel Martínez de Perón,
llevó de nuevo a Argentina los restos mortales de Eva Perón.

Extraído de: www.biografiasyvidas.com

[1] faltaban	[7] chocó	[13] vencido
[2] expulsado	[8] duro / fuerte	[14] viaje que se hace por motivos religiosos u
[3] cercanos	[9] intimidación	otros motivos especiales
[4] organizó	[10] representante	[15] confiscaron
[5] apartados	[11] adversa	
[6] lejos	[12] afligía	

B **Después de leer,** haz una cronología de la vida de Eva Perón con las
fechas dadas en la lectura. También vas a usar esta cronología para añadir más
información al mirar el documental.

Nació en1919 en un pueblo pequeño

1952 se falleció de cáncer

USO DEL LENGUAJE EN CONTEXTO: El pretérito irregular

1. Los verbos que terminan en –uir en el infinitivo (huir, concluir, incluir) tienen un cambio ortográfico en la tercera persona singular y plural de "i" a "y":

   a) Vivió pobremente en su pueblo natal hasta los dieciséis años cuando **huyó** a Buenos Aires.

2. Los verbos irregulares que siguen tienen una raíz irregular y no llevan tildes:

   a) Además, el conocimiento de la grave enfermedad que la *aquejaba* la **indujo** (inducir) a renunciar a la candidatura.

   b) La legislación laboral articulada durante la primera presidencia del general Perón **se tradujo** (traducir) en unas mejores condiciones de vida de los trabajadores.

   c) Perón se presentó a las elecciones de febrero de 1946 y **obtuvo** (obtener) un rotundo triunfo.

   d) Su visita **estuvo** (estar) precedida por la concesión del gobierno peronista al régimen español.

3. Los verbos con cambios en la raíz terminados en "ir" cambian la "e" a "i": en la tercera persona singular y plural:

   a) Eva se **convirtió** (conv**e**rtir) en el rostro humano del régimen de su esposo.

   b) **Sirvió** (s**e**rvir) de enlace con las organizaciones obreras, principalmente la Confederación General del Trabajo.

   c) Eva no aceptó ningún cargo oficial y **prefirió** (pref**e**rir) impulsar una política social desde la presidencia de una fundación que llevaba su nombre.

   ¿Puedes pensar en otro verbos que siguen sacar "los" estos patrones de conjugación?

C **Al ver el documental por primera vez,** escucharás las siguientes fechas, anota lo que pasó ese año en la vida de Evita Perón. Hemos empezado las primeras para ti:

- junio, 1947: Gira por Europa – indica unos detalles
- 3 de septiembre, 1947: El congreso aprobó…
- 22 de agosto, 1951: Le pidieron a Evita que aceptara el honor de ser…
- 30 de agosto, 1951
- 28 de septiembre, 1951
- 11 de noviembre, 1951
- 10 de mayo, 1952
- 26 de julio, 1952

D **Después de ver el documental por segunda vez,** indica si es mito o verdad cada afirmación según la información del documental.

Marca cada una de las siguientes afirmaciones como…	Mito	Verdad
1. La Fundación Eva Perón estableció una ciudad infantil, hogares de tránsito, clínicas y hospitales para los humildes.		
2. Fue motivada por las mujeres jóvenes, madres solteras y niños, pero no por las ancianas jubiladas.		
3. Eva no vivió para ver a las mujeres votar en las elecciones por primera vez en la historia de la Argentina.		
4. Eva luchaba por los derechos de los obreros, los descamisados, para que recibieran beneficios sociales.		
5. Eva aceptó el honor de ser vicepresidenta junto a su esposo en 1951.		

Reflexiones de Juan Domingo Perón sobre Evita

"Cuando conocí a Evita, no me atrajo en ella la mujer hermosa, sino la mujer buena. Cierto, pues ella reunía los dos extremos: belleza y bondad".

"Vino del pueblo y fue hacia el pueblo, dando su vida para llevar la felicidad a los niños y ancianos, a los humildes y a los esperanzados. Donde hubo una reivindicación que conquistar o un privilegio que abatir, allí estuvo sin cálculos ni vacilaciones, corazón firme y mano firme. Que su recuerdo no llegue envuelto en llanto sino en canciones de esperanza, mientras resuena su nombre para movilizar una juramentada voluntad argentina dispuesta a defender esta tierra y este pueblo que ella amó".

Extraído de www.me.gov.ar

Museo Evita en Buenos Aires

El 26 de julio de 2002, exactamente cincuenta años después de la muerte de Evita, su sobrina nieta, Cristina Alvarez Rodríguez, inauguró el Museo Evita en Buenos Aires. El Museo Evita reside en una casona construída durante la primera década del siglo veinte. En 1948, la Fundación Eva Perón compró, restauró y dedicó la casa como Hogar de Tránsito N° 2, un refugio temporario para mujeres y niños sin recursos.

El 18 de julio de 1948, Evita inauguró el Hogar de Tránsito con estas palabras:

"El Hogar de Tránsito ampara al necesitado y al que momentáneamente no tiene hogar... todo el tiempo que sea necesario hasta que la ayuda social le encuentre trabajo y vivienda. Evita ofreció a las mujeres y los niños "una puerta abierta, una mesa tendida, una cama limpia," y también "consuelo y estímulo, aliento y esperanza, fe y confianza en sí mismo."

Alguna vez los muros de este edificio hicieron eco de la voz apasionada de Evita y de las voces alegres de las mujeres y niños que encontraron refugio adentro. Ahora es un museo vivo donde las personas que lo visitan pueden conocer, entender y apreciar la vida de la mujer más importante de la historia argentina. Ubicado en la calle Lafinur 2988, en Palermo, el Museo Evita forma parte del circuito turístico de la Ciudad de Buenos Aires.

Contribuido por Maria Cristina Alba

 Visita la guía digital para tomar un tour virtual del Museo Evita y responder a lo que te interesa.

 ¡Te toca a ti!

 Vas a colaborar con un compañero para hacer una búsqueda de los homenajes a la vida de Eva Perón: canciones, teatro, películas, poema, novela u ópera. Escojan uno de los homenajes y una de las opciones en la página siguiente: visita la guía digital para encontrar información adicional.

Opción 1:
Escriban una reseña crítica de uno de los homenajes.

Opción 2:
Creen una actividad para la clase usando uno de los homenajes.

Opción 3:
Sean creativos y creen su propio homenaje a Eva Perón.

¿Qué aprendiste?

Si un día estuvieras en Argentina, con unos amigos o con tu familia, y recibieras un billete conmemorativo de 100 pesos de Eva Perón, ¿cómo les explicarías a tus familiares o amigos el significado de las contribuciones de Eva Duarte Perón? Nombra por lo menos tres contribuciones y anótalas en oraciones completas para poder compartirlas con la clase.

¿Sabías que?

El gobierno argentino encabezado por Cristina Fernández de Kirchner lanzó una serie de billetes conmemorativos de cien pesos con la imagen de Evita, como homenaje por sus 60 años de muerte. El diseño del nuevo papel está basado en un billete de 5 pesos argentinos que comenzó a hacerse en 1952, tras el fallecimiento de la esposa de Perón, aunque nunca llegó a imprimirse. Cristina anunció durante la presentación que "después de 200 años, es la primera vez que una mujer aparece en un billete". ¿Puedes encontrar una imagen del billete en la red?

Actividad 4

¿Cómo puede el testimonio de una persona transformar la situación política de una nación?

En esta actividad conocerás a una guatamalteca cuya identidad indígena le motivó a luchar por su comunidad. Después de los asesinatos de tres miembros de su familia, Rigoberta Menchú se exilió de su patria, Guatemala, a México. Durante los diez años de exilio, Menchú laboró para compartir su testimonio para dar voz a miles de indígenas guatemaltecos que estaban sufriendo bajo el poder militar del gobierno. En esta actividad vas a aprender más de la señora que nunca ha perdido su energía en la lucha por defender los derechos humanos de los indígenas de Centroamérica.

A   Antes de ver el documental

 1. Lee el siguiente extracto de una entrevista con Rigoberta Menchú.

> *Si me encontraban, me iban a matar. Y algunas personas trabajaron para que yo pudiera salir del país, para que pudiera estar en otro lado. Llegó así el momento de salir, algo que nunca soñé. Me sacaron los compañeros por avión hacia México. Me sentía la mujer más destrozada,[1] más deshecha,[2] porque yo nunca imaginé que me tocara un día tener que abandonar mi patria[3] por culpa de todos esos criminales. Pero también tenía la esperanza de regresar muy pronto. Regresar a seguir trabajando, porque yo no quería suspender ni un solo momento de mi trabajo. Porque yo sé que sólo puedo levantar la bandera de mis padres si también me entrego a la misma lucha que ellos no acabaron, que ellos dejaron a medias.[4] Mi causa no ha nacido de algo bueno, ha nacido de algo malo, de algo amargo.[5]*

Extraído de: www.envio.org

---

[1] rota
[2] vencida
[3] país

[4] dejaron antes de terminar
[5] doloroso

2. Conversa con un compañero respondiendo a las siguientes preguntas según lo que entendieron de la cita de Menchú:

- ¿Por qué no tuvo Rigoberta Menchú otro remedio que salir de su país?
- ¿Cómo se sentía ella al salir?
- ¿Por qué no quería irse aunque la hubieran asesinado si se quedara?
- ¿Por qué piensas que los padres de Menchú dejaron a medias la lucha a la cual ella se entregó?

 B **Al ver el documental** *"Rigoberta Menchú: Premio Nobel de la Paz Guatemala",* utiliza las siguientes estrategias para comprender lo que ves y escuchas en el video:

- **Cuando lo veas por primera vez,** escribe una lista de imágenes que ves en el video.
- **Cuando lo veas por segunda vez,** haz una lista de vocabulario o cognados que reconoces.
- **Cuando lo veas por tercera vez,** contesta las preguntas que aparecen abajo.

 C **Después de ver el documental,** escribe una respuesta a las siguientes preguntas:

1. ¿Por qué Rigoberta extrañaba tanto a sus padres y a sus hermanos en la ceremonia cuando recibió el Premio Nobel?
2. ¿Cuánto tiempo lleva en exilio Rigoberta al hacer este video?
3. ¿Qué símil utilizó Menchú para describir la historia de su exilio? ¿Por qué es una descripción muy relevante?
4. ¿Cómo describió Menchú su deseo más importante para la gente indígena de las Américas?
5. ¿Cómo era la realidad guatemalteca en esta época según Rigoberta?
6. ¿Cuál fue la meta política de Rigoberta Menchú para los indígenas guatemaltecos ?
7. ¿Cómo describió la misión de su fundación Vicente Menchú?

D **Al leer**

 1. **Cuando leas por primera vez,** usa los siguientes símbolos para marcar información del texto:

¡ = algo interesante

¿ = algo de lo que quieres aprender más

✓ = algo que ya sabías antes

⬭ = vocabulario que te parece importante describir para a Rigoberta Menchú y su vida

 2. **Cuando leas por segunda vez,** <u>subraya</u> los logros que te parecen más importantes de la vida de Rigoberta Menchú.

¿Quién es Rigoberta Menchú?: Breve reseña de vida

La Dra. Rigoberta Menchú Tum es una mujer *indígena*[1] k'iche', que se ha destacado por su *liderazgo*[2] al frente de las luchas sociales en el *ámbito*[3] nacional e internacional, trayectoria que fue reconocida en el año 1992 con el Premio Nobel de la Paz, siendo hasta el momento la persona más joven en recibir este reconocimiento.

Desde los diez años tuvo una intensa actividad religiosa, participando como mujer maya, como *catequista*[4] en actividades de la pastoral en su comunidad. Conoció las injusticias, la discriminación, el racismo y la explotación que mantienen en la pobreza extrema a miles de indígenas en Guatemala. La miseria la obligó a buscar *sustento*[5] en la capital del país, para ayudar a sus padres y hermanos, pero fue en las comunidades indígenas donde aprendió a defenderse organizándose. Durante la violencia armada perdió a su padre don Vicente Menchú en la quema de la Embajada de España, a su madre doña Juana Tum, quien fue *secuestrada*[6]- *desaparecida*,[7] y a su hermano Víctor quien fue asesinado por el Ejército de Guatemala.

Desde muy joven se involucró en las *luchas reivindicativas*[8] de los pueblos indígenas y campesinos lo que le valió *persecución*[9] política y el *exilio*.[10] En el año 1979 fue miembro fundadora del Comité de Unidad Campesina -CUC- y de la Representación Unitaria de la Oposición Guatemalteca -RUOG-, de la que formó parte de su dirección hasta 1992. En el año 1988 regresó a Guatemala y fue *detenida*.[11] En esas circunstancias conoció a Nineth Montenegro, quien a través de la organización Grupo de Apoyo Mutuo -GAM- y la presión de miles de estudiantes universitarios le ayudó a que la *liberaran*.[12]

Tuvo una participación activa en la *ONU*,[13] asistiendo a las sesiones anuales de la Comisión de *Derechos Humanos*,[14] a las sesiones de la Comisión de Prevención de las Discriminaciones y Protección de las Minorías y fue parte del grupo de trabajo sobre poblaciones indígenas.

La plataforma del Premio Nobel le permite continuar impulsando importantes *iniciativas*,[15] tanto nacionales como internacionales, tal como la creación de la Iniciativa Indígena por la Paz. Fue nombrada Embajadora de Buena Voluntad de la ONU para el Año Internacional de los Pueblos Indígenas, en la Conferencia Mundial de Derechos Humanos de Viena, Austria, junio de 1993 y el año 1996 fue nombrada Embajadora de Buena Voluntad de la UNESCO.

Junto con sus *colaboradores*[16] más cercanos constituyeron la Fundación Vicente Menchú que posteriormente toma el nombre de Fundación Rigoberta Menchú Tum, de cuya institución es presidenta y a través de la cual ha apoyado a las poblaciones más necesitadas con proyectos educativos, productivos y de infraestructura.

La Dra. Menchú Tum ha sobresalido por su compromiso con la justicia impulsando a través de su Fundación diversos casos que buscan el acceso a la justicia para las víctimas del *genocidio*[17] cometido en Guatemala, así como la defensa de las *víctimas*[18] de *discriminación*[19] y *racismo*.[20]

Ha recibido decenas de reconocimientos nacionales e internacionales, entre los que destacan el premio de la UNESCO "Educación para la Paz" en el año 1990, la condecoración "Legión de Honor en el máximo grado de Comandante", recibida de manos del presidente francés Jacques Chirac, 20 de junio de 1996 y el premio Príncipe de Asturias de Cooperación Internacional en el año 1998.

Se ha hecho acreedora de más de 30 Doctorados Honoris Causa, en distintas universidades del mundo, incluyendo la Universidad de San Carlos de Guatemala, en el año 1996.

Rigoberta Menchú Tum tiene en su haber la publicación de varios libros, tales como "Me llamo Rigoberta Menchú y así me nació la conciencia", libro testimonial publicado en 1983, que ha sido traducido a más de doce idiomas y ha merecido decenas de reconocimientos internacionales, el libro "La nieta de los Mayas" publicado en el año 1998 y en los últimos años ha publicado los libros para niños: "Li Mi'n, una niña de Chimel" y "El Vaso de Miel".

Su *compromiso*[21] con Guatemala le llevó a participar activamente en la firma de los *Acuerdos de Paz*[22] en Guatemala entre la Unidad Revolucionaria Nacional Guatemalteca -URNG- y el Gobierno de Guatemala y posteriormente aceptó la invitación para constituirse como "Embajadora de Buena Voluntad de los Acuerdos de Paz", puesto que *desempeñó*[23] hasta este año 2007.

Rigoberta Menchú Tum, casada, madre de un hijo, indígena maya k'iche', es probablemente la guatemalteca más conocida internacionalmente.

Extraído de: http://frmt.org/es

[1] originario del país
[2] condición de líder
[3] entorno
[4] católica que enseña la fe con su ejemplo
[5] mantenimiento de lo necesario para vivir
[6] una persona raptada
[7] una persona a quien no se le puede encontrar
[8] protestas
[9] acosamiento
[10] ser expulsado del país por motivos políticos
[11] apresada
[12] rescataron
[13] Organización de las Naciones Unidas
[14] garantías que cualquier persona debe tener
[15] adelantos
[16] cooperantes
[17] matanza
[18] perjudicado
[19] consideración de otros como inferiores
[20] discriminación
[21] dedicación a
[22] contratos de paz
[23] realizó

 E **Después de leer**

 1. Conversa con un compañero sobre:
- cómo la tristeza de la pérdida de los miembros de su familia influyó su vida
- por qué ganó el Premio Nobel
- contra qué ha dedicado su vida a la lucha
- cuáles son los principios que valen y quiere guardar para el futuro
- cuáles son los logros más impresionantes de la vida de Rigoberta Menchú
- cómo influyó ella en la sociedad, política y cultura de Guatemala

 2. **Llamada telefónica a la Dra. Menchú:** El consejo de estudiantes de tu escuela va a patrocinar un programa sobre los derechos humanos en el mes de febrero. Estás encargado/a de organizar el programa y quisieras invitar a la Dra. Rigoberta Menchú para hablar a los estudiantes de español la lucha por los derechos humanos en Centroamérica. Entonces te toca a ti llamarla e invitarla a la escuela. Antes de hacer la llamada, piensa en lo que vas a decir cuando ella conteste el teléfono. Utilza el esquema de una conversación en la guía digital para que la practiques con anticipación.

 3. **Introducción a Rigoberta Menchú:** Rigoberta Menchú aceptó la invitación y visitará tu escuela el mes que viene para hacer una presentación sobre la lucha por los derechos humanos en Centroamérica. Tu profesor te escogió para presentarla a la escuela al principio la reunión. Graba un mensaje para que tu profesor revise la introducción en la que describes brevemente la biografía de Rigoberta, sus ideales políticos, sus contribuciones y éxitos más impresionantes.

 Reflexión Responde a lo siguiente en tu diario: ¿Cómo te sentiste al aprender sobre la vida y trabajo de Rigoberta Menchú? ¿Te hizo pensar en otro personaje histórico o en alguien en tu comunidad? Si pudieras hacerle unas preguntas, ¿qué le preguntarías?

Hilo 9 Evaluación final – *¿Con quién cenarías, si pudieras elegir a alguien famoso del mundo hispano?*

Preguntas esenciales:

- ¿Cómo expresan los seres humanos su identidad en diversas situaciones?
- ¿Cómo puede un individuo contribuir a definir la identidad de una nación?

Contexto:

Imagina que pudieras cenar con una persona verdadera (muerta o viva) o un personaje ficticio (de la literatura, cine o televisión) del mundo hispano que hizo una gran contribución a la política, la sociedad o la cultura. **¿Con quién cenarías si pudieras cenar con alguien famoso del mundo hispano?**

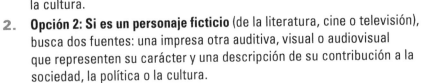

A **Investigación:** Usando los enlaces en la guía digital, haz una investigación acerca de un personaje hispano que haya inspirado a otros.

1. **Opción 1: Si es una persona verdadera (viva o muerta)** busca dos fuentes: una impresa y otra auditiva, visual o audivisual que ofrezcan una biografía y una descripción de su contribución a la sociedad, la política o la cultura.

2. **Opción 2: Si es un personaje ficticio** (de la literatura, cine o televisión), busca dos fuentes: una impresa otra auditiva, visual o audiovisual que representen su carácter y una descripción de su contribución a la sociedad, la política o la cultura.

B **Ensayo**

1. Escribe un ensayo de tres a cinco párrafos en el que utilizas las dos fuentes para describir al individuo resumiendo su biografía y analizando su contribución social, política o cultural.

2. Explica por qué quieres cenar con este individuo.

3. Puedes presentar esta información en un ensayo o hacer una presentación digital.

C **Sesión de preguntas y respuestas:** Al cenar con esa persona, ¿qué le preguntarías? Escribe diez preguntas que te gustaría hacerle a la persona durante la cena. Escoge cinco de esas preguntas y para cada una, imagina cómo respondería. Utiliza, como ayuda, la información que encontraste en la investigación.

D **Presentación:** Escoge **una** de las siguientes opciones para hacer una presentación oral:

1. **Monólogo:** Prepara una presentación oral como si tú fueras el individuo que elegiste y descríbete a ti mismo/a la clase. Debes incluir información biográfica e interesante. Describe tu trabajo y tus logros que han influído a la sociedad, la cultura o la polítca.

2. **Entrevista:** Imagina que es la noche de la cena. Trabaja con un compañero para presentar la conversación que te gustaría tener con tu invitado/a. Incluye algunas preguntas biográficas en la conversación y otras sobre la contribución de la persona. Haz un video o presenta el diálogo a la clase en vivo.

3. **Documental:** Crea un video o presentación digital en el que presentas un documental sobre la vida y contribución de la persona hispana. Incluye fotos, clips de otros videos, música y una descripción oral del individuo.

Tejidos Culturales patrocinará la cena anual Hispanos que Cambian el Mundo. Esta cena se ofrecerá para honrar a las personas que han contribuido de una manera sobresaliente a la sociedad y cultura del mundo hispano.

Tienes la oportunidad de mandar esta invitación especial a un individuo que en tu opinión merece el honor de ser reconocido por sus contribuciones.

En esta cena, podrás entrevistar a tu invitado de honor para aprender más sobre su vida y los motivos que lo inspiraron. Manda la siguiente invitación a tu invitado/a de honor.

La directiva de Tejidos Culturales le invita a la cena anual

Hispanos que Cambian el Mundo

donde festejaremos a las personas que han contribuido
a la sociedad y cultura del mundo hispano

**30 de marzo, 2014.
10hs.**

Museo Nacional de Antropología
Miguel Hidalgo, 11560
Ciudad de México, Distrito Federal,
México
+52 55 5553 6275

patrocinado por Tejidos Culturales | **Tejidos**

Introd. / Antes de empezar

Para describir héroes y personajes:

activista, el/la

actor, el/actriz, la

artista, el/la

bailarín, el - persona que baila

cantante, el/la - persona que canta

científico

desaparecidos, los - los que desaparecieron, personas difíciles de encontrar

educador/a, el/la

escritor/a, el/la

guerra, la - batalla, lucha

literatura, la

luchador por los derechos de obreros, el - que pelea para que los trabajadores sean tratados dignamente

pacifista, el/la - persona inofensiva y tranquila que busca la paz

personajes, los - personalidades, celebridades, figuras notables

poeta, el/la - persona que compone obras poéticas

político, el

revolucionario/a, el/la

sacerdote, el - cura

Actividad 1

esencia, la - lo más importante

exterior, el

interior, el

ropaje, el - vestimenta

complacer - satisfacer

el qué dirán - el miedo de qué dirá otra gente

fingir - aparentar, simular

máscara, la - disfraz

Actividad 2

alzamiento, el - insurgencia, rebelión

ardiente - férvido

blanco, el - diana, centro

copas, las - vasos

echar un vistazo - mirar o leer superficialmente, echar una ojeada

entregarse - ponerse en poder de otro

espada, la - estoque de hierro, espada estrecha para herir de punta

flecha, la - arma con punta que se dispara con un arco

fusilar - ejecutar, matar

llanto, el - lamento

madrugada, la - amanecer, alba

manzana, la - cuadra

odio, el - aborrecimiento

prensa, la - medios de comunicación

Actividad 3

abanderada, la - defensora

afines - cercanos

ajena - que no tiene conocimiento de algo, distante, lejana

amenaza, la - anuncio de un peligro, intimidación

aquejar - padecer, afligir

atrevida - audaz, valiente

benefactora, la - bienhechora, protectora, humanitaria

carecer - faltar

derrocado - derribado, vencido

despedido - expulsado

emprender - organizar, comenzar

endurecida - fortalecida

férrea - fuerte, dura

homenaje a, el - acto o serie de actos que se celebran en honor de alguien o de algo

marginados, los - gente apartada de la sociedad

peregrinaje, el - viaje que se hace por motivos religiosos u otros motivos especiales

polémica, la - controversia

portavoz, el - persona que habla en nombre y representación de un grupo

reacio - adverso

secuestrar - raptar, detener

topar - chocar

Actividad 4

amargo - doloroso

ámbito, el - entorno

colaborador, el - cooperador, ayudante

derechos humanos, los - derechos que cualquier persona debe tener para que sea protegida su integridad física y su dignidad moral

discriminación, la - ideología o comportamiento que considera inferiores a otras personas por motivos raciales, religiosos, políticos u otros

exilio, el - abandono del país natal por motivos políticos

genocidio, el - matanza indiscriminada de una población desarmada por motivo de raza, etnia, religión, política o nacionalidad

indígena, el - grupo étnico originario de una zona geografica

iniciativas, las - acto de dar principio a algo o acción de adelantarse a los demás en hablar u obrar

liberar - dar libertad, rescatar

liderazgo, el - situación de superioridad

luchas reinvindicativas, las - protestas

patria, la - país

persecución, la - seguimiento constante y molesto, acoso

racismo, el - discriminación, sentimientos negativos y malas acciones contra las personas de otros grupos étnicos

secuestrada - raptada, detenida por la fuerza

víctima, el/la - perjudicado/a

Expresiones útiles para dar una opinión

Afortunadamente/ Desafortunadamente

Concuerdo con

Es evidente/Es obvio que

Es posible que

Es preciso/ Es esencial que

Es probable

Imposible, no puede ser.

Lo siento, pero creo que estás equivocado/a.

Me parece que

(No) estoy de acuerdo con

Para mí

Perdona, pero no es así.

Según

Sería mejor si

Tengo que insistir en que

Identidad nacional e identidad étnica

- ¿Cómo se expresan los varios aspectos de la identidad?

- ¿Cómo se unen distintas culturas para formar una identidad étnica?

- ¿Cómo influye el idioma en la identidad de una persona?

Desde que nacemos, oímos la lengua materna de nuestro entorno cultural. Las lenguas maternas, junto con la diversidad lingüística, son elementos importantes tanto para la identidad de las personas como para la salud de las sociedades. En este hilo vas a explorar tu identidad nacional y étnica. Vas a conocer algunas culturas indígenas, pueblos originarios o grupos étnicos, en los países hispanohablantes que han mantenido su idioma autóctono a lo largo de los años. En América Latina tanto como en España, varias lenguas conviven. ¿Cómo afecta la convivencia de varias culturas la identidad de un país? ¿Existe una relación entre el idioma y la identidad de un pueblo y sus orígenes?

¿Cuáles son las partes de mi identidad?

Somos personas complejas y difíciles de definir en pocas palabras. Tu identidad – tu concepto de quién eres – se va formando a lo largo de tu vida. Nuestra manera de ser, cómo nos comportamos en público, el arte que hacemos y hasta la manera en que nos vestimos sirven para expresar nuestra identidad. Los autores, los cantantes y los artistas eligen distintas maneras de compartir una parte de quienes son. ¡Ahora te toca a ti!

  A **Antes de escribir y dibujar:** Hay muchos aspectos de la identidad de un individuo. Completa este organizador en la guía digital para anotar algunas ideas. Para cada sección, escribe una oración que te describa.

  B **Escribe y dibuja para expresar tu identidad:** Elige una de las siguientes opciones y sigue las instrucciones de tu profesor/a para compartir tu trabajo con la clase:

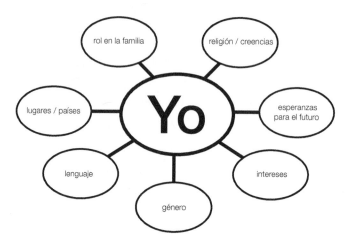

Opción 1:

Crea un logotipo de ti mismo/a. Debe ser un símbolo que te represente igual que las empresas utilizan logos que expresan algo sobre la compañía. Acompaña tu logo con un párrafo describiendo tu elección de este símbolo: ¿Cómo te representa a ti?

Opción 2:

Escribe una metáfora que te describa. Por ejemplo hay un dicho que una persona puede ser "un libro cerrado". ¿Qué objeto te puede representar? Completa esta frase con tu metáfora: "Yo soy un(a)…" y acompaña tu metáfora con un párrafo escrito explicando por qué esa metáfora te describe a ti.

Opción 3:

Elige una canción que te represente o exprese una parte de tu identidad. Organízate para compartirla con la clase. Acompaña la canción con un párrafo escrito que explica por qué la elegiste y cómo te representa.

Antes de empezar

¿De dónde eres?

Una parte de la identidad de una persona es su herencia cultural y su nacionalidad. Si hubieras nacido en otro país, ¿cómo hubiera sido diferente tu vida?

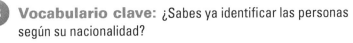

 A **Conversa con un compañero:**

- ¿De qué país es tu familia?
- Si alguien te preguntara "De dónde eres," ¿qué dirías?
- ¿Puede una persona ser de más de un país?

B **Vocabulario clave:** ¿Sabes ya identificar las personas según su nacionalidad?

 1. Sigue las instrucciones de tu profesor(a) para ponerte en el grupo A o el grupo B. Para cada oración que escuchen, hablen en su equipo para encontrar entre todos un adjetivo correcto para completarla. ¡Pueden ganar un punto por cada palabra correcta que tengan!

Ejemplo: Una persona de México es… ¡mexicano!

Grupo A	Grupo B
Una persona de España es…	Una persona de Argentina es…
Una persona de Chile es…	Una persona de Perú es…
Una persona de la República Dominicana es…	Una persona de Colombia es…
Una persona de Cuba es…	Una persona de Bolivia es…
Una persona de Ecuador es…	Una persona de Puerto Rico es…
Una persona de Paraguay es…	Una persona de Venezuela es…
Una persona de Costa Rica es…	Una persona de Uruguay es…

 2. **Piensa – Conversa – Comparte:** Para cada nacionalidad, identifica el país. Prepárate para comparar tus respuestas con las de un compañero(a) y después compártanlas con la clase.

Ejemplo: Un salvadoreño → es de El Salvador

- hondureño
- beliceño
- guatemalteco
- nicaragüense
- panameño

El español también tiene palabras que indican de qué ciudad o región es la gente. Por ejemplo, la gente de la hermosa ciudad de **Arequipa** en el sur del Perú son **arequipeños.**

¿De dónde son?

porteños	salteños	sevillanos	bogotanos
gallegos	madrileños	habaneros	asunceños
vascos	catalanes	canarios	mallorquines
santiaguinos	sanjuaneros	tegucigalpenses	caraqueños
andaluces	limeños	aragoneses	

Hay palabras específicas para describir la nacionalidad de ciertos países. Expresan mucho orgullo de ser de tal lugar e identificarse así es sentirse parte de la comunidad:

- La gente de Puerto Rico es **boricua**.

- Los mexicanoamericanos son **chicanos**.

- Los latinos que viven en la ciudad de Nueva York son **neoyorquinos**.

- La gente **guajira** es del campo en Cuba.

  C **Descubre** las nacionalidades o herencias de tus compañeros. ¿De dónde son tus antepasados? Escribe los países de donde son tus antepasados en tu diario y busca cómo se dice la nacionalidad en español. Comparte con la clase.

 ¡Tu opinión cuenta! Conversa con un compañero: ¿Por qué es la nacionalidad tan importante para la identidad y cómo nos definimos?

 Reflexión

A veces se les llama a la gente de los Estados Unidos norteamericanos pero una palabra más específica es **estadounidenses**. La mayoría de los estadounidenses son inmigrantes o descendientes de inmigrantes: entonces, ¿somos de los Estados Unidos? ¿de nuestro país de origen? ¿del país de nuestros antepasados? Piensa en tu familia y considera:

- cómo se identifican tus padres y tíos: ¿estadounidenses? ¿de otro país?
- ¿y tus abuelos?
- ¿y tú? ¿por qué? Explica tu respuesta.

¿Cómo se expresan los distintos aspectos de la identidad?

Actividad 1

¿Cómo se puede expresar la identidad a través de la literatura?

Un autor puede expresar su identidad a través de la literatura que escribe. En "Mi nombre", la anécdota escrita por Sandra Cisneros en su libro *La casa Mango Street*, la narradora nos cuenta sobre los orígenes de su nombre y qué opina ella sobre su nombre. Después de reflexionar sobre tu propio nombre, escribirás un poema sobre tu identidad.

Sandra Cisneros (1954 –) se crió entre Chicago y el D.F. (Distrito Federal de México) en una familia mexicano-americana. La familia se mudó mucho entre las dos ciudades lo cual le creó un sentido de no pertenecer a ningún lado. Ella escribe de sus propias experiencias y algunos de sus temas son el amor, la religión, la opresión y los derechos de las mujeres. Una de sus obras más reconocidas se titula *La casa Mango Street*, publicada en 1984, que trata de la joven Esperanza Cordero que vive en Chicago. El libro se compone de una serie de anécdotas cortas, una de las cuales leerás en esta actividad. Cisneros, una de las autoras más celebradas de la literatura chicana, también ha trabajado de maestra, consejera de jóvenes y administradora de las artes. Actualmente vive en San Antonio, Texas.

 A **Antes de leer**

 1. Conversa de lo siguiente con un compañero:

- ¿Nos definen nuestros nombres? ¿Son importantes los nombres para definirnos?
- ¿Alguna vez has pensado en cambiar tu nombre? ¿Por qué?
- ¿Sería difícil elegir un nombre para un hijo o hija?

 2. **Vocabulario en contexto:** El verbo *heredar* quiere decir recibir propiedad o características de alguien mayor en tu familia. Por ejemplo, si nombran a un bebé igual a su abuelo, el niño heredó el nombre de su abuelo. También podría heredar sus rasgos físicos como su nariz o color de pelo. Anota en tu diario: ¿Qué has heredado de tus padres y abuelos? ¿Tu nombre, características físicas o personalidad?

  B **Al leer** el relato, anota información del texto en tu diario que quepa dentro de cada de estas tres categorías de emoción:

- \+ A la narradora le gusta su nombre.
- – A la narradora le molesta su nombre.
- = A la narradora no le importa su nombre.

"Mi Nombre" por Sandra Cisneros

En inglés mi nombre quiere decir esperanza. En español tiene demasiadas letras. Quiere decir tristeza, decir espera. Es como el número nueve, como un color *lodoso*. Es los discos mexicanos que toca mi padre los domingos en la mañana cuando *se rasura*, canciones como *sollozos*.

Era el nombre de mi bisabuela y ahora es mío. Una mujer caballo nacida como yo en el año chino del caballo —que se supone es de mala suerte si naces mujer— pero creo que esa es una mentira china porque a los chinos, como a los mexicanos, no les gusta que sus mujeres sean fuertes.

Mi bisabuela. Me habría gustado conocerla, una caballa salvaje de mujer, tan salvaje que no se casó sino hasta que mi bisabuelo la echó de cabeza a un *costal* y así se la llevó nomás, como si fuera un candelabro elegante, así lo hizo.

Dice la historia que ella jamás lo perdonó. Toda su vida miró por la ventana hacia fuera, del mismo modo en que muchas mujeres apoyan su tristeza en su codo. Yo me pregunto si ella hizo lo mejor que pudo con lo que le tocó, o si estaba *arrepentida* porque no fue todas las cosas que quiso ser. Esperanza. Heredé su nombre, pero no quiero heredar su lugar junto a la ventana.

En la escuela pronuncian raro mi nombre, como si las sílabas estuvieran hechas de *hojalata* y lastimaran el techo de la boca. Pero en español está hecho de algo más suave, como la plata, no tan grueso como el de mi hermanita –Magdalena– que es más feo que el mío. Magdalena, que por lo menos puede llegar a casa y hacerse Nenny. Pero yo siempre soy Esperanza.

Me gustaría bautizarme yo misma con un nombre nuevo, un nombre más parecido a mí, a la de veras, que nadie ve. Esperanza como Lisandra o Martiza o Zezé la X. Sí, algo como Zezé la X estaría bien.

lodoso – de color marrón como lodo o barro	*un costal* – un saco o bolsa grande
rasurarse – afeitarse	*arrepentida* – apenada por haber hecho algo malo
sollozos – respirar interrumpidamente a causa del llanto	*hojalata* – lámina de acero o hierro

---

USO DEL LENGUAJE EN CONTEXTO: El condicional perfecto

Se utiliza el condicional perfecto para expresar lo que uno **habría hecho** (si pudiera):

a. Me **habría gustado** conocerla

b. Si pudiera, mi bisabuela me **habría bautizado** con otro nombre.

El condicional perfecto es compuesto por el verbo haber conjugado en el condicional + un participio pasado.

USO DEL LENGUAJE EN CONTEXTO: Como si

Recuerda, *como si* siempre requiere el uso del imperfecto del subjuntivo:

a. como si las sílabas **estuvieran** hechas de hojalata,

b. como si **fuera** un candelabro elegante, así lo hizo.

C Después de leer

1. Demuestra a un compañero los apuntes que tomaste de las tres categorías de emoción y mira los suyos. ¿Están de acuerdo? En general, ¿cómo piensas que se siente la narradora sobre su nombre? Justifica tu respuesta.

  2. Escribe las respuestas a las siguientes preguntas sobre "Mi nombre" volviendo al texto siempre y cuando sea necesario. Prepárate para compartir tus repuestas con la clase al repasar las preguntas juntos.

- ¿De quién heredó su nombre la autora?
- ¿Siente una conexión personal con esa persona en su familia? Justifica tu respuesta.
- ¿Tiene un apodo además de su nombre propio?
- ¿A qué le gustaría cambiar su nombre? ¿Por qué?

¡Te toca a ti!

 Túrnense en parejas para contestar las siguientes preguntas. Prepárense para compartir las respuestas de tu compañero con la clase después:

- ¿De dónde viene tu nombre? ¿Sabes cómo lo eligieron tus padres?
- Si heredaste tu nombre de alguien en tu familia, ¿quién fue? ¿Sientes una conexión con esa persona?
- ¿Pronuncian bien tu nombre normalmente? Si alguien lo pronunciara raro, ¿cómo te haría sentir?
- Si tienes un apodo, ¿cuál es y de dónde viene?

¡Tu opinión cuenta!

¿Piensas que deberíamos poder elegir nuestros propios nombres? ¿Por qué sí o por qué no? Reflexiona en tu diario.

D **Crea tu propio poema:** ¿Qué puede decir tu nombre de ti? Vas a crear un poema basado en tu primer nombre. Para cada letra, escribe un verso que describa una parte de tu identidad. Refiérete al organizador que completaste en la Introducción para ideas.

Ejemplo: "Marcus"

Mi nombre lo heredé de mi abuelo

Alemán y japonés

Realmente interesado en ser ingeniero

Cada vez más parecido a mi papá

Único en mi talento musical

Siempre sonriente como un sol

Actividad 2

¿Qué conexión hay entre los distintos aspectos de Frida Kahlo al ver sus retratos?

Muchos artistas eligen representarse a sí mismos con un autorretrato – una pintura de uno/a mismo/a. La famosa artista mexicana Frida Kahlo pintó su realidad en sus autorretratos. Nunca trataba de esconder sus defectos ni la tristeza y dolor de su vida. ¿Por qué, en nuestra sociedad de superficialidad y materialismo, apreciamos tanto a una artista tan auténtica y vulnerable como Frida? Al final de esta actividad vas a crear e interpretar tu propio autorretrato.

A **Antes de leer:** ¿Quién era Frida Kahlo? Trabaja con un compañero para averiguar lo que ya saben de la artista icónica. Conversen sobre lo siguiente:

- qué saben de su biografía y arte
- qué saben de su vida privada y su relación con Diego Rivera
- qué tipo de emociones existen en sus obras

B **Al leer**

1. **Cuando leas por primera vez,** escribe una lista del vocabulario que utiliza el autor para pintarnos un retrato de Frida Kahlo.

2. **Cuando leas por segunda vez,** enfócate en dos cosas:
   - la identidad individual de Frida Kahlo: ¿cómo expresó su físico, personalidad y vulnerabilidad en sus pinturas?
   - la identidad nacional y/o étnica de Frida Kahlo: ¿cómo expresó sus raíces europeas, indígenas y mexicanas en sus pinturas?
   - Además, comenta sobre la diferencia entre tu interpretación y las de tus compañeros.

Frida Kahlo

En la era de la *liposucción*,[1] *cirugías*[2] *y depilación*,[3] existe algo refrescante y novedoso en una mujer que nunca *ocultó* [4] sus defectos, sino que por el contrario los *resaltó*.[5] Una parte significativa de la obra de esta artista fueron sus autorretratos en los que se resalta abiertamente la unión de sus cejas y el *escaso vello*[6] sobre sus labios. Sin embargo, detrás de esta actitud de "tómame tal cual soy" de Frida, ella despierta diferentes reacciones en sus espectadores que varían *de acuerdo al caso*.[7] Por ejemplo, para la gente de su tierra, ella mantiene viva y retrata la verdadera visión de México. Frida creció en el momento en que México atravesaba el momento más fuerte de la Revolución, en el proceso de búsqueda de su *propia identidad*. Para el momento, en que la agitación de los tiempos encontró su calma, los mexicanos se encontraron *herederos*[8] de una cultura mixta donde estaba presente la europea, la india y la española, por sólo nombrar algunas. Las pinturas de Frida son una representación y celebración de este cruce cultural de la

identidad. La extensa historia de México *se arrastra*[9] en el alma de Frida, así sus pinturas son un hilo conector que une el tiempo que ella vivió con el pasado más remoto azteca. Para el historiador Víctor Zamudio Taylor, ella se ha convertido en "un modelo para los mexicanos residentes de los Estados Unidos (mexico-americanos) y para los hispanos porque ella *nutre de*[10] sentido a la respuesta de quiénes somos, de nuestra larga historia y continuidad. Para otros admiradores, ella es la ejemplificación de quien lucha por *reponerse*[11] constantemente a la tristeza. Todas sus pinturas, con excepción de unas pocas, son de formato pequeño, no mayores de 15 x 10 pulgadas, en ellas se retrata con grandiosidad escenas de muerte, sufrimiento y dolor. Siendo estos temas universales, Frida es una artista que todos podemos comprender. Carlos Fuentes, uno de los novelistas y críticos más reconocidos en México, es tal vez quien mejor ha descrito esta atracción por la obra de Frida:

"Frida encontró la manera de pintar el dolor, de permitirnos ver el dolor y, con ello, reflejar el dolor del mundo... Ella es la imagen de la conquista de la adversidad, *contra viento y marea*[12], ella representa a quienes son capaces de hacer su vida y reinventarse a sí mismos y vivir *plenamente*[13]... Frida Kahlo es en este sentido el símbolo de la esperanza, del poder, de la capacidad de llenarnos de fuerzas para una sector variado de nuestra población quienes *atraviesan por*[14] condiciones adversas".

Adaptado de: www.pbs.org/weta/fridakahlo

[1] cirugía estética que extrae grasa del cuerpo	[5] llamó la atención	[10] da
[2] procedimiento médico	[6] pelo del cuerpo	[11] curarse
[3] eliminación del vello	[7] según el caso	[12] a pesar de desafíos
[4] escondió	[8] recipientes de un antepasado	[13] completamente
	[9] es llevada	[14] pasan por

 C Después de leer

 1. En Internet busca tres o cuatro autorretratos de Frida Kahlo. Usando el texto y lo que nos revela sobre sus obras, identifica los elementos de su identidad personal y étnica en los autorretratos. Anota tus ideas en tu diario para poder compartirlas.

2. Trabaja con un compañero para repasar sus apuntes de la lectura (Parte B 1 y 2). Después, usando los autorretratos que encontraste en Internet, describe a tu compañero los elementos de la identidad de Frida Kahlo que identificaste en sus obras. Comparen cómo Kahlo expresó los elementos diversos en las distintas obras.

Te toca a ti!

 1. Crea un autorretrato usando la forma de arte que prefieres – pintura, dibujo, fotografía, escultura o arte digital. Piensa primero en los autorretratos de Frida Kahlo y como ella incluyó diversos aspectos de su identidad en sus obras. Incluyó su "defectos" y expresó su vulnerabilidad como ser humano. También pintó elementos de su herencia bicultural que también fueron parte de su identidad. Antes de hacer tu autorretrato piensa en los diversos aspectos de tu identidad – tu físico, tu personalidad, tu historia personal y tu identidad nacional o étnica. Refiérete al organizador que completaste en la introducción. Intenta incluir todos estos elementos en tu obra.

 2. Escribe un párrafo en el que describes tu autorretrato y los diversos aspectos de tu identidad. Puedes empezar: "Este autorretrato me representa a mí porque..."

¿Cómo se unen distintas culturas para formar una identidad étnica?

¿Cómo ha influido el mestizaje en la cultura latinoamericana?

La cultura latinoamericana es una cultura mestiza. ¿Cómo se ve el mestizaje en la cultura? ¿Cómo fue la historia de la gente mestiza en América Latina y cómo ha contribuido a la herencia cultural? En esta actividad leerás "Balada de los dos abuelos", por Nicolás Guillén, un poema narrado por un descendiente de dos abuelos: uno español y uno africano. También considerarás la historia de la gente mestiza del mundo hispanohablante y sus contribuciones culturales.

A **Antes de leer**

1. **Piensa – Comparte – Conversa**

   a. Hay mucha gente en América Latina que encuentra sus raíces en más de una cultura. ¿Qué sabes del tema? Escribe tus ideas en tu diario utilizando todas las palabras que puedas de la siguiente lista.

   b. Conversa con un compañero y comparte lo que escribiste en tu diario. Escucha lo que anotó tu compañero. Juntos revisen la lista de palabras y asegúrense de que ambos saben el significado de cada palabra. ¿Pueden usar cada palabra en una oración?

   c. Compartan sus ideas con la clase entera y haz preguntas de lo que no entendiste hasta ahora.

mestizo/a	birracial
el mestizaje	las raíces culturales
la mezcla	los antepasados
la raza	los descendientes
la etnia	

2. **Predecir**

   a. Considera la siguiente selección del poema:

Lanza[1] con punta de hueso,

tambor[2] de cuero y madera:

mi abuelo negro.

Gorguera[3] en el cuello ancho,

gris *armadura*[4] guerrera:

mi abuelo blanco.

[1] un arma hecha con un palo y un objeto puntiagudo al final
[2] un instrumento musical que mantiene el ritmo
[3] una cuellera de hilo fino y blanco que se usaba en esa época en la ropa
[4] la protección para los combates

Uno de los hábitos de un buen lector es **visualizar** mientras lee, o sea imaginar lo que está pasando. Este poema presenta varias imágenes que uno puede visualizar en su mente. ¿Qué puedes ver al leer esta selección? Ponlo en tus propias palabras y/o dibuja lo que visualizas.

b. Anota tus ideas en tu diario:

- "Balada de los dos abuelos" desarrolla una comparación entre los dos abuelos. ¿Qué entendiste de esta selección? ¿Qué diferencias hay entre los dos abuelos?
- ¿Por qué hay mucha gente mestiza en América Latina? Piensa en lo que sabes sobre la historia de esta región del mundo.

3. **Comparaciones lingüísticas:** Verás los siguientes cognados inglés–español en el poema. Conversa con un compañero: ¿puedes explicar en español qué significa cada palabra? Estas palabras les sirven para predecir de lo que trata este poema.

el torso	las costas
las pupilas	trópico
antártico	las cañas (de azúcar)
húmedas	las venas
los cocos	

Nicolás Guillén es el poeta nacional de Cuba. Conocido por sus poesías que representan la realidad de la historia afrocubana, Guillén nació en una familia de raíces españolas y africanas. Además de trabajar de periodista, fue activo en la política de su país. Guillén es uno de los principales poetas de la *Poesía Negra*. Sus poemas imitan el ritmo de la música africana e incluyen palabras de orígenes africanos.

B **Al leer,** busca las imágenes que el poeta usa para describir a sus dos abuelos. Anótalas en la segunda columna del organizador para usarlas después en un análisis del poema. Por ahora no completes la tercera columna.

	Imágenes que son asociadas con...	Puedo inferir que...
El abuelo negro		
El abuelo blanco		

"Balada de los dos abuelos" por Nicolás Guillén

Sombras que sólo yo veo,
me *escoltan* mis dos abuelos.   *acompañan y protegen*

Lanza con punta de hueso,
tambor de cuero y madera:
5 mi abuelo negro.
Gorguera en el cuello ancho,
gris armadura guerrera:
mi abuelo blanco.

Pie desnudo, torso *pétreo*   *de piedra*
10 los de mi negro;
pupilas de vidrio antártico las de mi blanco!

África de selvas húmedas
y de gordos *gongos* sordos...   *instrumento*
–¡Me muero!   *musical africano*
15 (Dice mi abuelo negro.)
Aguaprieta de *caimanes*,   *agua oscura; cocodrilos*
verdes mañanas de cocos...
–¡Me canso!
(Dice mi abuelo blanco.)
20 Oh velas de *amargo* viento,   *desagradable*
galeón ardiendo en oro...   *barco usado para llevar*
–¡Me muero!   *esclavos; quemando*
(Dice mi abuelo negro.)
¡Oh costas de cuello virgen
25 *engañadas* de *abalorios*...!   *estafadas; adornos de*
–¡Me canso!   *poco valor*
(Dice mi abuelo blanco.)
¡Oh puro sol *repujado*,   *labrado*
preso en *el aro* del trópico;   *prisionero; anillo*
30 oh luna redonda y limpia
sobre el sueño de los monos!

¡Qué de barcos, qué de barcos!
¡Qué de negros, qué de negros!
¡Qué largo *fulgor* de cañas!   *brillantez*
35 ¡Qué *látigo* el del *negrero*!   *cuerda para castigar;*
                                                         vendedor de esclavos

Piedra de *llanto* y de sangre,	*lamento*	
venas y ojos *entreabiertos*,	*abierto un poco*	
y madrugadas vacías,		
y *atardeceres* de *ingenio*,	*talento para inventar*	

40
y una gran voz, fuerte voz,
despedazando el silencio.   *rompiendo*
¡Qué de barcos, qué de barcos,
qué de negros!

Sombras que sólo yo veo,

45
me escoltan mis dos abuelos.

Don Federico me grita
y Taita Facundo calla;
los dos en la noche sueñan
y andan, andan.

50
Yo los junto.

–¡Federico!
¡Facundo! Los dos se abrazan.
Los dos suspiran. Los dos
las fuertes cabezas *alzan*;   *levantan*

55
los dos del mismo tamaño,
bajo las estrellas altas;
los dos del mismo tamaño,
ansia negra y ansia blanca,   *preocupación*
los dos del mismo tamaño,

60
gritan, sueñan, lloran, cantan.
Sueñan, lloran, cantan.
Lloran, cantan.
¡Cantan!

C Después de leer

1. Análisis: Trabaja con un compañero siguiendo estos pasos:

- Compartan sus organizadores y asegúrense de que ambos tengan una lista completa de las imágenes que presenta el poema de los dos abuelos.
- Después, conversen sobre cada imagen de lo que pueden inferir sobre el abuelo descrito. ¿Qué se puede entender o adivinar sobre el abuelo descrito según la información en el poema? Ahora rellenen la tercera columna del organizador. Refiéranse al ejemplo dado en la siguiente página. ¡Hay muchas interpretaciones posibles pero tienes que justificar tu respuesta! Prepárense para compartir sus ideas con la clase.

	Imágenes se asocian con...	Puedo inferir que...
El abuelo negro		
El abuelo blanco	*Gorguera en el cuello ancho, gris armadura guerrera*	*Fue soldado en un ejército, quizás para establecer una colonia española en el Caribe*

2. Visualiza los dos lugares que presenta "Balada de los dos abuelos": África y el Caribe. Busca una imagen en línea, o dibuja / pinta tu propia imagen para representar cada lugar. Para cada imagen, escribe el verso o versos del poema que te inspiró / inspiraron. Siéntense en grupos de tres o cuatro para presentar sus escenas y las razones por las cuales las eligieron.

3. Practica usando el vocabulario al inicio de la actividad para describir al narrador del poema. Usa por lo menos cinco de las palabras en la página 284 para escribir por lo menos tres oraciones que respondan a la pregunta: ¿Qué sabemos de la raza y raíces culturales del narrador? Sé específico y da ejemplos del poema.

4. Conexiones históricas: Para ampliar tu comprensión y ubicar este poema en un contexto histórico, sigue estos pasos:

- Recuerda lo que ya sabes de la historia mundial e investiga lo siguiente: ¿Cuáles son los tres grupos de gente que se mezclaron para formar la población mestiza en el Caribe? Dibuja un diagrama en tu diario que muestre el movimiento y la mezcla de grupos de gente a lo largo de la historia entre los tres continentes.
- ¿Qué referencias específicas hace el poema a la historia de la esclavitud y el transporte de esclavos desde África? Haz una lista de las palabras y versos que encuentres en el poema.

Técnica literaria

Como otros poemas que has leído (páginas 180, 253-54, 261), "Balada de los dos abuelos" contiene metáforas. Una **metáfora** es una comparación con otro objeto o concepto para facilitar la comprensión o resaltar una característica. Discute los siguientes ejemplos con un compañero. ¿Por qué son metáforas?

- torso pétreo
- pupilas de vidrio antártico
- galeón ardiendo en oro
- ¡Oh costas de cuello virgen engañadas de abalorios...!

¡A tejer!

Utilizando tus apuntes de la parte C y el siguiente esquema, escribe un breve análisis conectando este poema a la historia del mestizaje en el Caribe.

- Párrafo 1: Presenta el tema. Explica cómo la descripción del abuelo blanco tiene relación con la historia del mestizaje en el Caribe.
- Párrafo 2: Continúa el tema. Explica cómo la descripción del abuelo negro tiene relación con la historia del mestizaje en el Caribe.
- Párrafo 3: Concluye con una explicación de cómo el poeta tiene relación con la historia del mestizaje en el Caribe.
- No olvides de organizar tu composición utilizando conectores como "Para empezar..." "Para continuar..." "En primer / segundo lugar..." "En conclusión..."
- A lo largo de la composición da ejemplos específicos del poema para ilustrar tu análisis.

Luis Palés Matos (1898 – 1959), quien influyó mucho a Guillén, era un poeta puertorriqueño reconocido por crear la *Poesía Negra*. También utilizó palabras y ritmos de raíces africanas en su obra literaria. "Danza negra" contiene tales elementos junto con ejemplos de onomatopeya (una palabra cuya pronunciacion imita un sonido).

 Visita la guía digital para conocer su obra y un video de "Danza negra"

 Wifredo Lam (1902 – 1982) era un pintor cubano conocido a nivel internacional por sus obras de arte que celebraban el espíritu y cultura afrocubanos. Lam tenía raíces chinas, cubanas y africanas, así su propia identidad tanto como su obra demuestran el mestizaje del país cubano.

 Visita la guía digital para explorar sus obras.

Actividad 4

¿Cuáles son los diversos aspectos de la identidad étnica de Latinoamérica?

En esta actividad, vas a estudiar las letras de la canción *Latinoamérica* por el dúo puertorriqueño, Calle 13. En esta canción el grupo expresa lo que significa ser latinoamericano. Calle 13 recibió diez nominaciones de los premios Latin Grammy para el álbum de esta canción. Este dúo consiste de dos hermanos René Pérez Joglar y Eduardo Cabra Martínez.

A **Antes de leer: Piensa - Conversa - Comparte,** observando las fotos de Latinoamérica en la página siguiente:

1. En tu diario, escribe una lista de los distintos aspectos de las diversas culturas de América Latina que forman parte de la identidad étnica de Latinoamérica. Piensa en todo lo que has estudiado y lo que ya sabes de la diversidad de culturas en Latinoamérica.

2. Conversa con un compañero y comparen sus ideas. ¿Incluyó tu compañero ideas diferentes a las tuyas?

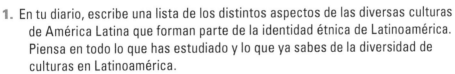

3. Con todos los compañeros de la clase, compartan los aspectos de las distintas culturas que se unen para formar una identidad latinoamericana.

B Al leer

1. **Cuando leas por primera vez,** fíjate en los sustantivos que emplea el letrista de la canción para crear las metáforas que describen a Latinoamérica. Refiérete a los ejemplos en el organizador.

2. **Cuando leas por segunda vez,** anota las otras palabras que completan las metáforas.

Sustantivo	Descripción
la sobra	de los que se robaron
una fábrica	de humo
un pueblo	escondido en la cima
mi piel	es de cuero

LATINOAMÉRICA

Soy…soy lo que dejaron,

Soy toda la *sobra*[1] de lo que se robaron.

Un pueblo escondido en la cima

mi piel es de cuero por eso aguanta cualquier clima.

Soy una *fábrica*[2] de humo,

mano de obra campesina para tu consumo.

Frente de frío en el medio del verano,

el amor en los tiempos del cólera*, mi hermano.

El sol que nace y el día que muere,

con los mejores *atardeceres*[3].

Soy el desarrollo *en carne viva*[4],

un discurso político sin saliva.

Las caras más bonitas que he conocido,

soy ***la fotografía de un desaparecido****.

Soy la sangre dentro de tus venas,

soy un pedazo de tierra que *vale la pena*[5],

una *canasta*[6] con frijoles

Soy *Maradona contra Inglaterra anotándote*[7] *dos goles*

Soy lo que sostiene mi bandera,

la espina dorsal del planeta es mi *cordillera*[8].

Soy lo que me enseño mi padre,

el que no quiere a su *patria*[9] no quiere a su madre.

Soy América latina,

un pueblo sin piernas pero que camina.

Coro

Tú no puedes comprar el viento. Tú no puedes comprar al sol.

Tú no puedes comprar la lluvia. Tú no puedes comprar el calor.

Tú no puedes comprar las nubes. Tú no puedes comprar los colores.

Tú no puedes comprar mi alegría. Tú no puedes comprar mis dolores.

Tengo los lagos, tengo los ríos.

Tengo mis dientes pa' cuando me sonrío.

La nieve que maquilla mis montañas.

Tengo el sol que me seca y la lluvia que me baña.

Un desierto *embriagado con peyote*[10],

un trago de pulque para cantar con los coyotes.

Todo lo que necesito.

Tengo mis pulmones respirando azul clarito.

La altura que *sofoca*[11],

Soy las *muelas*[12] de mi boca ***mascando coca.***

El otoño con sus hojas desmayadas,

los versos escritos bajo la noche estrellada.

Una viña *repleta*[13] de uvas.

Un cañaveral bajo el sol en Cuba.

Soy el mar Caribe que vigila las casitas,

Haciendo rituales de agua bendita.

El viento que peina mi cabello.

Soy **todos los santos que cuelgan de mi cuello.**

El jugo de mi lucha no es artificial,

Porque el *abono*[14] de mi tierra es natural.

Coro

Trabajo bruto pero con orgullo,

Aquí se comparte, lo mío es tuyo.

Este pueblo no se ahoga con *marullos*[15],

y si se derrumba, yo lo reconstruyo

Tampoco pestañeo cuando te miro,

Para que te acuerdes de mi apellido.

La operación cóndor invadiendo mi nido,

¡Perdono pero nunca olvido!

Vamos caminando

Aquí se respira lucha.

Vamos caminando

Yo canto porque se escucha.

Aquí estamos de pie

¡Qué viva Latinoamérica!

No puedes comprar mi vida.

---

[1] exceso
[2] factoría
[3] la hora en que termina la tarde
[4] en vivo
[5] dar por bien empleado el trabajo que cuesta
[6] cesta

[7] ganando
[8] montañas
[9] país
[10] lleno de cactus
[11] deja sin aire
[12] dientes
[13] llena

[14] fertilizante de la tierra
[15] olas grandes
* p. 290- El amor en los tiempos del cólera se refiere a una novela de Gabriel García Márquez.
* p. 291- La fotografía de un desaparecido se refiere a la Guerra Sucia en Argentina de los años 80.

Calle 13, René Pérez, Eduardo Cabra, Rafael Arcaute, "Latinoamerica"

USO DEL LENGUAJE EN CONTEXTO: Uso de los pronombres posesivos

Usamos los pronombres posesivos para indicar la posesión de un objeto mencionado antes.

Refiérete a las letras de la canción Latinoamérica *lo mío es tuyo:* se usa el articulo (*el, la, los, las*) con el posesivo pero se omite después del verbo ser.

También se usa *lo* + pronombre posesivo para indicar algo general: Deme todo *lo suyo* en cambio por *lo nuestro*.

1. **la mía:** Tu piel es de cuero, *la mía* es de porcelana.

2. **las tuyas:** Espero que tu compañero tenga ideas diferentes a *las tuyas*.

3. **la suya**: Mi patria es Guatemala, *la suya* es Nicaragua.

4. **el nuestro**: Nuestra cultura no es *nuestra* sino que pertenece a todo el mundo. (Día del Español)

5. **el vuestro:** Nuestro orgullo de Latinoamérica es más fuerte que *el vuestro*.

6. **las suyas:** Tus fotografías de los desaparecidos son más impresionantes que *las suyas*.

Otros usos: *¡Dios mío!*   *¡Madre mía!*   *¡Hijo mío!*   *¡Amor mío!*

 Después de leer

1. Conversa con un compañero sobre los siguientes temas:
   - cómo describen las metáforas la diversidad de los productos, prácticas y perspectivas culturales que son parte de la identidad étnica de Latinoamérica
   - cómo utiliza el letrista yuxtaposiciones para describir a Latinoamérica
   - cuál es el tema que une las diversas culturas bajo una identidad unida latinoamericana

2. Escribe una reflexión en tu diario de uno o dos párrafos en el que describas lo que significa "una identidad étnica latinoamericana". Utiliza las descripciones de la canción para decidir cuáles son los elementos de las distintas culturas de Latinoamérica que se unen para formar esta identidad étnica.

 ¡A tejer!

Recibirás un "hilo" de papel de tu profesor. En este hilo de papel dibuja una representación de unos productos, prácticas y perspectivas culturales con los cuales se identifican los latinoamericanos. También puedes incluir palabras o vocabulario que apoyan tu representación. Después, con tus compañeros de clase, tejan los hilos de papel para formar una manta que represente la identidad étnica de Latinoamérica.

¿Cómo influye el idioma en la identidad de una persona?

¿Cómo se une un idioma a gente de diferentes identidades?

¿Una fiesta para celebrar a todos los que hablan español alrededor del mundo? **El Día E**, Día del Español, fue un proyecto iniciado por el instituto Cervantes para celebrar cómo el idioma y la cultura española se han difundido en los cinco continentes. En esta actividad leerás información sobre el idioma español, escucharás las palabras favoritas de celebridades y verás un video de como celebraron **el Día E** en Madrid el 23 de junio, 2012. Será un evento anual en el cual tú puedes participar – ahora te toca a ti escoger unas actividades para celebrar como el español te ha influido. **¡Los idiomas sí que cuentan!**

Sede del Instituto Cervantes

ELDía

día del español

A **Mira los videos de** las palabras favoritas de unas personas conocidas del mundo hispanohablante. Identifica quiénes son estas personas, de dónde son, su profesión y escribe sus palabras favoritas. Visita la guía digital para obtener el organizador y ver los videos.

1. Gael García Bernal

3. Pau Gasol

5. Isabel Allende

2. Eugenia Silva

4. Shakira

6. Mario Vargas Llosa

B **Después de observar:** Ahora decide cuál es tu palabra favorita, grábala en video y manda el archivo a tu profesor/a y a eldiaenyc@cervantes.org.

C **Antes de leer:** Como alumno de español por varios años ya has aprendido a comunicarte no solamente en español sino también has aprendido sobre los distintos dialectos y culturas de los hispanohablantes del mundo.

1. Conversa con un compañero sobre tu experiencia de aprender el español refiriéndote a estos puntos:
   - dónde y cuándo empezaste a aprender español
   - por qué sigues tomando clases de español ahora
   - si piensas que el español te servirá en tu futuro y cómo
   - si recomendarías a tus amigos que estudiaran más cursos de español en la secundaria y en la universidad

2. **Piensa – Conversa – Comparte:** Piensa en lo que sabes de las variaciones del español en el mundo hispanohablante y anota la siguiente información en el organizador en la guía digital: el país hispanohablante, los idiomas y los dialectos que hablan en el país.
   a. Conversa con un compañero para compartir la información que saben.
   b. Compartan con la clase en un organizador común para la clase.

País	Idiomas	Dialectos

D **Al leer** sobre el Instituto Cervantes que patrocina la celebración del *Día E*, la celebración mundial de la lengua que nos une, anota las frases que indican el objetivo de la iniciativa del *Día E* en tu diario.

El Día E

El Instituto Cervantes es la institución pública creada por España en 1991 para promocionar el español y las lenguas cooficiales de España que pretende incrementar la visibilidad de la lengua española en el mundo y crear un punto de encuentro para todos los hablantes de español.

Desde el año 2009, el Instituto Cervantes, presente en 77 ciudades de 44 países en los cinco continentes, viene promoviendo la celebración en toda la comunidad hispanohablante de una fiesta de la lengua que celebran el sábado más próximo al solsticio de verano.

El Día E nació como un proyecto del Instituto Cervantes para difundir la cultura en español en los cinco continentes. A lo largo de los últimos años, todos los centros del Instituto Cervantes en los cinco continentes –desde Sídney hasta Brasilia– festejaron este día, celebrando así la grandeza de nuestra lengua común y nuestras culturas.

=Celebramos este día de una forma muy familiar, *austera*[1] y divertida", ha explicado Montserrat Iglesias, directora de Cultura del Instituto Cervantes. "Hemos organizado actividades con un carácter festivo y pensadas sobre todo para los niños". Y es que el español, ha dicho, es "un idioma extraordinario que supone una inmensa riqueza, y hay que valorarlo y aprovecharlo".

Esta iniciativa del Instituto Cervantes quiere servir para conmemorar el valor del español como lengua de comunicación internacional. Para este día, se han organizado una serie de actividades que tienen como *epicentro*[2] la palabra, tomando como base la manera en la que se percibe el español, una lengua de relación, alegría y diversidad. El Día del Español *se concibe*[3] como una *jornada*[4] festiva para disfrutar en familia.

Queremos que esta fiesta sea la de todos los que hablamos español, para que cada año tengamos un día en el que nos sintamos unidos por una lengua común y por compartir la riqueza de la vasta cultura en nuestro idioma.

---

[1] económica   [2] el foco   [3] se forma   [4] día

El español y sus hablantes en cifras:

- 500 millones de personas hablan español
- la segunda lengua del mundo en cuanto a número de hablantes nativos
- el segundo idioma de comunicación internacional
- el tercer idioma más utilizado en Internet
- unos 18 millones de alumnos estudian español como lengua extranjera
- dentro de tres o cuatro generaciones, el 10% de la población mundial se entenderá en español
- el idioma oficial de 21 países.
- en 2030 el 7,5% de la población mundial será hispanohablante (un total de 535 millones de personas)
- en 2050 Estados Unidos será el primer país hispanohablante del mundo

Adaptado de : www.cervantes.es

 Después de leer, contesta este correo electrónico de Montserrat Iglesias, directora de Cultura del Instituto Cervantes. Visita la guía digital para imprimir o escribir el correo electrónico.

Mensaje nuevo — ↗ ✕

Destinatarios

Asunto

Estimados estudiantes del idioma español,
Quisiera invitarles a participar en una de las celebraciones del día del español, el Día E, celebrado alrededor del mundo y patrocinado por el Instituto Cervantes para reconocer la lengua que hablan 500 millones de personas.

También les pido que organicen un evento en su escuela para reconocer que unos 18 millones de alumnos estudian español como lengua extranjera. Hablen con sus compañeros para planificar el evento y las actividades. Preparen un plan de acción para presentarlo al director de su escuela secundaria. Incluyan lo siguiente en su plan de acción:

1. donde tendrá lugar la celebración
2. el objetivo de la fiesta del Día E
3. las actividades que ofrecerán a los participantes

Se ruega que me notifiquen su plan de acción para el evento.
Agradeciéndoles de antemano su participación, reciban un cordial saludo.

 Atentamente
Montserrat Iglesias
Directora de Cultura del Instituto Cervantes
Madrid, España

Enviar　　　|　　　　　　　　　　|

Al ver el video por primera vez, verás una de las celebraciones del *Día E* que tuvo lugar en Madrid el 23 de junio, 2012. Los centros del Instituto Cervantes de todo el mundo abrieron sus puertas para celebrar «La fiesta de todos los que hablamos español». Aquí verás las actividades culturales programadas que tuvieron lugar en uno de los centros. Anota la siguiente información en tu diario:

1. dónde tiene lugar la celebración
2. el objetivo de la fiesta del *Día E*
3. las palabras favoritas de los niños
4. las actividades que ofrecen a los participantes

  Después de ver el video por segunda vez, imagina que estás allí el día de la celebración del *Día E* y quieres que tu amigo/a se reúna contigo en el instituto Cervantes. Déjale un mensaje de teléfono para que venga en seguida a la celebración y cuéntale lo que están haciendo para para celebrar ese día.

  **¡Te toca a ti!**

Para participar en las actividades del *Día E*, escoge una de las siguientes opciones para realizar y compartir con tus compañeros.

 Opción 1:

Taller de letras creativas: ¿Cuál es tu palabra favorita del español? Celebra el Día E eligiendo tu palabra favorita, píntala y créala con divertidos colores y texturas, y la tendrás de recuerdo. ¡Únete al Día E!

 Opción 2:

Crea tu microrrelato en Twitter: El año pasado se convocó para toda la red de centros del Instituto Cervantes un Concurso de Microrrelatos en Twitter. Los participantes, alumnos de los centros, tenían que escribir su relato en un Tuit con el hashtag #mrdiae e incluir alguna de las diez palabras más votadas el año pasado en su microrrelato: gracias, sueño, libertad, amor, madre, tú, murmullo, alma, esperanza o corazón. ¡Anímate a escribir el tuyo en el Twitter del Día E! ¡Esperamos tu microrrelato en http://eldiae.es/microrrelatos !

 Opción 3:

Cuentacuentos: Investiga historias de otros lugares en español: leyendas mexicanas, cuentos guaraníes, historias cubanas, fábulas venezolanas… cuentos de distintas zonas hispanohablantes que serán reflejo de los colores y matices que se pueden encontrar en el español. Compártelos con tus compañeros para que oigan la cultura y tradición oral del mundo. ¡Disfruta!

Lenguas que se hablan en Latinoamérica además del español

Náhuatl: El náhuatl es la lengua indígena con mayor número de hablantes en México, con aproximadamente un millón y medio, la mayoría son bilingües con el español. Su uso se extiende desde el norte de México hasta Centroamérica. El náhuatl es la lengua hablada por el mayor número de grupos étnicos distintos en México. **Chocolate** = *chocolatl* **Chanclas** (sandalias) = *cactli*

Abuela- amama
Adios- agur
Zamarra- Chamarra

■ Náhuatl
■ Lenguas mayas
■ Quechua
■ Aymara
□ Guaraní
■ Mapuche

Lenguas mayas: Las lenguas mayas son una familia lingüística hablada en Mesoamérica, principalmente en Belice, Guatemala y el sureste de México. Guatemala reconoce oficialmente 22 lenguas mayenses mientras que México oficializó a ocho lenguas más en 2001.
¿Cómo estás? = *Bix a beel* **Bien, ¿y tú?** = *Ma'alob, kux teech*

Quechua y aymara /aimara: El quechua o quichua es una familia de lenguas originarias de los Andes centrales que se extiende por la parte occidental de Sudamérica. Es hablada por 14 millones de personas. El 14% de los peruanos tienen como lengua materna el quechua y un 3% el aymara. En Bolivia el 47% de la población habla una lengua indígena, principalmente el aymara. El aymara es cooficial en Bolivia y en el Perú junto con el español.
Aymara: **Hola** = *Camisaqui* **Hasta Mañana** = *Karurkama*
Quechua: **¿Quién?** = *Pi* **¿Qué?** = *Ima*

Guaraní: El idioma guaraní es una lengua de la familia tupí-guaraní, hablada por unos 6 millones de personas (5 millones de las cuales la tienen de lengua materna) en Paraguay. El guaraní fue declarado lengua oficial del Paraguay en 1967, ocupando de esta manera el mismo rango que el castellano.
Este, esta = *Ko* **Ese, esa** = *Pe*

Mapuche: La lengua mapuche o mapudungun «el hablar de la tierra», es el idioma de los mapuches, un pueblo indígena de Chile y Argentina. Su número de hablantes activos se estima entre 100.000 y 200.000. El mapuche ha incorporado palabras del español y del quechua y por el momento se la considera una lengua aislada. **Bueno** = *küme* **Malo** = *weza*

Extraído de www.skyscraperlife.com

 ¡Tu opinión cuenta!

¿Monolingüismo, bilingüismo o plurilingüismo? Oímos que todo el mundo debe aprender inglés y por eso no hace falta aprender otros idiomas. ¿Cuál es el valor de mantener las lenguas maternas de nuestras familias? ¿Piensas que el conservar la lengua materna es una manera poderosa de luchar contra la discriminación y educar a las poblaciones marginadas? Formen grupos para debatir sus opiniones en pro o en contra del bilingüismo y plurilingüismo. Usen las estrategias para un debate en hilo 6, página 172.

¿Cuál es la situación lingüística actual en España?

Nelson Mandela decía que "hablarle a alguien en un idioma que entiende permite llegar a su cerebro, pero hablarle en su lengua materna significa llegar a su corazón". En España conviven varias lenguas con otras variedades lingüísticas, a las que se les llaman dialectos. En esta actividad explorarás los orígenes de las lenguas de España como el euskera, idioma que hablan en el País Vasco y las compararás a situaciones parecidas en tu nación.

 A **Antes de leer:** Ya sabes que varios pueblos indígenas de América Latina todavía mantienen su idioma autóctono pero, ¿qué sabes de los diferentes idiomas que se hablan en España?

 1. Con un grupo de tres o cuatro compañeros, visita la guía digital para imprimir un mapa de España con las comunidades autónomas.

 2. Identifica las regiones en el mapa donde hablan otro idioma

3. Comparen sus mapas indicando las comunidades donde hablan otro idioma.

 B **Al leer,** rellena la información de los idiomas usando este organizador mientras lees.

Idioma	Dónde se habla	El origen
el catalán	Cataluña, El nordeste de la Península, Andorra, La Comunidad Valencian y, las islas Baleares	el latín vulgar, influencia francesa e italiana

Idiomas en España

Cuando llega gente del extranjero a España, se sorprende al enterarse de que se habla más de una lengua. El castellano, el español, es la lengua oficial de España y se entiende en todas partes, pero el catalán, el gallego y el euskera son las otras lenguas oficiales que se hablan en España. Una gran parte de España es bilingüe, es decir, sus habitantes hablan dos lenguas: una que han aprendido en el *seno*[1] de la vida familiar (su lengua materna) y otra, el castellano, que han aprendido en la escuela y a través de los medios de comunicación social, y que les sirve de medio de entendimiento con los españoles que no saben el otro idioma.

Extraído de http://lenguaeso.wikispaces.com

LOS IDIOMAS DE ESPAÑA
Lenguas oficiales
Otras lenguas y dialectos

- **El castellano** es la lengua oficial de España así como de dieciocho países de Hispanoamérica. La usan también los hablantes no anglosajones del sur de los EE.UU. En Puerto Rico es lengua oficial con el inglés. En la época moderna el idioma se ha mantenido sin cambios esenciales en Castilla y León, las tierras en el centro de España, donde nació. El castellano se difunde con la Reconquista por el Sur de la península. Los colonizadores lo implantan en las Américas y Filipinas. Los judíos expulsados lo llevan consigo, y aún lo mantienen hoy sus descendientes, los sefardíes. Durante los siglos XVI y XVII, el castellano alcanza su máximo esplendor y en el siglo XVIII se crea la Real Academia Española.

Lengua materna de los ciudadanos de España
Datos oficiales

- Otra lengua española 10 %
- Otra lengua extranjera 1 %
- castellano 89 %

creado por Daniel de la Fuente Igualada

- **El catalán** se habla en la comunidad autónoma de Cataluña. Es una lengua romance como el castellano. Procede de la evolución del latín vulgar en la parte nordeste de la Península. Entre los siglos XV y XVIII, el catalán fue considerado lengua oficial. A principios del siglo XVIII con la supresión de las libertades desaparece el catalán como lengua oficial y el castellano se impone. La reconstrucción del catalán fue una labor llevada a cabo en la segunda mitad del siglo XIX, con el movimiento cultural y nacionalista. También se habla en Andorra, departamentos franceses de los Pirineos orientales, unas tres cuartas partes de la Comunidad Valenciana, las islas Baleares, Alguer (en Cerdeña) y una estrecha *franja*[2] *contigua*[3] de Aragón.

La Sagrada Familia en Barcelona

- **El euskera** es el idioma oficial en el País Vasco y se habla al norte de Navarra. Es un idioma único, sin raíces latinas y totalmente incomprensible para todos los demás habitantes de España. Es la única lengua prerromana peninsular viva. Se han formulado numerosas hipótesis sobre su origen, sucesivamente *desechadas*[4]. La teoría más acreditada hoy establece el parentesco entre el vasco y las lenguas indoeuropeas, pero el gran *vascólogo*[5] Luis Michelena ha quitado valor a muchas de las *supuestas*[6] pruebas. El problema de los orígenes de la lengua vasca continúa siendo un enigma. El nombre vasco de la lengua es "euskera" y se llama "Euskal Herría" al país que habla euskera. La lengua vasca se habla en partes de Vizcaya, zonas de Álava, norte de Navarra y la totalidad de Guipúzcoa y también en el País Vasco francés.

La playa de San Sebastián

- **El gallego** es una lengua previa al castellano y como tal procede de la evolución del latín vulgar y se habla en Galicia al noroeste de España. Por razones políticas e históricas el gallego quedó reducido casi ser solamente una la lengua oral pero resurgió en el siglo XIX. En la actualidad se habla en las cuatro provincias gallegas y en algunas zonas de Asturias, León y Zamora. También hay una numerosa colonia de la emigración gallega en Sudamérica.

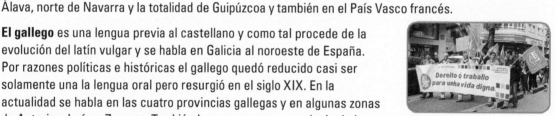

Protesta en Pontevedra, Galicia

Variedades dialectales del castellano:

- **El valenciano** se utiliza en la Comunidad de Valencia y es muy parecido al catalán.

- **El leonés y el aragonés** son dialectos históricos del latín que no han llegado a alcanzar la categoría de lenguas. Las circunstancias sociopolíticas y culturales les impidieron alcanzar un uso culto que les diera categoría de lengua. Solo se usa en el ámbito campesino.

Las Fallas de Valencia

- **El bable** es un dialecto de Asturias y generalmente se oye en el campo.

- **El andaluz** es el dialecto peninsular de mayor extensión y prestigio social. Se habla en las ocho provincias de Andalucía al sur del país.

- **El extremeño y el murciano.** en la actualidad son hablas populares en las comunidades de Murcia y Extremadura al oeste del país.

- **El canario** cuenta con la influencia de las lenguas de la península y con algunos *rasgos*[7] del guanche. El idioma guanche es una lengua muerta parecida al latín, que hablaban en Tenerife, las islas Canarias. Su origen se debe a la lengua berebere que es el idioma hablado por las tribus Beréberes del norte de África.

Durante la dictadura de Franco, que acabó en 1975, todas las lenguas regionales fueron prohibidas así como las identidades regionales. Sin embargo, en la actualidad han retomado mucha importancia, y muchas tienen su estatus de lenguas oficiales junto con el español. Las cuatro lenguas principales son el castellano, el euskera, el gallego y el catalán.

Hoy en día las lenguas oficiales de las comunidades *autónomas*[8] históricas usan la lengua de la comunidad en todos los ámbitos de la vida pública. Aun es obligatoria estudiarlas a lo largo de toda la etapa escolar incluso la universidad. Según Manuel Carrascosa, "España debe instaurar un bilingüismo satisfactorio para los españoles que posee otra lengua materna, y a la que aman, con la misma intensidad con que los españoles nacidos en el seno de la lengua castellana aman la suya".

Adaptado de www.justlanded.com

y http://html.rincondelvago.com

---

[1] el corazón
[2] pedazo de tierra
[3] fronteriza
[4] eliminadas
[5] especialista en el País Vasco
[6] hipotéticas
[7] atributos
[8] independientes del estado

  C **Después de leer,** piensa en una situación parecida en que la gente de una región o quizás de otro país mantiene su lengua materna, en su nación o en otra nación, porque representa su identidad étnica. Trabaja con un compañero para pensar en algunos ejemplos. Después hagan la siguiente comparación cultural.

 1. Compara una de las lenguas oficiales de España con otra cultura y su lengua. ¿En qué se parecen o se diferencian? Usa el organizador de comparaciones.

 2. Escribe tres párrafos: a) en el primero habla sobre las diferencias b) en el segundo de las semejanzas, y c) en el último haz una conclusión explicando por qué piensas que estas lenguas han sobrevivido varios siglos.

 3. Comparte tu comparación cultural con un grupo de compañeros.

Documental: Recuperación del euskera en el País Vasco

En este documental, aprenderás cómo la lengua vasca casi desapareció durante la dictadura de Franco cuando se prohibió hablar otras lenguas que no fueran castellano en las escuelas y en los negocios. En los últimos 40 años han pasado por un proceso de recuperación, fortalecimiento y normalización del euskera en el País Vasco. ¿Cómo lo hicieron y cuáles fueron las cuatro herramientas fundamentales que implementaron para conseguir el bilingüismo en su región preservando su lengua materna e identidad étnica?

 Preguntas de comprensión

1. Una de las lenguas que está en peligro de extinción antes del final del siglo es _____.

2. Solamente _____ personas hablan el euskera.

3. El territorio vasco se extiende desde el noreste de España hasta _____.

4. Hace 50 años el _____ casi desapareció porque fue prohibido usar el idioma en asuntos estatales y políticos.

5. La pérdida de un idioma supone un largo camino para recuperar el idioma; es una decisión personal que empieza con uno mismo y la _____.

6. Todas estas herramientas ayudaron a la recuperación del euskera excepto:

    a. la unificación por la escritura y literatura

    b. los negocios

    c. la educación

    d. los medios de comunicación

    e. la producción cultural

7. El motor que ha impulsado el País Vasco hacia la recuperación del euskera fue su propia _____.

8. Las ikastolas tienen un gran _____ entre la educación académica.

9. El modelo de las ikastolas garantiza la enseñanza en _____.

10. El eje (parte fundamental) de la continuidad es el idioma porque es el corazón del pueblo y si pierde la lengua se pierde _____.

 Investiga el origen y significado de estas palabras: *Bai, Donostia, ikastola, euskaldunes, euskal duna*

Reflexión

Si tus padres tuvieran otra lengua materna, diferente a la lengua de la nación donde vives, ¿te habría gustado que te hubieran enseñado este idioma desde pequeño? Si has aprendido tu lengua materna y también la lengua de la nación, al identificarte, ¿tomas como punto de partida tu lengua propia, tu nacionalidad ó tu grupo étnico? Escribe un párrafo de ocho a diez oraciones en tu diario.

Fiesta de San Fermín: Pamplona, España, Navarra

Cada año en Pamplona, entre el 6 y el 14 julio se celebran las fiestas en honor a **San Fermín, Patrón de la comunidad de Navarra**. Es una celebración tradicional española que comienza nueve días de fiesta y juerga durante la cual miles de visitantes llegan de todas partes del mundo. Los toros son los mayores protagonistas de esta fiesta, junto a los mozos que corren ante ellos durante los encierros por las calles de Pamplona.

La fiesta de los sanfermines proviene de tres celebraciones distintas: los actos religiosos en honor a San Fermín que tenían lugar ya antes del siglo XII, las ferias comerciales y las corridas de toros, documentadas ambas desde el siglo XIV. Desde 1950, aproximadamente, los sanfermines han ido evolucionando y han perdido la mayor parte del componente religioso.

El encierro tiene lugar durante ocho días del 7 al 14 de julio cada año. Antiguamente, algunos mozos corrían delante de los toros de lidia antes de la corrida por la subida de adrenalina que suponía el riesgo. Este hecho fue popularizándose y ha llegado así hasta la actualidad, con la diferencia de que el número de personas que desafía a los toros se ha incrementado de manera abismal. Tras el lanzamiento de dos cohetes, los toros salen disparados para recorrer tras los mozos los más de **800** metros de las calles del núcleo histórico de Pamplona hasta la plaza de toros. Los encierros suelen durar entre tres y cuatro minutos, si no hay incidentes, aunque últimamente las cogidas suelen ser habituales, en buena parte por los niveles de alcohol que consuman los nuevos corredores, mayormente turistas extranjeros sin experiencia.

Adaptado de http://fiesta.uncomo.com/articulo

Preguntas esenciales:

- ¿Cómo se expresan los distintos aspectos de la identidad?
- ¿Cómo se unen distintas culturas para formar una identidad étnica?
- ¿Cómo influye el idioma en la identidad de una persona?

Contexto:

¡Los idiomas sí que cuentan!

Irina Bokova, la Directora General de la UNESCO, proclama que "los idiomas son esenciales para la identidad de las personas y los grupos humanos y para su coexistencia pacífica, y constituyen además un factor estratégico para avanzar hacia el desarrollo sostenible y la articulación armoniosa entre lo mundial y lo local. El plurilingüismo consciente es el único medio de permitir que todos los idiomas tengan su lugar propio en nuestra sociedad mundializada.

Por eso la UNESCO invita a los gobiernos, los organismos de las Naciones Unidas, las organizaciones de la sociedad civil y todas las demás partes interesadas a que multipliquen sus actividades en pro del respeto, la promoción y la protección de todos los idiomas, en particular de los que están en peligro, en cualesquiera situaciones de la vida individual y colectiva."

Escrito con motivo del Día Internacional de la Lengua Materna 21 de febrero de 2011

Parte I: Investiga un pueblo originario en colaboración con uno o dos compañeros incluyendo lo siguiente:

- ❏ la historia,
- ❏ el origen del idioma,
- ❏ las estadísticas actuales de quiénes lo hablan y dónde se habla
- ❏ un mapa con los países y las regiones donde hablan estos idiomas.

Parte II: Prepara unas actividades en pro del respeto, la promoción y la protección del idioma del pueblo originario, e incluye:

- ❏ las celebraciones de los grupos étnicos que promueven el orgullo del idioma,
- ❏ algunos ejemplos del idioma para enseñarles a sus compañeros
- ❏ como se compara ese idioma con el idioma prinicipal de la nación.

Parte III: Convence al público de la importancia de:

- ❏ mantener la lengua materna para fortalecer la identidad étnica
- ❏ adquirir el idioma del país dónde se vive para sentirse parte de la totalidad de la nación.
- ❏ Consulta la guía digital para la guía detallada de la evaluación

UNESCO | Educación | Ciencias Naturales | Ciencias Sociales y Humanas | Cultura | Comunicación e Información

Sobre la Cultura | Temas | La cultura en el mundo | Comunidades

Idiomas y Plurilingüismo

UNESCO » Cultura » Temas » Idiomas y Plurilingüismo

Idiomas y Plurilingüismo

Proyectos en curso

Día Internacional de la Lengua Materna

La UNESCO promueve la diversidad lingüística y el plurilingüismo

Los idiomas, y sus complejas consecuencias en la identidad, la comunicación, la integración social, la educación y el desarrollo, son elementos importantes para los pueblos del mundo y el planeta Tierra.

Hay una conciencia cada vez mayor de que los idiomas desempeñan una función esencial en el desarrollo. Los idiomas garantizan la diversidad cultural y el diálogo intercultural. Por lo tanto, es urgente adoptar medidas para estimular un compromiso internacional para la promoción del plurilingüismo y la diversidad lingüística para salvaguardar las lenguas en peligro de desaparición.

Por ende la UNESCO promueve una estrategia interdisciplinaria en la que participan todos los sectores del programa: educación, cultura, ciencias exactas y naturales, comunicación e información y ciencias sociales y humanas.

UNESCO se solicita aporte de jóvenes

Un congreso de lenguas patrocinado por el UNESCO solicita el aporte de jóvenes que investiguen un idioma de un pueblo originario, Se estima que, si nada se hace, la mitad de los 6.000 idiomas hablados actualmente desaparecerá a finales de este siglo. Con la desaparición de las lenguas no escritas y no documentadas, la humanidad no sólo perdería una gran riqueza cultural, sino también conocimientos ancestrales en particular, en las lenguas indígenas.

Lenguas en peligro

@Google / @UNESCO
Atlas interactivo de las lenguas del mundo en peligro

Moseley, Christopher (ed.). 2010. Atlas of the World's Languages in Danger, 3rd edn. Paris, UNESCO Publishing.

Al hacer la investigación

Busca fuentes en español que incluyan

- la historia
- el origen del idioma
- las estadísticas actuales de quiénes lo hablan y dónde
- los mapas de los países y las regiones en donde hablan estos idiomas étnicos.

Para reportar los resultados de la búsqueda

Incluye las siguientes frases

- Es importante que ...
- Si no fuera por....
- Las lenguas son un vínculo valioso con el pasado y el futuro porque...
- Si la gente no adquiere el idioma del país en que vive...

Introducción / Antes de empezar

boricua - persona de Puerto Rico, puertorriqueño/a

chicano - mexicano-americano

descendiente - hijo, nieto o cualquier persona que desciende de otra

estadounidense - de los Estados Unidos

género, el - especie, clase, tipo

guajiro/a - persona del campo o campesino/a de Cuba

herencia, la - lo que uno recibe de sus padres u otras personas o familiares ya sea material o físico

nacionalidad, la

santiaguino - persona de Santiago de Chile

Actividad 1

apodo, el - sobrenombre

arrepentida - apenada por no haber hecho algo

costal, el - saco o bolsa grande

heredar - recibir una propiedad o característica de alguien

hojalata - lámina de acero o hierro que lleva estaño

lodoso - de lodo o barro

rasurarse - afeitarse

sollozos, los - respirar interrumpidamente a causa del llanto

Actividad 2

alma, el - espíritu, parte espiritual e inmortal del hombre

azteca - de los aztecas

celebración, la - conmemoración

cultura mixta, la - cultura mezclada, cultura que resulta de la combinación de culturas diferentes

ejemplificación, la - ejemplo, modelo

hilo conector, el - lo que conecta

historia, la - pasado

propia identidad, la - identidad de uno mismo

representación, la - figura, imagen o idea que sustituye a la realidad

revolución, la - rebelión

temas universales, los - temas que comparten muchas personas o culturas

tierra, la - país, patria

verdadera - sincera, auténtica

Actividad 3

antepasado - ancestro, predecesor

birracial - de dos razas

esclavos, los - personas que no tienen libertad y están sometidas a otras personas

etnia, la - grupo cultural que comparte un lenguaje, una raza y tradiciones culturales

mestizaje, el - mezcla de razas

mestizo/a - persona de padres de diferentes razas

mezcla, la - producto de la unión de dos o más partes

provenientes de - descendientes, que vienen de o se originan en un lugar

raíces culturales, las - origen cultural

Actividad 4

abono, el - fertilizante de la tierra

canasta, la - cesta

cordillera, la - grupo de montañas

en carne viva - experimentar el dolor por sí mismo

fábrica, la - industria, taller, empresa

marullos, los - olas grandes

patria, la - país

repleta - llena

sobra, la - exceso

sofocar - asfixiar

Actividad 5

austera - económica

cifras, las - números

difundir - dispersar, promover por todos lados, transmitir, hacer público

epicentro, el - foco

festejar - celebrar

jornada, una - día

matices, los - tonos de colores

murmullo, un - sonido, susurro, rumor, cuchicheo

taller, un - lugar para trabajar

Actividad 6

cerebro, el - mente

contigua - al lado de otra

desechadas - eliminadas

franja, la - pedazo de tierra

juerga, la - alboroto, juego, diversión

lenguas vulgares, las - que proceden del latín no erudito que hablaban los soldados romanos

rasgos, los - características, atributos

seno, el - protección, amparo

supuestas - hipotéticas, inferidas

Expresiones útiles

más bien - pero, sino

vale la pena - merece el esfuerzo

sin lugar a dudas - sin ninguna duda, es cierto

tómame tal cual soy - acéptame como soy

por lo tanto - por consiguiente, entonces, así pues

es de suma importancia - es muy importante

por la mayor parte - principalmente

Desafíos mundiales

SOMOS UN PAÍS DE INMIGRANTES

¿Qué contribuyen a tu comunidad?

JUNTOS CUIDEMOS NUESTRO PLANETA

¡Haz tu parte!

LE MONDE

Preguntas esenciales

- ¿ Cuáles son las causas del calentamiento global?

- ¿Cuáles son los efectos del calentamiento global?

- ¿Cómo se puede combatir el calentamiento global?

Temas del medio ambiente

En este hilo vas a explorar uno de los más graves desafíos de nuestro planeta la Tierra, el calentamiento global, las causas, los efectos y lo que se puede hacer para combatirlo. El ser humano tiene la responsabilidad de proteger los recursos naturales como el agua, las selvas, los bosques tropicales o los animales en peligro de extinción. Nuestras prácticas diarias y la huella de carbono contribuyen a los cambios del medio ambiente. Al final podrás tejer lo que aprendiste para comunicarle a la comunidad hispanohablante lo que puede hacer para protegerse a sí misma y a nuestro planeta.

¿Qué sabes del calentamiento global?

Este video nos enseña las bases del calentamiento global. ¿Qué ya sabes del calentamiento global? ¿Qué te gustaría aprender?

A **Antes de ver el video:** Para empezar este hilo, por qué no piensas en lo que ya sabes y lo que quieres saber del tema del medio ambiente y el calentamiento global. Utiliza el vocabulario abajo para ayudarte. Rellena las columnas de "Lo que sé" y "Lo que quiero saber" en el organizador.

El medio ambiente

¿Cuáles son las causas del calentamiento global?

¿Cuáles son los efectos del calentamiento global?

¿Cómo se puede combatir el calentamiento global?

Lo que sé	Lo que quiero saber	Lo que aprendí

La Tierra	la temperatura
el medio ambiente	la emisión de gases
el calentamiento global	el dioxido de carbono
la atmósfera	

B **Al ver el video:** Este video no tiene audio, entonces presta atención a las imágenes y al texto que utiliza para distribuir información sobre el calentamiento global y los efectos en el medio ambiente.

1. **Cuando lo veas por primera vez,** escribe una lista de las imágenes que ves en el video.

2. **Cuando lo veas por segunda vez,** anota las palabras del texto en el video.

C **Después de ver el video,** conversa con un compañero y comenten las siguientes preguntas:

- por qué es importante el calentamiento global
- por qué existe un debate sobre la veracidad del calentamiento global
- cuáles son algunas causas del calentamiento global
- qué impacto tiene en la Tierra el calentamiento global
- cuáles son los peligros si no detenemos el calentamiento global

 ¡Tu opinión cuenta! Antes de empezar este hilo, tu profesor quiere saber lo que opinan ustedes del calentamiento global. Graba un mensaje breve en el que expliques qué opinas de lo siguiente:

¿Crees que el calentamiento global sea un peligro verdadero y urgente para tu generación? ¿Por qué sí o por qué no?

 **Antes de empezar**

¿Quiénes son las víctimas del calentamiento global?

El calentamiento global nos afecta a todos. Los efectos son amplios y pueden cambiar el planeta Tierra como lo conocemos ahora. En esta actividad nos centramos en las varias especies de pingüinos y como el calentamiento está cambiando su entorno natural. ¿Qué puedes inferir del impacto a otros animales y a sus entornos debido al calentamiento global?

 A **Antes de leer**

 1. ¿Qué sabes ya de los pingüinos? Rellena el organizador con la información que sabes de los pingüinos.

Especies	Hábitats	Depredadores	Comida / Necesidades

2. El artículo se titula "Los pingüinos y el calentamiento global". Trabaja con un compañero para hacer cinco inferencias sobre el impacto del calentamiento global en los pingüinos. Después de leer, verás si las inferencias eran correctas.

 3. Trabaja con el mismo compañero para identificar el significado de los siguientes cognados con el inglés, usando lo que ya saben para hablar de las ciencias.

las especies	adaptarse
el hábitat	alterar el equilibrio
los depredadores	reducir
la reproducción / reproducirse	

 B **Al leer**

1. **Cuando leas por primera vez,** anota en tu diario los desafíos que enfrentan los pingüinos a causa del calentamiento global.

2. **Cuando leas por segunda vez,** anota los efectos del calentamiento global en el entorno, la población y la adaptación de los pingüinos.

Los pingüinos y el calentamiento global

Los pingüinos se ven afectados por el cambio *climático*[1]; debido al calentamiento global en todo el mundo, su *entorno*[2] natural se ve afectado. Aquellas especies que viven en las regiones extremadamente frías dependen del hielo que *pisan*,[3] cuando este *se derrite*[4] a un ritmo tan rápido cambia por completo su hábitat. Al mismo tiempo que los hace vulnerables a los *depredadores*[5] de los que estaban protegidos en el pasado debido a las *gruesas*[6] *capas de hielo*.[7]

Los científicos creen que en los últimos 50 años se ha reducido la mitad de la población de pingüinos en la región antártica *debido al*[8] cambio climático. En la especie conocida como pingüinos emperador se han visto las mayores pérdidas. Debido a la tendencia al calentamiento continúo por mucho tiempo, varios cambios tienen lugar en el hábitat natural de los pingüinos y la mayor parte de ellos no son positivos.

Es necesario recordar que estos pingüinos caminan por kilómetros y kilómetros de hielo para llegar a sus *lugares de cría*.[9] Cuando las capas de hielo se están derritiendo, el proceso se hace más difícil. Como resultado los pingüinos no llegan a tiempo a los lugares de reproducción, por lo tanto el número de *hembras*[10] que ponen huevos con éxito se reduce también.

Puede que[11] le sorprenda que algunos pingüinos deban preocuparse por las *quemaduras de sol*.[12] Algunos viven en climas *cálidos*,[13] donde es posible que se caliente demasiado, necesitan cubrir sus pies con sus aletas,[14] mientras están en tierra para evitar que sean quemados por el sol. Los jóvenes son muy vulnerables pues nacen sin *plumas*[15] o con muy pocas y los rayos del sol pueden penetrar fácilmente en la piel.

Los pingüinos de las zonas más cálidas *tienden a*[16] pasar más tiempo en el agua para así poder refrescarse, lo que los hace más *propensos*[17] a ser comidos por depredadores. También gastan mucha más energía nadando por lo que necesitará buscar más comida.

Las investigaciones indican que muchas especies de pingüinos están cambiando para adaptarse al cambio climático, esto no significa que debamos permitir que continúe. Los pingüinos están haciendo lo que deben para poder sobrevivir. Sin embargo, estos cambios pueden alterar el equilibrio natural de las cosas, como resultado, tienen mayor riesgo de morir los pingüinos adultos, así como sus descendientes no llegar a la *madurez*.[18] En algunas especies de pingüinos, el resultado de cambios estresantes hace que no se reproduzcan en absoluto.

¿Lo que le *depara*[19] el futuro a los pingüinos depende de nuestros esfuerzos? Demasiadas personas no ven el calentamiento global y el cambio climático como algo por lo que tengan que preocuparse. Sin embargo, la educación sobre estas cuestiones, es la esperanza para que más gente tome una posición firme y haga los cambios necesarios.

Todos debemos ser conscientes de las preocupaciones del calentamiento global y cómo afectan al mundo que nos rodea. Los pingüinos son un elemento más en nuestro mundo que se ve afectado por éste. Es por esto que todos tenemos que *asumir*[20] la responsabilidad de lo que contribuimos a nuestro medio ambiente. Al tomar medidas individualmente para reducir el calentamiento global, creamos un esfuerzo colectivo que provocará un cambio positivo.

Adaptado de: www.pinguinopedia.com

---

[1] de clima
[2] ambiente
[3] andan
[4] licuar
[5] predadores
[6] grandes
[7] casquete glaciar

[8] por causa de
[9] área de reproducción
[10] animal de género femenino
[11] quizá
[12] heridas causadas por el calor y el sol
[13] calientes
[14] alas

[15] lo que cubre la piel de las aves
[16] suelen
[17] vulnerables
[18] edad adulta
[19] ofrece
[20] aceptar

C Después de leer

1. Vuelve a trabajar con tu compañero y comenten sobre las inferencias que hicieron mientras leían. ¿Puedes pensar en otros problemas similares a los que se ven en la población de pingüinos? ¿Por qué sí? o ¿Por qué no? ¿Cuáles son los otros desafíos a los que los pingüinos se enfrentan según el texto?

2. Escribe una entrada breve en tu diario y responde a las siguientes preguntas:

- ¿Cuáles son los desafíos a los que se enfrenten las varias especies de pingüinos a causa del calentamiento global?
- ¿Cuáles son las implicaciones para otras especies de animales que viven en los mismo entornos?
- ¿Cuál es nuestra responsabilidad en cuanto al calentamiento global para proteger estos entornos y a los animales que habitan en ellos?

¿Cuáles son las causas del calentamiento global?

Actividad 1

¿Cuáles son las cinco causas principales del calentamiento global?

No hay duda de que el calentamiento será uno de los desafíos más importantes para tu generación. La única manera de detener el calentamiento global es reconocer las causas y empezar el proceso de cambiar los hábitos humanos. ¿Cuáles son las causas del calentamiento global? En este entrada de *Un blog verde*, aprenderás sobre las causas principales.

A Antes de leer

1. Para los siguientes cognados claves que encontrarás en el texto, dibuja una representación para ayudarte a aprender el vocabulario de memoria.

dióxido de carbono	efecto invernadero
atmósfera	fondos marinos
emisiones	deforestación
fabricación	fertilizantes
metano	bosques tropicales

2. Probablemente han aprendido algo sobre el calentamiento global en las clases de ciencias, entonces usando lo que ya saben del tema, trabajen en parejas para hacer una lista de las causas del calentamiento global.

B Al leer

1. **Cuando leas por primera vez,** haz una lista en tu diario del vocabulario que no sabes además de las palabras claves definidas dentro del texto. Busca las definiciones en un diccionario y escríbelas para ayudarte al leer la segunda vez.

2. **Cuando leas por segunda vez,** anota los hábitos y acciones humanas que contribuyen al cambio climático. En esta entrada de blog el autor explica que los culpables del calentamiento global son los humanos.

Las cinco causas principales del calentamiento global

Uno de los mayores problemas a los que nos enfrentamos ahora es el calentamiento global. Sus efectos sobre los animales y la agricultura son sin duda *aterradores*[1] y los efectos sobre la población humana son aún más *temibles*.[2] Los *hechos*[3] sobre el calentamiento global se han debatido, pero, por desgracia, incluso si no estamos de acuerdo sobre las causas, los efectos del calentamiento global son reales, globales y mensurables. Las causas son principalmente propiciadas por nosotros, la raza humana, y los efectos serán graves.

[1] horribles   [2] alarmantes   [3] realidades

1. La causa del calentamiento global: las emisiones de dióxido de carbono[4] de combustibles[5] fósiles de plantas energéticas de combustión[6]

Nuestra adicción cada vez mayor a la electricidad (a partir de plantas energéticas de combustión de carbón) libera enormes cantidades de dióxido de carbono a la atmósfera. Todos los días, los *aparatos*[7] que usan electricidad inundan el mercado y sin *fuentes de energía alternativas*,[8] seguimos siendo altamente dependientes del carbón para nuestro *suministro*[9] eléctrico personal y comercial.

[4] CO_2
[5] inflamables
[6] plantas que producen electricidad

[7] máquina
[8] fuentes de energía "verde"
[9] provisión

2. La causa del calentamiento global: las emisiones de dióxido de carbono de la quema de gasolina[10] para el transporte

Nuestra cultura moderna del *automóvil*[11] y el apetito de los bienes de origen global es responsable de aproximadamente el 33% de las *emisiones*.[12] Con nuestra población que crece a un ritmo alarmante, la demanda de más automóviles y bienes de consumo significa que estamos aumentando el uso de combustibles fósiles para el transporte y *la fabricación*.[13]

[10] uso de gasolina   [11] auto, coche   [12] expulsión de gases   [13] producción

3. La causa del calentamiento global: Las emisiones de metano[14] de los animales, la agricultura, como los arrozales[15] y los fondos marinos[16] del Ártico

El metano es otro gas de *efecto invernadero*[17] muy potente, *justo por detrás del*[18] CO_2. Cuando la materia orgánica es degradada por bacterias en condiciones de deficiencia de oxígeno (descomposición anaeróbica) como en los arrozales, se produce el metano. El proceso también tiene lugar en los intestinos de animales *herbívoros*,[19] y con el aumento en la cantidad de la producción *ganadera masiva*,[20] los niveles de metano en la atmósfera están aumentando. Otra fuente de metano son los *caltratos de metano*,[21] un compuesto que contiene grandes cantidades de metano atrapado en la estructura cristalina del hielo. A manera de que el metano se escapa del *lecho marino*[22] del Ártico, la tasa de calentamiento global aumentará considerablemente.

[14] hidrocarburo gaseoso
[15] terreno sembrado de arroz
[16] profundos de mar
[17] aumento de la temperatura atmosférica
[18] siguiente al
[19] animal que se alimenta de plantas
[20] concentración de animales en una granja
[21] hidrato de metano
[22] fondo oceánico

4. La causa del calentamiento global: La deforestación,[23] especialmente de los bosques tropicales[24] de madera y tierras de cultivo

El uso de los bosques como *combustible*[25] (madera y el carbón vegetal) es una de las causas de la deforestación, pero en el primer mundo, el apetito por la madera y productos de papel y el uso de las tierras forestales tropicales para productos como las plantaciones de *aceite de palma*[26] contribuyen a la deforestación masiva de nuestro mundo. Los bosques quitan y *almacenan*[27] el dióxido de carbono de la atmósfera, por lo que la deforestación libera grandes cantidades de carbono, así como reduce la cantidad de *captura*[28] de carbono en el planeta.

[23] destrucción de bosques
[24] selvas tropicales
[25] leño
[26] aciete de los árboles de palma
[27] acumulan / guardan
[28] detención

5. La causa del calentamiento global: Aumento en el uso de abonos[29] químicos en las tierras de cultivo

En la última mitad del siglo 20, el uso de fertilizantes químicos (en comparación con el uso histórico de *estiércol*[30] animal) ha aumentado dramáticamente. La alta tasa de aplicación de fertilizantes ricos en nitrógeno tiene efectos sobre el *almacenamiento*[31] de calor de las tierras de cultivo (tienen 300 veces más óxidos de nitrógeno que atrapan el calor por unidad de volumen de dióxido de carbono) y el *escurrimiento*[32] del exceso de fertilizantes crea 'zonas muertas' en nuestros océanos. Además de estos efectos, los niveles elevados de nitratos en las *aguas subterráneas*[33] debido a la sobre-fertilización son motivo de preocupación para la salud humana.

[30] fertilizantes
[30] excremento
[31] acumulación
[32] escape, deslizamiento
[33] aguas debajo de la tierra

C Después de leer

1. Escribe cinco Tuits para resumir en tus propias palabras las causas del calentamiento global según el texto. Utiliza los # para marcar vocabulario relevante e importante.

2. Con un compañero túrnense al debatir una de las dos opciones:

   a. defender la necesidad de continuar los hábitos humanos que contribuyen al calentamiento global o

   b. explicar las razones por qué estos hábitos están dañando a nuestro planeta. Comenten sobre los siguientes temas:
   - el uso de combustibles fósiles para energía
   - el uso de gasolina (de combustibles fósiles) para transporte
   - la industrialización de la agricultura (ganadera masiva)
   - la deforestación para el uso de madera para papel y combustibles
   - el uso de fertilizantes en la agricultura

¡Te toca a ti!

El 28 de enero se celebra el Día Mundial de la Acción en Contra del Calentamiento Global. Este año tu clase va a participar y hacer varias presentaciones sobre las causas del calentamiento global para señalar los comportamientos de los seres humanos que contribuyen al deterioro del medio ambiente. Escoge una de las opciones y prepara una presentación para la clase sobre las causas del calentamiento global:

- un cartel
- un folleto
- una entrada de blog
- una presentación digital
- un video
- un podcast

Actividad 2

¿Cuál es tu huella de carbono personal?

Es fácil reconocer que el calentamiento global es un problema global, pero es difícil entender cómo un individuo contribuye al problema. En esta actividad utilizarás un programa para calcular tu huella de carbono e identificar las prácticas cotidianas que dañan al medio ambiente.

Huella de carbono

Una huella de carbono es «la totalidad de gases de efecto invernadero (GEI) emitidos por efecto directo o indirecto de un individuo, organización, evento o producto» (UK Carbon Trust 2008).

La huella de carbono personal es una herramienta, que permite al individuo evaluar sus emisiones de gases de efecto invernadero. Permite que cualquier persona pueda calcular con precisión las emisiones de gases de efecto invernadero inducidas por sus acciones, y por lo tanto su participación en el calentamiento global en todos los ámbitos de su vida.

Extraído de: http://es.wikipedia.org/wiki/Huella_de_carbono

A **Antes de hacer los cálculos** para averiguar tu huella de carbono es necesario hacer una búsqueda para reunir los datos sobre tu consumo de productos o servicios que producen gases de efecto invernadero. Debes juntar información del año pasado, porque se requiere la información de un año entero para este cálculo.

1. **Vivienda:** Para calcular el impacto de tu hogar, pídele a la persona que está encargada de las finanzas en tu casa proveer la siguiente información, según si se aplica en tu caso:
   - consumo de electricidad (USD $)
   - consumo de gas natural (USD $)
   - gasolina (galones)
   - propano (galones)
   - pellets de madera (toneladas)

2. **Vuelos:** Si has viajado por avión durante el año pasado, debes anotar la información sobre los vuelos:
   - ciudades de salida y llegada (para ida y vuelta)
   - las paradas si no fueron vuelos directos
   - clase de boleto de avión (¿primera clase o clase turista?)

3. **Coche o moto:** Si ya tienes tu propio coche o si viajas con alguien en tu familia por auto investiga esta información sobre tu transporte del año pasado y el auto utilizado:
   - kilometraje en millas
   - año de fabricación
   - marca
   - modelo
   - millas por galón

4. **Tránsito público:** Si utilizas el transporte público es necesario saber cuántas millas has viajado en tren, taxi, metro o autobús el año pasado.

5. **Tu huella de carbono secundaria:** Vas a saber cómo tus preferencias de comida, moda y ocio también contribuyen a tu huella de carbono.

  B **Para calcular tu huella de carbono,** visita la guía digital para encontrar la calculadora que te ayudará a sacar estos cálculos.

 C **Después de ver los resultados**

 1. Escribe una reflexión en tu diario de dos o tres párrafos en la que comentas:
   - lo que piensas de los resultados (son una buena representación de tu huella de carbono o no)
   - cómo se compara tu huella de carbono con el promedio de los EE.UU, el promedio de los países industrializados y con el promedio mundial
   - cuáles de tus prácticas tienen el mayor impacto en el calentamiento global

 2. Comparte con un compañero tus resultados y hábitos que tienen un impacto negativo en el medio ambiente. Después ofrézcanse sugerencias uno al otro de cómo reducir sus huellas de carbono, usando mandatos de "tú".

¿Cuáles son los efectos del calentamiento global?

¿Cuáles son los efectos del cambio climático en España?

España sería uno de los países europeos más afectados por el cambio climático. Podrían ser afectadas algunas especies de plantas y animales tanto como la economía y la salud del ser humano. En esta actividad explorarán algunas de las consecuencias posibles del cambio climático en España según un artículo de Greenpeace.

A **Antes de leer** el artículo informativo, conversa con un compañero de lo que ustedes saben de estas especies que se encuentran en España y qué conexión tienen con el cambio climático.

el oso pardo - oso de color café en los bosques forestales

el alcornoque - el árbol que produce corcho del cual se hacen los corchos

el mejillón cebra - marisco tóxico

la medusa - animal marino de cuerpo gelatinoso

los viñedos - un conjunto de vides, las plantas que dan uvas

B **Al leer** sobre los efectos del cambio climático en España, sigue este ejemplo y completa un organizador con la información en el artículo de la revista. Indica un efecto y por lo menos dos consecuencias del efecto del cambio climático.

La desaparición o alteración de los ecosistemas.

La extinción del oso pardo, el pirenaico y el cantábrico.

El alcornque desaparecerá del suroeste de España y de Cataluña en el sglo XXI.

España sería uno de los países europeos más afectados por el cambio climático

Podrían desaparecer algunas especies, proliferar otras, muchos sectores económicos *se resentirían*[1] y aumentarían los riesgos para la salud. Estas son algunas de las consecuencias más inmediatas del cambio climático en España.

Alteración de especies *autóctonas*[2]

Uno de los efectos más directos del cambio climático en nuestro país es la desaparición o alteración de los ecosistemas. El oso pardo, protegido desde 1973 y del que aún sobreviven dos especies, la *pirenaica*[3] y la *cantábrica*[4] tendrá que enfrentarse a la completa desaparición de las condiciones climáticas favorables para su *supervivencia*[5]. Por su parte, el árbol, alcornoque, materia prima de la industria del *corcho* y factor fundamental en la conservación de la tierra, desaparecerá del suroeste de España hacia mediados de siglo y de Cataluña a finales.

Aparición de especies invasoras

El aumento de la temperatura hará posible la proliferación de especies exóticas. Una de ellas es el *mejillón cebra*[6], que se detectó por primera vez en el Río Ebro, y que ya se ha extendido por las *cuencas*[7] de otros ríos. Su expansión es preocupante porque modifica las características físico-químicas del agua, lo que afecta a la fauna y flora autóctonas, y puede

obstruir el normal uso de las construcciones hidráulicas donde se instala. Otra especie que prolifera preocupantemente es *la medusa*[8], cuya presencia en nuestras costas ya está *perjudicando*[9] gravemente el turismo de playa y la pesca.

Efectos sobre la economía

La alteración de las especies que habitan en nuestra geografía tiene consecuencias directas sobre los sectores económicos que dependen de ellas. Entre otros, el *vitivinícola*[10] ya está viendo su producción afectada, con mayor riesgo de heladas, menores períodos de maduración de la uva, falta de agua y cambios en los patrones de plagas y enfermedades. Las regiones productoras del sur de la Península verán su producción reducida en favor de las del norte, sin que ello pueda asegurar la calidad.

También se sentirán los efectos del cambio climático en los sectores que dependen directamente del clima. Especialmente el turismo, en el que nuestro país ocupa el segundo lugar del mundo por ingresos. El calor ya traspasa en determinados momentos del año la "temperatura de confort" para el turismo *estival*[11], tanto de interior como de playa. El turismo de nieve, por su parte, tendrá que *lidiar*[12] con un ascenso en la cuota esquiable y unas temporadas cada vez más cortas.

Subida del nivel del mar e inundaciones

Además de la subida del nivel del mar a consecuencia del cambio climático, durante la segunda mitad del siglo hasta 202 hectáreas de terreno en la costa de *Vizcaya*[13] se encontrarán en riesgo de inundación. Aproximadamente la mitad de ese terreno corresponde a núcleos urbanizados, tanto industriales como residenciales.

Los incendios del futuro

El aumento de la temperatura media y la disminución de las precipitaciones crearán el *caldo*[14] de cultivo ideal para los incendios forestales, especialmente en las zonas de alta montaña. En los últimos años ya se está apreciando cómo los incendios ocurren con mayor frecuencia las 500 hectáreas (1h = 10 mil metros cuadrados), conocidos como Grandes Incendios Forestales, y son más virulentos y difíciles de combatir.

Riesgos para la salud

El cambio climático también presenta riesgos para la salud. En primer lugar, las olas de frío y calor extremo serán más extremas y duraderas, por lo que previsiblemente se *cobrarán*[15] más vidas humanas. Además, el incremento de la temperatura favorecerá las condiciones de habitabilidad de varios tipos de mosquitos, así como su capacidad de transmitir enfermedades infecciosas. De ese modo, enfermedades como la meningitis y la hepatitis se transmitirían más fácilmente en las áreas de riesgo, mientras que otras enfermedades ya erradicadas, como la malaria, podrían volver a reaparecer en el *Delta del Río Ebro*[16].

Extraído de: www.greenpeace.org/espana/es/

[1] se aflojarían, se debilitarían
[2] nativas
[3] de los Pirineos
[4] Montes Cantábricos
[5] longevidad
[6] marisco tóxico
[7] territorio cuyas aguas fluyen a

un mismo río, lago o mar
[8] animales marinos de cuerpo gelatinoso
[9] afectando
[10] la industria del vino
[11] del verano
[12] luchar

[13] el País Vasco al norte
[14] las condiciones cálidas
[15] causar víctimas
[16] donde desemboca el Río Ebro al mar (al noreste de España)

 C **Después de leer**

1. Comparte tu organizador de la parte B con un compañero:
   a. Verifiquen la información en sus organizadores con lo que está en el texto.
   b. Decidan y anoten las tres amenazas más graves y prepárense para justificar su opinión.
   c. Comenten lo que les sorprende más de la situación en España.

2. Después, busquen un mapa de la geografía de España e indiquen en qué parte del país tendrán lugar estas consecuencias.

 3. Compartan con la clase las tres amenazas y dónde tienen lugar.

D **¿Qué entendiste?**

Contesta las siguientes preguntas según tu comprensión del texto:

1. Todas son amenazas graves causadas por el aumento de la temperatura en España menos:
   a. la desaparición del agua para el consumo humano
   b. la deforestación
   c. la disminución de la producción agrícola
   d. las condiciones favorables para los insectos que transmiten enfermedades infecciosas

2. Todos son efectos que perjudican el turismo debido al cambio climático, menos:
   a. las especies invasoras en las costas y las playas
   b. la desaparición del alcornoque
   c. el calor insoportable del verano
   d. menos nieve para el esquí

 El agua más preciada de las mujeres Wayuu de Colombia

La falta de agua potable será una de las consecuencias más catastróficas del cambio climático en este siglo. En el desierto al noreste de Colombia, junto a la frontera de Venezuela, las mujeres del grupo indígena Wayuu, tienen la tarea de conseguir el agua para mantener a sus familias. Las mujeres caminan un kilómetro 3 o 4 veces al día, aún cuando la temperatura alcanza 42 grados centígrados, para cargar el agua salada que sale del grifo del pueblo.

Hace 5 años era un tierra fértil pero ha sufrido unas sequías devastadoras. La poquita agua que tienen de las reservas de la comunidad es verde, la cual hace daño a los niños y les llena de parásitos. Lo irónico es que cerca de su comunidad, existe una abundante fuente de agua fresca pero es agua para la gente del pueblo, que no son indígenas.

 ¿Qué harías tu si fueras político en Colombia? Si fuera....

 Convierte 42 grados centígrados a Fahrenheit.

 Visita la guía digital para ver el documental breve sobre este pueblo indígena y la escasez de agua potable.

Fuente adaptada de Naciones Unidas

¿Qué aprendiste?

Según tus conocimientos de los temas del medio ambiente y la fuente de esta actividad, compara por lo menos cinco amenazas ambientales de tu país o región con las que tiene España. ¿En qué se parecen y en qué se diferencian? Haz una comparación en un organizador y después escribe un análisis breve de unas 8-10 oraciones en tu diario.

¿Qué aprendiste?

Imagina que eres miembro de un club ambiental en tu escuela cuya misión es promover la conciencia de los estudiantes sobre los peligros que amenazan al planeta Tierra. Tú y tus compañeros de la clase de español, van a presentar lo que está pasando en el mundo hispanohablante a otras clases de español en tu escuela o vía Skype a otra escuela. ¿Cuál será tu contribución sobre el informe que vas a preparar y después presentar a las clases de español? Visita la guía digital para consultar actividades opcionales, enlaces y más detalles de cómo preparar y presentar tu informe.

Opción 1:

Contenido del informe:

☐ Introducción: El propósito, el problema ambiental y la solución

☐ Explicación objetiva del problema: Describe una región de Latinoamérica o España, dónde se ubica, quiénes viven allí y cómo se ganan la vida.

☐ Describe el desafío ambiental que amenaza la región.

☐ Explica lo que se está haciendo en la región para prevenir más daño, usa información específica.

☐ Conclusión: resumen de las ideas más importantes, lo positivo y lo negativo

☐ Incluye: estadísticas, imágenes, gráficas y tablas

Opción 2:

☐ Crea una página de Facebook para comunicar la información de la opción #1

Opción 3:

☐ Incluye la información de la opción #1 usando la tecnología para presentarla

Actividad 4

¿Te puedes enfermar debido al calentamiento global?

Un estudio reciente sugiere que los cambios climáticos pueden provocar problemas de salud en los seres humanos durante las próximas décadas, debido a microbios, bacterias y algas tóxicas.

Los científicos ya han previsto un mayor número de muertes y enfermedades causadas por olas de calor, desastres naturales y la expansión de enfermedades tropicales como la malaria. En esta actividad leerás sobre cómo el cambio climático afecta nuestra salud y las 12 enfermedades que resurgirán durante este siglo debido al calentamiento global.

Antes de ver el video de conciencia ecológica sobre el uso de pilas, contesta las siguientes preguntas en tu diario:

1. ¿Que haces con las pilas que botas?

    a. Las boto en la basura.

    b. Las boto en *buzones*[1] de *acopio.*[2]

    c. No las uso, uso baterías recargables.

2. ¿Adónde va el agua contaminada de los metales de las pilas?

    a. Va al océano.

    b. Va a las *cañerías*[3] de tu casa.

    c. Va debajo de la tierra.

---

[1] lugares   [2] recolección   [3] tuberías

 Mira el video "Cuidado con las pilas que botas a la basura" en la guía digital.

 Después de ver el video conversa de los siguientes temas con un compañero:

- ¿Continuarás botando las pilas viejas? Explica lo que harás ahora con esas pilas.

- ¿Cómo puedes influir a otros, incluso a tus padres y amigos?

Producido por EnerSur Suez

 A Antes de leer

1. Conversa con un compañero de lo que ya saben y anoten sus ideas sobre estos temas:

- las enfermedades o las condicones médicas que sufre la gente debido al aumento de las temperaturas
- las enfermedades o las condiciones médicas provocadas por la contaminación del aire y el agua
- las enfermedades o las condiciones médicas provocadas por los desastres naturales

2. Escriban las anotaciones que hicieron en las cartulinas que colocará tu profesor alrededor del salón de clase.

3. Analicen con la clase las ideas en las cartulinas.

   B Al leer sobre las enfermedades que el cambio climático pueda causar, completa el organizador con un compañero anotando la información que se te indica. Si hace falta, puedes hacer más investigaciones.

1. la enfermedad
2. el método de contraer la enfermedad
3. la causa ambiental debido al cambio climático
4. las posibles consecuencias de la enfermedad

Enfermedad	Método de contagio	Causa ambiental	Consecuencias
Tuberculosis	Por el aire: por tos, estornudos o si están en contacto con el ganado o los animales salvajes	Escasez de agua: la gente bebe en los mismos lugares que los animales	Pérdida de peso debido a la malnutrición, tos, fiebre, debilidad, muerte

Las doce enfermedades del cambio climático

MADRID.- Glaciares derritiéndose, *penosas*[1] sequías o lluvias torrenciales, pero también especies de animales enfermando. La salud de la madre naturaleza se *debilita*[2] y, tras ella, irán los humanos. Un informe enumera 12 de las muchas enfermedades mortales a las que nos exponemos por el cambio climático.

Pero, ¿qué cambios se darán para favorecer la transmisión de estas enfermedades? Los cambios de temperaturas y las alteraciones de los ritmos de las lluvias pueden llevar consigo una expansión de los *patógenos*[3] que causan enfermedades que, hasta ahora, han estado más confinadas en determinadas áreas.

Una lista inquietante, conocido como "La docena mortal", de los *trastornos*[4] que *se pronostican*[5] que aumentarán su presencia:

1. Tuberculosis:

El Antiguo Testamento ya hacía referencia a una enfermedad que, cada año, afecta a 10 millones de personas. En la actualidad, se distribuye por todo el mundo, aunque es especialmente problemática en África, donde la introdujo *el ganado*[6] europeo en el siglo XIX. Además de afectar a los humanos, *la patología*[7] también afecta a poblaciones salvajes, como los leones y búfalos del Parque Nacional Kruger, uno de los lugares más turísticos de Sudáfrica y parte esencial de la economía local. Los expertos temen que el cambio climático pueda favorecer el contacto entre el ganado y los animales salvajes y, así, aumentar la transmisión de la tuberculosis.

2. Fiebre del Valle del Rift:

Tal y como la define la Organización Mundial de la Salud (OMS) se trata de "una zoonosis vírica que afecta principalmente a los animales, pero también puede llegar al ser humano". Cuenta con una alta tasa de mortalidad y *morbilidad*[8]. El virus que lo causa, que suele transmitirse por las picaduras de mosquito, continúa presente en África subsahariana y el norte de África.

3. Enfermedad del sueño:

Conocida principalmente por el insecto que la transmite, la mosca tsé-tsé, es *endémica*[9] en algunas zonas de África subsahariana y, en total, afecta a 36 países. "Los efectos directos o indirectos [...] del clima sobre la distribución de la mosca tsé-tsé -que suele encontrarse en la vegetación que rodea a los ríos y lagos, en los bosques y en la *sabana*[10] desempeñan un papel importante en la expansión de la enfermedad mortal", explican los autores del trabajo.

---

[1] duras
[2] disminuye
[3] gérmenes contagiosos
[4] disturbios
[5] se pueden predecir

[6] vacas
[7] la enfermedad
[8] proporción de personas que enferman en un lugar en relación con la población total

[9] se repite mucho en ese lugar
[10] llanura

4. 'Mareas rojas':

Determinadas *algas*[11] que florecen en las costas de todo el mundo, un fenómeno conocido como 'mareas rojas', generan toxinas que son peligrosas para los animales marinos y también para los seres humanos. "Las variaciones de temperaturas tendrán, sin duda, un impacto, de momento *impredecible*[12], en este fenómeno de la naturaleza", asegura el informe.

5. Gripe Aviar:

Las tormentas y las épocas de sequías ya no siguen los ritmos que históricamente tenían establecidos. Nadie sabe ahora a ciencia cierta cuándo descargarán las nubes o cuándo se quedarán sin agua los lagos. Esta alteración influye en los movimientos migratorios de las aves y por tanto en la expansión de la gripe aviar, una enfermedad que desde 2003 tiene en alerta a los gobiernos de todo el mundo por la posibilidad de que su *cepa*[13] más mortífera, la H5N1, se *mute*[14] y sea capaz de transmitirse entre humanos, algo que, de momento, no ha sucedido.

6. Babebiosis:

Se trata de una patología transmitida por *garrapatas*[15] que afecta tanto a animales domésticos y salvajes como a las personas. Ha aumentado su presencia por el cambio climático. Del este de África ha pasado a ser cada vez más común en Europa y América del Norte. Aunque no causa problemas graves, sí hace que el afectado sea más susceptible a otras enfermedades.

7. Cólera:

La también conocida como 'enfermedad de los pobres' es un trastorno producido por la bacteria que se transmite con mucha facilidad por el agua y alimentos contaminados. *Restringida*[16] a *los países en vías de desarrollo*[17], el aumento generalizado de la temperatura de las aguas hace *previsible*[18] un incremento de la incidencia de esta enfermedad, que se caracteriza por fuertes vómitos, *calambres*[19] y diarrea y que puede llegar a causar la muerte.

8. Ébola:

El virus del Ébola se contagia generalmente por estar en contacto con los fluidos *corporales*[20] de alguien infectado o con monos enfermos. En la actualidad, no existe cura. La enfermedad está relacionada con las variaciones inesperadas de las épocas de lluvias. Como el cambio climático influye en estas alteraciones, es probable que *los brotes*[21] sean más frecuentes y que ocurran en nuevas localizaciones.

9. Fiebre amarilla:

Los mosquitos que transmiten este virus se concentran en distintas regiones africanas, de Centroamérica y Sudamérica. Los cambios de temperatura y las lluvias facilitan la llegada de estos insectos que suelen picar durante el día e infectar a monos y personas.

10. Parásitos intestinales:

Multitud de parásitos se transmiten a través de ambientes acuáticos. Los cambios en el nivel del mar y las temperaturas harán que muchos de ellos sobrevivan durante más tiempo y, como consecuencia, puedan infectar a un mayor número de individuos.

11. Enfermedad de Lyme:

Transmitida por una bacteria a través de las picaduras de garrapata, esta patología, al igual que otras transmitidas de la misma forma, puede ampliar sus fronteras debido al aumento de las temperaturas aptas para la vida de estos *arácnidos*[22]. El trastorno toma su nombre de Lyme, Connecticut, donde se identificó por primera vez en la década de los 70. Se caracteriza por una *erupción*[23] y síntomas similares a los de la gripe.

12. Peste: *La peste*[24] Bubónica (negra) ha costado la vida a 200 millones de personas y todavía es causa de mortalidad en algunas localizaciones. La bacteria responsable de esta plaga

tiene preferencia por las ratas y se extiende mediante las mordeduras de las *pulgas*[25] que viven en estos *roedores*[26]. Pero cuando no tienen comida, no tienen ningún problema en *morder*[27] también a las personas y, una vez que esto sucede, se contagian unos a otros por vía aérea. Si el cambio climático afecta a las poblaciones de roedores y a su distribución geográfica, también afectará a la distribución de la peste.

[11] organismos del mar
[12] que no se puede predecir o prever
[13] clase de gripe
[14] provoque alteración de los genes
[15] tipo de insecto que se alimenta de la sangre de un mamífero
[16] limitada

[17] los países en desarrollo
[18] que se puede predecir o anticipar
[19] contracciones, espasmos
[20] del cuerpo
[21] episodios
[22] arañas
[23] inflamación con manchas

[24] la plaga
[25] insectos pequeños sin alas que pueden dar grandes saltos, parásitos
[26] familia de las ratas
[27] mordiscar, picar

Informe preparado por Isabel Lantigua y María Sainz
Sociedad para la Conservación de la Flora y la Fauna
Adaptado de www.elmundo.es/elmundosalud

C **Después de leer**

1. Con un grupo de cuatro compañeros, completa el organizador según la información que aprendiste en el texto anterior:
   - los más vulnerables a las enfermedades debido al cambio climático
   - cómo se efectúa el contagio de estas enfermedades debido a los cambios climáticos
   - los países hispanohablantes más vulnerables
   - lo que pueden hacer los gobiernos, la sociedad y los individuos para prevenir estas enfermedades

2. Comparen los organizadores con los otros grupos de la clase añadiendo otras ideas a sus organizadores para poder usarlas de referencia cuando escriban la reflexión en esta actividad.

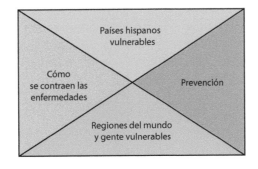

La preposición **para** expresa:

- propósito / intención: **para favorecer**
- destino – lugar y persona: **para los animales marinos**
- tiempo en el futuro: **para el futuro**
- comparación: **para alguien** con el virus Ébola, no existe cura

La preposición **por** expresa:

- en cambio / substitución: lo hice **por ti**
- motivo / debido a: **por el cambio climático**
- duración de tiempo: **por primera vez**
- medio: **por via áerea**
- por donde: se distribuye **por todo el mundo**
- precio: **pagó $10,000 por** el antibiótico para protegerse de la bacteria de la cólera
- la voz pasiva: es un trastorno **producido por la bacteria**

Ejemplos en su contexto:

a) El virus del Ébola **se contagia por estar** en contacto con los fluidos corporales. (debido a)

b) El informe enumera las enfermedades mortales a las que nos exponemos **por el cambio climático.** (motivo)

c) ¿Qué cambios se darán **para favorecer** la transmisión de estas enfermedades? (propósito)

d) Enriquecida **por más de 200 años** de diversidad cultural. (duración de tiempo)

e) La cólera es un trastorno **producido por la bacteria** (*voz pasiva*) y se caracteriza **por fuertes vómitos.** (medio)

Expresiones comunes: para siempre, para entonces, por ahora, por casualidad, por lo común, en un dos por tres, por completo, por lo tanto, por mi parte, por lo visto, por poco, por si acaso, por supuesto

EFECTOS DE CAMBIOS CLIMÁTICOS A LA SALUD

Consecuencia: Olas de calor mortales y la propagación de enfermedades

Olas de calor más frecuentes e intensas podrían dar como resultado más muertes por las altas temperaturas. Esas condiciones también podrían agravar los problemas locales de la calidad del aire, que ya afligen a más de 80 millones de estadounidenses.

Los estudios han descubierto que un aumento en el nivel del dióxido de carbono estimula el crecimiento de la *maleza*[1], cuyo polen provoca alergias y agrava el asma.

Las muertes relacionadas con el calor son un mortal efecto secundario de los fenómenos meteorológicos extremos vinculados al cambio climático. Las tormentas extremas pueden causar *ahogamiento*[2], contaminar el agua potable y provocar *brotes*[3] de enfermedades infecciosas. El calor y el esmog incrementan las enfermedades respiratorias como el asma y empeora la salud de las personas que *padecen*[4] de enfermedades cardíacas o pulmonares.

[1] malas hierbas   [2] sofocación   [3] el comienzo, aparición o manifestación   [4] sufren

Consecuencia: La contaminación del aire y del agua potable, los pesticidas y la contaminación con plomo y mercurio

La contaminación amenaza la salud de todos independientemente de nuestra raza, origen étnico, lengua o país de origen. Sin embargo, un gran porcentaje de latinos en EE.UU. viven y trabajan en áreas urbanas y agrícolas donde la contaminación ambiental puede causar graves problemas de salud, incluyendo un aumento en el riesgo de contraer asma o cáncer; enfermedades transmitidas por el agua como la giardiasis (parásito intestinal), la hepatitis y el cólera; y problemas neurológicos que afectan el desarrollo infantil.

Extraído de www.nrdc.org/laondaverde

Reprinted with permission from the National Resources Defense Council

¡Tu opinión cuenta!

Identifica y analiza cómo un cambio climático podría causar una enfermedad en tu comunidad, estado o país. Por ejemplo, ¿cuáles de los cambios climáticos observados en tu región podría traer alguna de estas enfermedades a tu comunidad?

Reflexión

Haz una comparación cultural entre dos regiones del mundo citando las semejanzas y las diferencias en los efectos que tiene el cambio climático en la salud de las dos regiones. Comparte con la clase u otros compañeros. Refiérete a estas estrategias para guiarte.

Estrategias para la comparación cultural:

1. Primer párrafo (semejanzas): Para empezar… Al igual a… También… En ambas partes del mundo…

2. Segundo párrafo (diferencias): Sin embargo… A diferencia de… Mientras…En cambio…

3. Tercer párrafo (conclusión): Para concluir…

¿Sabías que…?

En América Latina …

➤ 120 millones de personas que habitan en las ciudades de la región carecen de agua potable apta para consumo

➤ 53 millones de personas aún sufren hambre

➤ 150 millones no disponen de servicios sanitarios adecuados

➤ América Latina y el Caribe es la región en vías de desarrollo más urbana del mundo: la tasa de urbanización alcanza hoy el 78 por ciento, y podría llegar hasta el 88 por ciento en 2050

Contribuido por la Organización de Naciones Unidas (ONU) para la Agricultura y la Alimentación (FAO), con motivo del Día Mundial del Agua.

marzo 23 de 2011

Actividad 5

¿Qué pueden hacer los jóvenes para combatir el calentamiento global?

Tal vez te parece imposible que los jóvenes puedan hacer algo significativo frente al problema tan masivo del calentamiento global. En esta actividad se presentarán varias maneras de proteger al medio ambiente y conocerás a un grupo de jóvenes paraguayos que se han comprometido a tal propósito. ¿Qué puedes hacer tú?

A Antes de leer:

1. Conversa con un compañero:
   - de qué acciones ya has escuchado para combatir el calentamiento global
   - qué haces tú o tu familia diariamente o semanalmente para ayudar a proteger el medio ambiente
   - qué programas o esfuerzos medioambientales hay en tu escuela o comunidad

2. Piensa y anota tu respuesta en tu diario: ¿Es posible prevenir la destrucción del medio ambiente? ¿Cómo pueden ayudar en eso las acciones diarias de un individuo o pequeño grupo de gente?

3. **Comparaciones lingüísticas:** Las siguientes palabras que se encuentran dentro del texto son cognados que el español comparte con el inglés. Trabaja con un compañero para practicar. Túrnense para decir la palabra en español, después en inglés, después en español (¡fíjense en la pronunciación correcta!) – ¿cuán rápido pueden decirlas así seguidas?

el caos	emitir	producir
los polos	fluorescente	ajustar
prevenir	el transporte público	el termostato
el desastre natural	reciclar	plantar
el planeta	consumir	

B Al leer

1. Estas sugerencias fueron publicadas en línea el 25 de enero de 2007. Mientras lees, anota cada sugerencia en una o más de las columnas del organizador:

He escuchado esta sugerencia antes	Yo o alguien en mi familia podría hacer esto hoy / esta semana	Esta sugerencia no aplica ni a mí ni a mi familia

2. Fíjate en los usos del imperativo familiar afirmativo y negativo. Haz una lista de los mandatos en tu diario. Para cada uno, añade el pronombre que corresponda al sustantivo que se menciona, por ejemplo: ***Cámbialo.*** *(el foco)*

USO DEL LENGUAJE EN CONTEXTO: El imperativo familiar con pronombres

Refiérete a la página 17 para la formación del imperativo sin pronombres.

1. Con los mandatos afirmativos, se adjunta el pronombre al verbo y a menos que sea un mandato de una sílaba, hay que añadir una tilde:

   a) ***Úsala*** con cuidado. (el agua –f.)

   b) ***Dásela*** a tu amigo para que la cambie ahora. (la bombilla / el foco)

   c) ***Hazlo*** en seguida, no te demores ni un minuto.

   d) ***Verifícalas*** una vez al mes. (las llantas)

2. Con los mandatos negativos, el pronombre se sitúa delante del mandato:

   a) ***No lo conduzcas*** tanto para evitar el escape del dióxido de carbono al aire que respiramos. (el coche)

   b) ***No las tires*** a la basura. (las pilas)

Tips para Combatir el Calentamiento Global

El Calentamiento Global es uno de los problemas más serios a nivel mundial, los medios de comunicación se han encargado de difundir imágenes donde muestran el caos que se podría crear si los polos se *derritieran*[1]; yo digo que nunca es tarde para poder prevenir lo que en un futuro podría ser el desastre natural más grande del mundo.

Por eso, con tan solo seguir las siguientes pistas, estaremos ayudando al planeta a vivir mucho más tiempo, y lógicamente, vivir en un mundo sano.

Tips para Combatir el Calentamiento Global:

➤ **Cambia una luz.** Reemplazar un *foco*[2] normal por un foco fluorescente compacto dejarás de emitir 68 kilogramos de dióxido de carbono al año.

➤ **Conduce menos.** Camina, usa bicicleta, comparte tu automóvil o usa el transporte público más seguido. Estarás dejando de emitir 250 gramos de dióxido de carbono por cada kilómetro recorrido.

➤ **Recicla más.** Puedes dejar de producir 1.2 toneladas de dióxido de carbono al año si reciclas tan solo la mitad de la basura de tu casa.

> **Verifica tus llantas.** Mantener las llantas infladas a su nivel correcto puede mejorar el consumo de gasolina más del 3%. Por cada litro de gasolina que ahorres dejas de emitir 2.40 kilogramos de dióxido de carbono.

> **Usa menos agua caliente.** Se consume mucha energía al calentar el agua. Puedes dejar de usar menos agua caliente al *disminuir*[3] el *chorro*[4] de agua durante la ducha (se dejan de producir alrededor de 160 kg. de CO_2 por año) y lavando la ropa con agua fría o *tibia*[5] (alrededor de 200 kg. de CO_2 menos por año).

> **No uses productos con mucho *empaque*[6].** Puedes dejar de producir 550 kg. de dióxido de carbono si disminuyes tu basura en un 10%.

> **Ajusta el termostato.** Bajar el termostato 1 grado en invierno y subir el termostato 1 grado en verano: con este simple ajuste se pueden dejar de emitir 900 kg. de dióxido de carbono.

> **Planta un árbol.** Un árbol puede absorber una tonelada de dióxido de carbono durante su vida.

> **Apaga los aparatos electrónicos.** Al apagar la televisión, el reproductor de DVD, el estéreo y la computadora mientras no las estés usando, dejarás de producir miles de kilogramos de dióxido de carbono al año.

Bueno, ahora solo nos toca a nosotros, pongamos nuestro granito de arena y contribuyamos a una mejor vida.

---

[1] *derretir (e → i)* – licuar o disolver un sólido por efecto del calor
[2] *foco* – lámpara que emite una luz
[3] *disminuir* – reducir
[4] *el chorro* – agua que sale con fuerza por una abertura
[5] *tibia* – ni fría ni caliente
[6] *empaque* – materiales usados para envolver un paquete o producto

C **Después de leer**

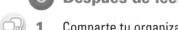

1. Comparte tu organizador con un compañero. Conversen entre ustedes sobre los aspectos del artículo que sean aplicables a ustedes. ¿Qué tienen en común?

2. Tu amigo/a te dejó un mensaje de voz ayer. Escúchalo y toma apuntes. Devuélvele la llamada para contestar a sus preguntas.

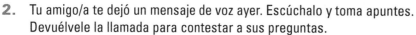

D **Al leer** este artículo, publicado en febrero 2012 en *La Nación*, busca el significado de estas palabras en *bastardilla* según su contexto y anótalo en tu diario.

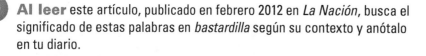

el lema	el propósito
sembrar	hacerse cargo de
plantines	a la fecha
se comprometieron	agregar
apadrinar	se llevó a cabo
indicó	

LA NACÍON.com.py
Indispensable para decidir

SEMBRARON 100 PLANTINES EN PARQUE GUASU METROPOLITANO

Jóvenes buscan combatir efectos del "feroz calentamiento global"

"Respira Planeta" fue organizado de forma simultánea en 15 ciudades del continente.

Bajo *el lema* "Levántate y actúa", los jóvenes de la fundación Internacional "El Arte de Vivir", realizaron ayer de forma simultánea con otras 15 ciudades del continente una actividad que se llama "Respira Paraguay". Así, unos 50 jóvenes se reunieron ayer en el Parque Guasu Metropolitano para *sembrar* en el lugar una variedad de *plantines* con el objetivo de combatir los efectos del "feroz calentamiento global".

"Son en total 100 plantines de varias especies nativas de Paraguay como el *yvyra pytã* y lapacho entre muchos otros", explicó Rodrigo Cubilla, director del proyecto de la organización de A Todo Pulmón Paraguay Respira, que apoya la actividad.

Explicó, que así como hoy los jóvenes se *comprometieron* a sembrar los plantines también ya *se cuenta con* el compromiso de muchos de ellos en *apadrinar* a cada especie nativa plantada. "Esto implica que tienen que *hacerse cargo de* una de las plantas, de su cuidado y de todo lo que implica el desarrollo de cada uno de los arbolitos", dijo Cubilla.

100 millones de árboles

Gaspar Insfrán, de El Arte de Vivir, indicó por su parte que *el propósito* de la Fundación es plantar en todo el mundo 100 millones de árboles. *"A la fecha* llevamos 50 mil árboles plantados", explicó para *agregar* que además de Asunción, el mismo evento *se llevó a cabo* ayer en Buenos Aires, Montevideo, La Paz, Santiago de Chile, Río de Janeiro, San Pablo, Lima, Quito, Bogotá, República Dominicana y México DF, entre otras ciudades.

E **Después de leer**

1. Al interpretar el texto, trabaja con un compañero para:
   a. identificar todos los cognados posibles en el artículo, anotándolos en tu diario.
   b. usar los cognados y el vocabulario en *bastardilla* para escribir un resumen de 50 palabras en tu diario.

2. **Comenta en Facebook:** Escribe un mensaje a la organización de los jóvenes, "El Arte de Vivir": Respira Paraguay, en su página de Facebook comentando sobre su acción para combatir el calentamiento global.

No me gusta / Me gusta

¡A tejer!

Los miembros del Club Verde de tu escuela están preparando una campaña de concientización sobre la protección del medio ambiente. Te piden que ayudes a llevarles su mensaje a los hispanohablantes de tu comunidad. Elige una de las siguientes opciones para contribuir a esta campaña para combatir el calentamiento global en tu comunidad, empezando con ustedes los estudiantes. No olvides que quieres captar la atención de los demás mientras que a la vez presentas información y recomendaciones importantes. Refiérete al primer texto, la lista de sugerencias, para inspirarte.

Opción 1:

Pinta un afiche informativo utilizando imágenes y vocabulario clave para explicar tres acciones que pueden realizar los estudiantes fácilmente en su vida cotidiana. Se pondrá en los pasillos de tu escuela para que todos puedan verlos cuando vayan rumbo a sus clases.

Opción 2:

Prepara una hoja informativa para que los estudiantes la lleven a casa. Se puede usar esta información orientarles a ellos y a sus familiares de cómo organizar su casa para proteger el medio ambiente. Incluye una lista de cinco a siete recomendaciones utilizando el imperativo de ustedes.

Opción 3:

Utiliza un programa de diapositivas para una presentación educativa. Se podría ver en una pantalla pública de la escuela y/o en un salón de clase específico. Incluye imágenes, datos, estadísticas, por lo menos una gráfica y recomendaciones con el imperativo de usted.

Actividad 6

Juntos, ¿cómo podemos mejorar el medio ambiente?

Has visto que un individuo puede contribuir a la protección del medio ambiente y la lucha contra el calentamiento global. Entonces, ¿qué podrán hacer varias personas si trabajan juntos? ¿Qué podrá hacer una comunidad, una organización o un gobierno? En esta actividad conocerás algunos ejemplos de esfuerzos colaborativos para combatir el calentamiento global. ¡Al final habrá una celebración de dichos esfuerzos para promover e incentivar a otros a unirse a la causa!

A Antes de ver el video

1. **Piensa – Conversa – Comparte**

   a. Piensa en todos los ejemplos que se te ocurran de las acciones y esfuerzos que puedan hacer varias personas cuando trabajan juntos para combatir el calentamiento global. En la última actividad había un ejemplo de los jóvenes paraguayos sembrando árboles. ¿Puedes pensar en más ejemplos?

   b. Conversa con un compañero y agrega sus ideas a tu lista. Prepárense para compartir con la clase.

2. En el video se emplea mucho vocabulario que ya sabes. Trabaja con un compañero para revisar la lista de vocabulario y los cognados inglés – español para aprender algunas palabras más antes de ver el video.

> *¿Qué quiere decir? Parafrasea cada oración en tus propias palabras.*
>
> - El planeta **cuenta con** billones de habitantes.
> - **El efecto invernadero** provoca cambios climáticos, entre ellos **la sequía.**
> - **Los países en desarrollo** son muy afectados por el calentamiento global.

> *¿Qué quieren decir estos cognados inglés – español? Busca los cognados en cada oración y en tus propias palabras explícalos o defínelos en español.*
>
> - La situación nos concierne.
> - Los gases exceden sus límites.
> - Las repercusiones del calentamiento global son serias.
> - Hay que ver la cuestión del calentamiento global dentro de un contexto ecológico.
> - El terreno de la escuela tiene muchos árboles.

3. Además de palabras familiares como las ya mencionadas, habrá palabras que tal vez no reconozcas. Repasa esta lista con la clase. Después, trabaja individualmente: ¿Puedes usar cada palabra en una oración relacionada con el tema del calentamiento global?

> brindar - dar, ofrecer
>
> los condiscípulos - los compañeros
>
> hacer frente a - afrontar
>
> un marco - una base
>
> los refugiados climáticos - los que pierden su hogar y son forzados a mudarse a causa de cambios climáticos
>
> las repercusiones - los efectos
>
> velar - vigilar

USO DEL LENGUAJE EN CONTEXTO: El presente del subjuntivo

Como ya vimos en la página 133 se emplea el presente del subjuntivo en muchos contextos. En este video escuchamos algunas expresiones que requieren el uso del presente del subjuntivo. ¿Podrás escuchar lo que dice el narrador después de cada expresión?

- Es probable que...
- Al fin de lograr que...
- Esperamos que...
- Al fin de velar porque...

La **UNESCO** (La organización educativa, científica y cultural de las Naciones Unidas) busca crear un diálogo hacia un desarrollo sostenible que respete los derechos humanos y reduzca la pobreza. Las estrategias y actividades de la UNESCO tienen su fundación en los objetivos de desarrollo internacionalmente acordados, como los **Objetivos de Desarrollo del Milenio** (ODM) que se buscan lograr para el año 2015. En los ámbitos de la educación, la ciencia, la cultura y la comunicación e información, la UNESCO pretende contribuir a la realización de dichas metas: la consolidación de la paz, la erradicación de la pobreza, el desarrollo sostenible y el diálogo intercultural.

Adaptado de www.unesco.org/new/es

 Predice: El video que vas a ver, **"Aprender a afrontar el cambio climático"**, trata de una de las prioridades de la UNESCO mencionadas aquí. ¿Cuál será?

 B **Al ver el video**, toma apuntes en preparación para la conversación que viene. Refiérete a estas estrategias:

Estrategias para escuchar y tomar apuntes:

A veces es difícil escuchar y tomar apuntes a la vez. Sin embargo, se requiere hacerlo no sólo en los exámenes en la secundaria sino en clases universitarias y en muchas profesiones. Ahora vas a practicar esta destreza.

- Fíjate en las ideas centrales. No podrás escribir todo lo que escuches.

- Anota una sola palabra, una frase o una abreviatura.

- Emplea símbolos tal como flechas, tildes, marcas, asteriscos u otra cosa que te ayude a anotar conceptos importantes.

- Si escuchas algo más de una vez, intenta fijarte en ejemplos o detalles para añadir a tus apuntes.

¡Suerte!

C **Después de ver el video,** vas a conversar con la clase entera de las siguientes preguntas. La conversación seguirá el formato de un **debate socrático**, donde el/la profesor/a plantea una pregunta polémica a la clase y los estudiantes conversarán entre sí discutiendo la pregunta hecha por el profesor.

 1. Para participar en la conversación, sigue las siguientes normas del debate socrático. También considera las estrategias en la página siguiente.
   - Usa datos y ejemplos del video para apoyar tus respuestas.
   - Responde a tus compañeros con preguntas y comentarios específicos.
   - También puedes plantear una pregunta a la clase.
   - No se puede interrumpir ni criticar a otro participante en el círculo.

 2. Presta atención a las preguntas que hace el/la profesor/a. Unas posibles preguntas son:
   - ¿Qué pueden hacer juntos los jóvenes para afrontar el cambio climático?

- ¿Qué opinan los diseñadores de este video acerca de lo que pueden hacer los jóvenes cuando trabajan juntos?
- ¿Estás de acuerdo con el mensaje del video?
- ¿Se podría realizar proyectos así en tu escuela, por qué sí o por qué no?

Reflexión Después de la actividad, reflexiona y anota en tu diario:

- ¿Qué piensas de tu participación en el debate socrático?
- ¿Cómo te sentiste?
- ¿Qué harías semejante o diferente si volvieras a participar en otro debate socrático?

Estrategias para participar en un debate socrático

Como expresar acuerdo o desacuerdo

- Yo (no) estoy de acuerdo con _____ porque...

- También creo que / me parece que...

- Al contrario con lo que dijo _____, creo que...

Como responder a otros

- Me parece interesante lo que acabas de decir, ¿puedes ampliar tu idea?

- No entendí completamente lo que querías decir, ¿puedes explicarme más?

- ¿Nos puedes dar un ejemplo de _____?

- No vi lo mismo en el video, ¿tienes evidencia para demostrar tu opinión?

Jovenes Frente al Cambio Climatico Ecuador 169 likes

Like Message

Jóvenes Frente al Cambio Climático Ecuador es un grupo dedicado a combatir el calentamiento global organizado por jóvenes como tú. Las redes sociales ofrecen una poderosa y gratis herramienta para concientizar y organizar a otras personas a través de las más recientes tecnologías.

 Visita la guía digital para conocer más a este grupo y buscar otras organizaciones.

www.facebook.com/jovenesfrentealcambioclimatico

Hilo 11 Evaluación Final — *JUNTOS CUIDEMOS NUESTRO PLANETA*

Preguntas Esenciales:

- ¿Cuáles son las causas del calentamiento global?
- ¿Cuáles son los efectos del calentamiento global?
- ¿Cómo se puede combatir el calentamiento global?

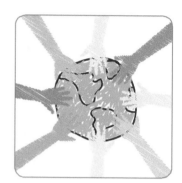

Contexto:

El desafío global más grave que enfrentamos en el Planeta Tierra es el calentamiento global que afecta a toda la población humana, a los animales y aún los ecosistemas. ¿Cómo puedes informar a las comunidades latinas de tu región de las amenazas a las que se enfrentan?

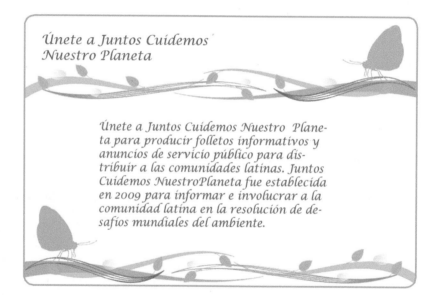

Únete a Juntos Cuidemos Nuestro Planeta

Únete a Juntos Cuidemos Nuestro Planeta para producir folletos informativos y anuncios de servicio público para distribuir a las comunidades latinas. Juntos Cuidemos NuestroPlaneta fue establecida en 2009 para informar e involucrar a la comunidad latina en la resolución de desafíos mundiales del ambiente.

Conjunciones:

Conjunciones que se usan con el subjuntivo: **antes de que, para que, a menos que, sin que, con tal de que...**

Conjunciones que se usan con el subjuntivo y el indicativo: **después (de) que, mientras, cuando, hasta que, en cuanto, tan pronto como, aunque ...**

Conectores:	Expresiones idiomáticas
a corto plazo	de mal en peor
a largo plazo	hay que tener en cuenta
a pesar de que	
de igual manera	

¡Haz tu parte!
de Cuidemos Nuestro Planeta

quiénes somos   proyectos   únanse   blog   enlaces   contáctanos

MUNDO EN ACCIÓN

JUNTOS CUIDEMOS NUESTRO PLANETA

¡Haz tu parte!

¿Les molestan los problemas ambientales que amenazan nuestro planeta Tierra? ¡Únanse a otros jóvenes en un esfuerzo apoyado por la agencia ambiental, Cuidemos Nuestro Planeta, establecida para informar e involucrar a la comunidad latina en la resolución de problemas ambientales.

Cuidemos Nuestro Planeta busca jóvenes innovadores que puedan fomentar la participación de la gente en comunidades de habla hispana en la protección ambiental y el desarrollo sostenible. La agencia respalda los esfuerzos de los jóvenes si preparan un folleto informativo con una descripción de un problema ambiental, el efecto que tiene en los seres vivos de nuestro planeta y cómo se puede tomar acción. Además solicita que produzcan un anuncio de servicio público que convenza a las comunidades de involucrarse. ¡Haz tu parte!

 Consulta la guía digital para ver todos los requisitos de la presentación.

 Parte I: Trabajando en grupo, elijan uno de los desafíos ambientales internacionales de las opciones que se encuentran en la guía digital. Diseñen y escriban un folleto informativo del desafío ambiental para distribuir a las comunidades latinas. El folleto incluye: el desafío ambiental, el efecto que tiene en los seres vivos de nuestro planeta y cómo se puede actuar.

Parte II: Escriban y produzcan un anuncio de servicio público de uno o dos minutos sobre el mismo desafío ambiental.

Introducción

calentamiento global, el - elevación de la temperatura terrestre

capas de hielo, las - manto o lámina de hielo que cubre o reviste una superficie

causa, la - razón

deforestación, la - destrucción o tala indiscriminada de árboles

derretir - licuar o disolver un sólido por efecto del calor

desaparición de los animales, la - extinción

dióxido de carbono, el - ácido carbónico

efectos, los - consecuencias

emisión, la - exhalación de gases

gases, los - vapor

medio ambiente, el - nuestro entorno global

metano, el - tipo de gas

óxido de nitrógeno, el

población, la - personas que habitan un lugar, toda la gente de un lugar

producción, la - fabricación

sequías, las - largos períodos de tiempo seco o de lluvias escasas

Antes de empezar

adaptarse - aclimatarse

agotarse - acabarse

cálidos - calurosos, afectuosos

cerrar la llave del agua - cerrar la llave de paso en una tubería para interrumpir el fluir del agua o su paso

climático - de clima

desperdicios - residuos, desechos, despojos, exceso

entorno - ambiente, ámbito

fomentar - favorecer, promocionar, promover

grave - serio

puede que - quizá

recipiente, el - el que recibe, utensilio destinado a guardar o

conservar algo

reducir - disminuir

reproducirse - multiplicarse

rescate, el - salvar de un daño o peligro

tienden - se caracterizan

tomar medidas - tomar precauciones

Actividad 1

abonos, los - fertilizantes de la tierra

atmósfera, la - aire, ambiente

bosques tropicales, los - selvas tropicales

combustibles, los - inflamables

derretir - licuar o disolver un sólido por efecto del calor, por ejemplo cuando el hielo se vuelve agua

efecto invernadero, el - aumento de la temperatura atmosférica

escurrimiento, el - cuando un líquido se desliza o escapa por encima de una superficie

fabricación, la - producción

fondos marinos, los - zona en la profundidad del mar

fuentes de energía alternativa, las - fuentes de energía "verde", ecológica, renovable

granadería concentrada, la - gran concentración de animales en una granja

hechos, los - las acciones, los acontecimientos, lo ocurrido, lo sucedido

justo por detrás del - que sigue al

madera, la - leña

propiciadas - facilitadas

rescate, el - salvar de un daño o peligro

suministro, el - provisiones

temibles - alarmantes

Actividad 2

consumo, el - adquisición, uso, compra

electridad, la - corriente eléctrica

huella de carbono, la - contribución de una persona al aumento de los gases de efecto invernadero

kilometraje, el - total de los kilómetros recorridos por un vehículo

millas, las - medida terrestre inglesa (1 milla = 1.609 km)

millas por galón, las - millas recorridas por un coche con un galón de petróleo

tránsito, el - transporte

vivienda, la - hogar, casa o lugar donde se vive

Actividad 3

ahí - allí

alcornoque, el - árbol que produce corcho

caldo de cultivo, el - situación propicia para que algo se desarrolle

cuenca, la - territorio cuyas aguas fluyen a un mismo río, lago o mar

fluvial - de los ríos

erradicada - eliminada

estival - de verano

estragos, los - daños

hectáreas, las - diez mil metros cuadrados

hídricos - relacionados al agua o acuáticos

heladas, las - escarchas, hielos

lidiar - luchar

mejillón, el - tipo de marisco con concha de color negro

perjudicar - dañar

retrocederán - disminuirán, volverán para atrás

suelos de los bosques, los - tierra

talar - cortar árboles

virulentos - agresivos

Actividad 4

ahogamiento, el - sofocación

algas, las - organismos del mar

amenaza, la - anuncio de un peligro

arácnidos, los - arañas

brotes, los - se refiere al comienzo, aparición o manifestación de algo

calambres, los - contracciones, espasmos

cepa, la - clase de gripe, enfermedad, conjunto de bacterias o virus

corporales - del cuerpo

ganado, el - conjunto de vacas, ovejas, cabras

endémica - lo que solo ocurre en un lugar, propio y exclusivo de un lugar

erupción, la - inflamación o mancha de la piel

garrapata, la - tipo de insecto que se alimenta de la sangre de algunos animales

impredecible - que no se puede predecir o prever

maleza, la - malas hierbas

morbilidad, la - proporción de personas que enferman en un lugar en relación con la población total

morder - mordiscar, picar

mutar - provocar alteración de los genes

padecer - sufrir

patógenos - microorganismos que causan una enfermedad

penosas, los - tristes

peste, la - plaga

pilas, las - que dan energía eléctrica a ciertos aparatos

prever - pronosticar

pulgas, las - insectos pequeños sin alas que pueden dar grandes saltos, parásitos

restringida - limitada

roedores, los - de la familia de las ratas

sabana, la - llanura

se debilita - que disminuye su capacidad, fortaleza o poder

trastornos - disturbios

Actividad 5

agregar - añadir

apadrinar - proteger

chorro de agua, el - agua que sale con fuerza por una abertura

desaste natural, el

foco, el - bombilla

lema, el - eslogan

llantas, las - neumáticos

llevar a cabo - realizar, cumplir

propósito, el - meta

pistas, las - huellas

sembrar - plantar

termostato, el - aparato que sirve para controlar la temperatura

Actividad 6

brindar - dar, ofrecer

condiscípulos, los - compañeros

hacer frente a - enfrentarse, afrontar

marco, un - base, límite

países en desarrollo - que están en camino de mejorar su economía

refugiados climáticos, los - que pierden su hogar y son forzados a mudarse por cambios climáticos

repercusiones, las - efectos

velar - vigilar

Expresiones útiles

a la fecha - hasta ahora

contar con - confiar en alguien

debido a - a causa de

en peligro de extinción

es imprescindible - es esencial

sin duda - es seguro

tal y como

tras - detrás de

de mal en peor

a corto plazo/a largo plazo

de igual manera

debido a - a causa de

en cuanto - tan pronto como

Ciencia y tecnología

EL CUIDADO DE LA SALUD ES ALGO CULTURAL

¿Qué opinas tú sobre la salud?

LA COMUNIDAD APOYA UN MODO DE VIDA SALUDABLE

¡Juntos lo lograremos!

Cuidado de la salud y medicina

Preguntas esenciales

- ¿Cómo coexisten las prácticas de la medicina tradicional y la moderna?

- ¿Cómo varía el cuidado de la salud en distintas regiones del mundo hispano?

- ¿Cómo influye la comunidad en la salud del individuo?

El cuidado de la salud es una práctica cultural que varía según los recursos de las distintas regiones de un país. Las perspectivas del cuidado de la salud influyen en lo que hace la gente en una comunidad: si hacen ejercicio, si comen de una manera equilibrada y si llevan una vida sana. En este hilo vas a explorar el cuidado de la salud y la medicina en distintas regiones del mundo hispano — las que tienen recursos para el cuidado de la salud y las que les faltan recursos. Al final podrás tejer una presentación de un tema de la salud que te interesa para la Feria de la Salud en tu comunidad.

346

347

354

Donación de Organos

Un Regalo de Vida

358

Feria de la Salud

TU RINCÓN DE SALUD

373

¿En qué consiste vivir sano?

¿Qué significa estar sano? Aquí podrás considerar unas sugerencias típicas de cómo vivir sano y conocer una campaña del gobierno chileno para promover el cuidado de la salud. ¿Consideras que llevas una vida saludable?

 A **Antes de ver: Piensa – Conversa – Comparte**

 1. Piensa en todos los verbos, sustantivos y adjetivos que puedes usar para describir a una persona sana.

- Verbos: ¿Qué hace?
- Sustantivos: ¿Qué come y bebe? ¿Qué cosas tiene o usa en su vida diaria?
- Adjetivos: ¿Cómo es?

Verbos	Sustantivos	Adjetivos

 2. Comparte tus ideas con un compañero, añadan a sus listas y prepárense para compartir con la clase.

 Reflexión

Vas a ver un anuncio de servicio público producido por el gobierno chileno sobre la salud. ¿Por qué quisiera un gobierno promover una vida sana para su ciudadanía? Escribe un párrafo con tus ideas en tu diario.

 B **Al ver el video,** añade a tu organizador de la parte A.

 1. Si ves algo en el video que se corresponde con una de las palabras que anotaste, pon una palomita ✔ al lado.

2. Si no tienes una palabra anotada, añádela a tu lista.

 **C** **Después de ver el video,** conversa con un grupo de tres o cuatro:

- ¿Qué palabras nuevas anotaron al ver el video?
- ¿Qué aspectos de una vida sana incluyeron? ¿Faltó algo?
- ¿Cómo se define "comer sano" en el video?
- Según esa definición, ¿cuán sano comes tú?

¡Tu opinión cuenta!

Evalúa el video tomando en cuenta los siguientes puntos. Podrás compartir tu opinión con la clase después.

- ¿Para qué tipo de público es este video?
- ¿Crees que este video puede convencer a una persona a llevar una vida más sana?
- ¿Qué aprendiste del video que no sabías antes?
- ¿Qué harías para mejorar el video?

¡Tú puedes, atrévete y mejora tus hábitos!

Elige Vivir Sano, proyecto Alimméntate sano de la Pontificia Universidad Católica de Chile y Fundación Banmédica, ha establecido una colaboración mutua que permitirá a todos quiénes deseen tener una vida más saludable, acceder a más y mejores contenidos y beneficios.

Te invitamos a conocer Alimentatesano.cl y MiFitbook.cl. En ambos portales podrás encontrar información seria y confiable acerca de hábitos de vida saludable. Además, podrás acceder a un útil y sencillo sistema de autoevaluación llamado Fitbook, que te permitirá saber si tus hábitos de alimentación y de actividad física son los más adecuados para ti.

Visita la guía digital para acceder al enlace.

Extraído de: www.eligevivirsano.cl

Antes de empezar

¿Qué necesita una comunidad para que la gente tenga una vida saludable?

Cuando piensas en "el cuidado de la salud", ¿qué imaginas? Además de los lugares que vamos cuando estamos enfermos, el cuidado de la salud abarca el bienestar general de toda una comunidad. En esta actividad, leerás sobre las condiciones necesarias para que una comunidad sea saludable y para que sus ciudadanos vivan saludables. Para lograr eso, ¿qué necesita aportar una comunidad? Después imitarás el juego *Sims** para crear una comunidad ideal donde todos sean muy saludables.

* Visita la guía digital para encontrar más detalles sobre este juego.

A Antes de leer y diseñar: Piensa – Conversa – Comparte

1. ¿A qué tipo de cuidado de la salud estás acostumbrado? Anota en tu diario tus respuestas a las siguientes preguntas:
   - ¿Qué hay en tu comunidad para que la gente viva bien y saludable?
   - ¿Qué tiene tu comunidad para cuando la gente necesita mejorar su salud?

2. Conversa con un compañero para comparar ideas y prepárense para compartir con la clase.

USO DEL LENGUAJE EN CONTEXTO: La negación y pero / sino

1. Los pronombres indefinidos y negativos se usan antes del verbo pero también se pueden usar después del verbo si incluye *no* antes del verbo:

   a. *Nadie* es discriminado.

   b. *Ninguno* de los pobres es maltratado o explotado por aquellos más poderosos.

   c. *No* hay *nadie* que sufra porque sea pobre, enfermo o discapacitado.

   d. El Estatuto de Ottawa establece los requisitos para la salud en la comunidad y *nunca* quiere que *nadie* sufra innecesariamente.

2. Los indefinidos y negativos y sus contrapartes afirmativas son:

Nadie – alguien	ninguno (ningún) a/s – alguno (algún) a/s
Nada – algo, todo	nunca, jamás – siempre
Tampoco – también	apenas – completamente
Ni (siquiera) …	Ni… ni – o… o
Todavía no, ya no, aún no – todavía, ya, aún	

3. Las conjunciones **pero / sino**: *Pero / sino* Para unir una oración afirmativa se usa *pero*, si hay una contradicción de una oración negativa, se usa *sino*. Si un verbo sigue sino, se usa *sino que*:

   a. *No* sólo comida, *sino* la suficiente.

   b. *No* significa que todos obtienen las mismas cosas, *sino que* todos obtienen a lo que necesitan.

B Al leer

1. **Cuando leas el artículo por primera vez,** marca el texto de la manera siguiente:

   ¡ = algo sorprendente

   ¿ = algo que no entiendes

   ✓ = algo que ya sabías antes

   _ = algo que no quieres olvidar

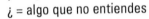

Comunidades Saludables se basa en dos premisas básicas

Según *Caja de Herramientas Comunitarias*, cuya misión es promover la salud y desarrollo comunitarios conectando personas, ideas y recursos, una Comunidad Saludable es una en la cual todos los sistemas funcionan bien (y trabajan unidos), y en la cual todos los ciudadanos disfrutan de una buena calidad de vida.

1. Una visión global de la salud toma en cuenta todos los elementos de la vida comunitaria ya que ésta afecta tanto la salud del individuo como la misma salud comunitaria. El Estatuto de Ottawa establece los requisitos previos para la salud en la comunidad:

   - **Paz.** Puede interpretarse que cubre tanto la libertad de la guerra como la libertad al temor a sufrir daño físico.

   - **Techo.** Vivienda adecuada al clima, a las necesidades de sus ocupantes, y para soportar condiciones climáticas extremas.

- **Educación.** Educación para los niños (y a menudo para los adultos también, como es el caso de adultos analfabetos) que sea gratis, adecuada para prepararlos para una vida productiva y cómoda en sus sociedades, y disponible y accesible para todos.

- **Comida.** No sólo comida, sino la suficiente, de adecuado valor nutricional para asegurar la salud continua y el vigor en los adultos, y el desarrollo adecuado en los niños.

- **Ingreso.** Empleos que provean de un ingreso adecuado para una calidad de vida razonable, y apoyo público para aquellos que no pueden trabajar o encontrar trabajos.

- **Un ecosistema estable.** Aire limpio, agua limpia y protección del medioambiente natural.

- **Recursos sostenibles.** Éstos pueden incluir agua, tierras de cultivo, minerales, recursos industriales, fuentes de energía (sol, viento, agua, biomasa), plantas, animales, etc.

- **Justicia social.** Donde hay justicia social, nadie es maltratado o explotado por aquellos más poderosos. Nadie es discriminado. Nadie sufre innecesariamente porque sea pobre, enfermo o discapacitado. Todos son tratados con equidad e igualdad ante la ley, todos tienen voz en como la comunidad y la sociedad es manejada.

- **Igualdad.** Igualdad no es exactamente lo mismo que equidad. No significa que todos obtienen las mismas cosas, sino que todos obtienen, o tienen el acceso, a lo que necesitan.

Si se consideran todos estos factores, entonces la salud debe extenderse más allá de sólo el tratamiento médico y abarcar todos los aspectos de la vida comunitaria.

Extraído de: http://ctb.ku.edu/es

2. **Cuando leas por segunda vez,** según la información del texto completa el siguiente organizador:

Para vivir de una manera saludable, una persona necesita...	Para que los ciudadanos tengan la oportunidad de vivir saludablemente, ¿qué necesita aportar una comunidad?
1.	
2.	
3.	

C **Después de leer**

1. Conversa con un compañero sobre la siguiente pregunta, utilizando sus organizadores completos: Para que los ciudadanos vivan de una manera sana, ¿qué necesita aportar una comunidad?

2. En tu diario, escribe una definición de una comunidad saludable: *Una comunidad saludable es donde...* ¡No olvides usar el presente del subjuntivo ya que describes algo ideal! Refiérete a la página 133 en hilo 5 para repasar algunos de los usos del subjuntivo.

3. Mira el video que se encuentra en la guía digital sobre la definición de una comunidad saludable, ¿estás de acuerdo con la definición? Compárala con la tuya.

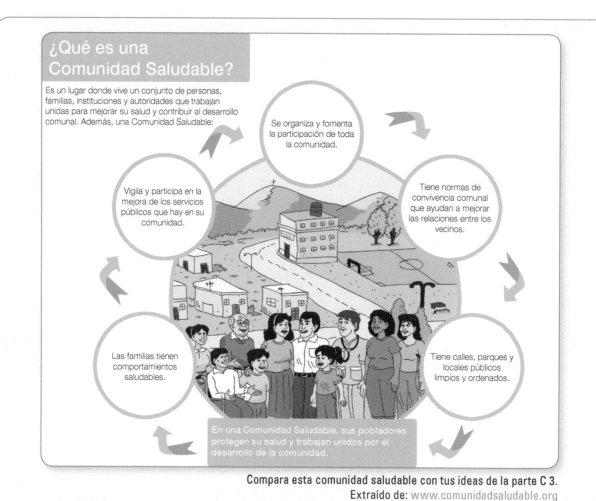

¿Qué es una Comunidad Saludable?

Es un lugar donde vive un conjunto de personas, familias, instituciones y autoridades que trabajan unidas para mejorar su salud y contribuir al desarrollo comunal. Además, una Comunidad Saludable:

Se organiza y fomenta la participación de toda la comunidad.

Tiene normas de convivencia comunal que ayudan a mejorar las relaciones entre los vecinos.

Vigila y participa en la mejora de los servicios públicos que hay en su comunidad.

Las familias tienen comportamientos saludables.

Tiene calles, parques y locales públicos limpios y ordenados.

En una Comunidad Saludable, sus pobladores protegen su salud y trabajan unidos por el desarrollo de la comunidad.

Compara esta comunidad saludable con tus ideas de la parte C 3.

Extraído de: www.comunidadsaludable.org

¡Te toca a ti!

Están recibiendo propuestas en tu estado para el diseño urbano. Vas a planificar una comunidad ideal donde la gente tenga todo lo que se necesita para llevar una vida saludable. Consulta la guía digital para encontrar más detalles.

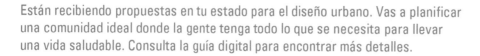

¿Cómo coexisten las prácticas de la medicina tradicional y la moderna?

Actividad 1

¿Medicina Tradicional o Medicina Científica? ¿En verdad somos tan diferentes en lo esencial?

¿Recuerdas los remedios caseros de tu abuela? Si tenías tos, tomabas miel con limón, o si tenías fiebre, bebías muchos líquidos, o si te dolía la garganta, tenías que hacer gárgaras con sal. La medicina tradicional ayuda a mantener la salud y prevenir las enfermedades. La medicina científica trata de remediar las enfermedades con una gran variedad de tratamientos científicos a base de estudios que tratan los síntomas de la enfermedad. Después de leer sobre las semejanzas y diferencias entre la medicina tradicional y la científica en Perú, vas a participar en un debate para defender tu perspectiva.

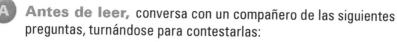

 A **Antes de leer,** conversa con un compañero de las siguientes preguntas, turnándose para contestarlas:

- ¿Te enfermas frecuentemente cuando un virus está circulando por la escuela o entre tus amigos? ¿Qué haces cuando contraes un virus?
- Si sientes que te vas a enfermar o te sientes débil, ¿qué haces?
- ¿Qué sabes de las habilidades curativas del cuerpo (cómo el cuerpo se puede curar a si mismo)?
- ¿Crees que las emociones puedan influir tu salud?

B **Antes de leer**

 1. Determina si las siguientes prácticas se caracterizarían como medicina tradicional (T) o medicina científica (C). También marca un ✓ si lo has experimentado tú. Quizás algunas de estas prácticas se usen en los dos campos de medicina, la tradicional y la moderna.

	T o C		T o C		T o C		T o C
los masajes		los remedios florales		la reflexología		la quimioterapia	
la hidroterapia		la traumatología		la psiquiatría		los antioxidantes	
la cirugía		la radioterapia		la acupuntura		la farmacología	
los aceites esenciales		el dieta		la aromaterapia		la terapéutica física	
el reiki							

 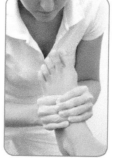 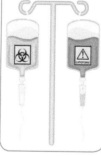 

 2. Con un grupo de 3 o 4 compañeros, repasen sus listas y pónganse de acuerdo entre ustedes. Prepárense para explicarlas y compartirlas con la clase.

C **Al leer,** marca el texto de la siguiente manera:

¡ = algo sorprendente
¿ = algo que no entiendes
✓ = algo que ya sabías antes
_ = algo que no quieres olvidar

¿Medicina Tradicional o Medicina Científica?

La medicina tradicional

La medicina tradicional es el conjunto de prácticas, creencias y conocimientos sanitarios basados en el uso de recursos naturales (plantas, animales o minerales), terapias espirituales y técnicas manuales que buscan mantener la salud del individuo y de la comunidad.

La medicina científica

La medicina científica (también conocida como occidental) es la medicina convencional, considerada oficial en nuestro sistema de salud en el Perú. Para muchos, ambas son prácticas aparentemente irreconciliables en el campo de la medicina.

Asimismo, al ser la medicina científica considerada legalmente como el sistema oficial de atención para la salud en nuestro país, algunas personas tienen prejuicios contra las personas relacionadas con la medicina tradicional. Ante esta desigual situación, es de importancia preguntarnos: ¿Son tan diferentes estos sistemas médicos? Tomando en cuenta sus aspectos esenciales, la respuesta sería no, debido a que:

1. **La primera y tal vez la más importante semejanza entre ambas es que tienen un propósito común:** el hombre busca una manera de encontrar la salud para sí mismo a través de la medicina, sea tradicional o científica, siendo su fin servir a quien sufra de algún padecimiento o enfermedad.

2. **Ambos son sistemas médicos:** practican una disciplina por la que cada cultura entiende el proceso de salud - enfermedad y actúa con respecto a la disciplina en sus diferentes dimensiones.

3. **No se desarrollan como procesos individuales y aislados,** sino en un contexto comunitario; por lo general, en su propio entorno, con personas que comparten la misma cultura.

4. **Ambas ocupan una posición oficial en su sociedad,** son reconocidas por ésta y juegan un rol muy importante. Las dos son bien integradas en la sociedad, ya que ninguna es marginada por la sociedad a la que pertenece.

5. **Respecto al aspecto legal, ambas están en armonía con las leyes establecidas por su cultura,** obedeciendo y colaborando con ellas.

6. **Ambos sistemas médicos tienen un ejecutor principal:** un sanador (el curandero o chamán en la medicina tradicional y el médico en la medicina científica). Este representante es una persona preparada especialmente para hacer ese trabajo (por medio de un proceso educativo arduo y prolongado), siendo muy difícilmente reemplazado por una persona sin el entrenamiento correspondiente. Además, en ambos contextos, el sanador ocupa un rol importante y prestigioso dentro de su sociedad.

7. **Tienen la misma dimensión moral:** la razón por la cual les motiva a escoger estas profesiones es por la sincera ayuda social, no *el afán*[1] de *lucro*[2] u otros intereses personales.

8. **Son inexactas y limitadas.**

El contacto cada vez más cercano entre ambas ha creado un intercambio de elementos: el curandero peruano ha ofrecido a la medicina científica un vasto conocimiento en plantas medicinales y métodos terapéuticos desde los cuales se crearon terapias científicamente orientadas; mientras que la medicina científica también ha ido enriqueciendo las herramientas profesionales del curandero.

El Perú es un territorio multicultural, en el cual coexisten diversas culturas: las indígenas originarias y la cultura heredada del occidente. Sin embargo, en esta coexistencia y a pesar del enriquecimiento entre las dos culturas, las indígenas han estado siempre dominadas o aisladas en territorios *recónditos*[3].

La interculturalidad en la salud se presenta como una opción para mejorar el ambiente, en el cual cada cultura, manteniendo su identidad, pueda aceptar y adoptar modelos diferentes para mejorar la atención de salud de cualquier individuo en nuestro país. Esto, idealmente, se traducirá en un clima de inclusión, integralidad y complementación tan necesario para afrontar la problemática que padece nuestro sistema de salud.

En conclusión, ambos sistemas comparten una misma naturaleza en lo esencial. Como escribió el doctor Fernando Cabieses, "la diferencia esencial entre la medicina tradicional y la medicina científica no es una diferencia entre un enfoque científico racional y un conocimiento práctico, sino un problema de dos *ideologías*[4] diferentes". Ambas deben aprender a convivir para superar los obstáculos que supone esta *dicotomía*[5].

Es importante este respeto mutuo, de tal manera que podamos *entablar*[6] un diálogo intercultural, encontrando los puntos de encuentro que puedan conducirnos a mejorar los niveles de salud de nuestra población.

---

[1] deseo
[2] ganancia
[3] apartados

[4] maneras de pensar o actitudes
[5] separación de dos cosas
[6] iniciar

Extraído de: www.scielo.org.pe

SciELO Perú es una biblioteca virtual que abarca una colección de revistas científicas peruanas.

D Después de leer

1. Repasando los apuntes del texto con un grupo de 3 o 4 compañeros, compartan comentarios y preguntas entre todos según los símbolos indicados en la parte C.

2. ¿Qué no entienden? Escriban las dudas en una hoja para colgar en la pared. Entre todos, van a interpretar lo que falta.

3. Contesta las siguientes preguntas en tu diario antes de llegar a conclusiones personales:

   - ¿Cuáles de las desventajas de la medicina tradicional y las de la medicina científica te molestan más?
   - ¿Cómo trata la medicina tradicional al individuo? ¿y la medicina científica?
   - ¿Puedes decir que una forma de medicina es mejor que la otra?
   - ¿En qué circunstancias prefieres la medicina tradicional a la científica?

4. En un organizador de comparaciones, haz conexiones con la medicina al comparar lo que sabes de la medicina tradicional y la moderna y lo que tienen en común.

¡Tu opinión cuenta!

Temas de debate: La clase va a dividirse en grupos pequeños, la mitad de los estudiantes va a tomar una posición a favor y la otra mitad va a tomar la posición en contra de las siguientes declaraciones. El grupo puede investigar más información para defender sus puntos de vista. Cada grupo tiene que aportar 3 puntos plausibles para defender su posición. Refiéranse a la página 172 de este libro.

☐ La medicina tradicional ofrece mucho conocimiento en plantas medicinales y métodos terapéuticos empíricos que complementan la medicina científica.

☐ En nuestro cuerpo está la cura para cualquier enfermedad.

☐ Ambos campos de medicina están en armonía con las leyes establecidas por su cultura, obedeciendo y colaborando con ellas.

☐ La enfermedad tiene que ser tratada por la medicina científica aunque la salud se puede mantener con la medicina natural.

La canela es una planta aromática milenaria

A lo largo de la historia ha sido utilizada con diferentes fines medicinales. En particular, de los distintos tipos de canela que existen, se considera que la variedad conocida como "canela casia" es la que contiene propiedades curativas.

En la medicina tradicional, la canela se ha utilizado para los trastornos digestivos como:

- la indigestión
- los gases
- las molestias de estómago
- la diarrea

¿Te gusta el chai?

La canela es un ingrediente común en el chai, una bebida condimentada de té negro que se utiliza en toda la India. Este es utilizado como un té tónico general para una amplia gama de aplicaciones. Estas incluyen los trastornos digestivos, la purificación de la sangre, la estimulación del sistema inmunológico y su uso como un anti-parasitario.

Extraído de: www.vidaysalud.com

¿Conoces otras plantas con poderes curativos? Investígalas y/o compártelas con la clase.

¿Cómo coexisten las prácticas de la medicina tradicional y la moderna?

Actividad 2

¿En qué se basa la medicina mapuche?

Según los mapuche, gente indígena de Chile y Argentina, cuando las energías y la naturaleza se ven transgredidas o desobedecidas, dan lugar a desastres médicos. Las plantas son sus farmacias naturales donde encuentran las medicinas y si las industrias las destruyen, se enferman. Pero a pesar de todo, han aprendido a coexistir con la medicina moderna en una forma de medicina que se llama medicina intercultural. Lee y escucha lo que dicen los mapuche sobre la medicina tradicional en unas entrevistas por un expedicionario de España.

A Antes de leer: Piensa – Conversa – Comparte

1. Anota en tu diario lo siguiente:

   - ¿Qué recuerdas de los mapuche, el pueblo originario de América del Sur, cuando los expedicionarios españoles de Tahina-can visitaron Temuco, Chile después del terremoto de 2010? (Refiérete a la pág. 102.)
   - ¿Qué sabes de la medicina natural o tradicional de los pueblos indígenas de cualquier región o país del mundo?

2. Con tu compañero, anoten lo que saben en sus diarios para compartir con la clase.

3. Ve el documental de los expedicionarios de su visita a Temuco, Chile, en el cual explica las tradiciones y las perspectivas de la medicina de los mapuche.

B Al leer sobre la medicina de los mapuche en esta entrevista, completa este organizador para explicar las influencias de la cultura en su medicina. Después lo vas a comparar con la entrevista auditiva. Avanza a la siguiente página para entender mejor los hospitales "interculturales".

Productos	Prácticas médicas: lo que hacen	Perspectivas: sus creencias
Las medicinas…	Se basan en …	Si violan la naturaleza…
Las plantaciones	Conservación de las plantaciones	Si no tienen las medicinas naturales…
Los machi…	Sus estudios son…	La naturaleza es…

Entrevista 1: Cuando *transgredimos*[1] la naturaleza…

Luis Muñoz, expedicionario de Tahina-can entrevistó a varios mapuches para saber más de sus prácticas médicas.

Mapuche significa "gente de la tierra", una tribu indígena que sobrevive en el centro-sur de Chile. *Pese a*[2] la conservación de su cultura, los mapuches se adaptan a los nuevos tiempos demostrado por los dos hospitales interculturales* que visitamos, el Mapuche Ñi Lawentuwuin y el Centro de Atención.

Según los mapuche, cuando las energías y la naturaleza se ven transgredidas, se producen desastres médicos, por ejemplo, "si violamos la naturaleza, nuestro hábitat natural de plantaciones de pino y eucalipto se acabará. Las plantaciones son nuestras farmacias naturales donde encontramos las medicinas y sin las medicinas naturales podemos enfermar ante estos *trastornos*[3] " afirma Antonio Lizama la otra cara visible del hospital Mapuche Ñi Lawentuwuin. "Cuando la industria quería ocupar parte de nuestro territorio, devastando la naturaleza, causó desastres como el de una fábrica taladora, cortando nuestros árboles, recibió energías negativas que les causó desastres y tuvo que huir".

Todo este poder de las energías lo controlan los machis, quiénes cumplen la función de nuestros médicos. Un machi en su adolescencia nota sensaciones especiales en sus sueños que le hace saber que está destinado a ser machi. Tras estos sueños estará 3 meses con un machi experimentando dónde acabarán de desarrollar *su don*[4], como ellos lo denominan. Es genético y no puede haber varias generaciones sin un miembro de la familia que no sea machi.

La naturaleza es su vida, y tan solo piden que se la respete, teniendo en cuenta la sensibilidad e importancia para el pueblo mapuche, un pueblo que a su vez nos ha demostrado ser tolerantes con los ''winkas'', es decir a todos los que no sean mapuche.

---

¹ dañamos o desobedecemos   ² a pesar de que   ³ disturbios   ⁴ talento

Adaptado de: www.tahina-can.org/noticias
17 Enero, 2011
Temuco

* Medicina intercultural supone el respeto mutuo entre las diferentes culturas, la medicina tradicional de la cultura indígena y la medicina científica de la cultura occidental. Implica diálogo e intercambio de conocimientos y prácticas beneficiosas de salud entre el sistema biomédico y las comunidades a las que sirve.

Extraído de: www.monografias.com/

  C **Después de leer,** verifica tu comprensión al completar las siguientes oraciones.

1. Los hospitales interculturales representan un respeto entre
   _____ y _____ .

2. Las enfermedades son los efectos de _____ la naturaleza y la única manera de curarlas es por medio de las medicinas _____ según los mapuche.

3. Los machi controlan los poderes de las _____ de la naturaleza.

 D **Al leer** el siguiente texto, anota los productos naturales mencionados aquí y en la entrevista de la parte A. Después, investiga su práctica o uso. ¿Puedes inferir una perspectiva común a todos los productos que usan los mapuche? Compártela con la clase.

Productos	Prácticas: Investigar
el pino	1) El aroma es descongestionante.
	2) La corteza (cáscara) se mezcla con agua para curar la fiebre.
el canelo	
el boldo	
el sauce	

 La farmacia mapuche en Santiago Chile

En pleno centro de la ciudad de Santiago, nace Makewelawen, farmacia mapuche, cuyo trabajo se enmarca en una lógica totalmente intercultural. Allí dialogan machis y médicos, el castellano y el mapudungún, idioma de los mapuches, las aspirinas y las hierbas.

Unos remedios mapuche:

Boldo (arbusto de Chile de cuyas frutas se hace una infusión) para los malestares del hígado y *sauce (planta que crece en las orillas de los ríos)* para resfríos, dolores y estados gripales, canelo *(árbol con hojas parecidas al laurel)* para la caída del pelo son algunas de las ancestrales recetas que hasta ahora se mantienen vivas en las comunidades mapuches y que están disponibles en la farmacia más peculiar de Santiago.

Escrito por Carolina Andrea NECULHUEQUE RIVERA

  E **Antes de escuchar** una entrevista sobre la medicina mapuche, estudia el vocabulario que escucharás, siguiendo los pasos 1 y 2 abajo:

las recetas	las hojas	las normas sociales
opuestos	fármacos	cuidar
un zumo	prevenir	el equilibrio
la actitud	la jaqueca	las yerbas
científico	una patología	modificarse
las dolencias	recuperar	autocuidado
complementarios		

 1. Con un compañero, hagan algunas inferencias de que tratará la entrevista según el vocabulario indicado. Escriban un resumen de tres o cuatro oraciones para compartir con otra pareja.

  2. En un grupo de cuatro estudiantes, escriban una predicción de lo que tratará la entrevista para compartir con la clase.

  F **Al escuchar la entrevista dos veces,** apunta lo que dice la mujer mapuche en la entrevista. Refiérete al ejercicio en la guía digital para escribir las palabras que faltan abajo y en la página siguiente:

1. **¿En qué se basa la medicina mapuche?**

   a. La medicina mapuche es un sistema que funciona igual que el sistema médico o _____ .

   b. Los mapuches tienen una buena concepción de la salud y _____ son dos opuestos complementarios siempre presentes toda la vida.

   c. Los mapuches piensan que si no cumplo las normas sociales, o las normas de autocuidado, _____ .

   d. No hay una gran diferencia sino que el enfoque es diferente, está más centrado en _____ y cuidar de la salud.

   e. Si sufre de _____ "winka" como el tuberculosis, entonces, tiene que usar el sistema médico científico.

2. **¿Cuáles son las recetas para las dolencias más comunes?**

   a. Si sufres de dolor de cabeza o jaqueca, usas un tipo de _____ y te sanas.

   b. Si tienes un resfrío, hay que _____ a la persona, darle mucho líquido y hacerle un preparado de una yerba.

   c. Las plantas a diferencia de los fármacos tienen un proceso de cura que es más _____ .

   d. Hay que ir recuperando el equilibrio que se ha perdido, hay que tener conciencia y un cambio de _____ _____ .

   e. No es solamente que uno tiene que tomar _____ sino que hace falta un cambio de actitud, la persona tiene que modificar la vida.

G Después de escuchar dos veces:

1. Verifica tus respuestas de la parte F con tu grupo de parte E 2.

2. Vuelve a tus predicciones de la parte E 2 con el mismo grupo. ¿Tenías razón?

¡Tu opinión cuenta!

Hay mucha controversia sobre el uso de medicinas naturales vs. medicinas farmacéuticas para cuidar la salud tanto como prevenir y curar las enfermedades. ¿Qué piensas tú sobre la medicina tradicional (natural) y la medicina moderna (científica)? Escribe de ocho a diez oraciones sobre este tema para compartir con la clase en un foro de la guía digital.

¿Cómo varía el cuidado de la salud en distintas regiones del mundo hispano?

Actividad 3

¿Cómo está liderando España en el campo médico?

El cuidado de la salud se puede diferenciar por cada país y cultura; por ejemplo, en 2010 España logró el honor de liderar la tasa de donación de órganos en el mundo. Escucha esta radioemisión para aprender más de cómo los especialistas de salud están concientizando al público sobre este tema para dar una segunda oportunidad de vida a muchos enfermos.

A Antes de escuchar

1. **Vocabulario clave:** Rellena el espacio con el vocabulario correcto según el contexto. Solamente puedes usar una vez cada palabra del vocabulario que aparece abajo.

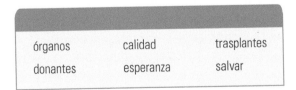

| órganos | calidad | trasplantes |
| donantes | esperanza | salvar |

a. La _____ de vida para algunos enfermos depende de la donación de órganos.

b. España tiene una tasa alta de _____ por millones de habitantes.

c. Los especialistas esperan _____ las vidas de muchas personas por la donación de órganos.

d. La _____ de órganos de jóvenes es mejor que la donación de los órganos de los mayores.

e. Los _____ son las cirugías en que el órgano de una persona se transmite a otra persona.

f. Hay unos _____ que un donante familiar puede donar sin arriesgar su salud.

 2. Conversa con un compañero sobre las siguientes preguntas:

- por qué es importante la donación de órganos
- cuáles son las situaciones en las que hay la opción de hacer donaciones a familiares vivos
- en tu opinión, ¿una persona debe hacer explícita su intención de donar sus órganos o se debe tomar la decisión sus familiares en caso de fallecimiento?

B Al escuchar

 1. **Cuando escuches por primera vez,** escucha la radioemisión para comprender el mensaje central. Después, conversa con un compañero brevemente para compartir lo que entendiste.

 2. **Cuando escuches por segunda vez,** completa la información que falta con las estadísticas correctas de la radioemisión.

a. Desde hace casi _____ años España tiene un _____ de donantes por _____ de habitantes.

b. Son _____ puntos más que la media en Estados Unidos y el _____ de la media en Europa.

c. Los especialistas esperan salvar _____ vidas al año con este nuevo modelo.

d. Los órganos de personas mayores tienen peor calidad, pero pueden ser útiles durante _____ años a otras personas mayores.

e. En estos países (Noruega, Reino Unido, Suecia o Dinamarca) la tasa de donantes familiares vivos es del _____.

f. _____ enfermos esperan un trasplante en Europa.

  C Después de escuchar, para verificar tu comprensión, contesta las preguntas abajo y en la página siguiente:

Número 1. Esta radioemisión tiene que ver con el hecho de que
a. España lidera la Unión Europea.
b. los especialistas que asistieron a la Conferencia Europea sobre Donación y Trasplante de Órganos esperan salvar 20.000 vidas.
c. España lidera la tasa de donación de órganos en el mundo.

Número 2. La tasa de donación de órganos en España es
a. menor que la de los Estados Unidos.
b. el doble del promedio en Europa.
c. igual que la de Alemania.

Número 3. En el pasado, muchas de las donaciones procedían de
a. jóvenes muertos en accidentes de tráfico.
b. donantes familiares vivos.
c. personas mayores que fallecían en su vejez.

Número 4. Los órganos de donantes mayores

    a. no son útiles para nadie.

    b. pueden servir por muchos años a los niños que necesitan órganos.

    c. pueden funcionar bien por muchos años en otras personas mayores.

Número 5. ¿Qué tipos de donaciones están aumentando en España?

    a. las del corazón

    b. las del hígado y riñón

    c. las de los pulmones

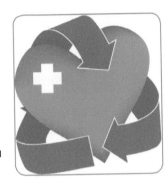

¡Tu opinión cuenta!

Tu amigo va a sacar su permiso de manejar mañana y no sabe si debe ser donante de órganos o no. Te llamó para pedir tu opinión, pero estabas ocupado y no contestaste su llamada. Al escuchar su mensaje más tarde, decides llamarlo. ¿Piensas que tu amigo debe apuntarse como donante o crees que no debe ser donante? Graba un mensaje donde le expliques tu punto de vista. Trata de convencerlo dándole por lo menos dos razones para que siga tu consejo.

Actividad 4

¿Cómo varía el cuidado de la salud en áreas rurales vs. urbanas?

Como en todas partes del mundo, en América Latina hay problemas de la salud que requieren ser analizados y ello conlleva el desarrollo de estrategias para solucionarlos. En esta región del mundo hay una gran brecha entre las poblaciones rurales y urbanas en términos de acceso a un adecuado cuidado de la salud; faltan recursos suficientes y personal médico en áreas rurales. En esta actividad vas a leer sobre las diferencias existentes respecto al cuidado de la salud materna en el Perú.

A **Antes de leer: Piensa – Conversa – Comparte**

1. En tu diario, anota tus ideas sobre los siguientes temas:

- ¿Por qué será diferente el cuidado de la salud en un área rural versus un área urbana?
- ¿Qué factores permitirán limitar el acceso de un individuo o una familia rural al cuidado médico?
- El artículo que vas a leer trata de la mortalidad materna, cuando una mujer muere durante el parto. ¿Qué tipo de cuidado médico previene que esto suceda?
- ¿Qué vocabulario ya sabes del tema? ¿Entiendes el significado de las siguientes palabras?

el parto	el control prenatal
la mortalidad materna	el obstetra / la obstetriz

 2. Conversa con un compañero para comparar sus ideas. ¿Están de acuerdo? ¿Sabe tu compañero algo que tú no? Compartan apuntes y prepárense para explicarlo a la clase.

> Como viste en el último hilo **Los Objetivos de Desarrollo del Milenio** (ODM) son una serie de metas establecidas por las Naciones Unidas para mejorar el nivel de vida de millones de personas alrededor de mundo para el año 2015. En esta actividad vas a conocer el quinto objetivo que tiene que ver con mejorar la salud materna.
>
> Visita la guía digital para investigar en línea más sobre estas metas.
>
> Después conversa con un compañero: ¿Cuáles de los objetivos te parecen más imprescindibles lograr y por qué?

 B **Al leer** sobre el acceso al cuidado de la salud materna para las poblaciones de los distintos departamentos del Perú, ten en mente que el país tiene regiones de selva y sierra (en los Andes) que son mayormente áreas rurales mientras las grandes ciudades como Lima se ubican en la costa.

 1. **Cuando leas por primera vez,** presta atención a los siguientes datos para completar el organizador.

 2. **Cuando leas por segunda vez,** utiliza la gráfica y los puntos abajo para añadir cifras a tus apuntes en el organizador.

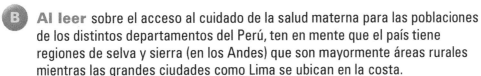

¿Cuál es el problema?	¿A qué se debe este problema?
¿Cómo varía el problema según el área?	¿Cómo ha mejorado el problema en los últimos años y dónde?

Mejorar la salud materna

Reducir en tres cuartas partes la mortalidad materna y lograr el acceso *universal*[1] a la *salud reproductiva*[2] para el 2015 son las dos metas consideradas dentro del quinto Objetivo de Desarrollo del Milenio (ODM). En términos globales, en los últimos veinte años, la mortalidad de las madres se ha reducido aproximadamente a la mitad: se estima que en el 2010 se dieron 287 mil muertes maternas en el mundo (es decir, se produjo una reducción de 47% a comparación de 1990).

El 95% de los partos del área urbana fueron asistidos por personal profesional de la salud, mientras que en el área rural la proporción fue del 63,7%.

En muchas zonas rurales de América Latina, la falta de un médico en el momento del parto es la causa de muerte más generalizada entre las madres. Este problema *se sobredimensiona*[3] si consideramos que en muchos centros de salud, además de no existir *infraestructura médica*[4] adecuada, no *se brindan*[5] servicios de calidad (como el *control prenatal*[6], atención adecuada del parto y emergencias obstétricas). Estas son algunas de las causas de daños a la salud que podrían evitarse gracias a una atención médica de calidad. Esto incluye fortalecer los derechos de salud sexual y reproductiva. Si bien hacia el año 2000 en América Latina se había logrado una cobertura del cuidado prenatal en torno al 90% de las madres, el acceso a este tipo de atención médica se ha ido frenando.

¿Cómo vamos en el Perú?

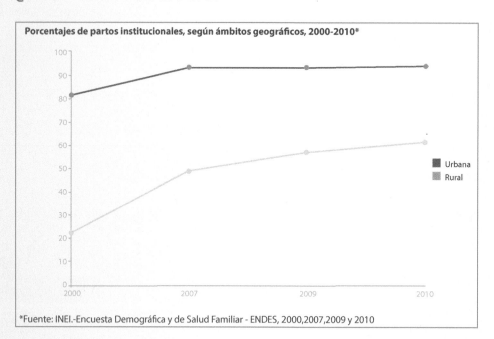

Porcentajes de partos institucionales, según ámbitos geográficos, 2000-2010*

*Fuente: INEI.-Encuesta Demográfica y de Salud Familiar - ENDES, 2000,2007,2009 y 2010

La mortalidad materna en el Perú afecta sobre todo a las mujeres de los *estratos sociales*[7] menos favorecidos. Por ejemplo, en el 2010, a nivel nacional, el 83,8% de los partos fueron asistidos por un profesional de la salud. Sin embargo, la proporción de partos atendidos por *personal calificado*[8] es inferior entre las mujeres de las áreas rurales en comparación con las de las áreas urbanas.

De acuerdo con la Encuesta Demográfica y de Salud Familiar (ENDES), se dieron un promedio de 93 muertes maternas por cada 100 mil nacidos vivos en el período 2004/2010. Si bien la razón de mortalidad materna se redujo en comparación al periodo 1990/1996 (265 muertes por cada 100 mil nacidos vivos), se deben fomentar y fortalecer las políticas de salud sexual y reproductiva para cumplir con este ODM.

- El 95% de los partos del área urbana fueron asistidos por personal profesional de la salud, mientras que en el área rural la proporción fue del 63,7%.
- Loreto, ubicado en la selva, es el departamento que tiene el porcentaje de partos atendidos por personal de salud especializado más bajo a nivel nacional: el 46,6%. Le sigue Ucayali (68,5%), San Martín (73,1%), Puno (72,4%), La Libertad (82,6%), Junín (74,2%), Huancavelica (73,8%), Cusco (81,9%), Cajamarca (61,6%) y Amazonas (68,5%) con porcentajes menores que el promedio nacional (83,8%).
- Huancavelica, ubicado en un área rural en la sierra del Perú, es el departamento en el que se ha dado el mayor crecimiento: el 73,8%. En el año 1996, solo el 9,8% de los partos fueron atendidos por personal especializado.

- 13,5% de las adolescentes de 15 a 19 años de edad eran madres o estaban embarazadas de su primer hijo(a) en el 2010. En el caso de la selva el porcentaje fue del 26,2%.

- El 94,7% de las mujeres embarazadas tuvieron acceso a cobertura de control prenatal (médico, obstetra o enfermera) en el 2010. En el área urbana el porcentaje de madres fue del 98,1% y en el área rural del 87,9%. El departamento con el índice más bajo fue Loreto (74,8%) y el de mayor, Ica (99,4%).

- El 92,9% de las mujeres embarazadas en el 2010 tuvieron cuatro o más visitas de control prenatal. Esta cifra se incrementó a comparación del periodo 1991/92, en donde el porcentaje fue 47%.

Perú

Adaptado de: http://www.pe.undp.org/content/peru/es/home/mdgoverview.html

¹ para todos
² de una mujer para poder tener un bebé
³ se hace más grande

⁴ conjunto de elementos materiales, de servicios y de personal que se considera necesario para un adecuado cuidado de la salud
⁵ se ofrecen

⁶ atención médica que se recibe durante el embarazo
⁷ clases sociales
⁸ profesionales entrenados y preparados

C Después de leer

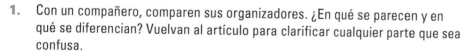

1. Con un compañero, comparen sus organizadores. ¿En qué se parecen y en qué se diferencian? Vuelvan al artículo para clarificar cualquier parte que sea confusa.

2. Anota tus ideas en tu diario para conversar . Las preguntas siguen en la página siguiente:

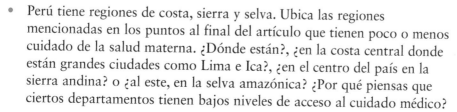

- Perú tiene regiones de costa, sierra y selva. Ubica las regiones mencionadas en los puntos al final del artículo que tienen poco o menos cuidado de la salud materna. ¿Dónde están?, ¿en la costa central donde están grandes ciudades como Lima e Ica?, ¿en el centro del país en la sierra andina? o ¿al este, en la selva amazónica? ¿Por qué piensas que ciertos departamentos tienen bajos niveles de acceso al cuidado médico?

- El tercer y sexto punto mencionan logros o cambios positivos en el acceso al cuidado de la salud materna. ¿Por qué podrían haber aumentado estas cifras en los últimos años?
- Analiza la gráfica y las cifras de nuevo. ¿Cuál de los puntos está ilustrado en la gráfica? ¿Sigue siendo un problema la brecha entre acceso al cuidado de la salud materna entre las áreas rurales y urbanas? ¿Cómo lo sabes?

¡Tu opinión cuenta!

El Ministerio de Salud del Perú y las Naciones Unidas están colaborando para diseñar una nueva estrategia para el cuidado de la salud materna en las áreas rurales del país. A base de lo que sabes del tema, escribe una carta formal dirigida al Ministro de la Salud con tus recomendaciones:

- Salúdalo/la
- Primer párrafo: Explica tu propósito al escribirle y define el problema que hay que solucionar
- Segundo párrafo: Haz una propuesta al/a la Ministro/a de la Salud de lo que podrían cambiar, implementar o mejorar para solucionar este problema
- Despídete

¿Cómo influye la comunidad en la salud del individuo?

Actividad 5

¿Cómo se puede concientizar a una comunidad sobre su salud?

¿Cuáles son las herramientas que pueden usar organizaciones no gubernamentales o gobiernos para educar al público acerca de su salud? En la introducción a este hilo viste un video publicado por el gobierno de Chile. Además hay muchos anuncios que se escuchan y se ven en la televisión y la radio. Sin embargo, en esta actividad vas a conocer a un tipo de publicación que se llama una **fotonovela** – una combinación de fotografía y tira cómica, inspirada en las telenovelas tan populares en la televisión. Las fotonovelas se diseñan, publican y distribuyen para concientizar al público sobre asuntos de la salud, en este caso por el Programa Nacional de Educación sobre la Diabetes.

A Antes de leer

1. **Piensa – Conversa – Comparte:** ¿Cuál de las opciones te parece la mejor para llevar el mensaje al público? Evalúalas en tu diario según tu opinión personal (1 = más entretenido a 8 = más aburrido). Después comparte tu opinión con un

compañero y explícale las dos opciones más atractivas para ti. Al final decidirán matemáticamente las opciones preferidas por la clase.

- programas de televisión informativos
- programas de televisión de "reality"
- programas de televisión de corte melodramático como telenovelas
- programas de televisión de comedia
- folletos informativos
- radioemisiones o podcasts informativos
- tiras cómicas
- artículos informativos de una revista o periódico

2. ¿Puedes aprender algo de todos los tipos de publicaciones mencionados? Defiende tu respuesta en tu diario con ejemplos específicos.

3. **Las fotonovelas** combinan elementos de las varias publicaciones mencionadas anteriormente, principalmente las tiras cómicas, telenovelas y folletos informativos. Observa unas de las primeras imágenes de la fotonovela "¡Hazlo por ellos! Pero por ti también". Conversa con un compañero sobre lo siguiente:

- ¿Qué tiene en común una fotonovela con las publicaciones mencionadas anteriormente?
- ¿Cómo podría servir una fotonovela para concientizar al público sobre un tema de la salud?
- ¿Les gusta el diseño de esta fotonovela?
- ¿De qué trataría esta fotonovela?

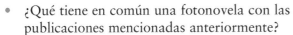

4. **Antes de leer** la fotonovela completa, conocerás a algunos de los personajes que aparecen en ella. Lee la información en la página siguiente de cada personaje:

Raquel
35 años de edad
Puertorriqueña
Ella sabe de los valores y costumbres de los Estados Unidos y es la facilitadora de la historia.

Martín
50 años de edad.
Mexicano
Él es el esposo de Elisa.

INTRODUCCIÓN

Esta es la historia de tres amigas que trabajan en una lavandería local; las tres tienen niños. Elisa es mejicana, casada y con dos niños pequeños. Su sabia y jocosa madre, Doña Emma, le ofrece muchos consejos de cómo ser saludable. Raquel es una mujer soltera de Puerto Rico que está criando a su hermana de 13 años de edad. Lourdes es de Guatemala, casada y con dos niños. Ella tuvo diabetes gestacional en su último embarazo.

Lourdes
30 años de edad
Guatemalteca
Ella tiene dos niños pequeños, un niño y una niña. Ella acaba de traer al mundo a una niña. Ella es la más joven de las tres amigas.

Doctor Martínez
58 años de edad
Costarricense
El doctor de Lourdes. El es un hombre sabio y mayor con cualidades como las de un abuelo.

PERSONAJES

Elisa
40 años de edad
Mexicana
Ella está casada con Martín y tiene dos niños.

Doña Emma
60 años de edad
Mexicana
La madre de Elisa, también llamada Emmita. Ella es la abuela sabia e insistente, pero de manera jocosa.

Lali
13 años de edad
Puertorriqueña
Ella es la hermana de Raquel. Su madre murió cuando ella era pequeña.

4 | ¡Hazlo por ellos! Pero por ti también.

Conversa con un compañero:
- ¿De qué país es cada personaje? *Ejemplo: Raquél es de Puerto Rico.*
- ¿Quiénes son familiares y cuál es su parentesco?
- ¿Quién tiene un problema de salud?
- ¿Quién podría ayudarla?

B **Al leer,** visita la guía digital para obtener la fotonovela completa.

1. **Enfoque gramatical:**

a. Revisa las sugerencias que da el doctor Martínez a Elisa. En tu diario escribe una explicación de la estructura gramatical que usa el doctor y de cómo se conjuga el imperativo.

b. Fíjate en lo que piensa Raquel al ver a Elisa. "Me alegro de que…" ¿Por qué utiliza el imperfecto del subjuntivo aquí? Escribe una explicación en tu diario.

c. Después de leer estas primeras páginas, haz una pausa, conversa con un compañero y comparte lo que tienes anotado en tu diario.

2. **Al inferir sobre los personajes y sus relaciones:** Anota tus observaciones de cómo se llevan los diferentes personajes. Describe su relación e incluye evidencia de la fotonovela para respaldar tu respuesta.

Describe la relación entre:	¿Cómo es su relación?	¿Cómo sabes? (anota datos y ejemplos de la fotonovela)
Lourdes y Raquel		
Lali y Doña Emma		
Lourdes y Doña Emma		

 3. **Práctica de vocabulario:** Utiliza cada una de las siguientes palabras para escribir una afirmación acerca de la salud de uno de los personajes en tu diario. No copies de la fotonovela, usa tus propias palabras.

enterarse	criar
franca	batallar
golosinas	bocadillos = bocaditos
correr un riesgo	acontecimientos

 C **Después de leer**

1. En un grupo de tres o cuatro, compartan sus respuestas de la parte B, ejercicios 2 y 3. Después, conversen de lo siguiente:

- ¿Se parecen los análisis que hicieron tú y tu compañero de los personajes? Comenten.
- ¿Cuál fue tu personaje favorito y por qué?
- ¿Te interesó la fotonovela? ¿Por qué sí o por qué no?

2. Con un compañero, revisa la fotonovela fijándote en la información médica que está incluida.

- ¿Qué puede aprender un individuo con diabetes al leer esta fotonovela?
- Después de leerla, ¿cómo podría ayudar a un pariente o amigo diabético?
- ¿Cómo podemos saber que la información médica es correcta?

Estas son algunas ideas de Raquel sobre cómo estar más activos:

- Sea un buen ejemplo para sus niños.
- Haga la actividad física una parte diaria de la rutina de su familia.
- Salgan a caminar juntos en familia.
- Practiquen juegos en los que todos en la familia estén físicamente activos.
- Dé a sus niños juguetes activos y equipo que les promueva ser más activos físicamente.
- Lleve a sus niños a lugares donde ellos puedan estar físicamente activos.
- Recompénselos cuando estén físicamente activos.
- Apoye a sus hijos cuando quieran participar en deportes en la escuela.
- Búsquese un compañero para caminar, o haga que los niños le acompañen.
- Empiece a caminar o a moverse por 10 minutos, y luego aumente la frecuencia poco a poco hasta llegar a 30 minutos la mayoría de los días de la semana.

3. Tu amigo recién se enteró de que su mamá tiene diabetes. Sabes que ha estado preocupado en estos días. Llámalo y déjale un mensaje de voz en el que le aconsejes cómo podría apoyar a su mamá y coméntale unas ideas de lo que podría hacer su mamá para cuidarse.

¡Tu opinión cuenta!

Escribe un párrafo con tu opinión: ¿Piensas que esta fotonovela es una manera eficaz de diseminar información acerca de la diabetes? Incluye ventajas y desventajas de este tipo de publicación en tu respuesta. Después, lee los comentarios de otros compañeros y respóndeles por escrito.

¡Te toca a ti!

En la evaluación final de este hilo tomarás parte en una feria de la salud comunitaria para tu comunidad. ¿Sobre qué temas de la salud podrías publicar y diseminar información importante para el público? Esta fotonovela trataba de la diabetes, una enfermedad seria y común. ¿Qué otros asuntos de la salud podrías investigar para poder concientizar a los demás? Sigue las indicaciones de tu profesor/a y visita la guía digital para empezar a preparar tu proyecto final.

¿Qué hacen las promotoras para influir en la salud de su comunidad?

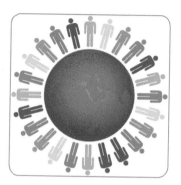

¿Cómo desarrollamos nuestro conocimiento de la salud? En partes de muchos países de habla hispana, incluyendo los Estados Unidos, demasiadas comunidades carecen de un acceso adecuado al cuidado de la salud. En muchas áreas, un grupo de personas llamadas **promotoras** laboran para aumentar el conocimiento sobre la salud. En esta actividad, vas a ver un video que presenta el trabajo importante de promotoras en El Salvador.

A Antes de ver el video

 1. ¿Quiénes en tu vida te han dado información sobre la salud? ¿Cómo has desarrollado tu conocimiento de cómo proteger y cuidar tu salud? Reflexiona y haz una lista lo más completa que puedas en tu diario.

 2. Repasa la lista de vocabulario abajo. Estas palabras describen a las promotoras, gente que trabaja en la comunidad en muchos países latinoamericanos y en los EE.UU. también. Después de leer, crea una definición para "promotora" en tu diario según lo que has leído.

Características de una promotora:	Rol de una promotora:	Palabras claves:
forma parte de la comunidad	promover	enlace
líder natural	concientizar	prevención
alfabetizada	aconsejar	campañas

 3. Escucha información sobre las promotoras cuando tu profesor/a lea en voz alta. Añade a tu lista de palabras claves según lo que escuchas. Después, amplía la definición que hiciste anteriormente.

 4. En el video que vas a ver, conocerás una organización que se llama Anesvad y el trabajo que hacen en El Salvador. Repasa la información en la página siguiente y predice: ¿Cuál podría ser el enfoque de su trabajo allí? Anota tus ideas en tu diario.

Anesvad es una organización no-gubernamental (ONG) que trabaja en veinte países del mundo por el derecho a la salud. Su sitio de web declara "Luchamos para que la salud llegue a todas las personas en cualquier parte del mundo". El mapa muestra dónde trabajan en América Latina. Esta organización forma y entrena a promotoras para fortalecer la salud de sus comunidades. Aunque Anesvad es una organización internacional, las promotoras no son oficiales extranjeras sino trabajadoras de la misma comunidad en que están trabajando.

Visita la guía digital para acceder al sitio web de Anesvad y aprender más de su trabajo.

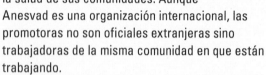

AMÉRICA LATINA

Bolivia, El Salvador, Guatemala, Haití, Honduras Nicaragua, Perú, República Dominicana

B Al ver el video

1. **Cuando veas el video por primera vez,** sin sonido, fíjate en las imágenes que ves. Anota tus ideas en este organizador que se encuentra en la guía digital.

2. **Cuando veas el video por segunda vez,** ¡esta vez con sonido!, presta atención a lo que escuchas. Añade información a tu organizador.

Lo que piensan las promotoras acerca de su trabajo

Lo que aprendieron las promotoras en los talleres de capacitación

Las promotoras en El Salvador

El lugar donde están trabajando

El trabajo que están realizando allí

3. **Vocabulario en contexto:** Cuando veas el video por tercera vez, fíjate en las siguientes palabras en el video. ¿Puedes inferir el significado dentro de su contexto? Anota en tu diario una definición o sinónimo para cada palabra. Después, comparte tus ideas con un compañero. Si quedan dudas pueden buscar las palabras en la lista al final del hilo.

> se capacita / capacitar / capacitación
>
> sensibilizar
>
> la unidad de salud
>
> el primer nivel de atención

C **Después de ver el video**

1. La promotora al final del video habla de la gente "desprotegida del sistema" que no recibe cuidado adecuado de la salud a través del Ministerio de Salud de su país. Conversa con un compañero de las siguientes preguntas, utilizando tu conocimiento de la salud pública:

- ¿Qué tipo de acceso a la salud existe en su comunidad?
- ¿Qué servicios gratuitos o de bajo costo hay?
- ¿Qué problemas de salud ven en su comunidad?
- ¿Quiénes podrían carecer de un cuidado de la salud adecuada?
- ¿Qué tipos de servicios se podrían brindar a esa gente?
- Si hubiera promotoras de salud en su comunidad, ¿quiénes serían y por qué?

2. Anota las ideas más importantes de tu conversación en tu diario.

¡Te toca a ti!

Los sociólogos, trabajadores sociales y profesionales en el campo de la salud pública suelen pensar en las mismas preguntas que aparecen en la parte C 1. Usando las ideas que anotaste en tu diario en la parte C2, vas a utilizar ese análisis para diseñar un proyecto dirigido a tu comunidad donde expliques maneras de mejorar la salud o prevenir enfermedades.

En la actividad anterior aprendiste que las organizaciones pueden publicar y distribuir información para concientizar a la comunidad. En esta actividad conociste a la gente que trabaja en su comunidad para mejorar la salud de todos. ¿Qué tipo de proyecto te parece importante a ti para tu comunidad? Visita la guía digital para apoyo adicional y para compartir tus ideas.

¿Qué aprendiste?

Vas a dar una presentación oral a tu clase sobre el tema del cuidado de la salud. Vas a tener 6 minutos para leer el tema de la presentación y prepararla. Después vas a tener 3 minutos para grabar tu presentación.

En tu presentación, compara el cuidado de la salud en tu comunidad con el cuidado de la salud en una región del mundo hispanohablante. Haz referencias a una de las fuentes en este hilo o una región que conozcas bien. Debes demostrar tu comprensión de los aspectos culturales del mundo hispanohablante y organizar tu presentación con claridad.

Preguntas Esenciales:

- ¿Cómo coexisten las prácticas de la medicina tradicional y la moderna?
- ¿Cómo varía el cuidado de la salud en distintas regiones del mundo hispano?
- ¿Cómo influye la comunidad en la salud del individuo?

Contexto:

Se ofrecerá una feria de la salud para la comunidad hispanohablante en dos semanas. Será patrocinada por el Centro Comunitario de la Salud en tu ciudad. Su profesor encontró un anuncio en el cual el centro pide que los individuos de la comunidad preparen presentaciones para compartir con el público que asistirá a la feria. Tu profesor quiere que todos sus estudiantes participen y les dio este anuncio para guiar su presentación:

Para captar la atención de la comunidad

Crea un título que capte la atención del público
¿Sabes que...? (incluye información que provoca interés)

Para describir el problema de la salud

Empieza con una descripción o definición objetiva.
Describe las causas y los efectos de la enfermedad.

Conectores

Causas: debido a, por esta (esa, aquella) razón, puesto que

Consecuencias: por consiguiente, como resultado de, como consecuencia de, por lo tanto

Para expresar la importancia de cuidar la salud

Incluye instrucciones o consejos que hay que seguir para prevenir la enfermedad.
Para empezar...
Para continuar...
En lugar de... trata de...
Para que disfrutes una vida más saludable, hay que...
Te invitamos a participar en ... (un seminario, una campaña, una encuesta, una entrevista, una radioemisión, etc.)

Expresiones lingüísticas

Quisiéramos que...
Recomendamos (sugerimos) que...
Sería mejor que...

¿Qué?: Feria de la Salud, Tu Rincón de la Salud

¿Dónde?: Centro Comunitario de la Salud

¿Cuándo?: De 13:30 a 18:30

¿Qué necesitamos?

Para que la feria tenga éxito, pedimos la ayuda de expertos en salud de nuestra comunidad. Necesitamos expositores para hacer presentaciones y distribuir información sobre temas importantes de la salud a los miembros de nuestra comunidad hispanohablante. Si quieres que toda nuestra comunidad sea más saludable, por favor visita nuestro sitio web www.feriadesalud.com para encontrar más información sobre el evento y averiguar cómo puedes participar.

Presentación escrita:

Selecciona un tema y prepara una presentación escrita para informar a la comunidad. Recuerda incluir:

~ las causas y los efectos del problema de la salud
~ la importancia para la comunidad y el individuo
~ sugerencias para el público para que la comunidad disfrute una vida más saludable

Opciones: Un folleto, un afiche, una presentación digital

Presentación oral: Prepara una presentación oral en la que resumas la información importante de la presentación escrita para el público. Debe ser detallada pero breve.

Introducción

alimentación, la - comida, nutrición

campaña, la - conjunto de actos que se aplican a conseguir un fin determinado o misión

sano/a - saludable

Antes de empezar

biomasa, la - materia total de los seres que viven en un lugar determinado

capacitados, los - los que recibieron entrenamiento para hacer algo

discapacitado - persona que tiene alteración de funciones intelectuales o físicas

ingreso, el - sueldo

vecinos, los - que viven cerca

vigilar - cuidar

vivienda, la - hogar, casa o lugar donde se vive

Actividad 1

afán, el - deseo

aficionado/a, el/la - persona que admira o prefiere algo

ambos - los dos

arduo - difícil

aromaterapia, la - utilización terapéutica de los aceites esenciales

carecen - faltan, necesitan

contrarrestar - detener, resistir, hacer frente, parar

entablar - iniciar

hemoterapia, la - tratamiento médico por medio de la sangre o de su plasma

hidroterapia, la - terapia en el agua

imparten - ofrecen

ineficaz - inútil

lucro, el - ganancia

marginada - separada, alejada

medida, la - precaución

padecimiento, el - sufrimiento

paradigmas, los - prototipos

proponen - expresan, sugieren, plantean, recomiendan

recónditos - apartados, lejanos

reflexología, la - estudio de la técnica de los masajes en determinadas partes de los pies o de las manos

reiki, el - terapia en la que el terapeuta transmite energía curativa al paciente para mejorar su salud

remedios, los - lo que trata o cura un malestar o una enfermedad, medicamento

sanador, el - curandero, médico

sanitarios - higiénicos

supuesta - hipotética, inferida

validez, la - autenticidad, valor

Actividad 2

autocuidado, el - cuidarse a sí mismo

jaqueca, la - fuerte dolor de cabeza

machi, los - médicos mapuche

transgredir - desobedecer, infringir, quebrantar

transgresiones, las - infracciones

trastornos, los - disturbios

"winka"- persona o cosa que no es de origen mapuche

Actividad 3

calidad, la - nivel de excelencia, condición

donantes, los - los que donan algo como dinero, servicio, tiempo u órganos

especialistas, los - médicos que se especializan en un campo específico de la medicina

muertos, los - fallecidos

órgano, el - parte del cuerpo que tiene una función específica para ayudar a sostener la salud y vida de una persona

salvar - poner a salvo, poner en un lugar seguro

sanos - saludables

sistema sanitario, el - sistema de salud

trasplante, el - traslado de un órgano sano de un donante a un receptor

útiles - beneficiosos

Actividad 4

cobertura, la - beneficio o servicio con el que se cuenta al pagar o abonar un monto de dinero que garantiza el servicio, cobertura médica

control prenatal, el - atención médica que se recibe durante el embarazo

estratos sociales, los - clases sociales

fomentar - favorecer, promocionar, promover

infraestructura médica, la - conjunto de elementos materiales, de servicios y de personal que se considera necesario para un adecuado cuidado de la salud

mortalidad materna, la - cuando una mujer muere al dar a luz a un bebé

obstetra, el/la - médico que cuida a mujeres embarazadas durante su embarazo y parto

parto, el - acto de dar a luz a un bebé

salud reproductiva, la - cuando se refiere a una mujer, su capacidad y salud para poder tener un bebé

universal - que pertenece a todos

Actividad 5

acontecimientos, los - eventos, sucesos

bocadillos, los - bocaditos, porciones muy pequeñas de comida

enterarse - averiguar, saber o descubrir algo que no se sabía franca - honesta, sincera, honrada

golosinas, las - dulces, caramelos, bombones

Actividad 6

capacitar - entrenar, enseñar

capacitación, la - entrenamiento, aprendizaje

sensibilizar - concientizar, llamar la atención sobre algo

promotoras, las - personas del género femenino que trabajan con el cuidado de la salud en áreas donde no hay cuidado médico

alfabetizada - persona del género femenino que sabe leer, escribir, sumar y restar

trabajadores sociales, los - los que trabajan con los problemas de la sociedad

Expresiones útiles

asimismo - también

de tal manera

mediante el cual - por medio del cual

no se logra de la noche a la mañana - no es un proceso rápido

pese a - aunque

se deja de lado - no se incluye

tener éxito - ser exitoso, lograr algo

Expresiones comunes de la salud

aguantar - tolerar

calcio, el - mineral esencial para la formación de huesos y dientes

el carbohidrato

Centro Comunitario de Salud

estar agotado - estar rendido, estar cansado

estar estresado/a

expositores, los - presentadores

feria de la salud

manejo del estrés, el - la manera como se enfrenta el estrés

ponerse en forma - hacer ejercicio para estar en buena forma físicamente

tensión arterial, la - presión hecha por la sangre en las venas

Manta 1: Familias y comunidades

HILO 1: ESTRUCTURA DE LA FAMILIA

© José Saavedra de Oviedo, "Familia: Tipos y modos", from www.monografias.com, 7 Oct 2005.; © José María Lahoz García, "¿Exigir a un adolescente?", from www.solohijos.com, 2012.; © Norma Cantú, "La última piñata", from Canícula, ©1999; permission granted by Norma Cantú.; © "Historia de la piñata", from www.spanishtown.ca, 2012.

HILO 2: REDES SOCIALES

© Dra. Roxana Morduchowicz, Lic. Atilio Marcon, Lic. Vanina Sylvestre, Florencia Ballestrini, "Los adolescentes y las redes sociales", from Ministerio de Educación de Argentina, www.me.gov.ar, Sept 2010.; © "Un estudio afirma que los jóvenes usan Internet y las redes sociales 'porque necesitan sentirse parte de algo'", from El Referente, www.elreferente.es, 7 Feb 2011.; © "Tuenti Tuenti Vision", from Spanish Newsbites, www.spanishnewsbites.net, 20 Dec 2008.; © "El 93% de los adolescentes conoce las redes sociales por sus amigos, un fenómeno 'histórico'", from Hoy Technología, www.hoytecnologia.com, 7 June 2010.; © Adolfo Sánchez Burón, Adolfo Álvaro Martín, "Generación 2.0 2011 Hábitos de uso de las redes sociales en los adolescentes de España y América Latina", from Universidad Camilo José Cela and Ministerio de Educación, Cultura y Deporte, www.mcu.es.; © "Internet y redes sociales", from Educafamilia, http://educafamilia.jimdo.com.

HILO 3: CIUDADANÍA GLOBAL

© "Educar para una ciudadanía global", from Educadores y educadoras para una ciudadanía global, www.ciudadaniaglobal.org.; © "Jóvenes por una Ciudadanía Global", Liga española de la educación.; © "Diez características que definirían a un 'ciudadano del mundo'", from www.vaidarsamba.es, 28 March 2012.; © "Info General"; "Perfil", from Fundación Pies Descalzos, www.fundacionpiesdescalzos.com. ; © Dolan Francisco Andino Rodríguez, "Heroes Cotidianos", from ArmandoPazOEA, www.youtube.com/user/ArmandoPazOEA.; © "No es lo que hago, es porque lo hago", from Plataforma del voluntariado de España, plataformavoluntariado.org.; © "¿Qué es Jóvenes Changemakers?"; "Encuentra la idea"; "Forma un equipo"; "Plan de Acción", adapted from Ashoka Jóvenes Changemakers, www.joveneschangemakers.org.

Manta 2: Vida contemporánea

HILO 4: VIAJES Y OCIO

©Julio Cortázar, "Viajes", Historias de cronopios y de famas, © Herederos de Julio Cortázar, 2012.; © Best efforts made, "Julio Cortázar", from www.literaberinto.com, ©2002. Cristian Acuña Henríquez, "Neruda Viajero", from EducarChile, 2008.; © Best efforts made, "Gabriela Mistral", from www.tierra.free-people.net; © "La Expedición Tahina-Can Bancaja presenta el documental 'Chile: Crónica de la reconstrucción'", from Tahina-Can, www.tahina-can.org, 14 Dec 2011.; © "El proyecto"; from Tahina-Can, www.tahina-can.org.; © "Película de un viaje en América Latina: Diaros de motocicleta", from ©LaHiguera.net; © "Los Mapuche", from www.argentour.com, ©2013.; © "Parque metropolitano de Santiago: Información turística", from ©Ministerio de Vivienda y Urbanismo.

HILO 5: EDUCACIÓN Y CARRERAS PROFESIONALES

Best efforts made, Carocastaños!. "Quisiera seguir durmiendo! L #Escuela". Tweet.; Best efforts made, @PaulaErreC. "Día de #clase acabao,, hasta el lunes #rutina :D". Tweet.; Best efforts made, @milagroslababy. "#clase #clase #claseY mas #clase #Grrr". Tweet; Best efforts made, Richi Haven. "por fin para la Casita, Buen día de #clase hoy" < J /". Tweet.; Best efforts made, @miritaserrano. "Segundo día de #clase y ya estoi hasta las nariceees!! –'". Tweet.; Best efforts made, @Axeel_shuffle. "No Quiero ir a la #Escuela '>.<". Tweet.; Best efforts made, @pac_HUMAN. "estoy en la #escuela aburrido uuuu".; Best efforts made, Brooke Benefield. "volver a empezar otra vez… #clase #quepereza pero #ultimoaño!". Tweet.; Best efforts made, Estefanía Echavarría. "a #Estudiar, VENGA FUERZA DE VOLUNTAD!". Tweet.; Best efforts made, Ale Camarillo. "Mañana examen de #biolgy #math #estudiar #queflojera". Tweet.; Best efforts made, Dana Olvera. "#estudiar: acción de escribir, comer, twittear y ver la tv con un libro abierto al lado :D". Tweet.; Best efforts made, Jorge Maicas. "A #Estudiar y ha hacer unos pocos de #deberes #TwitterOff #GOTIME". Tweet.; Best efforts made, Israel Vargas. "Muy cansado pero vale la pena #estudiar :)". Tweet.; © "Deserción Escolar en el Nivel Medio Superior", from Sistema Educativo Nacional del Gobierno del Estado de Baja California en México, www.educacionbc.edu.mx.; © Alejandro de la Parra, "Educación preparatoria en México", from mexico.thebeehive.org, November 2012.; © "La Educación Secundaria y el Bachillerato en España", from Ministerio de Educación, Cultura, y Deporte, Gobierno de España, www.educación.gob.es.; © editorcarlos, "¿Qué se debe tener en cuenta al buscar una universidad?", from mexico.thebeehive.org/education, 13 August 2012.; © Alejandro de la Parra, "Educación Superior en México", from mexico.thebeehive.org, 13 January 2012.; © "Educación Superior en España: Adios a las Licenciaturas y Diplomaturas", from www.educacion.gob.es/queesbolonia.; © Eleazar López Fernández, Elizabeth Flores Caballero; "Test General", "Inicio", from elegircarrera.net.; © "Carreras más elegidas en América Latina", "Factores que influyen en la elección de carreras", "Licenciaturas en crisis", and "Hacia la transición", from Coyuntura Económica, www.coyunturaeconomica.com, 2011.

HILO 6: RELACIONES PERSONALES

© Juan Rulfo, "No oyes ladrar los perros", El llano en llamas, © Juan Rulfo, herederos de Juan Rulfo, 1953.; © Manuel Zaid, "Mi Mejor Amigo" from www.tubreveespacio.com.; © Best efforts made, Esteban G. Fortunatti Meza, "Luque celebra el Día de la Amistad", from www.infoluque.com.; © 173 Alfonso Aguiló, "Conoce a quienes te rodean", "El caso de Jaime", from Educar el carácter, Educación civica from Colegio Irabia, www.irabia.org.; © Pablo Neruda, "Poema 15", Veinte poemas de amor y una canción desesperada, © Fundación Pablo Neruda, 2012.;

Manta 3: Belleza y la estética

HILO 7: BELLEZA Y MODA

© José Echegaray quote from "La belleza artística", 1903, ©for public use, http://hdl.handle.net/10690/72403; © Quotes about belleza, from Refranero Popular, www.elrefraneropopular.blogspot.com, under Free Creative Commons License.; © Elena Puchalt Ruiz, "El concepto de la belleza según las distintas culturas y etapas" from www.suite101.net.; © "La belleza humana", from www.cienciapopular.com.; © Mujeres Hoy, México D.F., "Estereotipos occidentales de belleza fuera de las culturas indígenas: Ellos las prefieren rellenitas y fuertes" from www.cimacnoticias.com, 19 Aug 2008.; © Ángeles Caballero, "¿Quién decide cómo vestimos?: El diseño de hoy es el resultado de un 'G-8' de expertos", from www.ecodiario.eleconomista.es, 21 Nov 2008.; © Best efforts made, Telemundo Local, "Lanzan muñecas multiculturales", from www.telemundo47.com.; © "Campaña de Dove© por la belleza real", from www.dove.com.es, ©2013.; © Asociación Protégeles"La belleza y cultura, una Historia que contar", "Curioisdades", "Conclusion", from http://www.stop-obsesion.com

USOS DE VERBOS	HILO	ACTIVIDAD	PÁGINA
Se impersonal	Hilo 8	Act 3	236
Voz pasiva	Hilo 5	Act 1	124
El gerundio	Hilo 8	Act 2	233
Usos del participio (-ado, -ido)	Hilo 6	Act 2	168
Estar + participio para describir	Hilo digital	Act 5	Guía digital
ADJETIVOS			
Comparativos	Hilo 1	Act 1	9
Superlativos	Hilo 1	Act 1	9
Comparativos: tan …como	Hilo 1	Act 1	9
ADVERBIOS			
Modo, tiempo, lugar, cantidad	Hilo 9	Act 2	260
LA NEGACION / PERO / SINO	hilo 12	Antes de empezar	349
PRONOMBRES			
• Indirectos y directos	Hilo 5	Act 4	137
• Posesivos	Hilo 10	Act 4	293
ORACIONES RELATIVAS			
Que, el cual, cuyo, quien, el que, lo que	Hilo 7	Act 2	199
POR Y PARA	Hilo 11	Act 4	368
LOS ARTICULOS DEFINIDOS			
Uso de "el" vs. "la"	Hilo 5	Act 3	132
LOS NÚMEROS			
Ordinales y cardinales	Hilo 7	Act 1	198

Los glosarios español – inglés e inglés – español se encuentran en la guía digital.

El glosario español – español contiene todas las palabras que se encuentran al final de los hilos en orden alfabético. La primera sección contiene todas las palabras con su definición o sinónimo seguidas por una anotación indicando el hilo y la actividad donde se ubican. Una **I** indica que la(s) palabra(s) o expresión aparece en la **Introducción, AE** en **Antes de empezar** y **VE** en el **Vocabulario Esencial.** Por ejemplo: *castigado – corregir duramente (1, 3)*, indica que puedes ubicar el uso de la palabra *castigado* en su contexto en el hilo 1, actividad 3. **Las expresiones útiles** se encuentran al final del glosario en su propia sección.

ESPAÑOL—ESPAÑOL

A

abanderada, la - defensora 9, 3

abarcar - incluir, contener 5, 3

abonar inscripción - pagar la matrícula 5, 1

abono, el - fertilizante de la tierra 10, 4

abonos, los (el abono) - fertilizantes de la tierra 11, 1

abordan - incluyen 8, 1

abrazar - estrechar entre los brazos 6, 6

abreviaturas, las - palabras reducidas 2, 7

abultado - voluminoso, gordo 7, 1

acceder - entrar 2, 2; 5, 4

acera, la - orilla de la calle por donde se camina, vereda 7, AE

aconsejar - recomendar 6, 3

acontecimientos, los (el acontecimiento) - eventos, sucesos 1, 4; 12, 5

acta, un - redacción escrita de lo sucedido, tratado o acordado en una reunión o en una junta 4, 3

actualidad, la - tiempo presente 7, 6

actualizar - modernizar, poner al día 5, 1

adaptarse - aclimatarse 11, AE

adecuado - suficiente 2, 5

adelgazar - enflaquecer o bajar de peso 7, 1

adquirido - que tiene en posesión 5, 6

advertir (e-ie) - llamar la atención 6, 5

afán, el - el deseo 12, 1

afectivo - sensible 4, 6

aficionada - persona que admira o prefiere algo 12, 1

afines - cercanos 9, 3

afrontar gastos - hacer frente a los gastos 5, 1

agachado - inclinado 8, 3

agotado - cansado 6, 1

agotarse - acabarse 11, AE

agrado - complacencia, gusto, placer, modo agradable de tratar a las personas 7, 1

agravarse - empeorar 5, 5

agregar - añadir 11, 5

aguantar - tolerar, soportar, tener paciencia 6, 2; 6, 5

ahí - allí 11, 3

ahogamiento, el - sofocación 11, 4

aislar - alejar, desconectar 2, 4

ajena - que no tiene conocimiento de algo, distante, lejana 9, 3

ajena - distante, lejano/a, extraño/a, perteneciente a otra persona 4, 3

ajustes económicos - reducción de gastos 5, 1

al tanto de - al corriente, se refiere a saber o a estar informado de lo nuevo o más reciente 7, 3

alargar - prolongar 7, 2

alarmante - que causa alarma 3, AE

albergues, los (el albergue) - posadas 4, 1

alcance, el - accesible, se puede conseguir 3, I

alcanzar - lograr, obtener, conseguir 6, 1

alcornoque, el - árbol que produce corcho 11, 3

alfabetizada - persona del género femenino que sabe leer, escribir, sumar y restar 12, 6

alfarería, la - arte y técnica de fabricar objetos de barro 8

alfombra roja - alfombra que simboliza o da una gran distinción 7,4

algas, las (el alga) - unos organismos del mar 11, 4

alianza, la - acuerdo de estar en el mismo lado de un conflicto, unión de dos o más partes con un mismo fin 6, 1

alimentación, la - comida, nutrición 12, I

alistarse - prepararse 5, 5

aliviar - disminuir 6, 1

alma gemela, el - espíritu afín 6, 6

alma, el - espíritu, parte espiritual e inmortal del hombre 6, 7; 7, AE; 10, 2

almíbar - jarabe dulce 6, 4

alojamiento, el - hospedaje 4, 1

alojarse - hospedarse 4, 1

alta costura - moda realizada por un diseñador de renombre 7, 4

alta sociedad - clase alta 7, 3

alzamiento, el - insurgencia, rebelión 9, 2

amargo - doloroso 9, 4

ambiental - del medio ambiente 3, 1

ámbito laboral, el - espacio, área o ambiente de trabajo 5, 5

ámbito, el - entorno 9, 4

ambos - los dos 12, 1

amenaza, la - anuncio de un peligro, intimidación 9, 3; 11, 4

aminorar - reducir 6, 1

amistad, la - relación de confianza y afecto desinteresado entre amigos 6, I

amoroso - cariñoso 6, 3

amplio - extenso 2, 5

androginia - afeminado (tendencia que añade características femeninas a la apariencia masculina) 7, 1

anfitrión/a, el/la - persona que tiene invitados a su mesa o a su casa 4, VE

animar - dar energía moral a una persona 3, VE II

capacidad, la - habilidad 3, I

capacitación, la - entrenamiento, aprendizaje 12, 6

capacitados, los (el capacitado) - los que recibieron entrenamiento para hacer algo 12, AE

capacitar - entrenar, enseñar 12, 6

capas de hielo, las - manto o lámina de hielo que cubre o reviste una superficie 11, I

capaz - apto, tener la habilidad de hacer algo bien 3, I

cara a cara - comunicación en persona 2, 3

cárcel, la - prisión 3, 2

carecen - faltan, necesitan 12, 1

carecer - faltar 9, 3

carencias, las (la carencia) - falta de lo básico 5, 1

carne, en carne viva - experimentar el dolor por sí mismo 10, 4

carrera, la - licenciatura, estudio universitario, profesión 5, 5

carrete, el - reunión de amigos 4, 6

castigado - corregido o penalizado duramente 1, 3

caucásico , a - de raza blanca 7, 5

causa, la - razón 11, I

cautelosamente - con cuidado 4, 3

ceder - rendirse 2, 1

celebración, la - conmemoración 10, 2

celebridades, las (la celebridad) - personas famosas 7, 4

celoso - que siente inseguridad en la relación, envidioso 6, I

centenario, el - aniversario de cien años 7, 5

centrarse en - enfocarse en 7, AE

cepa, la - una clase de gripe, enfermedad, conjunto de bacterias o virus 11, 4

cerámica, la - arte creado con barro, loza o porcelana 8

cerebro, el - mente 10, 6

cerrar la llave del agua - cerrar la llave de paso en una tubería para interrumpir el fluir del agua o su paso 11, AE

cifras, las (la cifra) - números 2, VE;10, 5

cine, el - arte de las películas 8

círculos de amigos, los (el círculo de amigo) – los amigos en las redes sociales 2, I

ciudadanía, la - comportamiento propio de un buen ciudadano 3, 1

ciudadano/a, el/la - miembro de una comunidad 3, 1

climático - de clima 11, AE

cobrar - recibir dinero al vender un objeto o servicio 4, 3

coche cama, el - coche del tren con camas o literas para dormir 4, 1

codearse - relacionarse 6, 5

código de conducta, el - conjunto de reglas de comportamiento 2, 5

colaborador, el - cooperador, ayudante 9, 4

colgar fotos - subir fotos a la red social 2, 6

colores vivos, los - colores brillantes 6, 6

combatir - luchar 3, 1

combustibles, los (el combustible) - inflamables 11, 1

compartir - repartir información, dividir o distribuir algo en partes iguales 1, I

complacer - satisfacer 9, 1

compleja - complicada 1, 2

complementos, los (el complemento) - adornos, accesorios 7, 6; 8, 1

complicado - difícil 8, 4

comportamiento, el - conducta 1, 1

comprensivo - tolerante 6, 3

comprobar - verificar 3, 3; 7, 1

comprometedora - peligrosa, arriesgada 2, 5

comprometerse - hacer la promesa de cumplir algo, aceptar una obligación, responsabilizarse 3, 1

compromiso, el - obligación 3, I

concientizar - hacer que otra persona sea consciente 3, I

concientizarse - hacerse consciente de algo 3, I

concordar (ue) con - ponerse de acuerdo 3, I; 6, 1

condiscípulos, los (el condiscípulo) - compañeros 11, 6

conexión de banda ancha, la - conexión rápida a Internet 2, AE

confiable - persona de fiar, persona de quien uno puede fiarse 6, 3; 6, 6

confianza, la - seguridad, familiaridad 7, AE

confiar en - tener fe en 6, 6

conllevar - implicar 2, 3

conocer de boca - saber algo por medio de otra persona 4, 4

conocimiento, el - entendimiento, lo que sabes 2, 4

conquistar - ganar 2, 1

consciente - que piensa y siente lo que hace 3, I

consciente de - cuidadoso, prudente 2, 4

conseguir - obtener 7, 6

consejero/a - orientador/a escolar 2, 5

consentido/a - mimado/a, malcriado/a 1, AE

constar de - consistir en 5, 3

consumidores - compradores 7, 3

consumo, el - utilización, adquisición, uso, compra 11, 2

contagiarse - adquirir una enfermedad o un vicio de otros 6, 5

contar con - depender de 1, 2

contento - feliz 6, I

contigua - al lado de otra 10, 6

contraerse - enfermar, contagiarse 11, 4

contraindicaciones, las (la contraindicación) - efectos secundarios 5, 5

contrarrestar - detener, resistir, hacer frente, parar 12, 1

contraseña, la - números y letras secretos para entrar a un sitio web 2, VE

contratiempos, los (contratiempo, el) - dificultades 4, VE

control prenatal, el - atención médica que se recibe durante el embarazo 12, 4

conviene (convenir) - es útil, provechoso, adecuado 2, 5

convivencia, la - vida en común, el estado de vivir juntos 2, 3; 5, 1

convivir - relacionarse, coexistir 4, 4

copas, las (la copa) - vasos 9, 2

cordillera, la - grupo de montañas 10, 4

corporales - del cuerpo 11, 4

corrientes - comunes, populares en el momento, lo que no es extraordinario 6, 5

corroborar - confirmar 5, 3

cortejada - mujer cuyo amor alguien está tratando de conseguir, pretendida 7, 2

cortometraje, el - película de corta duración 1, I

costal, el - saco o bolsa grande 10, 1

crianza, la - educación de los niños 1, 2

criterio, el - pauta 5, 6

cuello de blanco piqué, el - cuello de una tela de algodón 1, 6 cuenca, la - territorio cuyas aguas fluyen a un mismo río, lago o mar 11, 3

cuesta esfuerzo - es difícil 2, 6

cuídalo - protégelo 3, 5

cuidarse - protegerse a sí mismo 3, 5

cuídate - ten cuidado 3, 5

cuidémonos - protejámonos 3, 5

culto - dicho de una persona que recibió mucha instrucción académica 3, 3

cultura mixta, la - cultura mezclada, cultura que resulta de la combinación de culturas diferentes 10, 2

cumplir - ejecutar, llevar a cabo 1, I

cuñado, el/cuñada, la - hermano/a del esposo/a 1, AE

currículum vitae, el - conjunto de datos académicos y laborales de una persona 5, 5

cursos, los (el curso) - años académicos 5, 4

charol negro - cuero negro que brilla 1, 6

chascos, los (el chasco) - desilusiones 4, 3

chatear - conversar en línea 2, 1

chicano - mexicano-americano 10, I

chorro de agua, el - agua que sale con fuerza por una abertura 11, 5

chulo - bonito 2, 6

D

danza, la - baile 8, I

daño, el - dolor, sufrimiento 6, 5

darle a uno en las narices - molestar a alguien 6, 5

darse la vuelta - cambiar de dirección 1, 6

datos personales, los - información personal 2, 4

de tal forma - de manera que 5, 2

debutar - estrenar, inaugurar 7, 5

deforestación, la - destrucción o tala indiscriminada de árboles 11, I

delgadez, la - flaqueza 7, AE; 7, 6

delgado - flaco, esbelto 7, 4

demanda, la - búsqueda, petición, solicitud 5, 6

demorar - tardar, retrasarse 6, 3

derechos humanos, los (el derecho humano) - derechos que cualquier persona debe tener para que sea protegida su integridad física y su dignidad moral 3, 1; 9, 4

derretir - licuar o disolver un sólido por efecto del calor 11, I; 11, 1

derrocado - derribado, vencido 9, 3

desafíos, los (el desafío) - retos o dificultades que hacen que algo sea difícil de obtener 1, 2; 3

desahogarse - aliviarse, consolarse 6, 3

desamparado - abandonado, desvalido, indefenso 8, 3

desaparición de los animales, la - extinción 11, I

desaparecidos, los - los que desaparecieron, personas difíciles de encontrar 9, AE

desapegado - distante, desinteresado, frío, insensible 1, AE

desarrollo integral, el - formación total 2, 5

desarrollo profesional, el - proceso de continuar aprendiendo sobre asuntos profesionales 5, 5

desarrollo, el - crecimiento 6, 1

descargar - bajar de la red 2, AE

descendiente - hijo, nieto o cualquier persona que desciende de otra 10, I

desconcertado - confuso 1, 4

descubrimientos, los (el descubrimiento) - hallazgos, inventos 4, VE

desechadas - eliminadas 10, 6

desempeño escolar, el - manera en que se realiza o cumple con los estudios 5, 5

desempeño, el - manera en que se realiza o cumple un trabajo u obligación 5, 2; 5, 6

desenvolverse con soltura (en la computadora) - saber usar la computadora muy bien 5, 5

deserción, la - si a la escuela se refiere, abandono de los estudios 5, 2

desertificar - transformar los desiertos a zonas fértiles 3, 6

desgracia, la - adversidad, tristeza 8, 3

desgraciadamente - desafortunadamente 6, 1

desinteresada - sin interés, sin querer obtener algo a cambio 3, 4

despedido - expulsado 9, 3

despedirse - saludarse al alejarse, apartarse, marcharse, irse 4, 4

despegar - partir, iniciar vuelo 4, 1

despejar - aclarar 5, 5

desperdicios, los (el desperdicio) - residuos, desechos, despojos, exceso 3, I; 11, AE

despojados - libres, desposeídos 5, 1

desprender - separar, desunir, desatar, desabotonar 7, 6

destacarse - ser excelente, sobresalir, distinguirse 5, 6

destacarse - distinguirse 4, VE

deterioro, el - desgaste 5, 6

día por medio - un día sí y otro no, en días alternos 2, AE

diario, a diario - al día, todos los días 2, AE

dibujar - pintar, ilustrar 8, I

difundir - dispersar, promover por todos lados, transmitir, hacer público 3, 1; 10, 5

difunto, el - muerto 6, 2

dióxido de carbono, el - ácido carbónico 11, I

discapacidad, la - limitación, incapacidad 3, 6; 5, 2

discapacitado - persona que tiene alteración de funciones intelectuales o físicas 12, AE

discográfica, la - compañía discográfica 8, 1

discriminación, la - ideología o comportamiento que considera inferiores a otras personas por motivos raciales, religiosos, políticos u otros 9, 4

diseñador, el - profesional en el campo del diseño 7, 3

diseñar - dibujar una nueva creación 7, 5

diseño, el - actividad creativa que idea estilos de vestimenta diversos 7, AE

disponible - desocupado, libre 5, 5

distante - alejado, remoto 6, 7

diversidad, la - variedad 7, 5

docente, el/la - maestro/a, profesor/a 5, 1; 4, 4

dominio, el - control 2, 5

donantes, los - los que donan algo como dinero, servicio, tiempo u órganos 12, 3

E

eco-compromiso, el - acuerdo o compromiso con interés en proteger el medio ambiente 4, 5

echar un vistazo - mirar o leer superficialmente, echar una ojeada 9, 2

efecto invernadero, el - aumento de la temperatura atmosférica 11, 1

efectos, los (el efecto) - consecuencias 11, I

egoísta - presumido, creído 1, AE

egresar - graduarse 5, 2

ejemplificación, la - ejemplo, modelo 10, 2

ejercer - practicar, llevar a cabo 3, 4

elegante - refinado, bien vestido 7, 4

emisión, la - exhalación de gases 2, 2; 11, I

emocionante - impresionante, conmovedor 4, AE

empatía - simpatía 3, II

empatizar - simpatizar 3, II

emprender - organizar, comenzar 9, 3

emular - imitar 8, 1

enamorado/a de - que tiene un sentimiento romántico por otra persona 1, AE; 6

encantador/a - agradable, simpático 1, AE

encargados de - responsables de 7, 6

encargarse de - responsabilizarse, ocuparse de 5, 3

encima de, por __ % - superar el % 2, 3

encuentro, el - reunión 8, 2

encuesta, la - cuando se pide la opinión de varias personas sobre un tema determinado, sondeo de opinión 2, 1; 5, 5

endémica - que solo ocurre en un lugar, propio y exclusivo de un lugar 11, 4

endurecida - fortalecida 9, 3

enfrentarse a - confrontar, encarar, poner frente a frente 1, 2; 3, 4; 6, 1

enganchado - adicto, atraído, seducido 2, 5

engañar - mentir, embaucar 1, 4

engaño, el - truco, traición 8, 3

enlace, el - vínculo para visitar a un sitio web 2, AE

enojado - enfadado 6, I

ensortijado - ondulado, rizado, crespo 7, 5

entablar - iniciar 12, 1

enterarse - averiguar, saber o descubrir algo que no se sabía 2; 3, I

entorno, el - ambiente, ámbito 2, 5; 3, 5; 5, 2; 11, AE

entorpecer - dificultar 2, 6

entregarse - ponerse en poder de otro 9, 2

entretenimiento, el - diversión 2, 2

enviciarse - adquirir un vicio 6, 5

epicentro, el - foco 10, 5

equidad, la - igualdad 3, 1; 5, 5

equipo, en equipo - en un grupo que coopera 5, 3

equipos, los (el equipo) - grupos colaborativos 4, 4

equitativo - imparcial, justo 3, I

erradicada - eliminada 11, 3

erradicar - eliminar 3, 1

erróneo - equivocado, incorrecto 7, 6

erupción, la - inflamación o mancha de la piel 11, 4

esbeltas - delgadas, elegantes, altas 7, 1

esbelto - delgado 1, AE

escasos - limitados 5, 1

escenario, el - plataforma (del concierto) 8, 1

escenógrafo, el - el que proyecta, planifica y decora escenarios 8, 1

esclavos, los (el esclavo) - personas que no tienen libertad y están sometidas a otras personas 10, 3

escolarizados - educados 2, 3

escondidas, a escondidas - en secreto 1, 3

escultura, la - arte de modelar, tallar o esculpir en yeso, barro, piedra, madera o en otro material 8

escurrimiento, el - cuando un líquido se desliza o escapa por encima de una superficie 11, 1

esencia, la - lo más importante 9, 1

esfuerzo, el - uso de energía o fuerza, ánimo, valor, vigor 3, 4

espacio negativo, el - en las artes, el espacio vacío alrededor de una figura 8, AE

espada, la - el estoque de hierro, espada estrecha para herir de punta, 9, 2

especialistas, los (el especialista) - médicos que se especializan en un campo específico de la medicina 12, 3

esperar - desear 6, 6

espontaneidad, la - sin planificarlo 2, 1

estabilidad, la - equilibrio, seguridad, firmeza 6, I

estabilizar - equilibrar 3, II

estadounidense - de los Estados Unidos 10, I

estallar - explotar 7, 5

estancia, la - estadía, permanencia 4, 2

estar de acuerdo - conforme a 1, 4

estar disponible - estar listo, estar libre de tiempo o impedimento para hacer algo 2, VE

estatura, la - altura de una persona 7, 2

estatus, el - posición social 5, 6

estereotipo, el - imagen aceptada de un grupo de personas 3, 3

estilo - manera 7, 4

estival - de verano 11, 3

estragos, los (el estrago) - daños 11, 3

estratos sociales, los (el estrato social) - clases sociales 7, 1; 12, 4

estrechos - cercano, íntimo, angosto, apretado 4, 4

estrella, la (persona) - persona destacada o famosa 8, 1

estrofa, la - líneas agrupadas en un poema, fragmento, copla, verso, estribillo 6, 7

etapa, la - período de tiempo 5, 3

eterno - para siempre 6, 3; 7, 1

etnia, la - grupo cultural que comparte un lenguaje, una raza y tradiciones culturales 10, 3

etnocentrismo, el - ideología y actitud que defiende la cultura y la raza propia como superiores a las demás 3, 3

excedente - lo que sobra, cantidad que sobrepasa la demanda 5, 4; 5, 6

exigente - estricto, que pide mucho, riguroso 1, AE; 6, 1

exigir - requerir 7, 2

exilio, el - abandono del país natal por motivos políticos 9, 4

exótico - de lugares remotos, extravagante 8, 4

expectativa, la - esperanza 6, 7

expectativas, las (la expectativa) - esperanzas, lo que esperan los padres 1, 5

expedicionarios, los (el expedicionario) - exploradores 4, 4

expediciones, las (la expedición) - paseos o viajes de exploración 4, 4

explotación laboral infantil, la - hacer trabajar a los niños afectando su bienestar físico, mental o moral 3, 2

explotación, la - abuso que uno sufre para beneficio de otros 8, 3

exponer - mostrar al público 3, II

extrañar - echar de menos 4

F

fábrica, la - industria, taller, empresa 10, 4

fabricación, la - producción 7, 3; 11, 1

fallecen - mueren 7, 2

favorecer - preferir 2, 1

feminicidio, el - asesinato de las mujeres 3, 2

férrea - fuerte, dura 9, 3

festejar - celebrar 6, 4; 10, 5

fiar - confiar en alguien 6, 6

fiel - leal 6, 3

figuras, las (la figura) - siluetas, imágenes, formas 8, AE

fijar los límites - establecer reglas 2, VE

fijarse - asegurarse, observar 4, AE; 4, 1

filtrado de contenidos, el - filtro de información 2, 5

filtrar - no dejar pasar algo por Internet 2, VE

fines, sin fines de lucro - sin beneficio o ganancia 3, 4

fingir - aparentar, simular 9, 1

flecha, la - arma con punta que se dispara con un arco 9, 2

floja - perezosa 1, AE

fluvial - de los ríos 11, 3

foco, el - bombilla 11, 5

folleto, el - hoja informativa 4, 5

fomentar - favorecer, promocionar, promover 3, I; 3, II; 4, 4; 6, 3

fomentar - promover 11, AE

fondo, al - en la parte de atrás 6, 6

fondos marinos, los (el fondo marino) - zona en la profundidad del mar 11, 1

forjar - moldear 8, 1

formación, la - acción y resultado de formarse al aprender o recibir una educación 5, 5

fortaleza, la - vigor 7, 2

fracaso, el - decepción, caída 6, 3

franja, la - pedazo de tierra 10, 6

frívolo - superficial 7, 3

fronteras, las (la frontera) - límites entre dos países 1, 6; 6, 4

fuentes de energía alternativa, las - fuentes de energía "verde", ecológica, renovable 11, 1

funcionar - marchar, trabajar 3, II

furor mediático, el (de los medios) - manía de los medios de comunicación por un evento 7, 5

fusilar - ejecutar, matar 9, 2

fusión, la - combinación, mezcla 8, 4

G

gama, la - variedad 5, 3

ganado, el - conjunto de vacas, ovejas, cabras 11, 4

garrapata, la - tipo de insecto que se alimenta de la sangre de algunos animales, 11, 4

gases, los (el gas) - vapor 11, I

gasto militar, el - dinero que gastan las fuerzas armadas o el ejército 3, 2

gastos, los (el gasto) - cuotas, pagos 5, 2

generadora, la - alguien o algo que crea o genera algo 2, 1

género, el - especie, clase, tipo 3, I; 10, I

generoso - benévolo 1, AE

genial - espléndido 1, AE

genocidio, el - matanza indiscriminada de una población desarmada por motivo de raza, etnia, religión, política o nacionalidad 9, 4

gestionar - hacer diligencias para resolver un asunto 3, 3

giran en torno - tratan de 2, 3

giras, en giras - serie de exhibiciones que se presentan en diferentes lugares 7, 5

golosinas, las (la golosina) - dulces, caramelos, bombones 12, 5

gorro, el - tipo de sombrero 2, 6

grabado - se usa en relieve para grabar figuras, imágenes o letras sobresalientes sobre otra superficie 8, I

gran consumo - lo que se vende, compra o consume en grandes cantidades 7, 3

ganadería concentrada, la - gran concentración de animales en una granja 11, 1

gratificante - satisfactorio 3, 4

gratuito - lo que es gratis, sin costo 3, 4

grave - serio 11, AE

gruesa - gordita 7, 1

guajiro/a - persona del campo o campesino/a de Cuba 10, I

guapo - bien parecido 7, AE

guardapolvos, los (el guardapolvo) - uniforme de escuelas primarias 5, 1

guardia, de guardia - trabajo por la noche o fuera del horario normal de trabajo 4, 3

guerra, la - batalla, lucha 9, AE

H

ha echado la casa por la ventana - ha celebrado una fiesta por todo lo alto 1, 6

habilidades profesionales, las (la habilidad profesional) - capacidades profesionales o relacionadas al trabajo o profesión 5, 5

hacer estragos - hacer daño 7, 1

hacer frente a - enfrentarse, afrontar 3, 4; 11, 6

hacer un viaje - viajar 4, AE

hacer una mueca - expresar un sentimiento con una expresión facial 6, 1

harto/a - fastidiado, cansado 6, 1

hectáreas, las (la hectárea) - diez mil metros cuadrados 11, 3

hecho, de hecho - de verdad, de veras, efectivamente 7, 2

hechos, los (el hecho) - acciones, acontecimientos, lo ocurrido, lo sucedido 11, 1

heladas, las (la helada) - escarchas, hielos 11, 3

hemoterapia, la - tratamiento médico por medio de la sangre o de su plasma 12, 1

heredar - recibir una propiedad o característica de alguien 10, 1

herencia, la - lo que uno recibe de sus padres u otras personas o familiares ya sea material o físico 10, I

herido - lastimado 6, 2

hermoso/a - bonito/a, lindo/a 7, AE

herramienta laboral, la - instrumento que se usa en el trabajo 2, 5

hídricos - relacionados al agua o acuáticos 11, 3

hidroterapia, la - terapia en el agua 12, 1

hijo único, el - hijo que no tiene hermanos 1, AE

hilo conector, el - lo que conecta 10, 2

hipótesis, la - conjetura, teoría 7, 5

historia, la - pasado 10, 2

hitos, los (el hito) - sucesos o acontecimientos que sirven de punto de referencia 4, 4

hojalata - lámina de acero o hierro que lleva estaño 10, 1

homenaje a, el - acto o serie de actos que se celebran en honor de alguien o de algo 9, 3

homenaje, el - acto o serie de actos que se celebran en honor de alguien o de algo 8, 1

honrar - respetar 6, 6

hora de llegada a la casa - hora en que se regresa a la casa 1, 3

huelga, la - protesta de trabajadores que se caracteriza por un paro voluntario de la actividad laboral 8, 3

huella de carbono, la - contribución de una persona al aumento de los gases de efecto invernadero 11, 2

huérfano, el/huérfana, la - sin padres 1, AE

manejo, el - empleo o uso de algo, la dirección, de un negocio o asunto 5, 4

manzana, la - cuadra 9, 2

maquillado - retocado 7, 4

marco, un - base 11, 6

marginada - separada, alejada 12, 1

marginados, los (el marginado) - gente apartada de la sociedad 9, 3

marullos, los (el marullo) - olas grandes 10, 4

máscara, la - disfraz 9, 1

materia prima, la - material esencial o básico para hacer o elaborar otra cosa 3, 2; 7, 3

materializarse - hacerse realidad 3, I; 3, VE II

matices, los (el matiz) - tonos de colores 10, 5

mayordomo, el - criado principal de la casa 8, 2

me ha colocado en medio - me ha puesto en medio 1, 6

mechón de pelo, el - porción de pelo 7, 2

media jornada, la - mitad del día de trabajo 5, 3

media, estás por encima de la media - tienes más aptitud que el 50% 5, 5

mediático - relativo a los medios de comunicación 4, 4

medida, la - precaución 12, 1

medio ambiente, el - entorno global 11, I

mejillón, el - tipo de marisco con concha de color negro 11, 3

melenas doradas, las (la melena dorada) - pelo rubio 7, 1

melenas trenzadas, las (la melena trenzada) - pelo entrelazado, enlazado, entretejido, trenzas 7, 2

mensajería instantánea, la - comunicación en tiempo real entre dos o más personas a través de Internet 2, 5

mentiras piadosas, las (la mentira piadosa) - mentiras sin mucha importancia, mentiras benignas 1, 3

mercado laboral, el - mercado de trabajo 5, 1

mero - solo, único, exclusivo 7, 6

mestizaje, el - mezcla de razas 10, 3

mestizo/a - persona de padres de diferentes razas 10, 3

metano, el - tipo de gas 11, I

metas, las (la meta) - objetivos, culminación o término de algo 1, 4

mezclarse - unirse con otros 3, 3

mezclas, las (mezcla, la) - combinaciones, uniones de dos o más partes 7, 3; 10, 3

mi culpa - mi error 1, 3

millas por galón, las (la milla por galón) - millas recorridas por un coche con un galón de petróleo 11, 2

millas, las (la milla) - la medida terrestre inglesa (1 milla - 1.609 km) 11, 2

mimoso - afectuoso 1, AE

minorías étnicas, las (la minoría étnica) - grupos de gente de cierto grupo étnico que tienen menor representación 3, 2

mito pagano, un - no es parte de la cultura cristiana 1, 6

mochilero, el - un viajero con mochila 4, I

moda, está de moda - se refiere al uso, modo o costumbre popular o a lo que corresponde al estilo moderno o actual 7, 4

modalidades, las (la modalidad) - opciones 5, 3

modelo imperante - modelo dominante 7, 1

modo lúdico - relacionado al juego o al ocio 2, 5

modular - modificar algo para obtener cierto resultado, regular, ajustar 2, 1

monoparental - familia que consta de un solo padre 1, 2

morbilidad, la - proporción de personas que enferman en un lugar en relación con la población total 11, 4

morder - mordiscar, picar 11, 4

moreno/a - bronceado/a 7, 4

mortalidad materna, la - cuando una mujer muere al dar a luz a un bebé 12, 4

movido - rápido, animado 8, 4

móvil, el - celular 2, 2

movimiento, el - cambio de posición o de lugar de algo, desarrollo y propagación de una tendencia artística 8, AE

muertos, los (el muerto) - fallecidos 12, 3

muñeca, la - juguete que tiene la figura de una niña o mujer 7, 5

murmullo, un - sonido, susurro, rumor, cuchicheo 10, 5

muro, el - en Internet, pared de una red social 2, AE

muslo, el - parte de la pierna entre la rodilla y la cadera 7, 1

mutar - provocar alteración de los genes 11, 4

N

nalgas, las (la nalga) - trasero, pompis 7, 1

narcisismo, el - fascinación con uno mismo 8, 1

naturaleza muerta, la - tipo de pintura con animales muertos, alimentos, flores u otros objetos inanimados 8, AE

naturaleza, la - conjunto de todo lo que forma el universo, carácter de una persona 7, AE

nave sin rumbo, la - expresión que indica que no hay un plan 5, 6

navegar la red - investigar, leer en la red 2, 1

negocios, los (el negocio) - transacciones 8, 2

neoyorquino - de Nueva York 8, 1

ni modo - expresa que algo ya no tiene remedio o solución 6, AE

nieto/a, el/la - hijo o hija de un hijo o hija 1, AE

hijo/a - persona o animal respecto de su padre o de su madre 1, AE

niñez, la - cuando uno es niño, infancia 1, AE

nítida en mi memoria - clara en mi memoria 1, 6

no pintas nada - no importas nada 6, 5

noviazgo, el - relación entre novios 6, 6

nulo costo - gratis 2, VE

O

obesa - corpulenta 7, 2

obligado - forzado 6, 1

obrero, el - trabajador 8, 3

obsequios, los (el obsequio) - regalos, recuerdos, presentes 4, 2; 6, 4

obstetra, el/la - médico que cuida a mujeres embarazadas durante su embarazo y parto 12, 4

occidental - del oeste de Europa o de las Américas, de occidente o relativo al grupo de países que lo componen 7, 2

ocio, el - diversión 4, AE

oculta - escondida 8, 1

odio, el - aborrecimiento 9, 2

OEA - Organización de los Estados Americanos 3, 5

olla de barro, la - recipiente de cocina hecho de arcilla que puede usarse para preparar una piñata 1, 6

oprimir - negar libertad o, derechos a alguien 8, 3

optimista/pesimista - persona que tiende a juzgar las cosas de manera favorable/desfavorable 1, AE

ordenador, el - computadora 2, 5

órgano, el - parte del cuerpo que tiene una función específica para ayudar a sostener la salud y vida de una persona 12, 3

osadía, la - audacia, valentía 8, 3

óxido de nitrógeno, el 11, I

P

pacifista, el/la - persona inofensiva y tranquila que busca la paz 9, AE

padecer - sufrir 11, 4

padecimiento, el - sufrimiento 12, 1

padrino, el/madrina, la - protector/a o representante de los hijos de otro 1, AE

país de procedencia, el - país de origen 2, 3

paisaje, el - panorama, vista 4, 1

países en desarrollo, los (el país en desarrollo) - países que están en camino de mejorar su economía 11, 6

palo, el - estaca o vara que se usa para pegar la piñata 1, 6

pantalla, la - superficie de un aparato donde se proyectan imágenes 2, 1

papel picado, el - pedacitos de papel que se usan como ornamento o decoración 1, 6

parada, la - escala 4, 1

paradigmas, los (el paradigma) - prototipos 12, 1

parámetros, los (el parámetro) - variables 3, 3

pareja, la - compañero , a 1, AE

parentesco, el - vínculos familiares 1, 2

parientes, los (el pariente) - familiares 1, AE

paro de docentes, el - cuando los maestros no trabajan para protestar sobre un asunto 5, 1

parrillada, la - barbacoa 4, 5

parto, el - acto de dar a luz a un bebé 12, 4

pasaje, el - billete de viaje 4, 1

pasar el rato - pasar el tiempo 6, 5

pasarelas, las (la pasarela) - pasillos estrechos y algo elevados donde tienen lugar los desfiles de modas 7, 1

pasos, los (el paso) - cada avance en un proceso, movimiento de los pies con que se avanza al andar o bailar 8, 4

paterno, materna - del padre o relativo a él, de la madre o relativo a ella 1, AE

patógenos, los (el patógeno) - microorganismos que causan una enfermedad 11, 4

patria, la - país 9, 4; 10, 4

patrocinar - auspiciar 3, II

patrón, el - modelo 7, 6

pedagógica - educativa 5, 2

peldaños, los (el peldaño) - escalones 8, 2

pelea familiar, la - conflicto entre miembros de la familia 1, 2

pelucas, las (la peluca) - pelo o cabellera postizos 7, 1

pellizcar - apretar con los dedos un poco de piel para que duela 6, 1

penosas - difíciles, arduas, duras, tristes 11, 4

percibir - advertir, notar, observar 5, 5; 6, 1

peregrinaje, el - viaje que se hace por motivos religiosos u otros motivos especiales 9, 3

perfil digital, el - información personal que se comparte en línea 2, 1

perfil, el - descripción de conocimientos, conjunto de rasgos peculiares que caracterizan a una persona 5, 1; 5, 6

perjudicar - dañar 2, 6; 11, 3

pernoctar - pasar la noche 4, 3

perpetuo - duradero 6, 1

persecución, la - seguimiento constante y molesto, acoso 9, 4

personajes, los (el personaje) - personalidades, celebridades, figuras notables 9, AE

personalidad, la - conjunto de características de una persona que la distinguen de otra 7, AE

pertenecer - ser parte de algo 3, 1

peso saludable, el - tener un peso del cuerpo sano, ni gordo ni flaco 7, 1

peste, la - plaga 11, 4

pesticida, el - producto químico que se usa para matar insectos o plantas perjudiciales 8, 3

piel canela, la - piel del color canela, piel que aparenta tener un constante bronceado por su tono moreno claro 7, 2

pilas, las (la pila) - dispositivos que dan energía eléctrica a ciertos aparatos 11, 4

pisar - caminar o poner el pie encima de algo o alguien 7, AE

pistas, las (la pista) - huellas 11, 5

planificar - programar 4, AE

planos, los (el plano) - mapas 4, 1

plantear - proponer 3, 1; 7, 6

platican - charlan, conversan 1, 6

población, la - personas que habitan un lugar, toda la gente de un lugar 2, 3; 11, I

pobreza, la - estado de vivir con pocas posesiones materiales 3, 2

poderoso/a - que tiene poder, con influencia 2, 5

poeta, el/la - persona que compone obras poéticas 9, AE

polémica, la - controversia 9, 3

políticas abusivas, las (la política abusiva) - reglas injustas 3, 2

político, el 9, AE

pololear - estar de novios 4, 6

pololos, los (el pololo) - novios 4, 6

pollera, la - falda 7, 2

pormenores, los (el pormenor) - detalles 4, 3

porros, los (el porro) - cigarrillos de marihuana mezclada con tabaco 6, 5

portal, el - sitio de web 2, VE

portavoz, el - persona que habla en nombre y representación de un grupo 9, 3

prejuicios, los (el prejuicio) - recelos, aprensiones 5, 1

prenda, la - vestimenta 7, AE

prensa, la - medios de comunicación 9, 2

preocupante - agobiante 6, 5

preparatoria, la - escuela secundaria 5, 3

presentaciones en directo, las (la presentación en directo) - presentaciones en vivo 8, 1

presión del grupo, la - coacción que una persona siente debido al comportamiento o a la forma de pensar de la mayoría 2, 5

prestigio, el - reconocimiento 5, 6

presumir - tener un alto concepto de sí mismo 1, 4

presupuesto, el - estimación de gastos 1, 2

prevalecer - predominar, influir 5, 5

prevenir - evitar, tomar acción para que algo no ocurra 3, VE II; 5, 2 prever - pronosticar 11, 4

primer plano, el - centrar la atención en alguien o en algo, especialmente cuando se trata del cine y la televisión 6, 6

primordial - básico, esencial, fundamental, principal 7, 6

probar - saborear comida 4, 4

procedencia, la - origen 8, 4

procreador, el - que tiene hijos, engendrador 7, 1

producción, la - fabricación 11, I

profesor particular, el - tutor 5, 5

promedio, el - punto en que algo se divide por la mitad 5, 2

promotoras, las (la promotora) – personas del género femenino que trabajan con el cuidado de la salud en áreas donde no hay cuidado médico 12, 6

promover - promocionar 2, 2

propia identidad, la - identidad de uno mismo 10, 2

propiciadas - facilitadas 11, 1

propiciar - ayudar, favorecer 5, 3

proponen - expresan, sugieren, plantean, recomiendan 12, 1

proporcionar - facilitar 5, 3

propósito, el - meta 11, 5

propuesta, la - plan, idea formal 3, 6

proteger - apoyar, salvaguardar 1, 4; 6, 6

prototipo, el - modelo 7, 1; 7, 6

proveedor, el - empresa que suministra el servicio de Internet 2,VE

provenientes de - descendientes, que vienen de o se originan en un lugar 10, 3

provocador - que incita o estimula 8, 1

publicidad, la - anuncios de promoción 7, 2

puede que - quizá 11, AE

pulgas, las (la pulga) - insectos pequeños sin alas que pueden dar grandes saltos, parásitos 11, 4

puñal, el - navaja, cuchillo 8, 2

Q

qué dirán, el - miedo de qué dirá otra gente 9, 1

quehaceres, los (el quehacer) - trabajos de la casa 1, 3; 5, 2

quiubo - ¿qué pasa?, ¿que ha ocurrido?, ¿qué noticias hay?6, AE

R

racismo, el - discriminación, sentimientos negativos y malas acciones contra las personas de otros grupos étnicos 3, 2; 9, 4

raíces culturales, las (la raíz cultural) - origen cultural 10, 3

rapada - afeitada 7, 2

rasgos, los (el rasgo) - características, atributos 7, 2; 10, 6

rastro, el - señal 6, 2

rasurarse - afeitarse 10, 1

reacio - adverso 9, 3

realidades socioculturales, las (la realidad sociocultural) - lo que en realidad ocurre o se da dentro de una sociedad y su cultura o cómo se la define 4, 4

recaudar fondos - conseguir, recoger o juntar dinero para una causa 3, 1

recelosa - temerosa 8, 2

receptor, el - persona que recibe 7, 6

recién estrenada - nueva 2, 1

recipiente, el - el que recibe, utensilio destinado a guardar o conservar algo 11, AE

reciprocidad, la - correspondencia, intercambio, correlación 3, 4

reclamar - exigir, demandar 3, 1

reclutar - alistar, enganchar 3, 6

recónditos - apartados, lejanos 12, 1

recursos, los (el recurso) - dinero, medios 5, 1

rechazo, el - negación 3, 3

Red, la - Internet 2, AE

reducir - disminuir 11, AE

reflexología, la - estudio de la técnica de los masajes en partes de los pies o de las manos 12, 1

refranes, los (el refrán) - dichos, proverbios 6, 3

refugiados climáticos, los (el refugiado climático) - los que pierden su hogar y son forzados a mudarse debido a cambios climáticos 11, 6

refugiados, los (el refugiado) - exiliados 3, 6

refugiarse - protegerse 4, VE

registro personal de gastos, el - anotación de cuánto dinero uno gasta y con qué motivo 5, 5

reiki, el - terapia en la que el terapeuta transmite energía curativa al paciente para mejorar su salud 12, 1

reír - celebrar algo con risa 6, 3

reiterados - repetidos 5, 1

rellenita - gordita 7, 2

relleno de la piñata, el - lo que está dentro de la piñata 1, 6

remedios, los (el remedio) - lo que trata o cura un malestar o una enfermedad, medicamento 12, 1

remuneración, la - sueldo 3, 4

rendimiento, el - productividad 5, 2

rendir (e - i) homenaje - reconocer, celebrar 7, 5

rendirse - agotarse, vencer, ceder 1, 4

reñir (e-i) - pelear, discutir, regañar, reprender 1, 4; 6, 1

repercusiones, las (la repercusión) - efectos 11, 6

repleta - llena 10, 4

reponerse - descansar 6, 2

representación, la - figura, imagen o idea que sustituye a la realidad 10, 2

reproducirse - multiplicarse 11, AE

resaltar - poner de relieve, destacar 7, 6

rescate, el - salvar de un daño o peligro 11, AE; 11, 1

responsabilizarse - aceptar responsabilidad 3, 1

restringida - limitada 11, 4

retos, los (el reto) - desafíos 2

retrasos, los (el retraso) - demoras 4, 1

retrocederán - disminuirán, volverán para atrás 11, 3

revolución, la - rebelión 10, 2

revolucionario/a, el/la 9, AE

riesgos, los (el riesgo) - posibles peligros 1, 4; 2, 1

riña, la - pelea 6, 1

riqueza, la - abundancia, opulencia 8, 1

robles, los (el roble) - tipo de árbol 8, 2

rodeado - tener personas, cosas alrededor 2, 1

roedores, los (el roedor) - de la familia de las ratas 11, 4

rogar (ue) - pedir con súplicas, implorar 1, 4; 6, 1

ronda, en ronda - en círculo, en un grupo, haciendo un círculo 4, 3

ropaje, el - vestimenta 9, 1

S

sabana, la - llanura 11, 4

sabiduría, la - inteligencia 7, AE

sacerdote, el - cura 9, AE

sacudir - agitar 4, VE

salir adelante - progresar, tener éxito 1, I

salud reproductiva, la - cuando se refiere a una mujer, su capacidad y salud para poder tener un bebé 12, 4

Expresiones útiles

anda mal - está mal, se encuentra mal 6

apenas - escasamente 2; 4

asimismo - también 12

bajo costo 2

con tal de que - en el caso de que 3

con el fin de - con el propósito de 3

concuerdo con 9

contar con - confiar en alguien 11

contar con - confiar en una persona 5

continuación, a continuación - lo que sigue 3

cuanto antes - tan pronto posible 3

cuanto más largo - lo más largo posible 7

cuanto más 6

cumplir el mismo patrón 2

darse cuenta de que - advertir algo, percatarse de algo, entender, comprender 1, 6

de hoy en ocho - en una semana 4

de hoy en quince - en dos semanas 4

de igual manera 11

de mal en peor 11

de suma importancia - muy importante 5

de tal forma - de manera que 5

de tal manera que 12

debido a - a causa de 11

debido a - a causa de 11

afortunadamente/ desafortunadamente 9

descargar - bajar (cuando se refiere a Internet) 3

desde mi punto de vista - a mi modo de ver 1

el buen sentido de humor - estado de ánimo que se caracteriza por ser cómico y gracioso 6

en cuanto - tan pronto como 11

en cuanto a - respecto a 1

en cuanto a - respecto a 4

en la actualidad - lo que pasa hoy en día 2

en medio de - a la mitad de 3

en mi opinión 1

en peligro de extinción 11

en resumidas cuentas 2

en seguida - inmediatamente 6

es de suma importancia - es muy importante 10

es decir - en otras palabras 1

es evidente/es obvio que 9

es imprescindible - es esencial 11

es imprescindible - es necesario, es preciso 7

es posible que 9

es preciso/es esencial que 9

es probable 9

espíritu emprendedor - virtud que alguien tiene para empezar negocios o programas 3

está de moda - es popular 6

están allí para ti - te apoyan 6

estar al día - estar al corriente 2

estar al tanto - estar informado 2

estar para chuparse los dedos - la comida es muy sabrosa 4

estoy harto(a) - no puedo aguantar más 2

frente a - dar cara a 3

generación tras generación 4

ha de tener - hay que tener, probablemente tiene 7

hazme saber - avísame 2

imposible - no puede ser 9

inolvidable - imborrable 4

la red social me hizo bien/mal 2

la vida cotidiana - la vida diaria 2

largo, a lo largo de - a través del tiempo, durante 3

le cuesta mucho - es muy difícil para él o ella 5

lo cotidiano - lo diario 4

lo de siempre 2

lo siento, pero creo que estás equivocado/a 9

los demás - el resto 7

los demás - los que quedan 2

llevarse bien - tener buena relación 5

más allá - más lejos o más a fondo 4

más bien - pero, sino 10

me imagino 2

me parece que - pienso que 4

me parece que 9

mediante el cual - por medio del cual 12

en medio de - a la mitad de 3

ni siquiera - ni tan solo 4

no obstante - sin embargo 5

no se logra de la noche a la mañana - no puede realizarse o ocurrir tan rápidamente

ONG - Organización No Gubernamental 3

para mí 9

pasar el rato - pasar el tiempo libre 6

perder el hilo - olvidar 2

perdona, pero no es así 9

pese a - aunque 12

a largo plazo - por un periodo largo de tiempo 3

a corto plazo , por un periodo corto de tiempo 3

poner a prueba - probar 2

poner en marcha - iniciar 3

por desgracia - desafortunadamente 2

por el momento 2

por encima de - más importante que 5

por ende - por eso 7

por la mayor parte - principalmente 10

por lo tanto - por consiguiente, entonces, así pues 5; 10

por medio del cual - a través de algo 1

precisamente - así es 2

quitármelos de encima - alejarme de ellos 6

redes de apoyo - grupos u organizaciones que ofrecen ayuda 3

rodeado por - circundado, cercado 4

sanos y salvos - sin peligro 4

se corresponde con - pertenece o empareja con 7

se debe a - debido a que 1

se debe al hecho de que - es consecuencia de 6

se deja de lado - no se incluye 12

he perdido la conexión a Internet 2

según 9

sería mejor si 9

si bien - aunque 5

sin duda - es seguro 11

sin embargo - no obstante, pero 1

sin lugar a dudas - sin ninguna duda, es cierto 10

soler (ue) + infinitivo - acostumbrar 6

tal y como - de la manera mencionada 7

tal y como 11

tales como - así como 5

te aceptan con tus defectos 6

te da ánimos - te alienta 6

tener en cuenta - considerar, tomar en consideración 2; 7

tener éxito - lograr 12

tener ganas de - tener deseos de, querer hacer algo 1; 4

tener lugar - ocurrir 1

tener mayor dominio 2

tener que ver con - tratar de 2

tener razón - estar en lo cierto 6

tengo que insistir en que 9

Megan Cory is a Spanish Teacher at North Raleigh Christian Academy in Wake Forest, North Carolina. She has taught Spanish at an International Baccalaureate elementary school and most recently has taught high school Spanish. She has served as a clinical faculty member for the College of William and Mary student teacher program and has presented several sessions at NECTFL and local associations on technology integration in the foreign language classroom.

Janet Parker is the University Supervisor and Instructor for World Language Education at the College of William and Mary and the IB coordinator at James River ES in Williamsburg-James City County Public Schools. She taught AP Language, AP Literature, and IB Spanish in Montgomery County MD Public Schools for 25 years. For many years she served as an AP Exam Table Leader for ETS, an IB examiner, and consultant for the College Board leading workshops and AP Summer Institutes. Janet currently serves as a consultant for International Baccalaureate Americas and STARTALK Language programs. She was a contributing writer to the Teacher's Editions of *Realidades* for Pearson Publishing.

Catherine Schwenkler teaches Spanish to grades 1 - 5 at Growing Up Green Charter School in Long Island City, Queens. Previously, she taught Spanish Language Arts, AP Language & Culture, and AP Literature & Culture at a public high school in New York City. She served on curriculum development teams and as a consultant for the Asia Society's International Studies Schools Network. She has lived in South America and enjoys teaching native and heritage speakers in her school's dual literacy program.